산재의 실제와 해법

산업재해 이렇게 해결하라

편저 : 김 종 석

- 수록내용 -
산업재해보상법 해설
문답식 산업재해보상법
산업재해보상 행정심판 재결례
요양업무처리규정

법문 북스

산재의 실제와 해법

산업재해 이렇게 해결하라

편저 : 김 종 석

- 수록내용 -
산업재해보상법 해설
문답식 산업재해보상법
산업재해보상 행정심판 재결례
요양업무처리규정

머 리 말

우리가 살고 있는 현대 사회는 여러 가지 직업들에 종사하면서 생활하고 있습니다. 이에 따라 각 산업현장에 근무하고 있는 우리나라의 근로자 수는 1천 6백만명을 넘은지 오래 되었습니다. 많은 수의 근로자들이 일을 하다 보니 2015년 산업현장에서 발생한 산업재해가 9만여 건이며, 그 중 사망자가 1,810명이나 되었습니다.

이러한 산업재해는 미리 예방하는 것이 최우선이지만 부득이하게 발생하는 경우가 비일비재하여 이로 인하여 고통을 받는 사람들이 날로 늘어나고 있고 사회간접자본의 부담액도 계속 상승하고 있는 추세입니다.

그래서 정부에서는 산업재해보상보험 사업을 시행하여 근로자의 업무상의 재해를 신속하고 공정하게 보상하며, 재해근로자의 재활 및 사회 복귀를 촉진하기 위하여 이에 필요한 보험 시설을 설치·운영하고 있습니다. 이 제도는 재해 예방과 그 밖에 근로자의 복지 증진을 위한 사업을 시행하여 근로자 보호에 이바지하기 위한 것이며, 이를 구체적으로 실천하고자 일찍이 산업재해보상보험법을 제정하였습니다.

이 책은 이러한 산업재해보상제도에 대하여 대법원, 고용노동부, 법제처, 대한법률구조공단, 근로복지공단에 나타난 상담

사례 및 판례를 취합하여 해설과 문답식 및 관련되는 서식들을 함께 엮어 누구나 이해하기 쉽게 정리하였습니다,

　이 책이 여러 가지 산업재해를 당하여 고통을 받고 있는 모든 분들에게 큰 도움이 되리라 믿으며, 열악한 출판시장임에도 불구하고 흔쾌히 출간에 응해 주신 법문북스 김현호 대표님에게 감사를 드립니다.

2016. 7.
편저자

목　차

제1편 산업재해보상법 해설

제2편 문답식 산업재해보상법

산업재해보상법 문답

제3편 산업재해보상 행정심판 재결례

부록

[요양업무처리규정]

제1편

산업재해보상법 해설

1. 산업재해보상보험 개관

'산업재해보상보험'이란 근로자의 업무상 재해를 신속하고 공정하게 보상하며, 재해근로자의 재활 및 사회 복귀를 촉진하기 위한 보험시설을 설치·운영하고, 재해 예방과 그 밖에 근로자의 복지 증진을 위한 사업을 시행하기 위한 사회보험을 말합니다.

근로자가 업무상 사고 또는 업무상 질병으로 부상, 질병, 장해가 발생하거나 사망(고의·자해행위나 범죄행위 또는 그것이 원인이 되어 발생한 경우는 제외)하면 업무상 재해로 봅니다. 다만, 업무와 재해 사이에 상당인과관계가 인정되지 않으면 업무상 재해로 보지 않습니다.

업무상 재해를 당한 근로자가 일정한 요건을 갖추면 요양급여, 휴업급여, 장해급여, 간병급여, 유족급여, 상병보상연금, 장의비, 직업재활급여 등의 보험급여를 받습니다.

2. 산재보험의 도입 취지

2-1. 산재보험의 도입

1960년대 공업화가 진전되면서 산업재해 발생이 급격히 증가하여 영세한 사업주의 재산만으로는 업무상 재해를 당한 근로자에게 「근로기준법」에 따른 재해보상을 할 수 없는 경우가 많아졌습니다.

이에 따라 「근로기준법」에 따른 재해보상을 받을 권리는 있으나 사업주 등의 무자력으로 인해 재해보상을 받지 못하는 근로자를 보호하기 위해 1964년 「산업재해보상보험법」이 제정되어, 국가가 사업주로부터 일정한 보험료를 징수하여 그 보험료로 마련된 재원으로 업무상 재해를 당한 근로자에게 사업주를 대신하여 「근로기준법」에 따른 재해보상 대신 산업재해보상 보험급여를 지급하는 산업재해보상보험 제도가 시행되게 되었습니다(무과실 책임, 정액·정률보상).

2-2. 산재보험의 특성

산재보험은 사용자가 근로자의 업무상 재해에 대해 고의 또는 과실이 있는지 여부에 대해 묻지 않고 산업재해보상 보험급여(이하 '보험급여'라 함)를 지급합니다. 그러나 민사상 손해배상은 사용자 등의 고의 또는 과실이 있는 경우에만 지급받을 수 있습니다(「민법」 제750조 및 제751조).

2-3. 산업재해보상 보험급여와 민사상 손해배상 청구

업무상 재해를 당한 근로자는 근로복지공단에 「산업재해보상보험법」에 따른 보험급여를 지급받는 외에 사업주 등을 상대로 민사상 손해배상을 청구할 수 있는데, 이 경우 근로자는 사업주의 고의 또는 과실로 업무상 재해를 입은 경우에만 민사상 손해배상을 청구할 수 있으며, 민사상 손해배상액은 근로자가 실제로 받은 손해액입니다.

그러나 업무상 재해를 당한 근로자가 민사상 손해배상을 받은 경우 근로복지공단은 손해배상을 받은 금품만큼 보험급여의 금액의 한도 안에서 보험급여를 지급하지 않습니다(「산업재해보상보험법」 제80조제3항 본문).

　따라서 업무상 재해를 당한 근로자는 「산업재해보상보험법」
에 따른 보험급여를 우선 청구하고, 민사상 손해배상액과 차
액이 있으면 민사소송을 제기하는 것이 일반적으로 가장 유리
한 방법입니다.

　업무상 재해를 당한 근로자가 「산업재해보상보험법」에 따라
보험급여를 받았거나 받을 수 있으면 보험가입자는 동일한 사
유에 대해 「근로기준법」에 따른 재해보상 책임이 면제됩니다
(「산업재해보상보험법」 제80조 제1항).

　산재보험료는 원칙적으로 사업주가 전액 부담합니다(「고용
보험 및 산업재해보상보험의 보험료징수 등에 관한 법률」 제
13조 제1항).

　「고용보험법」에 따른 고용보험료는 사업주와 근로자가 반반
씩 부담합니다(「고용보험 및 산업재해보상보험의 보험료징수
등에 관한 법률」 제13조 제2항).

　보험급여는 업무상 재해에 대한 손해 전체를 보상하는 것이
아니라 평균임금을 기초로 하여 산정된 일정한 금액을 보상합
니다(「산업재해보상보험법」 제36조 제3항부터 제8항까지).

3. 「산업재해보상보험법」의 적용 범위

3-1. 적용 범위

　「산업재해보상보험법」은 근로자를 사용하는 모든 사업 또는
사업장에 적용됩니다(「산업재해보상보험법」 제6조 본문).

3-2. 「공무원연금법」 등에 따라 재해보상이 되는 사업

「산업재해보상보험법」적용범위 규정에도 불구하고 다음의 어느 하나에 해당하는 사업에 대해서는 「산업재해보상보험법」이 적용되지 않습니다(「산업재해보상보험법」 제6조 단서 및 「산업재해보상보험법 시행령」 제2조 제1항 제1호·제2호).

① 「공무원연금법」 또는 「군인연금법」에 따라 재해보상이 되는 사업

「청원경찰법」에 따라 국가 또는 지방자치단체에 근무하는 청원경찰은 공무원신분은 아니지만, 「공무원연금법」의 적용을 받기 때문에 「산업재해보상보험법」의 적용을 받지 않습니다(「공무원연금법」 제3조 제1항 제1호 나목 및 「공무원연금법 시행령」 제2조 제1호). 다만, 국가 또는 지방자치단체가 아닌 공공단체와 그 관리 하에 있는 중요시설 또는 사업장에 근무하는 청원경찰은 「공무원연금법」을 적용받지 않으므로, 「산업재해보상보험법」이 적용됩니다.

② 「선원법」에 따라 재해보상이 되는 사업

'선원'이란 선박에서 근로를 제공하기 위하여 고용된 사람을 말합니다. 다만, 대통령령으로 정하는 사람은 제외합니다(「선원법」 제2조 제1호).

「선박법」에 따른 대한민국 선박(「어선법」에 따른 어선을 포함함), 대한민국 국적을 취득할 것을 조건으로 용선(傭船)한 외국선박 및 국내 항과 국내 항 사이만을 항해하는 외국선박에 승무하는 선원과 그 선박의 선박소유자에 대하여 적용합니다(「선원법」 제3조 제1항 본문). 다만, 다음의 어느 하나에 해당하는 선박에 승무하는 선원과 그 선박의 소유자

에 대하여는 「선원법」을 적용하지 않습니다(「선원법」 제3조 제1항 단서).

1. 총톤수 5톤 미만의 선박으로서 항해선이 아닌 선박
2. 호수, 강 또는 항내만을 항행하는 선박(「선박의 입항 출항 등에 관한 법률」 제24조에 따른 예선은 제외함)
3. 총톤수 20톤 미만인 어선으로서 해양수산부령으로 정하는 선박
4. 「선박법」 제1조의2 제1항 제3호에 따른 부선(艀船)(「해운법」 제24조 제1항 또는 제2항에 따라 해상화물운송사업을 하기 위하여 등록한 부선은 제외함)

③ 「어선원 및 어선 재해보상보험법」에 따라 재해보상이 되는 사업

'어선'이란 어선등록을 한 선박을 말합니다(「어선원 및 어선 재해보상보험법」 제2조 제1호 및 「어선법」 제2조제1호라목).

'어선원'이란 임금을 받을 목적으로 어선에서 근로를 제공하기 위해 고용된 사람을 말합니다(「어선원 및 어선 재해보상보험법」 제2조 제2호).

「어선원 및 어선 재해보상보험법」은 모든 어선에 적용하며, 「어선원 및 어선 재해보상보험법」의 적용을 받은 어선에 대해서는 「산업재해보상보험법」을 적용하지 않습니다(「어선원 및 어선 재해보상보험법」 제6조 제1항 본문 및 제2항). 다만, 다음의 어느 하나에 해당하는 어선에 대해서는 「어선원 및 어선 재해보상보험법」에 특별한 규정이 있는 경우에만 「어선원 및 어선 재해보상보험법」을 적용합니다(「어선원 및 어선 재해보상보험법」 제6조 제1항 단서).

1. 「원양산업발전법」 제6조 제1항에 따라 원양어업의 허가를 받은 어선

2. 「해운법」 제24조 제2항에 따라 수산물 운송에 종사하는 어선

3. 그 밖에 어선의 규모·어선원수·위험률·어로장소 등을 고려하여 「어선원 및 어선 재해보상보험법 시행령」 제3조에서 정하는 어선

④ 「사립학교교직원 연금법」에 따라 재해보상이 되는 사업

⑤ 총 공사금액이 2천만원 미만인 공사 등

'총공사금액'이란 총공사를 하는 경우에 계약상의 도급금액(발주자가 재료를 제공하는 경우에는 그 재료의 시가환산액을 포함)을 말합니다(「고용보험 및 산업재해보상보험의 보험료징수 등에 관한 법률 시행령」 제2조 제1항 제2호 본문). 다만, 「건설산업기본법」 제41조에 따른 건축물 시공자의 제한을 받지 않는 건설공사 중 「건설산업기본법」 제2조 제5호에 따른 건설업자가 아닌 자가 시공하는 건설공사의 경우에는 「건설업자가 아닌 자가 시공하는 건설공사의 총공사금액 산정방법에 관한 규정」(고용노동부 고시 제2013-75호, 2013.12.31.발령, 2014. 1.1. 시행)에서 정하는 방법에 따라 산정한 금액을 총공사금액으로 합니다(「고용보험 및 산업재해보상보험의 보험료징수 등에 관한 법률 시행령」 제2조 제1항 제2호 단서).

총 공사금액이 2천만원 미만인 공사 등 「산업재해보상보험법」이 적용되지 않는 사업의 사업주는 산업재해보상보험에 임의 가입할 수 있습니다. 따라서 사업주가 임의 가입한

사업의 근로자가 업무상 재해를 당한 경우 근로복지공단으로부터 산업재해보상 보험급여를 받을 수 있습니다.

총 공사금액이 2천만원 미만인 공사 등 「산업재해보상보험법」이 적용되지 않는 사업의 사업주가 산업재해보상보험에 임의가입하지 않은 경우 업무상 재해를 당한 근로자는 근로복지공단에 산업재해보상 보험급여를 받을 수는 없고, 「근로기준법」 제72조부터 제92조까지에 따라 사업주로부터 업무상 재해 보상을 받아야 합니다.

⑥ 「주택법」에 따른 주택건설사업자, 「건설산업기본법」에 따른 건설업자, 「전기공사업법」에 따른 공사업자, 「정보통신공사업법」에 따른 정보통신공사업자, 「소방시설공사업법」에 따른 소방시설업자 또는 「문화재수리 등에 관한 법률」에 따른 문화재수리업자가 아닌 자가 시공하는 연면적이 100제곱미터 이하인 건축물의 건축 또는 연면적이 200제곱미터 이하인 건축물의 대수선에 관한 공사 중 어느 하나에 해당하는 공사

4. 산재보험 사업의 관장과 수행

4-1. 산재보험 사업의 관장

「산업재해보상보험법」에 따른 산재보험 사업은 고용노동부장관이 관장합니다(「산업재해보상보험법」 제2조 제1항).

4-2. 산재보험 사업의 수행

근로복지공단은 고용노동부장관의 위탁을 받아 보험급여의

결정과 지급, 업무상 재해를 입은 근로 등의 요양 및 재활, 근로자의 복지 증진을 위한 사업을 수행합니다(「산업재해보상보험법」 제10조 및 제11조 제1항).

5. 산재보험의 가입자(사업주)

5-1. 당연가입

　「산업재해보상보험법」의 적용을 받는 사업의 사업주는 산재보험의 보험가입자가 됩니다(「고용보험 및 산업재해보상보험의 보험료징수 등에 관한 법률」 제5조 제3항).

5-2. 임의가입

　「산업재해보상보험법」의 적용을 받지 않는 사업의 사업주는 근로복지공단의 승인을 받아 산재보험에 가입할 수 있습니다(「고용보험 및 산업재해보상보험의 보험료징수 등에 관한 법률」 제5조 제4항).

5-3. 의제가입

　사업주가 산재보험의 당연가입자가 되는 사업이 사업규모의 변동 등으로 인해 「산업재해보상보험법」 적용 제외 사업에 해당하게 된 때에는 그 사업주는 그 해당하게 된 날부터 산재보험에 임의 가입한 것으로 봅니다(「고용보험 및 산업재해보상보험의 보험료징수 등에 관한 법률」 제6조 제2항).

　당연 가입되거나 임의 가입한 사업주가 그 사업의 운영 중에 근로자를 고용하지 않게 된 경우에는 그 날부터 1년의 범위 안에서 근로자를 사용하지 않은 기간 동안에도 산재보험에 가입한 것으로 봅니다(「고용보험 및 산업재해보상보험의 보험료징수 등에 관한 법률」 제6조 제3항).

6. 산재보험의 수급권자(근로자)

업무상 재해를 당한 산재보험에 가입된 사업의 근로자는 산재보험의 수급권자가 됩니다(「산업재해보상보험법」 제1조 및 제36조 제2항). '근로자'란 직업의 종류와 관계없이 임금을 목적으로 사업이나 사업장에 근로를 제공하는 자를 말합니다(「산업재해보상보험법」 제5조제2호 및 「근로기준법」 제2조 제1항 제1호). '근로'란 정신노동과 육체노동을 말합니다(「근로기준법」 제2조 제1항 제2호).

'임금'이란 사용자가 근로의 대가로 근로자에게 임금, 봉급, 그 밖에 어떠한 명칭으로든지 지급하는 일체의 금품을 말합니다(「근로기준법」 제2조 제1항 제5호).

7. 업무상 재해와 산업재해보상 보험급여

산업재해보상 보험급여(이하 "산재보험"이라 함)는 산재보험에 가입된 사업장의 근로자가 업무상 재해를 당한 경우에 지급됩니다.

7-1. 업무상 재해의 의의

'업무상 재해'란 업무상의 사유에 따른 근로자의 부상·질병·장해 또는 사망을 말합니다(「산업재해보상보험법」제5조 제1항).

7-2. 업무상 재해의 인정기준

근로자가 업무상 사고 또는 업무상 질병으로 부상·질병 또는 장해가 발생하거나 사망하면 업무상 재해로 봅니다(「산업재해보상보험법」제37조 제1항 본문). 다만, 업무상 사고 또는 업무상 질병으로 부상·질병 또는 장해가 발생하거나 사망하더라도 업무와 재해 사이에 상당인과관계가 없는 경우에는 업무상 재해로 보지 않습니다(「산업재해보상보험법」제37조 제1항 단서).

위의 업무상 재해 인정기준을 모두 갖춘 경우에도 근로자의 고의·자해행위나 범죄행위 또는 그것이 원인이 되어 발생한 부상·질병·장해 또는 사망은 업무상 재해로 보지 않습니다(「산업재해보상보험법」제37조 제2항 본문).

7-3. 보험급여

업무상 재해를 당한 근로자는 「산업재해보상보험법」에서 정한 요건에 따라 요양급여, 휴업급여, 장해급여, 간병급여, 유족급여, 상병보상연금, 장의비, 직업재활급여 등의 보험급여를 받습니다(「산업재해보상보험법」제36조 제1항 본문). 다만, 업무상 사유로 진폐에 걸린 근로자는 요양급여, 간병급여, 장의비, 직업재활급여, 진폐보상연금 및 진폐유족연금을 보험급여로 받습니다(「산업재해보상보험법」제36조제1항 단서).

7-4. 사고로 인한 업무상 재해의 인정기준

근로자가 다음의 어느 하나에 해당하는 업무상 사고로 부상 또는 장해가 발생하거나 사망하면 업무상 재해로 봅니다(「산업재해보상보험법」 제37조제1항 본문).

① 근로자가 근로계약에 따른 업무나 그에 따르는 행위를 하던 중 발생한 사고

② 사업주가 제공한 시설물 등을 이용하던 중 그 시설물 등의 결함이나 관리소홀로 발생한 사고

③ 사업주가 제공한 교통수단이나 그에 준하는 교통수단을 이용하는 등 사업주의 지배관리 하에서 출퇴근 중 발생한 사고

④ 사업주가 주관하거나 사업주의 지시에 따라 참여한 행사나 행사준비 중에 발생한 사고

⑤ 휴게시간 중 사업주의 지배관리 하에 있다고 볼 수 있는 행위로 발생한 사고

⑥ 그 밖에 업무와 관련하여 발생한 사고

7-5. 업무와 사고로 인한 재해 사이에 상당인과관계가 있을 것

① 상당인과관계의 의의

'상당인과관계'란 일반적인 경험과 지식에 비추어 그러한 사고가 있으면 그러한 재해가 발생할 것이라고 인정되는 범위에서 인과관계를 인정해야 한다는 것을 말합니다.

② 인과관계의 입증책임

인과관계의 존재에 대한 입증책임은 보험급여를 받으려는 자(근로자 또는 유족)가 부담합니다(대법원 2005.11.10.선고, 2005두8009 판결).

③ 인과관계의 판단기준

　업무와 재해사이의 인과관계의 상당인과관계는 보통평균인이 아니라 해당 근로자의 건강과 신체조건을 기준으로 해서 판단해야 합니다(대법원 2008.1.31.선고, 2006두8204판결, 대법원 2005.11.10.선고, 2005두8009판결).

④ 인과관계의 입증 정도

　인과관계는 반드시 의학적, 과학적으로 명백하게 입증되어야 하는 것은 아니고, 근로자의 취업 당시의 건강상태, 발병경위, 질병의 내용, 치료의 경과 등 제반 사정을 고려할 때 업무와 재해 사이에 상당인과관계가 있다고 추단되는 경우에도 인정됩니다(대법원 2007.4.12.선고, 2006두4912판결).

⑤ 인과관계 판단의 두 기준

1. 업무수행성과 업무기인성

　'업무수행성(業務遂行性)'이란 사용자의 지배 또는 관리 하에 이루어지는 해당 근로자의 업무수행 및 그에 수반되는 통상적인 활동과정에서 재해의 원인이 발생한 것을 의미합니다.

　'업무기인성(業務基因性)'이란 재해가 업무로 인하여 발생하였다고 인정되는 관계를 말합니다.

2. 업무수행성과 업무기인성의 관계

　1981.12.17. 법률 제3467호로 개정되기 전의 구「산업재해보상보험법」제3조제1항은 "업무상의 재해라 함은 근로자가 업무수행 중 그 업무에 기인하여 발생한 재해를 말한다."라고 규정하고 있었고, 판례도 이에 따라 업무수행성과 업무기인성을 모두 요구하는 것이 주류적 판례였습니다.

　그러나 1981.12.17. 「산업재해보상보험법」이 법률 제

3467호로 개정되면서 "업무상 재해란 업무상의 사유에 따른 근로자의 부상·질병·장해 또는 사망을 말한다."라고 규정하여 '업무수행'과 '업무기인'이라는 용어를 모두 삭제하였고 이에 따라 업무수행 및 그에 수반되는 통상적인 활동과정 중의 재해가 아니라도(업무수행성이 없더라도) 업무로 인하여 재해가 발생하였다면(업무기인성이 있으면) 업무와 재해 사이에 상당 인과관계가 인정되어 업무상 재해로 인정될 수 있게 되었습니다. 즉, 업무수행성은 업무기인성을 추정하는 기능을 하며 업무와 재해와의 상당인과관계는 업무기인성에 의해 판단합니다.

7-6. 사고로 인한 업무상 재해의 판단 방법

사고의 발생이 시간적·장소적으로 특정될 수 있는 '사고로 인한 업무상 재해'의 경우에는 그 사고가 업무수행 및 그에 수반되는 통상적인 활동과정 중에 일어난 재해인가를 먼저 판단하여 업무수행성이 인정되면 그 재해가 업무가 아닌 다른 이유로 특별히 발생된 경우가 아닌 한 업무기인성을 인정하여 업무상 재해로 인정하는 방법이 주로 사용됩니다.

질병의 발병을 시간적·장소적으로 특정하기도 어려운 '질병으로 인한 업무상 재해'의 경우에는 업무수행성을 판단하는 대신 업무기인성만을 판단하여 그 업무로 인해 재해가 발생한 것이 입증되면 업무상 재해로 인정하는 방법이 주로 사용됩니다.

① 근로자의 고의·자해행위 또는 범죄행위로 인한 재해가 아닐 것

근로자의 고의·자해행위나 범죄행위 또는 그것이 원인이 되어 발생한 재해(부상·장해 또는 사망)는 업무상 재해로

보지 않습니다(「산업재해보상보험법」 제37조 제2항 본문). 다만, 그 부상·장해 또는 사망이 정상적인 인식능력 등이 뚜렷하게 저하된 상태에서 한 행위로 발생한 경우로서 다음 어느 하나에 해당하는 사유가 있으면 업무상 재해로 봅니다(「산업재해보상보험법」 제37조 제2항 단서 및 「산업재해보상보험법 시행령」 제36조).

1. 업무상의 사유로 발생한 정신질환으로 치료를 받았거나 받고 있는 사람이 정신적 이상 상태에서 자해행위를 한 경우
2. 업무상 재해로 요양 중인 사람이 그 업무상 재해로 인한 정신적 이상 상태에서 자해행위를 한 경우
3. 그 밖에 업무상의 사유로 인한 정신적 이상 상태에서 자해행위를 하였다는 것이 의학적으로 인정되는 경우

7-7. 질병으로 인한 업무상 재해의 판단 방법

사고의 발생이 시간적·장소적으로 특정될 수 있는 '사고로 인한 업무상 재해'의 경우에는 그 사고가 업무수행 및 그에 수반되는 통상적인 활동과정 중에 일어난 재해인가를 먼저 판단하여 업무수행성이 인정되면, 그 재해가 업무가 아닌 다른 이유로 특별히 발생된 경우가 아닌 한 업무기인성을 인정하여 업무상 재해로 인정하는 방법이 주로 사용됩니다.

질병의 발병이 시간적·장소적으로 특정되기 어려운 '질병으로 인한 업무상 재해'의 경우에는 업무수행성을 판단하는 대신 업무기인성만을 판단하여 그 업무로 인해 재해가 발생한 것이 입증되면 업무상 재해로 인정하는 방법이 주로 사용됩니다.

'질병으로 인한 업무상 재해'의 경우에는 근로자가 업무와

질병에 사이의 인과관계를 입증하기 곤란한 경우가 많기 때문에 「산업재해보상보험법」 제34조에서는 업무상 질병의 인정기준을 두어 근로자의 인과관계 입증곤란 문제를 해결하고 있습니다.

① 근로자의 고의·자해행위 또는 범죄행위로 인한 질병·장해·사망이 아닐 것

　근로자의 고의·자해행위나 범죄행위 또는 그것이 원인이 되어 발생한 질병·장해 또는 사망은 업무상 재해로 보지 않습니다(「산업재해보상보험법」 제37조 제2항 본문). 다만, 그 부상·질병·장해 또는 사망이 정상적인 인식능력 등이 뚜렷하게 저하된 상태에서 한 행위로 발생한 경우로서 다음 어느 하나에 해당하는 사유가 있으면 업무상 재해로 봅니다(「산업재해보상보험법」 제37조 제2항 단서 및 「산업재해보상보험법 시행령」 제36조).

② 업무상의 사유로 발생한 정신질환으로 치료를 받았거나 받고 있는 사람이 정신적 이상 상태에서 자해행위를 한 경우

③ 업무상 재해로 요양 중인 사람이 그 업무상 재해로 인한 정신적 이상 상태에서 자해행위를 한 경우

④ 그 밖에 업무상의 사유로 인한 정신적 이상 상태에서 자해행위를 하였다는 것이 의학적으로 인정되는 경우

8. 요양급여

8-1.요양급여의 의의

　'요양급여'란 근로자가 3일 이내에 치유될 수 없는 업무상

부상 또는 질병에 걸렸을 경우 근로자가 치유될 때까지 산재
보험 의료기관에서 요양을 하도록 하는 산업재해보상 보험급
여를 말합니다(「산업재해보상보험법」 제40조). 요양급여는 원
칙적으로 근로자를 산재보험 의료기관에서 요양하게 하며, 부
득이한 사유가 있는 경우에는 근로자를 산재보험 의료기관에
서 요양하게 하는 대신 근로자에게 직접 요양비를 지급합니다.

8-2. 요양급여의 지급 요건 및 범위

① 요양급여의 지급 요건

　요양급여는 근로자가 업무상의 사유로 부상을 당하거나
질병에 걸린 경우에 그 근로자에게 지급합니다(「산업재해보
상보험법」 제40조 제1항). 다만, 부상 또는 질병이 3일 이
내의 요양으로 치유될 수 있으면 요양급여를 지급하지 않습
니다(「산업재해보상보험법」 제40조 제3항).

② 요양급여의 범위

　산재근로자에게는 진찰 및 검사, 약제 또는 진료재료와
의지(義肢) 그 밖의 보조기의 지급, 처치, 수술, 그 밖의 치
료, 재활치료, 입원, 간호 및 간병, 이송 등이 요양급여로
지급됩니다(「산업재해보상보험법」 제40조 제4항).

③ 요양급여의 지급 방법

　근로복지공단은 근로자가 업무상의 사유로 부상을 당하거
나 질병에 걸린 경우 원칙적으로 그 근로자를 산재보험 의
료기관에서 요양을 하게 합니다(「산업재해보상보험법」 제40
조 제2항 본문 및 제43조 제1항).

　산재보험 의료기관이란 근로복지공단에 두는 의료기관,

「의료법」 제3조의4에 따른 상급종합병원, 「의료법」 제3조에 따른 의료기관과 「지역보건법」 제10조에 따른 보건소(「지역보건법」 제12조에 따른 보건의료원 포함) 중 근로복지공단이 지정한 의료기관 또는 보건소를 말합니다.

④ 예외적으로 요양비 지급

근로복지공단은 부득이한 사유가 있는 경우 근로자를 산재보험 의료기관에서 요양하게 하는 대신 근로자에게 직접 요양비를 지급할 수 있습니다(「산업재해보상보험법」 제40조 제2항 단서).

8-3. 요양기간의 연장 등

① 요양기간의 연장

산재보험 의료기관은 요양급여를 받고 있는 근로자의 요양기간을 연장할 필요가 있는 경우에는 그 근로자의 상병경과(傷病經過), 치료예정기간 및 치료방법 등을 적은 진료계획을 근로복지공단에 제출해야 합니다(「산업재해보상보험법」 제47조 제1항).

② 전원요양

요양 중인 근로자는 다음의 어느 하나에 해당하는 사유가 있으면 근로복지공단에 전원(轉院)요양을 신청할 수 있습니다(「산업재해보상보험법」 제48조 제2항).

1. 요양 중인 산재보험 의료기관의 인력·시설 등이 그 근로자의 전문적인 치료 또는 재활치료에 맞지 않아 다른 산재보험 의료기관으로 옮길 필요가 있는 경우

2. 생활근거지에서 요양하기 위해 다른 산재보험 의료기관

으로 옮길 필요가 있는 경우

3. 상급종합병원에서 전문적인 치료 후 다른 산재보험 의료
   기관으로 옮길 필요가 있는 경우

8-4. 추가상병요양

업무상 재해로 요양 중인 근로자는 다음의 어느 하나에 해당하는 경우에는 그 부상 또는 질병(추가상병)에 대한 요양급여를 신청할 수 있습니다(「산업재해보상보험법」 제49조).

① 그 업무상 재해로 이미 발생한 부상이나 질병이 추가로 발견되어 요양이 필요한 경우

② 그 업무상 재해로 발생한 부상이나 질병이 원인이 되어 새로운 질병이 발생하여 요양이 필요한 경우

8-5. 재요양

요양급여를 받은 자가 치유 후 요양의 대상이 되었던 업무상 부상 또는 질병이 재발하거나 치유 당시보다 상태가 악화되어 이를 치유하기 위한 적극적인 치료가 필요하다는 의학적 소견이 있으면 재요양을 받을 수 있습니다(「산업재해보상보험법」 제51조 제1항).

9. 휴업급여

업무상 사유로 부상을 당하거나 질병에 걸린 근로자는 요양으로 취업하지 못한 기간(취업하지 못한 기간이 3일 이내인 경우는 제외함)에 대해 1일당 평균임금의 100분의 70에 상당

하는 금액을 휴업급여로 지급받습니다.

9-1. 휴업급여의 의의

　'휴업급여'란 업무상 사유로 부상을 당하거나 질병에 걸린 근로자가 요양으로 취업하지 못한 기간에 대해 지급하는 보험급여를 말합니다(「산업재해보상보험법」 제52조).

9-2. 휴업급여의 지급요건

　휴업급여는 업무상 사유로 부상을 당하거나 질병에 걸린 근로자가 요양으로 취업하지 못한 기간에 대해 지급합니다(「산업재해보상보험법」 제52조 본문). 다만, 업무상 사유로 부상을 당하거나 질병에 걸린 근로자가 요양으로 취업하지 못한 기간이 3일 이내이면 휴업급여를 지급하지 않습니다(「산업재해보상보험법」 제52조 단서).

9-3. 휴업급여의 청구

　휴업급여를 지급받으려는 업무상 재해를 당한 근로자(이하, "산재근로자"라 함)는 휴업급여청구서에 재해가 발생한 달을 포함한 이전 4개월간의 임금대장(다만, 연차 및 상여금지급내역이 있는 경우 재해 전 12개월간의 임금대장)을 첨부하여 근로복지공단에 제출해야 합니다[「산업재해보상보험법」 제53조 제3항, 「산업재해보상보험법 시행령」 제21조 제1항 제1호, 「산업재해보상보험법 시행규칙」 제79조, 「보상업무처리규정」 (근로복지공단 규정 제874호, 2015.6.1. 발령·시행) 제13조 제1항 및 별지 제7호 서식].

9-4. 휴업급여의 소멸시효

휴업급여 청구권은 휴업한 날의 다음날부터 3년간 행사하지 않으면 시효로 소멸합니다(「산업재해보상보험법」 제112조 제1항 제1호).

휴업급여 청구권의 소멸시효는 수급권자의 휴업급여 청구로 중단됩니다. 이 경우 휴업급여 청구권의 소멸시효가 휴업급여 청구로 중단되는 경우 그 휴업급여 청구가 업무상 재해 여부의 판단을 필요로 하는 최초의 청구인 경우에는 그 청구로 인한 시효중단의 효력은 다른 보험급여에도 미칩니다(「산업재해보상보험법」 제113조).

9-5. 휴업급여의 지급

① 휴업급여 지급 기한

휴업급여는 휴업급여 지급 결정일부터 14일 이내에 지급해야 합니다(「산업재해보상보험법」 제82조).

② 휴업급여 지급액

휴업급여는 1일당 평균임금의 100분의 70에 상당하는 금액을 지급합니다(「산업재해보상보험법」 제52조 본문).

※ 휴업급여 산정 사례

재해발생일이 2011년 1월 3일이고, 평균임금이 60,000원, 최저임금액이 34,560원원인 경우 : 평균임금의 70%인 42,000원이 1일 휴업급여 지급액이 됩니다.

근로복지공단은 평균임금이 산정되어 있지 않아 휴업급여 지급이 지연된 경우에는 최저임금으로 휴업급여를 우선 지급하고 평균임금 산정 이후 차액 분을 추가지급(재요양시 동일)하는 휴업급여 선지급제도를 운영하고 있습니다.

휴업급여로 지급된 금품에 대해서는 국가나 지방자치단체의 공과금을 부과되지 않습니다(「산업재해보상보험법」 제91조).

9-6. 미지급 휴업급여의 청구 및 지급

휴업급여 수급권자가 사망한 경우 수급권자의 유족이 사망한 수급권자 대신 미지급 휴업급여를 받으려면 미지급보험급여청구서를 근로복지공단에 제출해야 합니다(「산업재해보상보험법」 제81조, 「보상업무처리규정」 제49조 및 별지 제29호 서식).

미지급 휴업급여는 미지급 휴업급여 지급 결정일부터 14일 이내에 지급해야 합니다(「산업재해보상보험법」 제82조).

9-7. 휴업급여 수급권의 양도 압류 금지 등

휴업급여를 받을 권리는 근로자가 퇴직해도 소멸되지 않습니다(「산업재해보상보험법」 제88조 제1항). 휴업급여를 받을 권리는 양도 또는 압류하거나 담보로 제공할 수 없습니다(「산업재해보상보험법」 제88조 제2항).

9-8. 부당이득 징수

거짓이나 그 밖의 부정한 방법으로 휴업급여를 받은 자는 그 금액의 2배에 해당하는 금액을 징수 받습니다(「산업재해보상보험법」 제84조 제1항 전단).

10. 장해급여

10-1. 장해급여의 의의

  '장해급여'란 근로자가 업무상의 사유로 부상을 당하거나 질병에 걸려 치유된 후 신체 등에 장해가 있는 경우에 그 근로자에게 지급하는 보험급여를 말합니다(「산업재해보상보험법」 제57조 제1항).

  업무상 재해를 당한 근로자가 장해보상일시금 또는 장해보상연금을 지급받으려면 장해급여청구서에 장해진단서, 방사선검사 자료 등 장해의 상태를 확인할 수 있는 서류를 첨부하여 근로복지공단에 제출해야 합니다.

  장해급여청구서를 제출받은 근로복지공단은 장해등급을 결정하여, 해당 장해등급에 따라 장해보상연금 또는 장해보상일시금을 업무상 재해를 당한 근로자에게 지급합니다.

10-2. 장해급여의 지급요건

  장해급여는 근로자가 업무상의 사유로 부상을 당하거나 질병에 걸려 치유된 후 신체 등에 장해가 있는 경우에 그 근로자에게 지급합니다(「산업재해보상보험법」 제57조 제1항).

  '치유'란 부상 또는 질병이 완치되거나 치료의 효과를 더 이상 기대할 수 없고 그 증상이 고정된 상태에 이르게 된 것을 말합니다(「산업재해보상보험법」 제5조 제4호).

  '장해'란 부상 또는 질병이 치유되었으나 정신적 또는 육체적 훼손으로 인해 노동능력이 상실되거나 감소된 상태를 말합니다(「산업재해보상보험법」 제5조 제5호).

10-3. 장해급여의 청구

업무상 재해를 당한 근로자가 치유된 후 장해보상일시금 또는 장해보상연금을 지급받으려면 장해급여청구서에 장해진단서, 방사선 검사 자료, 진료기록부 등 장해의 상태를 확인할 수 있는 서류를 첨부하여 근로복지공단에 제출해야 합니다[「산업재해보상보험법」 제36조 제2항, 「산업재해보상보험법 시행령」 제21조 제1항 제1호, 「산업재해보상보험법 시행규칙」 제79조, 「보상업무처리규정」(근로복지공단 규정 제874호, 2015. 6. 1. 발령·시행) 제17조 제1항, 별지 제11호 서식 및 별지 제12호 서식].

10-4. 장해등급의 판정

장해등급 기준은 제1급부터 제14급까지 14단계의 등급이 있습니다(산업재해보상보험법」 제57조 제2항, 「산업재해보상보험법 시행령」 제53조 제1항 및 별표 6).

장해등급 기준에 해당하는 장해가 둘 이상 있는 경우 그 중 심한 장해에 해당하는 장해등급을 그 근로자의 장해등급으로 합니다. 다만, 장해계열이 다른 제13급 이상의 장해가 둘 이상 있는 경우에는 장해등급을 조정합니다(「산업재해보상보험법 시행령」 제53조 제2항).

10-5. 장해급여의 지급

장해급여는 수급권자의 선택에 따라 장해급여표에 따른 장해보상연금 또는 장해보상일시금으로 지급됩니다(「산업재해보상보험법」 제57조 제2항·제3항 본문 및 별표 2).

이미 장해가 있던 사람이 업무상 부상 또는 질병으로 같은 장해부위에 장해정도가 심해진 경우에는 가중 장해에 해당하는 장해보상일시금(장해보상연금) 지급일수에서 기존 장해에 해당하는 장해보상일시금(장해보상연금)의 지급일수를 뺀 금액에 급여 청구사유 발생 당시(연금지급 당시)의 평균임금을 곱하여 산정한 금액을 지급합니다(「산업재해보상보험법 시행령」 제53조 제4항).

근로복지공단은 장해보상연금 수급권자 중 그 장해상태가 호전되거나 악화되어 치유 당시 결정된 장해등급이 변경될 가능성이 있는 자에 대해서는 그 수급권자의 신청 또는 직권으로 장해등급을 재판정하여 그 변경된 장해등급에 따라 장해급여를 지급할 수 있습니다(「산업재해보상보험법」 제59조 제1항·제2항).

재요양을 받고 치유된 후 장해상태가 종전에 비하여 호전되거나 악화된 경우에는 그 호전 또는 악화된 장해상태에 해당하는 장해등급에 따라 장해급여를 지급합니다(「산업재해보상보험법」 제60조 제2항 전단).

11. 유족급여

11-1. 유족급여의 의의

'유족급여'란 근로자가 업무상의 사유로 사망한 경우 유족에게 지급되는 산업재해보상 보험급여를 말합니다(「산업재해보상보험법」 제62조 제1항). 유족급여는 원칙적으로 유족보상연금으로 지급되고 예외적으로 근로자가 사망할 당시 유족보상연금

수급권자가 없는 경우에만 유족보상일시금으로 지급됩니다.

'유족'이란 사망한 자의 배우자(사실상 혼인 관계에 있는 자를 포함한다)·자녀·부모·손자녀·조부모 또는 형제자매를 말합니다(「산업재해보상보험법」 제5조 제3호).

11-2. 유족급여의 지급 방법

유족급여는 유족보상연금이나 유족보상일시금으로 지급합니다(「산업재해보상보험법」 제62조 제2항).

① 유족보상연금

유족보상연금을 받을 자격이 있는 자(이하 "유족보상연금 수급자격자"라 함)에게는 원칙적으로 유족보상연금을 지급합니다.

- 반액 유족보상연금(반액 유족보상일시금) : 유족보상연금 수급권자가 원하면 유족보상일시금의 100분의 50에 상당하는 금액을 일시금으로 지급하고 유족보상연금은 100분의 50을 감액하여 지급합니다(「산업재해보상보험법」 제62조 제3항).

  반액 유족보상일시금을 지급받고 유족보상연금의 100분의 50을 감액하여 지급을 받으려는 사람은 유족급여청구서에 수급권자에 해당하는지 여부의 확인에 필요한 「가족관계의 등록 등에 관한 법률」에 따른 증명서를 첨부하여 근로복지공단에 제출해야 합니다[「산업재해보상보험법 시행령」 제21조 제1항 제4호 및 「보상업무처리규정」 (근로복지공단 규정 제874호, 2015. 6. 1. 발령·시행) 제31조 제1항 별지 제15호 서식].

- 유족보상연금 차액일시금 : 유족보상연금을 받던 자가 그 수급자격을 잃은 경우 다른 수급자격자가 없고 이미 지급한 연금액을 지급 당시의 각각의 평균임금으로 나누어 산정한 일수의 합계가 1,300일에 못 미치면 그 못 미치는 일수에 수급자격 상실 당시의 평균임금을 곱하여 산정한 금액을 수급자격 상실 당시의 유족에게 일시금으로 지급합니다(「산업재해보상보험법」 제62조 제4항). 유족보상연금 차액일시금을 지급받으려는 유족은 유족보상연금 차액일시금청구서를 근로복지공단에 제출해야 합니다(「보상업무처리규정」 제33조 및 별지 제16호 서식).

② 유족보상일시금

유족보상일시금은 근로자가 사망할 당시 유족보상연금수급권자가 없는 경우에 지급합니다(「산업재해보상보험법」 제62조 제2항).

12. 직업재활급여 및 재활지원

12-1. 직업재활급여

① 직업재활급여의 의의

'직업재활급여'란 장해등급 제1급부터 제12급까지의 장해급여자(이하, "장해급여자"라 함) 중 취업을 위해 직업훈련이 필요한 자에게 직업훈련비용 및 직업훈련수당을 지급하고, 장해급여자의 고용을 유지하는 사업주에게는 직장복귀지원금, 직장적응훈련비 및 재활훈련비를 지급하는 보험급여를 말합니다(「산업재해보상보험법」 제72조 제1항).

근로복지공단은 근로자의 원활한 재활을 위해 직업재활급여 외에도 재활사례관리, 의료재활 지원(후유증상관리), 창업 지원, 사회재활 지원, 생활 지원 등의 사업을 시행하고 있습니다.

② 직업재활급여의 종류

직업재활급여의 종류는 취업을 위해 직업훈련이 필요한 자에게 지급하는 직업훈련비용, 직업훈련수당과 사업주에게 지급하는 직장복귀지원금, 직장적응훈련비 및 재활운동비가 있습니다(「산업재해보상보험법」 제72조 제1항).

12-2. 그 밖의 재활지원

근로복지공단은 업무상 재해를 당한 근로자(이하, "산재근로자"라 함)의 원만한 직업복귀 또는 사회복귀를 위해 재활사례관리가 필요한 산재근로자를 재활사례관리대상자로 선정하여 직업평가, 재활사례관리계획 수립, 재활서비스 제공 및 사후관리까지 체계적으로 관리해주는 재활사례관리를 시행하고 있습니다(「산재근로자 재활사례관리규정」 제2조 제1호).

재활사례관리는 기초상담 재활사례관리대상 선정 직업평가 사례관리계획수립, 직업복귀 및 사회복귀 사후관리의 순서로 이루어집니다.

13. 창업 지원

근로복지공단은 장해급여지급결정을 받은 산재장해인(이하, "산재장해인"이라 함)의 자립기반 구축 등 복지증진을 위해 근로복지공단 명의로 점포를 임차하여 산재장해인에게 운영하도록 하는 산재근로자 창업지원사업을 시행하고 있습니다[「산업재해보상보험법」 제92조 제1항 제2호 및 「직업재활업무 처리규정」(근로복지공단 규정 제907호 2015. 11. 6. 발령·시행) 제38조].

14. 의료재활 지원(후유증상관리)

근로복지공단은 장해보상을 받은 후 부상 또는 질병의 특성상 합병증 등 증상이 발생되었거나 발생될 염려가 있는 자에 대해 간편한 절차로 진료를 받을 수 있도록 하는 합병증 및 후유증상 관리 제도를 시행하고 있습니다(「산업재해보상보험법」 제77조).

15. 사회생활 지원

근로복지공단은 산재근로자의 사회복귀 촉진을 지원하기 위해 심리상담, 희망찾기프로그램, 사회적응프로그램, 재활스포츠, 취미활동반, 지역사회자원 연계, 산재근로자 멘토링 프로그램 등의 사업을 하고 있습니다[「산업재해보상보험법」 제1조, 제92조, 「산재근로자 사회심리재활지원규정」(근로복지공단 규정 제918호, 2015. 12. 29. 발령, 2016. 1. 1. 시행) 제1조 및 제2조].

16. 생활 지원

  근로복지공단은 산재근로자와 그 유족의 복지 증진을 위한
사업 수행을 위해 산재근로자 및 자녀 장학사업과 산재근로자
생활안정자금 대부사업 그리고 산재근로자 및 자녀 대학학자
금 대부사업을 시행하고 있습니다「산업재해보상보험법」제92
조 제1항 제2호 및 「산재근로자 생활지원규정」(근로복지공단
규정 제891호 2015. 9. 7. 발령, 2015. 1. 2. 시행) 제1조 및
제3조].

17. 진폐에 대한 보험급여 특례

  업무상 질병인 진폐에 걸린 근로자 중 일부는 합병증 등의
치료를 이유로 장기간 요양을 하면서 그 기간 동안에 휴업급
여와 상병보상연금도 함께 지급받게 되고 사후에는 진폐로 인
한 사망으로 쉽게 인정되어 유족급여도 받게 되어 요양을 받
지 않으면서 장해급여만을 받고 있는 다른 진폐근로자에 비하
여 보상수준이 지나치게 커지는 문제가 있으므로 ① 진폐근로
자에게 휴업급여와 상병보상연금을 지급하지 않고 요양 여부
와 관계없이 기초연금을 포함한 진폐보상연금을 지급하는 것
으로 변경하고 또한 ② 진폐에 대한 유족급여는 유족일시금을
폐지하여 진폐유족연금으로 일원화하고 진폐유족연금을 사망
당시 진폐근로자에게 지급하고 있거나 지급하기로 결정된 진
폐보상연금과 같은 금액으로 하되, 유족보상연금을 초과할 수
없도록 하는 등 진폐근로자 간 보상의 형평성을 높이기 위해

진폐에 대한 보험급여 특례를 제정하였습니다.

진폐에 대한 보험급여에는 요양급여, 간병급여, 장의비, 직업재활급여, 진폐보상연금 및 진폐유족연금가 있습니다.

진폐에 대한 보험급여 특례(「산업재해보상보험법」 제91조의2부터 제91조의11까지)에서 정하지 않은 사항은 「산업재해보상보험법」의 일반 규정에 따릅니다.

17-1. 진폐에 대한 보험급여

진폐에 대한 보험급여에는 요양급여, 간병급여, 장의비, 직업재활급여, 진폐보상연금 및 진폐유족연금이 있습니다(「산업재해보상보험법」 제36조 제1항 단서).

17-2. 진폐에 대한 보험급여 지급 절차

진폐에 대한 보험급여는 ① 분진작업에 종사하고 있거나 종사하였던 근로자의 진폐에 대한 요양급여 또는 진폐보상연금의 청구 → ② 근로복지공단의 건강진단기관에 대한 진폐진단 의뢰 → ③ 건강진단기관의 진폐진단 실시 → ④ 건강진단기관의 근로복지공단에 대한 진폐진단 결과 통보 → ⑤ 진폐심사위원회의 진폐진단 결과 심사 → ⑥ 근로복지공단의 진폐판정 및 보험급여의 지급 결정]의 순서에 따라 지급됩니다.

17-3. 진폐에 대한 보험급여 지급 청구

① 진폐에 대한 요양급여 청구

분진작업에 종사하고 있거나 종사하였던 근로자가 업무상 질병인 진폐로 요양급여를 받으려면 요양급여신청서에 다음의 서류를 첨부하여 근로복지공단에 제출해야 합니다[「산업재해보상보험법」 제91조의5 제1항, 「산업재해보상보험법 시행규칙」 제33조 제1항, 「요양업무처리규정」(근로복지공단 규정 제923호, 2015.12.29. 발령, 2016.1.1.시행) 제7조 제1항 및 별지 제2호 서식].

1. 사업주가 증명하는 분진작업 종사경력 확인서(최초로 요양급여 신청을 하는 경우만 해당)
2. 사업의 휴업이나 폐업 등으로 사업주의 증명을 받을 수 없는 경우에는 근로복지공단이 정하는 서류(최초로 요양급여신청을 하는 경우만 해당)
3. 진폐에 관한 의학적 소견서 또는 진단서

② 진폐보상연금 청구

분진작업에 종사하고 있거나 종사하였던 근로자가 업무상 질병인 진폐로 진폐보상연금을 받으려면 진폐보상연금청구서를 근로복지공단에 제출해야 합니다[「산업재해보상보험법」 제91조의3, 「산업재해보상보험법 시행령」 제21조 제1항, 「보상업무처리규정」(근로복지공단 규정 제874호, 2015.6.1. 발령·시행) 제17조 제4항 및 별지 제35호 서식].

③ 진폐에 대한 요양급여 및 진폐보상연금 재청구

진폐로 요양급여 또는 진폐보상연금을 청구한 사람이 요양급여 또는 진폐보상연금의 지급 또는 부지급 결정을 받은 경우에는 진폐 진단이 종료된 날부터 1년이 지나거나 요양이 종결되는 때에 다시 요양급여 또는 진폐보상연금를 청구할 수 있습니다(「산업재해보상보험법」 제91조의5 제2항 본문).

다만, 「진폐의 예방과 진폐근로자의 보호 등에 관한 법률」 제15조에 따른 건강진단기관(이하 "건강진단기관"이라 함)으로부터 다음의 어느 하나에 해당하는 합병증이나 심폐기능의 고도장해 등으로 응급진단이 필요하다는 의학적 소견이 있으면 진폐 진단이 종료된 날부터 1년이 지나지 않은 경우에도 요양급여 또는 진폐보상연금을 청구할 수 있습니다(「산업재해보상보험법」 제91조의5 제2항 단서 및 「진폐의 예방과 진폐근로자의 보호 등에 관한 법률」 제2조 제2호).

1. 활동성 폐결핵
2. 흉막염(胸膜炎)
3. 기관지염
4. 기관지확장증
5. 기흉(氣胸)
6. 폐기종
7. 폐성심
8. 원발성(原發性) 폐암(「진폐의 예방과 진폐근로자의 보호 등에 관한 법률 시행규칙」 별표5에 따른 진폐증 병형이 제1형 이상인 자만 해당함)
9. 비정형(非定型) 미코박테리아 감염

④ 진폐유족연금 청구

진폐유족연금의 수급권자가 진폐유족연금을 지급받으려면 진폐유족연금청구서를 근로복지공단에 제출해야 합니다(「산업재해보상보험법」 제91조의4, 「보상업무처리규정」 제31조의2 제1항 및 별지 제15호 서식).

17-3. 그 밖의 보험급여 청구

① 간병급여

 분진작업에 종사하고 있거나 종사하였던 근로자가 업무상 질병인 진폐로 간병급여를 청구하려면 간병급여청구서에 간병이 필요하다는 의학적 소견서를 첨부하여 근로복지공단에 제출해야 합니다(「산업재해보상보험법」 제61조 제2항, 「산업재해보상보험법 시행령」 제59조 제6항, 「산업재해보상보험법 시행규칙」 제50조, 「보상업무처리규정」 제30조 제1항 및 별지 제12호의2 서식).

② 장의비

 장의비를 지급받으려는 수급권자는 장의비청구서를 근로복지공단에 제출해야 합니다(「보상업무처리규정」 제44조 제1항 전단 및 별지 제15호 서식).

 유족이 아닌 자가 장제를 지내고 장의비를 받으려고 하는 때에는 장의비청구서에 장제에 실제 든 비용을 증명하는 서류를 첨부하여 근로복지공단에 제출해야 합니다(「보상업무처리규정」 제44조 제1항 후단).

17-4. 진폐판정 및 진폐장해등급의 재판정

① 진폐판정

 근로자가 요양급여 또는 진폐보상연금을 청구하면 근로복지공단은 건강진단기관에 진폐판정에 필요한 진단을 의뢰해야 합니다(「산업재해보상보험법」 제91조의6 제1항).

 진폐에 대한 진단을 의뢰받은 건강진단기관은 진폐검사를 실시하고 그 결과를 근로복지공단에 제출해야 합니다(「산업재해보상보험법」 제91조의6 제2항).

근로복지공단은 진폐심사위원회의 심사를 거쳐 진폐판정 결과에 따라 요양급여의 지급 여부, 진폐장해등급과 그에 따른 진폐보상연금의 지급 여부 등을 결정해야 합니다(「산업재해보상보험법」 제91조의7 제6항 및 제91조의8 제2항).

② 진폐장해등급의 재판정

근로복지공단은 제1급부터 제7급까지에 해당하는 진폐장해가 남은 진폐보상연금 수급권자에 대해서 그 수급권자의 신청 또는 직권으로 진폐장해등급을 재판정할 수 있습니다(「산업재해보상보험법」 제59조 제1항·제3항 및 「산업재해보상보험법 시행령」 제55조 제1항 제4호).

17-5. 진폐에 대한 보험급여 지급

① 요양급여

근로복지공단은 요양급여를 지급하기로 결정된 진폐근로자에 대해서는 산재보험 의료기관 중 진폐근로자의 요양을 담당하는 의료기관(진폐요양 의료기관)에서 요양을 하게 합니다(「산업재해보상보험법」 제91조의9 제1항).

진폐에 대한 요양급여는 진폐요양 의료기관에서 요양을 하는 외에는 일반 산업재해에 의한 요양급여 지급기준에 따라 요양급여가 지급됩니다.

② 진폐보상연금 및 진폐유족연금

진폐보상연금은 진폐근로자에게 진폐장해등급별 진폐장해연금과 기초연금을 합산한 금액을 지급합니다(「산업재해보상보험법」 제91조의3 제1항·제2항).

진폐유족연금은 진폐보상연금과 같은 금액(유족보상연금액을 초과할 수 없음)을 유족에게 지급합니다(「산업재해보상보험법」 제91조의4 제1항·제2항).

③ 진폐에 대한 간병급여, 장의비, 직업재활급여

진폐에 대한 간병급여, 장의비, 직업재활급여에 대한 특례는 없습니다. 따라서 진폐에 대한 간병급여, 장의비, 직업재활급여는 진폐가 아닌 업무상 질병으로 인한 산업재해보상보험급여에 지급 방법에 따라 지급됩니다.

18. 보험급여의 적정성 보장

산업재해보상 보험급여는 평균임금을 기준으로 산정합니다. 다만, 평균임금이 그 근로자의 통상임금보다 적으면 그 통상임금액을 평균임금으로 합니다.

「산업재해보상보험법」은 근로자의 보험급여의 적정성을 보장하기 위해 평균임금의 증감, 일용근로자의 평균임금의 산정특례, 직업병에 걸린 사람에 대한 평균임금 산정 특례, 보험급여의 최고 보상기준 및 최저 보상기준을 두고 있습니다.

18-1. 보험급여의 산정기준

① 평균임금

산업재해보상 산업재해 보험급여(이하, "보험급여"라 함)는 평균임금을 기준으로 산정합니다(「산업재해보상보험법」 제37조 제3항부터 제8항까지).

'평균임금'이란 평균임금을 산정해야 할 사유가 발생한 날

이전 3개월 동안에 그 근로자에게 지급된 임금의 총액을 그 기간의 총일수로 나눈 금액을 말합니다(「산업재해보상보험법」 제2조 제5호 및 「근로기준법」 제2조 제1항 제5호).

② 평균임금의 최저한도

평균임금이 그 근로자의 통상임금보다 적으면 그 통상임금액을 평균임금으로 합니다(「근로기준법」 제2조 제2항).

'통상임금'이란 근로자에게 정기적이고 일률적으로 소정근로 또는 총 근로에 대해 지급하기로 정한 시간급 금액, 일급 금액, 주급 금액, 월급 금액 또는 도급 금액을 말합니다(「근로기준법 시행령」 제6조 제1항).

③ 평균임금의 산정에서 제외되는 기간과 임금

평균임금 산정기간 중에 다음의 어느 하나에 해당하는 기간이 있는 경우에는 그 기간과 그 기간 중에 지급된 임금은 평균임금 산정기준이 되는 기간과 임금의 총액에서 각각 뺍니다(「근로기준법 시행령」 제2조 제1항). 다만, 휴직하거나 근로하지 못한 기간 중 임금을 지급받은 경우에는 평균임금 산정기준이 되는 기간과 임금의 총액에서 각각 빼지 않습니다.

1. 수습 사용 중인 기간(「근로기준법」 제35조 제5호)

2. 사용자의 귀책사유로 휴업한 기간(「근로기준법」 제46조)

3. 출산전후휴가 기간(「근로기준법」 제74조)

4. 업무상 부상 또는 질병으로 요양하기 위해 휴업한 기간(「근로기준법」 제78조)

5. 육아휴직 기간(「남녀고용평등과 일·가정 양립 지원에 관한 법률」 제19조)

6. 쟁의행위기간(「노동조합 및 노동관계조정법」 제2조 제6호)

7. 「병역법」, 「향토예비군설치법」 또는 「민방위기본법」에 따
   른 의무를 이행하기 위해 휴직하거나 근로하지 못한 기간
8. 업무 외 부상이나 질병, 그 밖의 사유로 사용자의 승인
   을 받아 휴업한 기간

18-2. 보험급여의 적정성 보장

① 평균임금의 증감

   근로복지공단은 다른 근로자의 평균임금 또는 물가변동으
로 인한 보험급여의 실질가치 하락을 방지하기 위해 보험급
여를 산정하는 경우 해당 근로자의 평균임금을 산정하여야
할 사유가 발생한 날부터 1년이 지난 이후에는 매년 전체
근로자의 임금 평균액의 증감률에 따라 평균임금을 증감시
켜 보험급여를 산정하고 있습니다(「산업재해보상보험법」 제
36조 제3항).

   평균임금의 증감은 보험급여 수급권자의 신청을 받아 하
거나 근로복지공단이 직권으로 할 수 있습니다(「산업재해보
상보험법 시행령」 제22조 제2항).

② 일용근로자의 평균임금 산정 특례

   일용근로자는 근로형태가 특이하여 평균임금을 기준으로
보험급여를 지급하는 경우 산업재해보상 보험급여가 일용근
로자의 실제 근로소득보다 많아지는 경우가 많기 때문에 이
를 보완하기 위해 일용근로자의 평균임금은 일용근로자의
일당에 통상근로계수(73/100)를 곱하여 산정한 금액으로 합
니다(「산업재해보상보험법」 제36조 제5항, 「산업재해보상보
험법 시행령」 제23조 본문, 제24조 제1항).

③ 직업병에 걸린 사람에 대한 평균임금 산정 특례

　업무상 질병에 걸린 근로자는 유해·위험 요인에 노출되고 있는 기간이나 잠복기간이 장기간인 경우 그 기간 동안 임금 수준이 저하되어 평균임금이 낮아지는 문제가 있기 때문에 이를 보완하기 위해 전체 근로자의 임금 평균액을 고려하여 고용노동부장관이 매년 평균임금을 고시하거나 통계청에서 작성하는 사업체노동력조사에 따라 직업병에 걸린 근로자와 성별·직종 및 소속한 사업의 업종·규모가 비슷한 근로자의 월평균 임금총액을 기준으로 평균임금을 산정합니다(「산업재해보상보험법」 제36조 제6항).

④ 보험급여의 최고 보상기준 및 최저 보상기준

　평균임금이 지나치게 높거나 낮은 근로자의 보험급여 수준을 조정하여 근로자간 보험급여의 형평성을 보장하기 위해 보험급여(장의비는 제외함)를 산정할 때 그 근로자의 평균임금 또는 평균임금의 증감에 의한 평균임금, 일용직 근로자의 평균임금, 직업병에 걸린 사람에 대한 평균임금이 전체 근로자의 임금 평균액의 1.8배를 초과하면 그 1.8배를 평균임금으로 하고, 전체 근로자의 임금 평균액의 2분의 1보다 적으면 그 2분의 1을 각각 그 근로자의 평균임금으로 합니다(「산업재해보상보험법」 제36조 제7항 본문).

19. 심사청구 및 재심사청구

19-1. 심사청구

근로복지공단의 보험급여 결정 등에 불복하는 자는 근로복지공단에 심사청구를 할 수 있습니다.

심사청구는 그 보험급여 결정 등을 한 근로복지공단 지역본부 또는 근로복지공단 지사를 거쳐 근로복지공단에 제기해야 합니다.

19-2. 심사청구의 당사자

① 심사청구인

심사청구인은 심사청구의 대상인 보험급여 결정 등에 불복하여 그 취소 또는 변경을 구할 수 있는 법률상 이익이 있는 자입니다(「행정심판법」 제13조 제1항 및 「산업재해보상보험법」 제111조 제3항).

② 심사청구인의 지위 승계

심사청구인 또는 재심사청구인이 사망한 경우 그 청구인이 보험급여의 수급권자이면 유족이, 그 밖의 자이면 상속인 또는 심사청구나 재심사청구의 대상인 보험급여에 관련된 권리·이익을 승계한 자가 각각 청구인의 지위를 승계합니다(「산업재해보상보험법」 제110조).

③ 피청구인

심사청구의 피청구인은 해당 심사청구 대상인 보험급여 결정 등을 한 근로복지공단입니다(「행정심판법」 제17조 제1항 및 「산업재해보상보험법」 제111조 제3항).

19-3. 심사청구 제기

① 심사청구 대상

다음의 어느 하나에 해당하는 근로복지공단의 결정 등(이

하 "보험급여 결정 등"이라 함)에 불복하는 자는 근로복지
공단에 심사청구를 할 수 있습니다(「산업재해보상보험법」
제103조 제1항).

1. 보험급여에 관한 결정

2. 진료비에 관한 결정

3. 약제비에 관한 결정

4. 진료계획 변경 조치 등

5. 보험급여의 일시지급에 관한 결정

6. 부당이득의 징수에 관한 결정

7. 수급권의 대위에 관한 결정

② 심사청구 방법

심사청구는 그 보험급여 결정 등을 한 근로복지공단의 분사
무소(이하, "지역본부 또는 지사"라 함)를 거쳐 근로복지공단
에 제기해야 합니다(「산업재해보상보험법」 제103조 제2항).

심사청구는 다음의 사항을 적은 문서(이하 "심사청구서"
라 함)로 해야 합니다(「산업재해보상보험법 시행령」 제96조
제1항).

1. 심사청구인의 이름 및 주소(심사청구인이 법인인 경우에
   는 그 명칭·소재지 및 대표자의 이름)

2. 보험급여 결정 등의 내용

3. 보험급여 결정 등이 있음을 안 날

4. 심사청구의 취지 및 이유

5. 심사청구에 관한 고지의 유무 및 고지의 내용

심사청구인이 재해를 입은 근로자가 아닌 경우(위의 진료
비에 대한 결정 및 약제비에 대한 결정에 대한 심사청구의

경우는 제외함)에는 심사청구서에 위의 기재 사항 외에 다음의 사항을 적어야 합니다(「산업재해보상보험법 시행령」제96조 제2항).

1. 재해를 입은 근로자의 이름
2. 재해를 입은 근로자의 재해 당시 소속 사업의 명칭 및 소재지

   심사청구를 선정대표자 또는 대리인이 제기하는 경우 위의 각 기재 사항 외에 선정대표자 또는 대리인의 이름과 주소를 심사청구서에 적어야 합니다(「산업재해보상보험법 시행령」 제96조 제3항). 심사청구서에는 심사청구인 또는 대리인이 서명하거나 날인해야 합니다(「산업재해보상보험법 시행령」 제96조 제4항).

③ 심사청구 기간

   심사청구는 보험급여 결정 등이 있음을 안 날부터 90일 이내에 해야 합니다(「산업재해보상보험법」 제103조 제3항).

19-4. 심사청구에 대한 보정 요구 및 각하

   근로복지공단은 심사청구가 심사청구기간을 지나 제기되었거나 법령의 방식을 위반하여 보정할 수 없는 경우 또는 근로복지공단이 정한 보정 기간에 보정하지 않은 경우에는 각하결정을 해야 합니다(「산업재해보상보험법 시행령」 제97조 제1항).

   심사청구가 법령의 방식을 위반한 것이라도 보정할 수 있는 경우에는 근로복지공단은 상당한 기간을 정하여 심사청구인에게 보정할 것을 요구할 수 있습니다(「산업재해보상보

험법 시행령」 제97조 제2항 본문). 다만, 보정할 사항이 경미한 경우에는 근로복지공단이 직권으로 보정할 수 있습니다(「산업재해보상보험법 시행령」 제97조 제2항 단서).

19-5. 보험급여 결정 등의 집행정지

① 보험급여 결정 등의 집행정지

심사청구는 해당 보험급여 결정 등의 집행을 정지시키지 않습니다(「산업재해보상보험법 시행령」 제98조 제1항 본문). 다만, 근로복지공단은 그 집행으로 발생할 중대한 손실을 피하기 위해 긴급한 필요가 있다고 인정하면 그 집행을 정지시킬 수 있습니다(「산업재해보상보험법 시행령」 제98조 제1항 단서). 근로복지공단이 보험급여 결정 등의 집행을 정지시킨 경우에는 지체 없이 다음의 사항을 적은 문서로 심사청구인에게 알려야 합니다(「산업재해보상보험법 시행령」 제98조 제2항·제3항).

1. 심사청구 사건명
2. 집행정지 대상인 보험급여 결정 등 및 집행정지의 내용
3. 심사청구인의 이름 및 주소
4. 집행정지의 이유

19-6. 심사청구에 대한 심리

① 심리 기간 및 절차

근로복지공단은 보험급여 결정 등에 대한 심사청구서를 받은 날부터 60일 이내에 산업재해보상보험심사위원회(이하, "심사위원회"라 함)의 심의를 거쳐 심사청구에 대한 결

정을 해야 합니다. 다만, 부득이한 사유로 그 기간 이내에 결정을 할 수 없으면 1차에 한하여 20일을 넘지 않는 범위에서 그 기간을 연장할 수 있습니다(「산업재해보상보험법」 제105조 제1항).

② 심사위원회의 심의를 제외 대상

　다음의 어느 하나에 해당하는 사유에 해당하는 경우에는 심사위원회의 심의를 거치지 않고 결정할 수 있습니다(「산업재해보상보험법」 제105조 제2항 및 「산업재해보상보험법 시행령」 제102조 제1항).

1. 업무상질병판정위원회의 심의를 거쳐 업무상 질병의 인정 여부가 결정된 경우

2. 진폐증 등 고용노동부령으로 정하는 절차에 따라 보험급여에 관한 결정이 이루어지는 경우

3. 「산업재해보상보험법 시행령」 제97조 제1항에 따른 각하 사유에 해당하는 경우

4. 진료비 또는 약제비(「산업재해보상보험법」 제40조 제2항 단서에 따른 요양비 중 진료비 또는 약제비에 해당하는 비용을 포함함)에 관한 결정에 불복하여 심사청구가 제기된 경우

5. 그 밖에 심사청구의 대상이 되는 보험급여 결정 등이 적법한지를 명백히 알 수 있는 경우

③ 심사위원회의 심의를 제외 대상

　근로복지공단은 심사청구에 대해 심사위원회의 심의를 거쳐 결정하는 경우 그 심리 경과에 관해 심리조서를 작성해야 합니다(「산업재해보상보험법」 제104조 제3항 및 「산업재

해보상보험법 시행령」 제100조 제4항).

　당사자 및 관계인은 문서로 심리조서의 열람을 신청할 수 있습니다(「산업재해보상보험법」 제110조 제3항).

19-7. 심사청구에 대한 결정

① 심사청구에 대한 결정

　심사청구에 대한 결정은 다음의 사항을 적은 문서로 해야 합니다(「산업재해보상보험법 시행령」 제101조 제1항·제2항).

1. 사건번호 및 사건명
2. 심사청구인의 이름 및 주소(심사청구인이 법인인 경우에는 그 명칭·소재지 및 대표자의 이름)
3. 선정대표자 또는 대리인의 이름 및 주소(심사청구를 선정대표자 또는 대리인이 제기하는 경우만 해당)
4. 심사청구인이 재해를 입은 근로자가 아닌 경우에는 재해를 입은 근로자의 이름 및 주소
5. 주문
6. 심사청구의 취지
7. 이유
8. 결정연월일

② 심사 결정서 정본 송부 등

　근로복지공단이 심사청구에 대한 결정을 하면 심사청구인에게 심사 결정서 정본을 보내야 합니다(「산업재해보상보험법 시행령」 제101조 제3항).

　근로복지공단이 보험급여 결정 등을 하거나 심사청구에 대한 결정을 할 때에는 그 상대방 또는 심사청구인에게 그

보험급여 결정 등 또는 심사청구에 대한 결정에 관해 심사
청구 또는 재심사청구를 제기할 수 있는지 여부, 제기하는
경우의 절차 및 청구기간을 알려야 합니다(「산업재해보상보
험법 시행령」 제101조 제4항).

20. 다른 법률과의 관계

20-1. 「행정심판법」과 관계

근로복지공단의 보험급여 결정 등에 대해서는 「행정심판
법」에 따른 행정심판을 제기할 수 없습니다(「산업재해보상
보험법」 제103조 제5항).

심사청구에 관해 「산업재해보상보험법」에서 정하고 있지
않은 사항에 대해서는 「행정심판법」에 따릅니다(「산업재해
보상보험법」 제111조 제3항).

20-2. 「민법」 제168조와의 관계

「산업재해보상보험법」 제103조 및 「산업재해보상보험법」
제106조에 따른 심사청구의 제기는 시효의 중단에 관해
「민법」 제168조에 따른 재판상의 청구로 봅니다(「산업재해
보상보험법」 제111조 제1항).

20-3. 「근로기준법」에 따른 재해보상과의 관계

① 수급권자가 「산업재해보상보험법」에 따라 보험급여를 받았
거나 받을 수 있으면 보험가입자(사업주)는 동일한 사유에
대해 「근로기준법」에 따른 재해보상 책임이 면제됩니다
(「산업재해보상보험법」 제80조제1항).

「근로기준법」에 따른 재해보상에는 요양보상, 휴업보상, 장해보상, 유족보상, 장의비가 있습니다.

② 「근로기준법」에 따른 재해보상

→ **요양보상**

근로자가 업무상 부상 또는 질병에 걸리면 사용자는 그 비용으로 필요한 요양을 행하거나 필요한 요양비를 부담해야 합니다(「근로기준법」 제78조 제1항).

업무상 질병과 요양의 범위는 「근로기준법 시행령」 별표 5에서 확인할 수 있습니다(「근로기준법」 제78조 제2항 및 「근로기준법 시행령」 제44조 제1항). 요양보상은 매월 한번 1회 이상해야 합니다(「근로기준법」 제78조 제2항 및 「근로기준법 시행령」 제46조).

→ **휴업보상**

사용자는 요양 중에 있는 근로자에게 그 근로자의 요양 중 평균임금의 100분의 60의 휴업보상을 해야 합니다(「근로기준법」 제79조 제1항).

휴업보상을 받을 기간에 그 보상을 받을 자가 임금의 일부를 지급받은 경우에는 사용자는 평균임금에서 그 지급받은 금액을 뺀 금액의 100분의 60의 휴업보상을 해야 합니다(「근로기준법」 제79조 제2항). 휴업보상은 매월 1회 이상해야 합니다(「근로기준법」 제79조 제3항 및 「근로기준법 시행령」 제46조).

→ **장해보상**

　근로자가 업무상 부상 또는 질병에 걸리고, 완치된 후 신체에 장해가 있으면 사용자는 그 장해 정도에 따라 평균임금에 다음의 신체장해등급과 재해보상표에서 정한 일수를 곱한 금액의 장해보상을 해야 합니다(「근로기준법」 제80조 제1항 및 별표).

　이미 신체에 장해가 있는 자가 부상 또는 질병으로 인해 같은 부위에 장해가 더 심해진 경우에 그 장해에 대한 장해보상 금액은 장해 정도가 더 심해진 장해등급에 해당하는 장해보상의 일수에서 기존 장해등급에 해당하는 장해보상의 일수를 뺀 일수에 보상청구사유 발생 당시의 평균임금을 곱하여 산정한 금액으로 합니다(「근로기준법」 제80조 제2항).

　장해보상을 해야 하는 신체장해 등급의 결정 기준은 「근로기준법 시행령」 별표 6에서 확인할 수 있습니다(「근로기준법」 제80조 제3항 및 「근로기준법 시행령」 제47조 제1항).

　장해보상은 근로자의 부상 또는 질병이 완치된 후 지체 없이 해야 합니다(「근로기준법」 제80조 제3항 및 「근로기준법 시행령」 제51조 제1항).

＊ 휴업보상과 장해보상의 지급 예외

　근로자가 중대한 과실로 업무상 부상 또는 질병에 걸리고 또한 사용자가 그 과실에 대해 노동위원회의 인정을 받으면 휴업보상이나 장해보상을 하지 않아도 됩니다(「근로기준법」 제81조).

→ **유족보상**

　근로자가 업무상 사망한 경우에는 사용자는 근로자가 사

망한 후 지체 없이 그 유족에게 평균임금 1,000일분의 유족
보상을 해야 합니다(「근로기준법」 제82조제1항).

유족의 범위는 다음과 같습니다(「근로기준법」 제82조제2
항 및 「근로기준법 시행령」 제48조제1항 전단).

1. 근로자가 사망할 때 그가 부양하고 있던 배우자(사실혼
   관계에 있던 자를 포함), 자녀, 부모, 손(孫) 및 조부모
2. 근로자가 사망할 때 그가 부양하고 있지 않은 배우자,
   자녀, 부모, 손 및 조부모
3. 근로자가 사망할 때 그가 부양하고 있던 형제자매
4. 근로자가 사망할 때 그가 부양하고 있지 않은 형제자매

유족보상의 순위는 다음의 순서에 따르되, 같은 줄에 해
당하는 경우에는 그 적힌 순서에 따릅니다(「근로기준법」 제
82조 제2항 및 「근로기준법 시행령」 제48조 제1항 후단).

유족의 순위를 정하는 경우에 부모는 양부모를 선순위로
친부모를 후순위로 하고, 조부모는 양부모의 부모를 선순위
로 친부모의 부모를 후순위로 하되, 부모의 양부모를 선순
위로 부모의 친부모를 후순위로 합니다(「근로기준법」 제82
조 제2항 및 「근로기준법 시행령」 제48조 제2항).

근로자가 유언이나 사용자에 대한 예고에 따라 유족 중의
특정한 자를 지정한 경우에는 유족보상 순위에도 불구하고
근로자가 유언이나 사용자에 대한 예고에 따릅니다(「근로기
준법」 제82조 제2항 및 「근로기준법 시행령」 제48조 제3항).

→ 장의비

근로자가 업무상 사망한 경우에는 사용자는 근로자가 사

망한 후 지체 없이 평균임금 90일분의 장의비를 지급해야
합니다(「근로기준법」 제83조).

→ 일시보상

요양보상을 받는 근로자가 요양을 시작한 지 2년이 지나
도 부상 또는 질병이 완치되지 않는 경우에는 사용자는 그
근로자에게 평균임금 1,340일분의 일시보상을 하여 그 후의
「근로기준법」에 따른 모든 보상책임을 면할 수 있습니다
(「근로기준법」 제84조).

→ 분할보상

사용자는 지급 능력이 있는 것을 증명하고 보상을 받는 자
의 동의를 받으면 장해보상금, 유족보상금, 일시보상금을 1
년에 걸쳐 분할보상을 할 수 있습니다(「근로기준법」 제85조).

20-4. 보상 청구권 보호

보상을 받을 권리는 퇴직으로 인해 변경되지 않고, 양도나
압류하지 못합니다(「근로기준법」 제86조).

20-5. 다른 손해배상과의 관계

재해보상을 받게 될 자가 동일한 사유에 대해 「민법」이나
그 밖의 법령에 따라 「근로기준법」의 재해보상에 상당한 금품
을 받으면 그 가액의 한도에서 사용자는 보상의 책임을 면합
니다(「근로기준법」 제87조).

21. 산재보험료율의 구성과 산정방법

21-1. 산재보험료율의 구성은 다음과 같다.

■ 산재보험료율(100%)=[산재보험급여지급률+추가지출률](85%)+부가보험료율(15%)

> 주1) "산재보험급여지급률"이란 매년 6월 30일 현재를 기준으로 과거 3년간(산재보험관계가 성립된 지 3년 미만인 사업의 경우에는 해당 사업기간을 기준으로 한다)의 보수총액에 대한 산재보험급여 총액의 비율을 말하며, 산재보험급여총액을 산정하는 경우에 「산업재해보상보험법」 제57조에 따른 장해보상연금과 같은 법 제62조에 따른 유족보상연금은 일시금으로 환산하여 최초로 연금이 지급되는 연도의 산재보험급여 총액에 포함하되, 제1년차 지급액분부터 제5년차 지급액분까지는 산재보험급여 총액에 포함하지 아니하며 제6년차 지급액분부터는 각각 지급연도의 산재보험급여 총액에 포함한다. 다만, 폐업된 사업장의 산재보험급여가 있는 경우에는 그 산재보험급여액을 확정하여 전 사업종류의 보수총액에서 각 사업종류의 보수총액이 차지하는 구성비율에 따라 각 사업종류별로 분산(分散)한다.
>
> 주2) "추가지출률"이란 해당 보험연도의 보수총액 추정액에 대한 「산업재해보상보험법」에 따른 연금 및 산재보험급여의 개선 등 해당 보험연도에 추가로 지급될

금액과 장래의 보험급여에 대비하기 위한 금액을 고려한 조정액의 비율을 말한다.

주3) "부가보험료율"이란 해당 보험연도의 총수입보험료 추정액에 대한 산재보험사업에 소요될 비용의 비율을 말한다. 다만, 산재보험사업에 소요될 비용은 전 사업종류에 균등하게 사용된다고 인정되는 비용과 재해발생 빈도에 따라 사용된다고 인정되는 비용으로 구분하여 사업종류별 보수총액의 구성비율과 사업종류별 산재보험급여지급률의 구성비율에 따라 분할가감한다.

21-2. 산재보험료율의 산정은 다음의 방법에 따른다.

가. 제1호에 따라 산재보험료율을 산정할 때 산재보험급여지급률·추가지출률 및 부가보험료율의 산정은 각각 소수점 이하 다섯째자리에서 반올림한다.

나. 제1호에 따라 산정한 산재보험료율은 소수점 이하 넷째 자리에서 반올림하여 해당 사업의 산재보험료율로 결정한다.

제2편

문답식 산업재해보상법

■ 산업재해보상보험법상의 보험급여의 종류는?

 근로자가 사업장에서 일하던 중 업무상 재해를 당할 경우 그 재해근로자는 산업재해보상보험법상 어떠한 보상을 받을 수 있는지요?

 「산업재해보상보험법」이 적용되는 사업 또는 사업장에서 일하는 근로자가 업무상 사유로 재해를 당한 경우에는 그 재해근로자에게 요양급여, 휴업급여, 장해급여, 간병급여, 유족급여, 상병보상연금, 장의비, 직업재활급여, 진폐보상연금 및 진폐유족연금과 같은 보상을 하여 주는바, 그 내용을 보면 다음과 같습니다(같은 법 제1조, 제5조, 제36조, 제91조의3, 제91조의4).
① 요양급여 : 요양급여는 근로자가 업무상의 사유에 의하여 부상을 당하거나 질병에 걸린 경우에 당해 근로자에게 지급하는 것으로서 요양비의 전액으로 하되, 부득이한 경우를 제외하고는 공단이 설치한 보험시설 또는 공단이 지정한 의료기관에서 요양하게 하고, 다만 부상 또는 질병이 3일 이내의 요양으로 치유될 수 있는 때에는 요양급여를 지급하지 아니합니다(같은 법 제40조 제3항, 3일 이내의 요양을 요하는 경우에는 근로기준법 제78조의 규정에 의하여 사용자가 자기비용으로 요양보상을 실시하여야 함).
요양급여의 범위는 진찰 및 검사, 약제 또는 진료재료와

의지(義肢) 그 밖의 보조기의 지급, 처치·수술 그 밖의의 치료, 재활치료, 입원, 간호 및 간병, 이송, 그 밖에 고용노동부령으로 정하는 사항으로 하며 요양급여의 범위나 비용 등 요양급여의 산정기준은 고용노동부령으로 정하여 고시하게 됩니다(산업재해보상보험법 제40조).
② 휴업급여 : 휴업급여는 업무상 사유에 의하여 부상을 당하거나 질병에 걸린 근로자에게 요양으로 인하여 취업하지 못한 기간에 대하여 지급하되, 1일당 지급액은 평균임금의 100분의 70에 상당하는 금액으로 합니다. 다만, 취업하지 못한 기간이 3일 이내인 때에는 이를 지급하지 아니하고 이 경우에는 근로기준법 제79조의 규정에 의하여 사용자사업주가 평균임금의 100분의 60을 지급하여야 합니다(산업재해보상보험법 같은 법 제52조).
③ 장해급여 : 장해급여는 근로자가 업무상의 사유에 의하여 부상을 당하거나 질병에 걸려 치유 후 신체 등에 상당인과관계 있는 장해가 있는 경우에 당해 근로자에게 지급하는 것을 말하며(같은 법 제57조), 여기서 '치유'라 함은 부상 또는 질병에 대한 의학적 치료의 효과를 기대할 수 없게 되거나 또는 그 증상이 고정된 상태에 이른 것을 말하며, '상당인과관계'라 함은 장해가 당해 부상 또는 질병으로 인하여 발생하였음이 의학상 명백한 경우를 말하고, '장해'라 함은 업무상 부상 및 질병이 치유되었을 때 당초의 상병과 상당인과관계가 의학적으로 인정되어 잔존하는 영구적인 정신적 또는 육체적 훼손상태로 인하여 노동력의 손실 또는 감소를 말합니다.

즉, 장해급여는 업무상 상병에 걸려 완치되었으나 당해 상병과 상당인과관계가 있는 장해가 잔존하고 있는 경우에 지급되는바, 그 지급사유로는, 첫째 업무상 부상 또는 질병완치 후 신체에 장해가 잔존하여야 하고, 둘째 잔존하는 신체의 장해가 신체장해등급 1급 내지 14급에 해당하는 상태라야 합니다. 장해급여는 장해등급에 따라 장해보상연금 또는 장해보상일시금으로 하되, 그 장해등급의 기준은 대통령령으로 정하고 있습니다.

④ 간병급여 : 간병급여는 「산업재해보상보험법」 제40조의 규정에 의한 요양급여를 받은 자가 치유 후 의학적으로 상시 또는 수시로 간병이 필요하여 실제로 간병을 받는 자에게 지급하는 것으로서 간병급여의 지급기준 및 방법 등에 관하여 필요한 사항은 대통령령으로 정하게 됩니다(같은 법 제61조).

⑤ 유족급여 : 유족급여는 근로자가 업무상의 사유에 의하여 사망한 경우에 유족에게 지급하는 것으로서 유족보상연금 또는 유족보상일시금으로 하되, 유족보상일시금은 유족급여를 연금의 형태로 지급하는 것이 곤란한 경우로서 대통령령이 정하는 경우에 한하여 지급하고, 유족보상연금의 수급권자가 원하는 경우에는 유족보상일시금의 100분의 50에 상당하는 금액을 일시금으로 지급하고 유족보상연금은 100분의 50을 감액하여 지급합니다(산업재해보상보험법 제62조).

또한, 유족보상연금을 받던 자가 그 수급자격을 잃은 경우 다른 수급자격자가 없고 이미 지급한 연금액을 지급 당시의 각각의 평균임금으로 나눈 일수의 합계가 1,300일에 미달하는 경우에는 그 미달하는 일수에 수급자격 상실 당시의 평균임금을 곱하여 산정한 금액을 유족보상연금수급자격자가 아닌 다른 유족에게 일시금으로 지급하게 됩니다(산업재해보상보험법 제62조 제4항).

⑥ 상병보상연금 : 상병보상연금(傷病補償年金)이란 요양급여를 받는 근로자가 요양개시 후 2년이 경과된 날 이후에도 당해 부상 또는 질병이 치유되지 아니하고 폐질등급 제1급 내지 제3급에 해당되며 요양으로 인하여 취업하지 못한 경우에는 휴업급여 대신 상병보상연금을 당해 근로자에게 지급하는 것을 말합니다(같은 법 제66조). 그리고 상병보상연금은 폐질등급에 따라 지급합니다(같은 법 제66조 제2항).

⑦ 장의비 : 장의비는 근로자가 업무상의 사유에 의하여 사망한 경우에 지급하되, 평균임금의 120일분에 상당하는 금액을 그 장제를 지낸 유족에게 지급하며, 이에 의한 장의비가 대통령령이 정하는 바에 따라 고용노동부장관이 고시하는 최고금액을 초과하거나 최저금액에 미달하는 경우에는 그 최고금액 또는 최저금액을 각각 장의비로 하게 됩니다(산업재해보상보험법 제71조, 같은 법 시행령 제66조).

⑧ 직업재활급여 : 장해급여 또는 진폐보상연금을 받은 자나 장해급여를 받을 것이 명백한 자로서 대통령령으로 정하는 자, 즉 장해급여자 중 취업을 위하여 직업훈련이 필요한 자에 대하여 실시하는 직업훈련에 드는 비용 및

직업훈련수당내지 업무상의 재해가 발생할 당시의 사업에 복귀한 장해급여자에 대하여 사업주가 고용을 유지하거나 직장적응훈련 또는 재활운동을 실시하는 경우에 각각 지급하는 직장복귀지원금, 직장적응훈련비 및 재활운동비를 의미합니다(산업재해보상보험법 제72조 내지 제75조).

⑨ 진폐보상연금 및 진폐유족연금 : 근로자가 진폐에 걸릴 우려가 있는 작업으로서 암석, 금속이나 유리섬유 등을 취급하는 작업 등 고용노동부령으로 정하는 분진작업(산업재해보상보험법 시행규칙 제32조에 따라「산업안전보건기준에 관한 규칙」 제605조 제2호에 따른 분진작업과 명백히 진폐에 걸릴 우려가 있다고 인정되는 장소에서의 작업)에 종사하여 진폐에 걸리면 산업재해보상보험법상의 업무상 질병이 됩니다. 진폐보상연금은 업무상 질병인 진폐에 걸린 근로자에게 지급하는데, 같은 법 제5조 제2호 및 제36조 제6항에 따라 정하는 평균임금을 기준으로 하여 진폐장해연금표에 따라 산정하는 진폐장해등급별 진폐장해연금과 기초연금을 합산한 금액으로 하며, 이 경우 기초연금은 최저임금액의 100분의 60에 365를 곱하여 산정한 금액으로 합니다(같은 법 제91조의3). 진폐유족연금은 진폐근로자가 진폐로 사망한 경우에 유족에게 지급하는 사망 당시 진폐근로자에게 지급하고 있거나 지급하기로 결정된 진폐보상연금과 같은 금액으로 합니다. 이 경우 같은 법 제62조 제2항 및 위 유족급여표에 따라 산정한 유족보상연금을 초과할 수 없습니다(같은 법 제91조의4).

[별지 제3호 서식]<개정 2015.12.29.>

※ 굵은 선 안은 의료기관에서 기입하지 않습니다. (앞 면)

산 업 재 해 보 상 보 험 소 견 서
(☐최초요양 ☐재요양 ☐전원 ☐병행진료 ☐진폐)

① 성명(외국인은 영문명)	② 주민등록번호(외국인등록번호)	③ 재해일자
	☐☐☐☐☐☐-☐☐☐☐☐☐☐	☐☐☐☐년☐☐월☐☐일

④ 재해 후 최초 진료개시	년 월 일 (:) ☐ 본원 ☐ 타 의료기관
⑤ 본원에 최초 도착일시	년 월 일 (:)
⑥ 내원방법	☐도보 ☐구급차 ☐구급차외 차량 ☐기타( )
⑦ 재해자가 의료기관에 진술한 재해경위(재요양 신청의 경우 대상 상병 및 사유 기재)	

⑧ 재해로 인한 최초 증상 (환자가 진술하는 대로)	년 월 일 (:) 최초 발생	⑨ 재해 당시 의식소실(☐유 ☐무)
	증상의 내용	

⑩ 현재 환자가 호소하는 증상 (환자의 표현대로)	
⑪ 상병상태에 대한 종합소견 (주요 이학적·도수 검사 등) ※ 상세 소견은 별지 사용 가능	

⑫ 주요검사

☐X-Ray ☐CT ☐MRI ☐MRA ☐심장혈관조영술 ☐Bone scan ☐PET
☐초음파 ☐내시경 ☐관절경 ☐근(신경)전도 ☐폐기능 ☐조직 ☐적외선체열
☐정신상태 ☐심리학적 ☐기타·특이사항(   )

※ 주요소견 기재 또는 결과지 첨부

⑬ 기존(기초)질환

고혈압(☐유 ☐무)   혈압약(☐미복용 ☐부정기복용 ☐정기복용)   고지혈증(☐유 ☐무)   상병관련 가족력(☐유 ☐무)
당뇨(☐유 ☐무)   당뇨치료(☐미복용 ☐약물복용 ☐인슐린)   결핵(☐유 ☐무)   간염(☐유 ☐무)
☐기타·특이사항(   )

재해 전 본원에서 유사상병으로 치료를 받은 사실 여부 (☐유 ☐무)

기타·특이사항
(일시 · 시술명 · 부위 · 의료기관)

⑭ 상병명과 상병코드

상해코드	주/부/파생	상병코드(KCD기준)	세부상병명(진단명)

(상해코드) 두부(뇌/두개골/두피), 눈, 귀(내/외부), 안면부, 목, 팔, 손/손가락, 가슴/등. 허리, 엉덩이, 다리, 발/발가락, 복합부위, 순환기관, 호흡기관, 소화기관, 비뇨/생식기관, 신경계통, 복부, 전신, 기타 중에서 상병코드별 하나씩 기재

(주/부/파생) 주상병은 한국표준질병사인분류 지침서에 따라 주된 병태에 해당하는 하나의 상병코드에 대해서만 가능

(상병코드) 확진(최종) 진단명이 한국표준질병사인분류표상 속하는 최하위 코드로 코딩하여야 하고, 병태의 외인을 설명하는 부연코드 (대분류 코드가 V, Y, Z인 것)는 산재보험에서는 사용하지 않으므로 상병의 병태에 해당하는 코드로 코딩

(오류예시) 하나의 상병으로 코딩할 수 없는 여러 상병을 하나로 표시하는 것, 질병 또는 손상에 의한 상병인지를 확인하지 않고 한국표준질병사인분류상 대분류 M코드를 손상으로(또는 S코드를 질병으로) 코딩

<table>
<tr><td rowspan="2">⑮
입
원</td><td>예상기간</td><td colspan="2">년 월 일 ~ 년 월 일 (주)</td></tr>
<tr><td rowspan="1">사 유</td><td>☐수술 ☐의식장애 ☐외·기기고정 ☐석고붕대고정 ☐절대안정 ☐안정 및 보호 ☐이동불가 ☐기타</td></tr>
</table>

<table>
<tr><td rowspan="3">⑯
통
원</td><td>예상기간</td><td>년 월 일 ~ 년 월 일 (주)</td></tr>
<tr><td>사유</td><td></td></tr>
<tr><td>취업치료여부
(근무병행치료)</td><td>※취업치료(근무 병행치료)는 치료받으면서 근무가 가능한 상태를 말함(의학적 판단)
☐정상취업치료가능 ☐부분취업치료가능 ☐취업치료 불가능 : 향후 (   )개월 후 가능성 재판단</td></tr>
</table>

⑰
전
원
	전원할 의료기관명: 소재지:
	     전원사유:
	※ 전원이란 생활근거지 또는 전문적 치료 등을 위해 현재 요양 중인 의료기관에서 다른 의료기관으로 변경하는
	   것을 말합니다.

⑱ 협진·병행진료가 필요한 진료과목	
⑲ 계속 동반치료가 필요한 기존질환명	
⑳ 재활 전문치료 필요성	☐ 심리상담 ☐ 집중재활치료* ☐ 추후판단 ☐ 불필요 (*대상 : 뇌혈관질환, 척추질환, 슬관절·고관절·견관절 질환자)

<첨부서류>	1. 신청 상병을 확인할 수 있는 각종 검사자료 및 결과지 각1부. 2. 절단, 화상, 좌멸창, 욕창은 환부 칼라사진 3. 정신질환의 경우 진단의 근거를 의학적으로 입증할 수 있는 응급진료 또는 초진기록지 등 의무기록 및 각종 검사 결과지 각1부.(뇌영상 검사, 뇌파 검사, 심전도 검사, 정신상태 검사, 심리학적 검사, 갑상선 기능검사 등)

위에 기재한 내용이 사실임을 확인합니다.

작성일자   년   월   일

의료기관 주소   의사면허번호 :   호
                                      전문 과목 :   (전문의 :   호)
의료기관명   (서명 또는 인)   성   명 :   (서명 또는 인)

근로복지공단   지역본부(지사)장 귀하

자문의사 소견	

년   월   일   자문의사   (서명 또는 인)

<table>
<tr><td colspan="7" align="center">대리인   [ ] 선임
[ ] 해임   신고서</td></tr>
<tr><td colspan="2" align="center">사 건 명</td><td colspan="5"></td></tr>
<tr><td rowspan="3" align="center">위
임
인</td><td align="center">성 명</td><td></td><td align="center">생년월일</td><td></td><td align="center">성별</td><td align="center">남, 여</td></tr>
<tr><td align="center">주 소</td><td colspan="5">□□□□□

    (H.P :   ☎ :   )</td></tr>
<tr><td align="center">위임인 지위</td><td colspan="5">[ ] 근로자   [ ] 사업주   (해당란에 √ 표시)</td></tr>
<tr><td rowspan="6" align="center">대
리
인
(선임)</td><td align="center">상 호</td><td></td><td colspan="4">공인노무사 직무개시등록번호
또는 변호사 등록번호</td></tr>
<tr><td align="center">성 명</td><td></td><td align="center">생년월일</td><td></td><td align="center">성별</td><td align="center">남, 여</td></tr>
<tr><td align="center">사 무 소
(주 소)</td><td colspan="5">(H.P :   ☎ :   e-mail :   )</td></tr>
<tr><td align="center">직위 또는 직책</td><td colspan="2"></td><td rowspan="2" colspan="2" align="center">대리인 인감
또는 서명</td><td></td></tr>
<tr><td align="center">선 임 일</td><td colspan="2"></td><td></td></tr>
<tr><td align="center">대리의 범위</td><td colspan="5"></td></tr>
<tr><td colspan="2" align="center">해 임</td><td align="center">성 명</td><td></td><td align="center">해 임 일</td><td></td></tr>
<tr><td colspan="7">위 사건에 관하여 「근로복지공단 요양업무처리규정」 제7조의2에 따라 위와 같이 신고합니다.

                                                    년   월   일

             신고인(위임인) :   (서명 또는 인)

  ○○지역본부장(지사장) 귀하</td></tr>
<tr><td colspan="2" align="center">구비서류</td><td colspan="5">1. 위임장 사본</td></tr>
<tr><td colspan="2" align="center">접수번호</td><td align="center">접수일자</td><td></td><td align="center">처리기간</td><td align="center">1일</td></tr>
</table>

210mm×297mm(백상지 80g/㎡)

▌세대별 발코니 공사가 산재보상보험의 적용이 되는지요?

질문 저희 아들은 A회사에 고용되어 위 B아파트의 발코니 설치공사를 보조하던 중 추락하여 사망하는 사고를 당하였습니다. A회사는 B아파트의 입주자들과 사이에 개별적으로 발코니 섀시 및 발코니 확장공사에 관한 공사계약을 체결하였고, 각 세대별 공사대금은 약간의 차이가 있습니다. A회사는 약 3개월에 걸쳐 20~60명의 인원을 투입하여 동시에 여러 세대의 발코니 공사를 진행하였습니다. 그런데 위와 같은 공사에 있어서는 세대별 발코니 공사가 독립하여 각각의 사업을 구성하므로 산업재해보상보험 적용제외 사업에 해당하여 유족보상이나 장의비 등을 지급받을 수 없다고 하는데 타당한지요?

답변 「산업재해보상보험법」 제6조는 근로자를 사용하는 모든 사업 또는 사업장에 적용하면서 위험률·규모 및 장소 등을 고려하여 대통령령으로 정하는 사업에 대하여는 「산업재해보상보험법」을 적용하지 않고 있으며, 적용제외 사업장에 대하여 같은 법 시행령 제2조는 「고용보험 및 산업재해보상보험의 보험료징수 등에 관한 법률 시행령」 제2조 제1항 제2호의 규정에 의한 '총 공사금액이 2천만원 미만인 공사'로 정하고 있습니다.

위 질문의 경우 A회사가 입주자들과 개별적으로 체결한

위 발코니 공사계약은 각 도급단위인 세대마다 서로 다른 최종목적물을 완성하는 것을 목적으로 하는 계약이고, 각 세대별 공사가 장소적으로 분리되어 독립적으로 행하여졌으며, 어느 하나의 공사로 인해 다른 공사에 종사하는 근로자가 업무상 재해를 당할 위험이 있다고 볼 수 없는 점 등에 비추어 보면, 각 세대별 발코니 공사가 독립하여 각각의 사업을 구성한다고 보아「산업재해보상보험법」의 적용제외 사업으로 볼 수도 있습니다.

그러나「고용보험 및 산업재해보상보험의 보험료징수 등에 관한 법률」제8조 제1항은 "당연가입 사업주의 각각의 사업이 사업주가 동일인이고, 각각의 사업이 기간의 정함이 있는 사업이며, 사업의 종류 공사실적액 등이 대통령령이 정하는 요건에 해당하는 경우에는 당해 사업 전부를 위 법의 적용에 있어서 하나의 사업으로 본다." 라고 하여 동종사업의 일괄적용을 규정하고 있고, 같은 법 시행령 제6조 제1항은 사업주가「건설산업기본법」제2조 제7호, 제2조 제5호의 규정에 의한 건설업자,「주택법」제9조의 규정에 의한 주택건설사업자,「전기공사업법」제2조 제3호의 규정에 의한 공사업자,「정보통신공사업법」제2조 제4호의 규정에 의한 정보통신공사업자,「소방시설공사업법」제2조 제1항 제2호의 규정에 의한 소방시설업자,「문화재보호법」제27조에 따른 문화재수리업자 중 어느 하나의 경우에 해당하면 근로복지공단의 승인을 얻을 필요 없이 당연히 각각의 사업 전부를 하나의 사업으로 보아 산재보험의 적용 여부를 판단하여야 한다고 규정하고 있습니다.

따라서 A회사의 각각의 사업이 「고용보험 및 산업재해보상보험의 보험료징수 등에 관한법률」 제8조 제1항에 따라 사업주가 동일하고, 각각의 사업의 기간이 정해져 있으며, 甲회사가 같은 법 시행령 제6조 제1항 제1호의 건설업자 또는 제2호의 주택건설사업자에 해당한다면 A회사가 시행한 공사 전부를 하나의 사업으로 보아 그 총 공사대금을 기준으로 산재보험을 적용한다면 산재보험 적용대상에 해당한다고 볼 여지가 있으므로, 귀하의 경우 「산업재해보상보험법」소정의 유족보상이나 장의비 등의 지급을 받을 가능성이 있다고 보입니다.

[관련판례]

아파트 발코니 새시 및 발코니 확장공사에 있어서 세대별 발코니 공사가 독립하여 각각의 사업을 구성하므로 구 산업재해보상보험법 시행령(2003. 5. 7. 대통령령 제17977호로 개정되기 전의 것) 제3조 제1항 제3호에 의하여 산업재해보상보험 적용제외 사업에 해당한다고 판단한 원심판결을, 동종 사업의 일괄적용에 관한 구 산업재해보상보험법(2003. 12. 31. 법률 제7049호로 개정되기 전의 것) 제9조 제2항의 적용요건 구비에 대한 심리미진 등을 이유로 파기한 사례(대법원 2006.06.27. 선고, 2006두5717 판결).

■ 휴업급여는 어떻게 해야 받을 수 있나요?

[질문] 저는 회사에 근무하던 중 산재사고를 당하여 현재 병원에 입원하여 요양 중에 있습니다. 휴업급여를 신청하려는데 어떤 절차를 거쳐야 하나요?

[답변] 휴업급여는 산재근로자가 신청해야 지급되므로 산재근로자는 휴업급여를 지급받기 원하는 시기에 휴업급여청구를 해야 합니다. 최초의 휴업급여청구는 산재를 승인한 근로복지공단 지사에 신청하고, 그 후에는 현재 치료(요양)중인 병원(의료기관)의 관할 근로복지공단 지사에 청구합니다. 입원 중에는 휴업급여를 한번만 청구하면 별도로 청구하지 않아도 입원기간 동안 자동으로 휴업급여가 지급됩니다.

산재근로자는 휴업급여를 청구할 때마다 다음의 근로자확인사항을 반드시 기재해야 하며, 근로자확인사항이 기재되어 있지 않을 경우 근로자확인사항이 확인될 때까지 휴업급여 지급이 지연됩니다.

① 휴업급여를 청구한 기간 중 요양을 하였는지 여부

② 휴업급여를 청구한 요양기간 중 취업한 사실이 있는지 여부

③ 해당 재해와 동일한 사유로 사업주 또는 다른 보험에 따라 보상 또는 배상을 받은 적이 있는지 여부

휴업급여는 산재로 승인된 병을 치료하기 위해 일을 하

지 못하는 기간동안 평균임금의 70%를 지급하며, 치료
(요양) 중 회사를 퇴직하였거나 입원을 하지 않고 통원
치료만 하는 경우에도 지급됩니다. 그러나 회사를 다니
면서도 치료 받는 경우 산재근로자가 회사로부터 급여
를 받기 때문에 휴업급여는 지급되지 않습니다. 또한 상
병의 상태가 일을 할 수 있는데도 일을 하지 않는 경우
에는 휴업급여가 지급되지 않을 수 있습니다.
휴업급여는 은행계좌로만 지급되므로 처음 신청하거나
중간에 계좌를 변경하려는 경우에는 통장사본을 첨부해
야 합니다.

[별지 제7호서식] <개정 2015. 6. 1.>

산 업 재 해 보 상 보 험

[ ] 휴 업 급 여
[ ] 상병보상연금　　청 구 서

※ 공통란은 모두 기재하시고, 해당 신청란에 [✔] 하고 기재하시기 바랍니다.

접수번호		접수일	처리기간　휴업, 상병 : 7일

<table>
<tr><td rowspan="5">산 재
근로자</td><td>성 명</td><td colspan="2">주민등록번호　□□□□□□-□□□□□□□</td></tr>
<tr><td>주 소</td><td colspan="2">　　　　　　　　　　　휴대전화</td></tr>
<tr><td>재해발생일</td><td colspan="2">□□□□년 □□월 □□일</td></tr>
<tr><td colspan="3">수령희망은행 및 계좌번호　　　　　　　　　　　　　(예금주　　　　　)</td></tr>
<tr><td colspan="3">※ 최초 등록시에만 작성하시고, 이후 변경하고자 하는 경우에는 거래은행 계좌번호 등록(변경)신청서를 제출하여야 합니다.</td></tr>
</table>

<table>
<tr><td rowspan="7">휴업
급여</td><td colspan="2">청구기간　　　년　　월　　일부터　　　년　　월　　일까지 (　　일간)</td></tr>
<tr><td colspan="2"><근로자 확인>
☑ 휴업급여를 청구한 요양기간 중 취업한 사실이 있습니까?　　　□ 취업함　　□ 취업하지 못함
☑ 휴업급여 청구기간에 대하여 이미 사업주로부터 급여를 받았습니까?　　□ 예　　　□ 아니오</td></tr>
<tr><td colspan="2">1.취업이란 재해 당시 사업(원래 직무 및 다른 직무 포함) 또는 다른 사업으로의 취업 뿐만 아니라 자영업 운영이나 학업 등 생업으로의 복귀 등을 포함하는 개념입니다.</td></tr>
<tr><td colspan="2">2.근로자가 휴업급여에 상당하는 금액을 사업주로부터 미리 받은 경우에는 휴업급여를 받을 수 없으며 사업주는 그 지급사실을 증명하는 서류를 첨부하여 공단에 휴업급여를 대체청구할 수 있습니다.</td></tr>
<tr><td colspan="2">3.휴업급여를 청구한 기간 중에 교정시설에 수용된 기간, 해외 체류기간 등 요양으로 인하여 취업하지 못한 기간으로 기대하기 어려운 경우에는 휴업급여를 지급받을 수 없습니다.</td></tr>
<tr><td colspan="2">4.취업사실이 있으나 취업한 사실이 없다고 기재하는 등 거짓이나 부정한 방법으로 휴업급여를 받은 경우에는 받은 급여액의 2배에 해당하는 금액으로 부당이득으로 납부하여야 합니다.</td></tr>
</table>

<table>
<tr><td rowspan="2">상병
보상
연금</td><td>청구기간　　　년　　월　　일부터　　　년　　월　　일까지 (　　일간)</td></tr>
<tr><td>※ 최초 상병보상연금을 청구하는 경우에는 별지 제8호 폐질진단서를 첨부하여야 합니다.
※ 상병보상연금을 받고 있던 중 부상 또는 질병의 상태가 변동되면 폐질상태변동신고서를 제출하여야 합니다.</td></tr>
</table>

<table>
<tr><td rowspan="3">다른
배상</td><td colspan="4">① 이 재해와 동일한 사유로 민법, 그 밖의 법령에 따른 배상 또는 보상을 받은 사실이 있습니까?
　　　　　　　　　　　　　　　　　　　　　□ 예　　□ 아니오</td></tr>
<tr><td colspan="4">② 배상 또는 보상금을 수령한 경우 그 내역(①에서 "예" 라고 체크한 경우에만 작성합니다.)</td></tr>
<tr><td>수령일자</td><td>수령금액</td><td>지급한 자</td><td>첨부서류
합의서, 판결문, 영수증, 기타서류 등</td></tr>
</table>

위 기재내용을 확인하고 산업재해보상보험법 시행령 제21조제1항에 따라 위와 같이 청구합니다.

　　　　　　　　　　　　　　　　　　　　　　　　　　　　　　　　년　　월　　일

　　　　　　　　　청 구 인　　　　　　　(서명 또는 인)☎
　　　　　　　　　　　　　대 리 인　　　　　　　　　　(서명 또는 인)

☎

본인은 휴업급여 청구를 아래 산재보험 의료기관이 대행하여 근로복지공단 고용산재보험 토탈서비스 (total.kcomwel.or.kr)를 통하여 제출하는 것에 동의합니다.

위임하는 자(청구인)　　　　(서명 또는 인)　　　위임받는 자(의료기관)　　　　(서명 또는 인)

우리 공단에서는 산재근로자의 재활을 위하여 원활한 사회·직업복귀를 지원하고 있습니다. 희망하는 서비스를 체크하세요

원직장복귀 지원을 희망하십니까?　□예 □아니오	직업훈련과 취업알선 지원을 희망하십니까? □예 □아니오
심리상담, 희망찾기프로그램 지원을 희망하십니까? □예 □아니오	재활스포츠 지원을 희망하십니까?　□예 □아니오

근로복지공단　　　　　　지역본부(지사)장 귀하

1 청구 구비서류

휴업급여를 청구하는 경우 최초 평균임금을 산정하여야 하는 경우에는 구비서류를 첨부하여 제출하셔야 합니다.

- 구비서류 : 1.재해가 발생한 달을 포함한 이전 4개월간의 임금대장, 연장수당 등이 있는 경우에는 그 내
              역을 확인할 수 있는 자료
            2.연차 및 상여금 지급내역이 있는 경우 재해가 발생한 달을 포함한 이전 12개월간의 임금대장
              (연차 및 상여금 지급내역이 있는 달만 해당됩니다.)

2 휴업급여 제도

● 휴업급여란 업무상의 재해로 요양하는 기간 동안 요양으로 말미암아 취업하지 못한 기간에 대하여 지급하
  는 보험급여로서 1일 지급액은 평균임금의 70%입니다.
  요양을 하더라도 그 기간이 3일 이내이거나 '요양으로 인하여 취업하지 못한 기간이 아닌 경우' 또는 요양
  승인 기간 내에 요양사실이 없는 경우에는 휴업급여가 지급되지 않으며 취업하거나 사업을 운영하는 경우
  에도 휴업급여가 지급되지 않습니다.
- 다만, 부분취업하여 임금을 받은 경우에는 평균임금에서 취업한 날 또는 그 시간의 임금 차액의 90%에 해
  당하는 금액을 부분휴업급여로 지급받을 수 있습니다.
  휴업급여액이 최저 보상기준 금액의 80%이하이면 평균임금의 90%를 1일당 휴업급여로 지급하고 1일당 휴업
  급여액이 최저임금액보다 적은 경우에는 최저임금액으로 휴업급여가 지급됩니다.
● 휴업급여 수령 중에 일정연령에 도달하는 경우에는 그 시점부터 휴업급여를 감액하여 지급합니다.
- 61세부터 매년 4%p씩 감액하여 65세 이후에는 20%p를 감액하여 지급

3 평균임금

휴업급여액을 산정하는데 있어 기준이 되는 금액을 말하며, 평균임금에 따라 1일 휴업급여액이 달라집니다.

평균임금이란 산정사유가 발생한 날(재해발생일을 말함) 이전 3개월 동안에 그 근로자에게 지급된 임금의
총액을 그 기간의 일수로 나눈 금액을 말하며, 일일단위로 고용되거나 일당 형식의 임금을 지급받는 일용근
로자의 경우에는 일당에 통상근로계수 0.73을 곱한 금액이 평균임금이 됩니다.

공단에서는 산재근로자의 편익을 도모하기 위하여 휴업급여 지급에 있어 다양한 제도를 운영하고 있습니다.

입원환자 휴업급여 등 자동지급	입원환자 2회분 이후 휴업급여 및 상병연금은 1회 최초의 청구로 자동지급이 되며, 별도의 청구 없이 2회분 이후부터는 자동지급됩니다. ※ 입원하다가 통원하는 경우에는 휴업급여청구서를 작성하여 별도로 제출하여야 합니다.
휴업급여 우선지급	휴업급여청구서의 처리기한내에 평균임금을 산정하기 곤란한 경우에는 산재근로자의 생계보호를 위하여 최저임금액을 1일 휴업급여 지급액으로 산정하여 우선 지급하고, 평균임금 산정 후 차액이 있는 경우에는 휴업급여 차액을 추가지급하게 됩니다.

스마트폰으로 '언제 어디서나 쉽고 편하게' 휴업급여를 청구할 수 있습니다. 앱스토어 또는 플레이스토어에서 "급여청구"로 검색하시면 다운로드 가능합니다.

공단에서는 산재근로자의 재활의욕 고취 및 직업복귀를 지원하기 위하여 다양한 재활서비스를 제공합니다.

사회 심리 재활	재활스포츠 지원	상병 및 장해 부위에 대한 운동능력 회복을 위해 수영,헬스,요가 등 스포츠 비용 지원(최대 3개월)
	심리상담	산재근로자의 불안, 우울,가족 및 대인관계 등 어려움 해결을 위해 개인별 심리상담 지원
	희망찾기프로그램	요양 중에 있는 산재근로자의 요양단계별(입원,통원) 집단프로그램 참여를 통한 심리안정 지원
	사회적응프로그램	미취업 상태에 있는 산재근로자를 대상으로 사회생활 및 직업복귀를 위한 집단프로그램 지원
직업 재활	원직장복귀 지원	원직장복귀를 희망하는 산재근로자 또는 사업주에게 재활상담, 소견서 무료발급등' 의 서비스 제공
		산재 근로자(장해등급 제12급 이상자 또는 예정자)를 원직장에 복귀시켜 고용을 유지하거나 '적응훈련 또는 재활운동' 을 시킨 사업주에게 직장복귀지원금 등 지원
	재취업창업 지원	재취업을 희망하는 산재근로자(장해등급 제12급 이상자 또는 예정자)에게 직업훈련 지원 및 취업알선, 창업 지원

▌휴업급여와 장해급여를 받은 후 사용자에 대한 손해배상 청구가 가능한지요?

[질문] 저는 A회사에 고용되어 폐타이어를 운반하는 작업을 하던 중 척추를 다쳐 「산업재해보상보험법」에 의한 요양과 노동력상실율 19%의 장해에 따른 휴업급여 및 장해급여를 받았습니다. 그런데 그것만으로는 부족하다고 생각되어 사용자인 A회사에 추가로 손해배상을 청구하고자 합니다. 이 경우 손해배상청구가 가능한지요?

[답변] 근로자가 업무중 재해를 당한 경우 「산업재해보상보험법」에 의하여 보험급여를 지급받기 위한 요건은 사용자나 근로자 누구의 과실에 기인한 재해인지를 불문하고 그 재해가 산재적용사업장의 '업무중 재해' 즉, 업무상의 사유에 의한 근로자의 부상·질병·장해 또는 사망을 말하고, 이러한 업무상 재해의 인정기준은 대통령령으로 정하게 됩니다(같은 법 제5조 제1호, 제37조 제3항).

그런데 근로자가 업무상 재해를 당한 경우 사용자에게 손해배상을 청구할 수 있는 근거에 관하여 판례는 "사용자는 근로계약에 수반되는 신의칙상의 부수적 의무로서 피용자가 노무를 제공하는 과정에서 생명, 신체, 건강을 해치는 일이 없도록 인적·물적 환경을 정비하는 등 필요한 조치를 강구하여야 할 보호의무를 부담하고, 이러한 보호의무를 위반함으로써 피용자가 손해를 입은 경우 이를 배상할 책임이 있다.”라고 하였으며(대법원 2000.5.16.선고, 99다47129 판결), “근로계약에 수반되는 신의칙상의 부수적인 의무로서 근로자에 대한 보호의무를 부담하는 사용자에게 근로자가 입은 신체상의 재해에 대하여 민법 제750조 소정의 불법행위책임을 지우기 위해서는 사용자에게 당해 근로로 인하여 근로자의 신체상의 재해가 발생할 수 있음을 알았거나 알 수 있었음에도 불구하고 그 회피를 위한 별다른 안전조치를 취하지 않은 ‘과실이 있음이 인정되어야’ 하고, 위와 같은 과실의 존재는 손해배상을 청구하는 근로자에게 그 입증책임이 있으며, 근로자가 수행한 작업이 경험칙에 비추어 보통의 성년남자가 혼자서 별다른 무리나 부상 없이 수행할 수 있다고 보아 그에게 발생한 허리 통증에 대하여 사용자에게 근로자에 대한 보호의무위반을 이유로 한 불법행위책임을 지울 수 없다.”라고 한 사례가 있습니다(대법원 2000.3.10.선고, 99다60115 판결).

따라서 위 질문에 있어서도 단순히 귀하가 A회사에 고용되어 일하던 중 재해를 당하였다는 사실만으로는 A회사에 대하여 손해배상을 청구할 수 없고, 위 판례의 취지와 같은 신의성실의 원칙에 의한 보호의무위반의 과실책임을 물어 손해배상을 청구하기 위해서는 업무의 성질 등을 구체적으로 파악하여 판단하여야 할 것이지만, 보통의 성년남자가 혼자서 별다른 무리나 부상 없이 수행할 수 있는 업무를 수행하던 중 위와 같은 재해를 입었다면 배상청구가 어려울 것으로 보입니다. 참고로 사용자에게 근로자의 보호의무를 위반하였다는 이유로 손해배상책임을 인정한 판례를 보면, "사용자가 피용자로 하여금 주·야간으로 일을 하게 하여 과로와 수면부족 상태를 초래하고 그러한 상태에서 장거리운전까지 하게 함으로써 교통사고를 일으켜 상해를 입게 한 경우, 피용자에 대한 보호의무를 위반하였다."라고 인정한 사례가 있습니다(대법원 2000. 5.16.선고, 99다47129 판결).

그리고 이렇게 사용자에 대한 손해배상청구가 인정될 경우 산업재해보상보험급여를 손익상계 하여야 하는지에 관하여는 "불법행위로 인한 손해배상액을 산정함에 있어서 과실상계를 한 다음 손익상계를 하여야 하고, 산업재해보상보험법상의 급여도 마찬가지이다."라고 하였으므로(대법원 1996.1.3.선고, 95다24340 판결), 산업재해보상보험급여도 손익상계대상이 됩니다. 다만, "근로기준법상의 요양보상에 대하여는 사용자는 특단의 사정이 없는 한 그 전액을 지급할 의무가 있는 것이고 근로자에게 과실이 있다고 하더라도 그 비율에 상당한 금액의 지급을 면할 수 없는 것이어서 이를 배상액에서 공제할 수 없는 것이므로, 사용자가 근로자에게 지급한 치료비가 근로기준법상의 요양보상에 해당한다면 치료비 중 근로자의 과실비율에 따른 금원을 부당이득이라 하여 사용자의 손해배상액으로부터 공제할 수 없다."라고 한 바가 있으며(대법원 1994.12. 27.선고, 94다40543 판결), "손해배상은 손해의 전보를 목적으로 하는 것이므로 피해자가 근로기준법이나 산업재해보상보험법에 따라 휴업급여나 장해급여 등을 이미 지급받은 경우에 그 급여액을 일실수입의 배상액에서 공제하는 것은 그 손해의 성질이 동일하여 상호보완적 관계에 있는 것 사이에서만 이루어질 수 있습니다.

따라서 피해자가 수령한 휴업급여금이나 장해급여금이 법원에서 인정된 소극적 손해액을 초과하더라도 그 초과부분을 그 성질을 달리하는 손해의 배상액을 산정함에 있어서 공제할 것은 아니고, 같은 이치에서 휴업급여는 휴업기간 중의 일실수입에 대응하는 것이므로 휴업급여금은 그것이 지급된 휴업기간 중의 일실수입 상당의 손해액에서만 공제되어야 한다."라고 한 바 있어(대법원 1995.4.25.선고, 93다61703 판결) 일정한 경우 사용자의 공제를 제한하고 있습니다.

[별지 제11호서식]<개정 2015. 6. 1>산 업 재 해 보 상 보 험
[ ] 장해급여   청구서
[ ] 합병증 등 예방관리 신청서

※ 공통란은 모두 기재하시고, 해당 신청란에 [✔] 하고 기재하시기 바랍니다.

접수번호		접수일		처리기간	장해급여 : 10일, 간병급여 : 7일

산 재 근로자

성 명		주민등록번호	

주 소 ☎

재해발생일	년 월 일

수령희망은행 및 계좌번호   (예금주 :   )
※ 최초 등록시에만 작성하시고, 이후 변경하고자 하는 경우에는 거래은행 계좌번호 등록(변경)신청서를 제출하여야 합니다.

장해급여

장해급여 수령방법은 장해등급에 따라 결정됩니다.

1. 장해등급 제1~3급의 경우 연금으로만 받을 수 있고, 제4~7급의 경우 연금 또는 일시금을 선택할 수 있으며, 8급 이하의 경우 일시금으로만 받으실 수 있습니다.

재해발생 이전에 업무상의 재해 외의 사유로 장해가 남은 사실이 있습니까?   □ 예   □ 아니오
※ 기존질병 및 장해상태를 기재하지 아니하여 보험급여액이 과오 지급될 경우에는 부당이득금 강제징수 등 불이익 처분을 받으실 수 있으니 반드시 기재하셔야 합니다.

<구비서류>
1. 별지 제12호(갑, 을, 병)의 장해진단서
2. 방사선 사진 1매, 장해상태를 확인할 수 있는 진료기록부, 검사자료 등(필요한 경우에 한합니다.)

다른 배상

① 이 재해와 동일한 사유로 민법, 그 밖의 법령에 따른 배상 또는 보상을 받은 사실이 있습니까?
□ 예   □ 아니오
② 배상 또는 보상금을 수령한 경우 그 내역(①에서 "예" 라고 체크한 경우에만 작성합니다.)

수령일자	수령금액	지급한 자	첨부서류
			합의서, 판결문, 영수증, 기타서류 등

개인정보 이용 동의서

■ 이용목적 : 근로복지공단이 수행하고 있는 산재보험 사업 관련 서비스 제공 안내문자,   메시지 전송, 고객감사 편지 발송
■ 이용정보 : 성명, 주소, 전화번호(일반전화 및 휴대전화), 이메일 주소
■ 이용기간 : 이용 동의를 한 날부터 5년
■ 동의 거부권리 안내 : 신청인은 본 개인정보 동의를 거부할 수 있으며, 이 경우 근로복지공단이 제공   하는 서비스가 제한될 수 있습니다.

□ 동의
□ 동의하지 않음

성명   (서명 또는 인)

※ 개인정보 수집은「산업재해보상보험법」및 같은 법 시행령에 따라 별도의 동의 절차가 필요 없으며,「산업재해보상보험법」제36조 및 같은 법 시행령 제21조에   따른 보험급여 결정에 관한 통지는 동 개인정보 이용 동의서와는 무관하게 통지됨을 알려드립니다.

위 기재내용을 확인하고 산업재해보상보험법시행령 제21조제1항에 따라 위와 같이 청구합니다.

년   월   일

청 구 인   (서명 또는 인)☎

대 리 인   (서명 또는 인) ☎

본인은 장해급여 청구를 아래 산재보험 의료기관이 대행하여 근로복지공단 고용산재보험 토탈서비스 (total.kcomwel.or.kr)를 통하여 제출하는 것에 동의합니다.

위임하는 자(청구인)   (서명 또는 인)   위임받는 자(의료기관)   (서명 또는 인)

합병증 등 예방관리

업무상의 부상·질병이 치유된 후 잔존하는 후유증상 및 해당질환과 관련하여 일어나는 다른 질환의 합병증 등을 사전에 예방하거나 조기발견할 수 있도록 합병증 등 예방관리제를 운영 있습니다.

우리 공단에서는 산재근로자의 재활을 위하여 원활한 사회·직업복귀를 지원하고 있습니다. 희망하는 서비스를 체크하세요

원직장복귀 지원을 희망하십니까?	□ 예 □ 아니오	직업훈련과 취업알선 지원을 희망하십니까?	□ 예 □ 아니오
심리상담, 희망찾기프로그램, 사회적응프로그램 지원을 희망하십니까?	□ 예 □ 아니오	재활스포츠 지원을 희망하십니까?	□ 예 □ 아니오

근로복지공단   지역본부(지사)장 귀하

산 업 재 해 보 상 보 험
간병급여 청구서

접수번호		접수일	처리기간 : 7일

산 재 근로자	성 명		주민등록번호	⬜⬜⬜⬜⬜⬜ - ⬜⬜⬜⬜⬜⬜⬜
	주 소			☎
	재해발생일	⬜⬜⬜⬜ 년 ⬜⬜ 월 ⬜⬜ 일		
	수령희망은행 및 계좌번호			(예금주 :)
	※ 최초 등록시에만 작성하시고, 이후 변경하고자 하는 경우에는 거래은행 계좌번호 등록(변경)신청서를 제출하여야 합니다.			

장해등급	급 호			
간 병 인 인적사항	성 명		주민등록번호	직업
	주 소		휴대전화	
	산재근로자와의 관계			

청구기간	년 월 일 부터 년 월 일 까지(일간)

청 구 확 인사항	① 간병을 어디에서 받고 있습니까? □ 재가 □ 요양소 □ 기타시설

※ 간병을 요양소나 기타 시설에서 받은 경우만 기재합니다.

시설명		소재지		간 병 비 용	

② 다른 법률에 따라 간병서비스를 받고 있습니까? □ 예   □ 아니오
※ 예라고 체크한 경우에만 기재합니다. □노인장기요양보험   □장애인활동지원급여   □기타

다른 배상	① 이 재해와 동일한 사유로 민법, 그 밖의 법령에 따른 배상 또는 보상을 받은 사실이 있습니까? □ 예 □ 아니오 ② 배상 또는 보상금을 수령한 경우 그 내역(①에서 "예" 라고 체크한 경우에만 작성합니다.)

수령일자	수령금액	지급한 자	첨부서류
			합의서, 판결문, 영수증, 기타서류 등

위 기재내용을 확인하고 산업재해보상보험법시행령 제21조제1항에 따라 위와 같이 청구합니다.

년   월   일

청 구 인   (서명 또는 인)☎
대 리 인   (서명 또는 인)☎

간병의 필요성에 대한 의학적 소견	

위와 같이 간병 필요성 등에 대한 소견을 진단함

년   월   일

의료기관 명칭: 의사면허번호 :
소재지: 전 문 과 목 :
의료기관장: ㊞   의 사 성 명 :   (서명 또는 인)

자문의 소견	

※ 유의사항
 1. 간병급여는 무료장해보호시설에 입소한 경우는 지급되지 않습니다.
 2. 사망시나 상병상태가 호전되어 간병급여지급대상이 되지 않을 경우에는 간병급여가 지급되지 아니
   하오니 공단에 반드시 신고하셔야 합니다

근로복지공단   지역본부(지사)장 귀하

■ 산재보험법상 유족급여수급권자에 이성동복 형제도 포함되는지요?

［질문］ 저의 큰 아버지는 산업재해로 인하여 사망하였습니다. 그런데 유족으로는 큰 아버지 사망 당시 그에 의하여 부양되고 있던 이성동복(異姓同腹) 형제인 A를 제외하고는 다른 사람이 전혀 없습니다. 이 경우 A도 유족으로서 유족급여수급권자가 될 수 있는지요?

［답변］ 유족보상연금 수급자격자의 범위에 관하여 「산업재해보상보험법」 제63조 제1항은 "유족보상연금을 받을 수 있는 자격이 있는 자(유족보상연금수급자격자)는 유족으로서 근로자의 사망 당시 그 근로자와 생계를 같이 하고 있던 유족(그 근로자가 사망할 당시 대한민국 국민이 아닌 자로서 외국에서 거주하고 있던 유족은 제외한다) 중 처(사실상 혼인관계에 있는 자를 포함)와 ① 남편(사실상 혼인관계에 있는 자를 포함)·부모 또는 조부모로서 60세 이상인 자, ② 자녀 또는 손(孫)자녀로서 18세 미만인 자, ③ 형제자매로서 18세 미만이거나 60세 이상인 자, ④ 제1호부터 제3호까지의 규정 중 어느 하나에 해당하지 아니하는 남편·자녀·부모·손자녀·조부모 또는 형제자매로서 장애인복지법 제2조에 따른 장애인 중 고용노동부령으로 정한 장애등급 이상에 해당하는 자."라

고 규정하고 있습니다. 대법원 판례에서도 구 산업재해
보상보험법 제3조에서의 '형제자매'에는 민법상 혈족의
개념에 나와 있는 형제자매에 해당하는 이상, 부계의 형
제자매뿐 아니라 모계의 형제자매도 포함된다고 하면서
망인과 어머니만을 같이 하는 이성동복의 관계에 있는
사람도 산업재해보상보험법 소정의 수급권자인 형제자매
에 해당한다고 판시한 바 있습니다. 따라서 위 사안에서
는 재해근로자인 큰 아버지의 사망 당시 부양되고 있던
이성동복인 A가 「산업재해보상보험법」 제63조 제1항 제
3호의 유족보상연금 수급자격자인 형제자매에 해당되어
큰 아버지의 사망으로 인한 유족급여를 지급받게 될 것
으로 보입니다.

［관련판례］

구 산업재해보상보험법(1994. 12. 22. 법률 제4826호로 개정되기 전의 것)
제3조, 제12조 제2항, 구 산업재해보상보험법 시행령(1995. 4. 15. 대통령령
제14628호로 개정되기 전의 것) 제25조 제1항의 각 규정은 구 산업재해보상보
험법 소정의 유족일시보상금의 수급권자인 유족의 범위 및 순위를 정함에 있
어 '형제자매'의 개념에 관하여 부계 또는 모계에 따른 제한이나 기타 특별한
규정을 두고 있지 않으며, 또한 산업재해보상보험법은 근로자의 업무상의 재해
를 신속하고 공정하게 보상함으로써 근로자보호에 기여함을 목적으로 하는 것
으로서, 산업재해보상보험법 소정의 유족급여제도는 근로자가 사망한 경우에도
그 유족의 생활을 안정시킴으로써 위와 같은 목적을 달성하려는 것일 뿐인 점
등에 비추어 보면 유족을 정의하고 있는 구 산업재해보상보험법 제3조에서의
'형제자매'에는 민법상 혈족의 개념에 나와 있는 형제자매에 해당하는 이상,
부계의 형제자매뿐 아니라 모계의 형제자매도 포함된다(대법원 1997. 3. 25.
선고, 96다38933 판결, 1997. 11. 28. 선고, 96다5421 판결)."

▌중복장해의 등급조정이 행정청의 재량이 배제되는지요?

질문 중복장해의 장해등급 조정에 관하여 행정청의 재량이 배제 되는지요?

답변 노동부 예규인 장해등급판정요령은 산업재해보상보험법이나 같은 법 시행령에 근거를 두지 아니한 행정청 내부의 사무처리준칙에 불과하여 법규로서의 효력이 없다 할 것이므로, 장해등급결정처분의 적법 여부는 구 산업재해보상보험법 제9조의5 제1항(1994.12.22. 법률 제4826호로 전문 개정되기 전의 것), 산업재해보상보험법 시행령 제13조의 각 규정 및 취지에 적합한 것인가의 여부에 따라 판단하여야 할 것입니다.

같은 법 시행령 제13조 제2항에서 신체장해등급표상에 신체장해가 2 이상 있을 경우에는 중한 신체장해에 해당하는 장해등급에 의하되 13급 이상에 해당하는 장해가 있을 경우에는 그중 한 신체장해에 해당하는 등급을 1개 등급 내지 3개 등급을 인상 조정한다고 규정하고 있는 점에 비추어 보면, 중복장해의 조정에 관하여 행정청의 재량을 배제하고 있으므로, 행정청으로서는 같은 법 시행령 제13조 제2항 단서 각호 소정의 중복장해에 해당하면 그 정함에 따라 장해등급을 인상 조정하여야 할 것입니다.

▌일실수입에서 장해보상일시금을 공제한 경우 장해보상연금의 지급정지 여부는?

[질문] 저는 「산업재해보상보험법」상 장해보상연금수급권자로서 그 장해발생의 원인이 되는 산재사고의 사용자 A에 대하여 불법행위로 인한 손해배상청구의 민사소송에서 일실수입 손해배상금을 산정하면서 장해보상일시금 상당액을 손익상계 하였습니다. 이 경우 제가 지급받을 연금지급기간에 영향이 있는지요?

[답변] 「산업재해보상보험법」 제57조 제2항은 "장해급여는 장해등급에 따라 별표 1에 의한 장해보상연금 또는 장해보상일시금으로 하되, 그 장해등급의 기준은 대통령령으로 정한다."라고 규정하고 있고, 같은 법 제57조 제3항은 "제2항에 따른 장해보상연금 또는 장해보상일시금은 수급권자의 선택에 따라 이를 지급한다. 다만, 대통령령이 정하는 노동력을 완전히 상실한 장해등급의 근로자에 대하여는 장해보상연금을 지급한다."라고 규정하고 있습니다. 또한, 같은 법 제80조 제2항은 "수급권자가 동일한 사유에 대하여 이 법에 따른 보험급여를 받은 경우에는 보험가입자는 그 금액의 한도 안에서 민법이나 그 밖의 법령에 따른 손해배상의 책임이 면제된다. 이 경우 장해보상연금 또는 유족보상연금을 받고 있는 자는 장해보상일시금 또는 유족보상일시금을 받은 것으

로 본다.”라고 규정하고 있으며, 같은 법 제80조 제3항은 “수급권자가 동일한 사유로 민법이나 그 밖의 법령에 따라 이 법의 보험급여에 상당한 금품을 받은 때에는 공단은 그 받은 금품을 대통령령이 정하는 방법에 따라 환산한 금액의 한도 안에서 이 법에 의한 보험급여를 지급하지 아니한다. 다만, 제2항 후단의 규정에 의하여 수급권자가 지급받은 것으로 보게 되는 장해보상일시금 또는 유족보상일시금에 해당하는 연금액에 대하여는 그러하지 아니하다.”라고 규정하고 있습니다.

그리고 같은 법 시행령 제76조 제1항 본문은 “ ‘그 받은 금품을 대통령령이 정하는 방법에 따라 환산한 금액’이라 함은 그 받은 금품을 손해배상액 산정 당시의 평균임금으로 나눈 일수에 해당하는 보험급여의 금액을 말한다.”라고 규정하고 있습니다. 그런데 산업재해보상보험의 수급권자가 장해보상연금을 지급받고 있는 경우, 보험가입자가 같은 법 제80조 제2항에 따라 면제받는 손해배상책임의 범위는 「산업재해보상보험법」 제57조 제2항 [별표 2]에 정하여진 장해보상일시금액을 수급권자에게 배상할 손해액에서 공제하게 됩니다(대법원 2000. 5.26.선고, 99다31100 판결).

여기에서 업무상 재해를 입고 장해보상연금을 받고 있던 수급권자에 대하여 민사소송에서 일실수입 손해배상금을 산정하면서 장해보상일시금 상당액을 공제한 경우, 장해보상연금의 지급기간에 영향이 있는지가 문제됩니다. 이에 관하여 판례는 “구 산업재해보상보험법(1999.12.31.

법률 제6100호로 개정되기 전의 것) 제4조 제1호, 제38조 제1항 제3호, 제42조 제1항, 제2항, 제48조 제2항, 제3항의 각 규정의 취지, 특히 장해보상연금과 일시금의 구별은 장해급여의 지급방법상 차이에 따른 것에 불과한 점, 특별한 경우를 제외하고는 연금과 일시금의 선택은 수급권자의 의사에 달려 있는 점과 연금수급권자의 경우에는 손해배상금에서 그 일시금 상당액을 공제하도록 한 점 등을 종합하면, 산업재해보상보험법상 장해보상연금과 장해보상일시금은 그 전체로서 가치가 같다고 보는 것이 타당합니다. 따라서 장해보상연금 수급권자에 대하여 동일한 사유로 인한 민법 등에 의한 손해배상금을 산정하면서 그 일시금 상당액을 공제한 경우에는 그 연금 전액에 상당한 금액이 공제된 것으로 보아 산업재해보상보험법에 의한 보험급여로서의 장해보상연금은 그 전액이 지급되어야만 중복지급금지의 취지에 부합되고, 산업재해보상보험법 제48조 제3항(현행 산업재해보상보험법 제52조 제3항) 단서는 제48조 제2항(현행 산업재해보상보험법 제52조 제2항) 후단에 대응하여 이러한 취지를 주의적으로 규정한 것이라고 해석함이 상당하다."라고 하였습니다(대법원 2001.7.13.선고, 2000두6268 판결).

따라서 위 질문에 있어서도 귀하에 대하여 「산업재해보상보험법」 제80조 제3항 본문에 의하여 같은 법 시행령 제76조를 적용할 수 없고, 같은 법 제80조 제3항 단서가 적용되어 장해보상연금은 그 전액이 지급되어야 할 것으로 보입니다.

  구 산업재해보상보험법(1999. 12. 31. 법률 제6100호로 개정되기 전의 것) 제4조 제1호, 제38조 제1항 제3호, 제42조 제1항, 제2항, 제48조 제2항, 제3항의 각 규정의 취지, 특히 장해보상연금과 일시금의 구별은 장해급여의 지급방법상 차이에 따른 것에 불과한 점, 특별한 경우를 제외하고는 연금과 일시금의 선택은 수급권자의 의사에 달려 있는 점과 연금수급권자의 경우에는 손해배상금에서 그 일시금 상당액을 공제하도록 한 점 등을 종합하면, 산업재해보상보험법상 장해보상연금과 장해보상일시금은 그 전체로서 가치가 같다고 보는 것이 타당하고, 따라서 장해보상연금 수급권자에 대하여 동일한 사유로 인한 민법 등에 의한 손해배상금을 산정하면서 그 일시금 상당액을 공제한 경우에는 그 연금 전액에 상당한 금액이 공제된 것으로 보아 산업재해보상보험법에 의한 보험급여로서의 장해보상연금은 그 전액이 지급되어야만 중복지급금지의 취지에 부합되고, 산업재해보상보험법 제48조 제3항(현행 산업재해보상보험법 제52조 제3항) 단서는 제48조 제2항(현행 산업재해보상보험법 제52조 제2항) 후단에 대응하여 이러한 취지를 주의적으로 규정한 것이라고 해석함이 상당하다(대법원 2001. 7. 13. 선고 2000두6268 판결).

장해급여 일시금 · 연금 선택 확인서

가. 장해급여 제도

• 산재보험의 장해등급은 제1급~제14급으로 구분되고 제1급~제3급은 연금지급만 가능, 제4급~제7급은 <u>산재근로자</u>의 선택에 따라 일시금 또는 연금으로 지급, 제8급~14급은 일시금으로만 지급
• 장해일시금 : 장해등급의 일시금 일수에 치유 당시 평균임금을 곱하여 산정된 금액 지급
• 장해연금 : 장해등급의 연금일수에 산정 당시 평균임금을 곱하여 산정된 금액을 사망 시까지 지급

나. 장해급여 수령방법에 대한 확인사항

①장해등급 제4급~제7급에 있어 일시금 또는 연금 선택 후 그 방법을 변경하는 것은 불가능

②연금 선택 시 장해등급 **제4급~제7급은 최초의 1년분 또는 2년분, 장해등급 제1급~제3급은 최초의 1년분~4년분까지를 선급**할 수 있으며 연금액의 1/2에 해당하는 금액을 미리 지급**(2% 이자 공제)**하고 그 기간은 장해연금액의 50%만 지급

③연금으로 수령하는 경우 그 장해가 <u>신경.정신장해, 척추신경근 장해, 운동범위 제한정도에 따른 관절기능장해, 진폐장해</u>에 해당하는 경우에는 **2년이 지난 시점에 장해등급 재판정 실시**, 그 결과에 따라 장해급여 지급

※ 아래 해당 장해등급에 체크하시기 바랍니다.

☐ 장해등급 제1급부터 제3급까지에 해당하는 경우

> 장해등급에 따른 장해보상연금을 수령하는데 있어 선급 여부 및 그 기간에 대하여 아래와 같이 확인합니다.
>
> ⇒ 선급여부 : 예(   ), 아니오(   )   선급하는 경우 그 기간 : (   )년

☐ 장해등급 제4급부터 제7급까지에 해당하는 경우

> 장해등급에 따른 장해급여를 수령하는데 있어 그 방법(연금 또는 일시금 여부), 선급 여부 및 그 기간에 대하여 아래와 같이 확인합니다.
>
> ⇒ 장해급여 수령방법 : 일시금/연금 중 택일(   )
> ⇒ 연금을 선택하는 경우 선급여부 : 예(   ), 아니오(   )   선급하는 경우 그 기간 : (   )년

※**제4~제7급 대상자의 일시금 . 연금 선택시 비교**(연금을 선택하면 아래 시점에 일시금일수와 동일해집니다.)

등급	일시금	연금	일시금과 동일해지는 시점	등급	일시금	연금	일시금과 동일해지는 시점
제4급	1,012일	224일	연금 4.52년 수령	제6급	737일	164일	연금 4.49년 수령
제5급	869일	193일	연금 4.50년 수령	제7급	616일	138일	연금 4.46년 수령

본인은 장해급여 일시금 . 연금제도에 대하여 충분히 이해하였기에 아래의 장해급여 수령방법을 선택 후 자필로 서명.날인합니다.

년   월   일

위 확인자

성   명 :   (인)

주민등록번호 :

▌중복장해 등급을 결정함에 있어 유의할 점은?

[질문] 산업재해보상보험법상 중복장해의 등급을 결정함에 있어서 등급조정의 결과가 장해등급의 서열을 문란케 하는 결과를 발생시키는지 여부에 관한 판단 기준은 어떻게 되는지요?

[답변] 산업재해보상보험법상 중복장해의 등급을 결정함에 있어서는 먼저 각각의 장해상태를 구분하여 각각의 장해상태에 대한 장해등급을 정하고, 그 장해등급을 같은 법 시행령 제31조 제2항에 의하여 조정한 후 장해등급을 결정하되, 그것이 신체장해등급표의 장해등급 사이에서 장해서열을 문란케 하는지 여부를 확인하여야 할 것입니다. 그래서 등급조정의 결과가 장해등급의 서열을 문란케 하는 결과를 발생시키는지의 여부는 장해상태를 노동능력이나 신체기능의 상실 등과 함께 종합적으로 고려하여 판단하여야 할 것입니다.

[별지 제12호(갑)서식]

장 해 진 단 서

성 명		주민등록번호		

| 주 소 | | | ☎ | |

① 초진일	년 월 일	② 치유일		년 월 일

※ 초진일이란 장해의 원인이 되는 상병에 대하여 처음으로 의사의 진찰을 받은 날을 말함
※ 치유일이란 완치된 날 또는 치료효과를 기대할 수 없게 되고 상병 및 증상이 고정된 상태에 이르게 된 날

장해의 원인이 되는 상병명	
장해부위	
③ 기존장해 (질병포함)	재해 발생 이전에 이 재해외의 사유로 남은 기존장해 유무 (유·무) 기존장해가 남은 경우 그 장해상태( )

④ 각종 검사소견 및 치유일까지의 주요치료내용(치료기간, 경과, 수술명, 수술일 포함)

⑤ 장해상태(모든 임상증상 등 장해상태를 상세히 기재. 필요한 경우 도표, 그림으로 표시)

※ 관절운동장해, 척추 및 사지마비장해자의 경우 해당 소견서를 함께 제출할 수 있습니다.

⑥ 향후 단기간(6개월) 이내 악화 또는 재발 가능성 여부에 대한 소견	☐ 있음	☐ 없음
⑦ 장해상태가 동통 등 신경증상인 경우 영구장해 여부에 대한 소견	☐ 비영구	☐ 영구
⑧ 치유 후 잔존하는 후유증상 및 합병증 예방관리를 위한 진료 여부에 대한 소견	☐ 있음	☐ 없음

위와 같이 장해상태 등을 진단합니다.

년   월   일

발 행 일 :
의사면허번호 :
전 문 과 목 :

의료기관 명칭 :   ㉑
소 재 지 :
의료기관 지정번호 :

의 사 성 명 :   ㉑

지 체 장 해 용(척추 및 사지마비장해) 소 견 서

성 명		주민등록번호	

<table>
<tr><td rowspan="2">척추의장해</td><td>기능</td><td>– 척추분절이 골유합술으로 고정된 부위 : [   ]
– 하나의 분절에 2회이상 관혈적 수술 : [   ]
– 2개 이상의 척추분절에 관혈적 수술 : [   ]
– 척추분절에 인공디스크삽입술, 고정술 : [   ]
– 척추불안정증 여부 및 부위 : [   ]</td><td>변형</td><td>– 압박골절의 부위 및 정도
  [부위: , 정도 :   %]
– 방출성골절, 찬스씨골절, 척추관 침범
  골절 등 후 보존적 치료여부 : [ ]
– 천추골의 변형 잔존여부 [ ]
– 추체외 골절의 부위 : [ ]</td></tr>
<tr><td>척추신경근</td><td colspan="3">– 척추신경근 장해의 운동단위 및 번호 : [ ]
– 뚜렷한 근위축 유무 : [ ]
– 근전도검사, 특수검사에서 신경증상 유무 : [ ]
– 중력을 이기지 못하거나 중력을 제거한 상태에서 능동적 운동가능 여부 : [ ]
– 중력저항하에서 능동적 운동가능 여부 : [ ]</td></tr>
</table>

마 비	
원인부위	뇌성, 척수성, 말초신경성, 근(육)성, 기타
종 류	지각마비, 운동마비

반 사	좌				우			
	상 지	하 지	바빈스키 반사	기타 병적 반사	상 지	하 지	바빈스키 반사	기타 병적 반사

기 타
배변, 배뇨장해 : 유(수의적·불수의적 조절), 무

일상동작의 장해정도	보조기 사용상황 : 항상, 필요시, 필요 없음　　　　사용보조기종류 :

보조기 사용상황 : 항상, 필요시, 필요 없음　　　　사용보조기종류 :

일상동작의 장해정도	잡기 (신문지를 뽑아 낼 수 있는 정도) 　　　좌 : (　　) 우 : (　　). 쥐기 (둥글게 한 주간지를 빼낼수 있는 정도) 　　　좌 : (　　) 우 : (　　) 수건을 짜기 : (　　) 끈을 매기 : (　　) 숟가락으로 식사하기 좌:(　　) 우: (　　) 얼굴에 손바닥을 붙이기　좌 :(　　) 우 :(　　) 바지의 앞자크를 열수 있는 정도 　　　좌 : (　　)　　우 : (　　) 엉덩이에 손이 닿는 정도 좌 : (　) 우 : (　　) 상의의 입고 벗기(셔츠를 입고 벗는 정도) :(　　)	작은단추 끼우기(와이셔츠를 입고 작은 단추 를 잠그는 정도) : (　　　) 일어서기 : (　　　) 걷　기 : (　　　) 계단오르기 : (　　　) 계단내려가기 : (　　　) 한쪽발로 서기 좌 : (　　) 우: (　　) ※ 보조용구를 사용하지 않은 상태에서 　– 혼자서도 잘할수 있는 경우는 ○ 　– 혼자서 할 수는 있다 하더라도 잘 할수 　　없는 경우는 △ 　– 혼자서는 전혀 할 수 없는 경우는 ×

기타 정신, 신체의 장해 상태	언어장해가 있는 경우는 해당란에 ○표 1. 일상대화를 누가 들어도 이해함. 2. 전화에 의한 대화를 가족은 이해할 수 있으나 타인은 이해할 수 없음. 3. 일상대화를 가족은 이해할 수 있으나 타인은 이해할 수 없음. 4. 일상대화를 누가 들어도 이해할 수 없음.

　　　　　　　　　　　　　　　　　　　　　　　　　　　년　　　　　월　　　　　일

상기 내용과 같이 진단합니다.

　　　　　　　　　　　　　　　　　　　　　　　주치의　성명　　　　　　　㊞

[별지 제12호(병)서식]

지 체 장 해 용(관절운동장해) 소 견 서

| 성 명 | | | 주민등록번호 | | | | | | | | | |

수(족)지관절의 능동운동 범위 (A.M.A.식)	부 위		제1지		제2지		제3지		제4지		제5지	
			굴곡	신전	굴곡	신전	굴곡	신전	굴곡	신전	굴곡	신전
	중수(족)지절관절 (M. P)	정상범위	60도 (30도)	0도 (50도)	90도 (30도)	0도 (40도)	90도 (20도)	0도 (30도)	90도 (10도)	0도 (20도)	90도 (10도)	0도 (10도)
		좌 우										
	근위지절관절 (P. I. P)	정상범위	80도 (30도)	0도 (0도)	100도 (40도)	0도 (0도)	100도 (40도)	0도	100도 (40)	0도	100도 (40도)	0도
		좌 우										
	원위지절관절 (D. I. P)	정상범위			70도	0도	70도	0도	70도	0도	70도	0도
		좌 우										

관절의 능동운동범위 (A.M.A.식)	부위	측정방법	정상범위	운동가능범위		부위	측정방법	정상범위	운동가능범위	
				좌	우				좌	우
	어깨관절 (500도)	전상방거상 후 방 거상 측상방거상 내 전 내 회 전 외 회 전	150도 40도 150도 30도 40도 90도			고관절 (280도)	신 전 굴 곡 내 전 외 전 내회전 외회전	30도 100도 20도 40도 40도 50도		
	팔꿈치 관절 (310도)	신 전 굴 곡 내회전 외회전	0도 150도 80도 80도			무릎관절 (150도)	신 전 굴 곡	0도 150도		
	손목관절 (180도)	배 굴 장 굴 요사위 척사위	60도 70도 20도 30도			발목관절 (110도)	배 굴 척 굴 내 번 외 번	20도 40도 30도 20도		
						다리의 단축정도		cm	만곡변형	도

| 인공골두, 인공관절 삽입상태 | | 보조기사용여부 (동요관절) | [ ] 항상 필요
[ ] 수시 필요
[ ] 과중 노동시 필요
[ ] 필요 없음 | 가관절 형성상태 | |

년   월   일

상기 내용과 같이 진단합니다.

주치의   성명   ⑪

장해급여 일시금 · 연금 선택 확인서

가. 장해급여 제도

- 산재보험의 장해등급은 제1급~제14급으로 구분되고 제1급~제3급은 연금지급만 가능, 제4급~제7급은 <u>산재근로자</u>의 선택에 따라 일시금 또는 연금으로 지급, 제8급~14급은 일시금으로만 지급
- 장해일시금 : 장해등급의 일시금 일수에 치유 당시 평균임금을 곱하여 산정된 금액 지급
- 장해연금 : 장해등급의 연금일수에 산정 당시 평균임금을 곱하여 산정된 금액을 사망 시까지 지급

나. 장해급여 수령방법에 대한 확인사항

①장해등급 제4급~제7급에 있어 일시금 또는 연금 **선택 후 그 방법을 변경하는 것은 불가능**

②연금 선택 시 장해등급 **제4급~제7급은 최초의 1년분 또는 2년분, 장해등급 제1급~제3급은 최초의 1년분~4년분까지를 선급**할 수 있으며 연금액의 1/2에 해당하는 금액을 미리 지급**(2% 이자 공제)**하고 그 기간은 장해연금액의 50%만 지급

③연금으로 수령하는 경우 그 장해가 <u>신경.정신장해</u>, <u>척추신경근 장해</u>, <u>운동범위 제한정도에 따른 관절기능장해</u>, <u>진폐장해</u>에 해당하는 경우에는 **2년이 지난 시점에 장해등급 재판정 실시**, 그 결과에 따라 장해급여 지급

※ 아래 해당 장해등급에 체크하시기 바랍니다.

☐ 장해등급 제1급부터 제3급까지에 해당하는 경우

> 장해등급에 따른 장해보상연금을 수령하는데 있어 선급 여부 및 그 기간에 대하여 아래와 같이 확인합니다.
>
> ⇒ **선급여부 : 예(   ), 아니오(   )   선급하는 경우 그 기간 : (   )년**

☐ 장해등급 제4급부터 제7급까지에 해당하는 경우

> 장해등급에 따른 장해급여를 수령하는데 있어 그 방법(연금 또는 일시금 여부), 선급 여부 및 그 기간에 대하여 아래와 같이 확인합니다.
>
> ⇒ **장해급여 수령방법 : 일시금/연금 중 택일(   )**
> ⇒ **연금을 선택하는 경우 선급여부 : 예(   ), 아니오(   )   선급하는 경우 그 기간 : (   )년**

※제4~제7급 대상자의 일시금 . 연금 선택시 비교(연금을 선택하면 아래 시점에 일시금일수와 동일해집니다.)

등급	일시금	연금	일시금과 동일해지는 시점	등급	일시금	연금	일시금과 동일해지는 시점
제4급	1,012일	224일	연금 4.52년 수령	제6급	737일	164일	연금 4.49년 수령
제5급	869일	193일	연금 4.50년 수령	제7급	616일	138일	연금 4.46년 수령

본인은 장해급여 일시금 . 연금제도에 대하여 충분히 이해하였기에 아래의 장해급여 수령방법을 선택 후 자필로 서명.날인합니다.

년   월   일

위 확인자

성   명 :   (인)

주민등록번호 :

■ 요양 치유를 받은 후 재발한 경우 다시 요양급여를 받을 수 있는지요?

[질문] 저는 사고를 당하여 산재로 요양을 받고 치유되었습니다. 그런데 다시 그 질병이나 부상이 재발한 경우에도 요양급여를 받을 수 있나요?

[답변] 요양급여를 받은 자가 치유 후 요양의 대상이 되었던 업무상 부상 또는 질병이 재발하거나 치유 당시보다 상태가 악화되어 이를 치유하기 위한 적극적인 치료가 필요하다는 의학적 소견이 있는 경우에는 재요양을 받을 수 있습니다.

재요양이란 요양급여를 받은 자가 치유 후 요양의 대상이 되었던 업무상 부상 또는 질병이 재발하거나 치유 당시보다 상태가 악화되어 이를 치유하기 위한 적극적인 치료가 필요하다는 의학적 소견이 있는 경우에 다시 받는 요양급여를 말합니다. 재요양은 업무상 부상 또는 질병에 대해 요양급여(요양급여를 받지 않고 장해급여를 받는 부상 또는 질병의 경우에는 장해급여)를 받은 경우로서 ① 치유된 업무상 부상 또는 질병과 재요양의 대상이 되는 부상 또는 질병 사이에 상당인과관계가 있을 것, ② 재요양의 대상이 되는 부상 또는 질병의 상태가 치유 당시보다 악화된 경우로서 나이나 그 밖에 업무

외의 사유로 악화된 경우가 아닐 것, ③ 재요양의 대상이 되는 부상 또는 질병 상태의 호전을 위해 수술(신체 내 고정물의 제거 수술 또는 의지 장착을 위한 절단 부위의 재수술을 포함함) 등 적극적인 치료가 필요하다고 인정될 것, ④ 재요양의 대상이 되는 부상 또는 질병의 상태가 재요양으로 치료효과를 기대할 수 있다고 인정될 것 등의 요건 모두에 해당하는 경우에 인정합니다.

산재근로자가 재요양을 받으려면 요양급여신청서에 ① 초진소견서, ② 재요양을 신청하기 전에 보험가입자(사업주) 또는 제3자 등으로부터 보험급여에 상당하는 금품을 받은 경우에는 그 금품의 명세 및 금액을 확인할 수 있는 판결문·합의서 등의 서류, ③ 재요양을 신청하기 전에 보험가입자(사업주) 또는 제3자 등으로부터 보험급여에 상당하는 금품을 받지 않은 경우에는 그 사실을 확인하는 본인의 확인서서류를 첨부하여 근로복지공단에 재요양을 신청해야 합니다.

[별지 제10호 서식] <개정 2015.12.29.>

※ 굵은선 안은 청구인이 기입하지 않습니다.　　　　　　　　　　　　　　　　　　　　　　　　　　　　(앞 면)

<table>
<tr><td colspan="6" align="center">산업재해보상보험
요 양 비 청 구 서</td><td align="center">처리기간</td></tr>
<tr><td colspan="6"></td><td align="center">10일</td></tr>
</table>

①사업장관리번호		②사업개시번호	

재해자 (청구인)	③성명		④주민등록번호	□□□□□□-□□□□□□□	⑤직종	□□□
	⑥주　소			☎		
	⑦채용연월일	년　　월　　일	⑧재해발생일시	□□□□년 □□월 □□일 □□시		

청구내용	⑩청구구분	□요양비　□간병료　□이송비　□보조기　□기타	상병부위 및 상병명　※ 뒷면 소견서 참조
	⑪기　간	．　．　～　．　．　．(　　)일간　[입원(　일), 통원(　일)]	
	⑫산출내역(별지사용가능)		
	⑬청구액	원	⑭수령희망은행 및 계좌번호

간병료를 청구할 경우 다른 법률에 의한 간병서비스 수혜여부 표시[☑]	□노인장기요양보험　□장애인활동지원급여　□기타(　　　　) ※ 해당사항이 있을 경우 수급 관련 증빙서류 첨부		
본 재해와 동일한 사유로 「민법」 기타 법령에 따라 수령한 보상 또는 배상을 받았는지 여부 (「산업재해보상보험법」 제80조)	⑮수령일자	⑯수령금액	⑰보상 또는 배상내역(수령근거)
	첨부서류	1. 합의서 2. 판결문(또는 결정문) 3. 영수증 4. 기타	

⑱ 개인정보 이용 동의서

<table>
<tr><td align="center">**개인정보 이용 동의서**</td></tr>
</table>

◦이용목적 : 근로복지공단이 수행하고 있는 산재보험 사업 관련 서비스 제공 안내 문자 　　　　　　메시지 전송, 고객 감사편지 발송 ◦이용정보 : 성명, 주소, 전화번호(일반전화 및 휴대전화), 이메일 주소 ◦이용기간 : 이용 동의를 한 날부터 5년 ◦동의거부권리 안내 : 신청인은 본 개인정보 동의를 거부할 수 있으며, 이 경우 근로복지공단이 　　　　　　　　　　 제공하는 서비스가 제한될 수 있습니다.	□ 동의 □ 동의하지 않음	성명: (서명 또는 인)

※ 개인정보 수집은 「산업재해보상보험법」 및 같은 법 시행령에 따라 별도의 동의 절차가 필요 없으며, 「산업재해보상보험법」
　　제36조 및 같은 법 시행령 제21조에 따른 보험급여 결정에 관한 통지는 동 개인정보 이용 동의서와는 무관하게 통지됨을
　　알려드립니다.

「산업재해보상보험법」 제40조에 따라 위와 같이 신청합니다.

　　　　　　　　　　　　　　　　　　　　　　　　　년　　　월　　　일
　　　　　　신 청 인 :　　　　　　　　　　(서명 또는 인)
　　　　　　전화번호 :　　　　　　　　　　휴대폰 :　　　　　　　E-mail :
　　　　　　대 리 인 :　　　　　　　　　　(서명 또는 인)

　　　　　　　　　　근로복지공단　　　　　　　　지역본부(지사)장 귀하

위 임 장

위　본인은　요양비청구서를　아래　산재보험　의료기관에게　근로복지공단　고용·산재보험토탈서비스
(total.kcomwel.or.kr)를 통하여 제출할 것을 위임합니다.

　　　　위임하는 자　　　　　　(서명 또는 인)　　　위임받는 자　　　　　　(서명 또는 인)

<구비서류>	· 요양비 : 영수증, 병원비의 경우 진료비 상세내역서, 약국 약제비의 경우 처방전 등 · 간병료 : 영수증(가족의 경우 제외), 간병인 자격증 및 수료증(전문 간병인에 해당되는 경우), 상병상태 확인 　　　　　 가능한 기록지(진료기록, 간호기록 – 통원 제외) 등 · 이송비 : 영수증(버스, 전철 등 사실상 영수증 발급이 불가능한 경우 제외), 이송경로내역서, 의료기관의 　　　　　 통원요양 사실 확인서 등 · 보조기 : 세금계산서 또는 거래명세서, 재활보조기 처방전 및 검수확인서 등 ※ 필요시 이외의 자료를 담당자가 요청할 수 있음을 알려드립니다.

※ 유의(참고)사항(요양비 청구서로 최초요양급여서를 대체하는 경우에만 한함.)
· 별지를 이용하여 재해경위 작성 후 보험가입자(사업주)의 날인을 받아 제출하시기 바라며, 보험가입자(사업주)의 날인을 받지 못한
　경우에는 공단은 재해지의 요양급여신청 사실을 보험가입자(사업주)에게 통지하고, 10일 이내에 보험가입자(사업주)의 의견을 제출
　하도록 하므로 그 확인을 위하여 민원처리기간이 지연될 수 있습니다.
· 재해경위 작성 시 육하원칙에 따라 구체적으로 기재해 주시기 바랍니다.
· 신청인이 대리인을 선임한 경우에는 대리인은 「대리인 선임 신고서」를 근로복지공단에 제출하여야 합니다.

접수일자		접수번호		처리기한	

<table>
<tr><td colspan="9" align="center"><h2>소　　　견　　　서 (의료기관 작성용)</h2></td></tr>
<tr><td>⑲성　　명</td><td></td><td colspan="2">⑳주민등록번호</td><td></td><td colspan="2">㉑재해발생일</td><td colspan="2">년　　월　　일</td></tr>
</table>

㉒상병명과 상병코드	구분	진단명	상병코드(KCD-5)	구분	진단명	상병코드(KCD-5)
	주상병			부상병		
	부상병			부상병		
	부상병			파생상병		
	부상병			파생상병		
	부상병			파생상병		

㉓기존질병 및 장해상태	

㉔요양기간	입　원	년　월　일 ~　년　월　일	(　　)일간
	통　원	년　월　일 ~　년　월　일	(　　)일간
	취업치료	년　월　일 ~　년　월　일	(　　)일간
	재가요양	년　월　일 ~　년　월　일	(　　)일간

㉕간병확인

간병범위
- ☐ 1. 두 손의 손가락을 모두 잃거나 사용하지 못하게 되어 혼자 힘으로 식사를 할 수 없는 사람
- ☐ 2. 두 눈의 실명 등으로 일상생활에 필요한 동작을 혼자 힘으로 할 수 없는 사람
- ☐ 3. 뇌의 손상으로 정신이 혼미하거나 착란을 일으켜 일상생활에 필요한 동작을 혼자 힘으로 할 수 없는 사람
- ☐ 4. 신경계통 또는 정신의 장해로 의사소통을 할 수 없는 등 치료에 뚜렷한 지장이 있는 사람
- ☐ 5. 체표면적(체표면적)의 35퍼센트 이상에 걸친 화상을 입어 수시로 적절한 조치를 할 필요가 있는 사람
- ☐ 6. 골절로 인한 견인장치 또는 석고붕대 등을 하여 일상생활에 필요한 동작을 혼자 힘으로 할 수 없는 사람
- ☐ 7. 하반신 마비 등으로 배뇨·배변을 제대로 하지 못하거나 욕창 방지를 위하여 수시로 체위를 변경시킬 필요가 있는 사람
- ☐ 8. 업무상 질병으로 신체가 몹시 허약하여 일상생활에 필요한 동작을 혼자 힘으로 할 수 없는 사람
- ☐ 9. 수술 등으로 일정 기간 거동이 제한되어 일상생활에 필요한 동작을 혼자 힘으로 할 수 없는 사람
- ☐ 10. 그 밖에 부상·질병 상태가 제1호부터 제9호까지의 규정에 준하는 사람

간병등급	☐ 1등급　☐ 2등급　☐ 3등급
간병종류	☐ 1인 간병　☐ 1인이 2인 이상 간병 (간병인 (　　) 명 대비 환자 (　　) 명)

간병기간
　．　．　．　~　．　．　．　.(　　일간) (*단, 회복실 및 중환자실 사용기간은 제외됨)
회복실 및 중환자실 사용여부　☐ 무　☐ 유　(사용기간:　　　~　　　)

간병인

성명		주민등록번호	
주소		환자와의관계	
자격	☐ 간호사　☐ 간호조무사　☐ 요양보호사　☐ 요양보호사 외 전문교육과정이수자　☐ 기타		

※ 간병 담당자가 2인 이상인 경우 별지사용 가능

㉖이송비 (통원확인)	총진료일수	．　．　．　~　．　．　．　.(　　일간)	실통원일수	
	산출내역		원　(세부내용은 별지작성가능)	

㉗의지·보조기대	품　명 (분류번호)		수량	회수	구입가격	원

㉘기　타 (특수촬영등)	품　명 (분류코드)		회수	가격	원

㉙담당의사의 진료소견 또는 간병사유 (별지사용가능)	

㉚통원기간중 취업가능 여부 및 시기	

위에 기재한 사실이 틀림없음을 확인합니다.
　　　　년　　　월　　　일　　　의료기관 지정번호
　　　　　　　　　　　　　　　　명　　칭
　　　　　　　　　　　　　　　　소 재 지　　　　　　　　☎
　　　　　　　　　　　　　　　　의료기관장　　　　　　(서명 또는 인)
　　　　　　　　담당의사의 면허번호 제　　　호 성명　　(서명 또는 인)

자문의 소견

　　　　　　　　　　년　　　월　　　일　　　자문의　　　　(서명 또는 인)

(210mm×297mm, 백상지 80g/㎡)

(뒷 면)

[별지 제2호 서식] <개정 2015.12.29.>

산 업 재 해 보 상 보 험

요양급여 및 휴업급여(최초분) 신청(청구)서

※ 공통란은 모두 기재하시고, 해당 신청란에 ☑ 하고 기재하시기 바랍니다.   (앞 면)

접수번호		접수일	처리기간 : 7일

<table>
<tr><td rowspan="8">재
해
자</td><td>성 명(외국인은 외국인등록증상 영문명 대문자)</td><td colspan="2">주민등록번호(외국인등록번호)
□□□□□□-□□□□□□□</td></tr>
<tr><td>주 소</td><td colspan="2">휴대전화:
전화번호:</td></tr>
<tr><td>재해발생
일 시　□□□□ 년 □□ 월 □□ 일 □□ 시 □□ 분</td><td colspan="2">전자우편(E-mail)</td></tr>
<tr><td>채용일자:　　년　월　일　국 적:</td><td colspan="2">직 종:</td></tr>
<tr><td>출근시간:</td><td>퇴근시간:</td><td>작업개시시간:</td></tr>
<tr><td>종사상 지위: □상용 □임시 □일용</td><td colspan="2">고용형태: □정규직 □비정규직</td></tr>
<tr><td colspan="3">보험가입자와의 관계: □실제사업주 □하수급인 □동업자 □배우자 □부모 □자녀 □형제자매
　　　　　　　　　　 □기타 친인척(　　　　　) □해당없음</td></tr>
</table>

<table>
<tr><td rowspan="22">[ ]
요
양</td><td colspan="2">신청구분　□최초요양　□재요양　□전원　□병행진료　□진폐
※ 최초요양 및 재요양 신청시 휴업급여(뒷면)를 함께 청구하실 수 있습니다.</td></tr>
<tr><td colspan="2">사 업 장
관리번호　□□□-□□-□□□□□□-□　(사업개시번호:　　　　　　　　　)</td></tr>
<tr><td colspan="2">재해원인 및 발생상황 (별지사용 가능)

</td></tr>
<tr><td colspan="2">① 위 재해와 관련하여 음주 또는 음주운전으로 관공서에 신고(접수)한 사실이 있습니까?　□ 예 □ 아니오</td></tr>
<tr><td colspan="2">② 위 재해와 관련하여 119 또는 소방서에 구조구급·재난 신고(접수)한 사실이 있습니까?　□ 예 □ 아니오</td></tr>
<tr><td colspan="2">③ 위 재해와 관련하여 경찰서에 사고(사건) 신고한 사실이 있습니까?　□ 예 □ 아니오</td></tr>
<tr><td colspan="2">※ 재해경위 등 주요 사항을 사실과 달리 기재하여 보험급여를 지급받은 경우에는 「산업재해보상보험법」 제84조에 따라 부당이득 징수 등의 불이익 처분을 받게 되오니 사실대로·구체적으로 기재하셔야 합니다.</td></tr>
<tr><td colspan="2">※ 작성방식: 어디에서(·구체적 장소), 무엇을 하기 위해(작업내용, 목적), 무엇을 사용하여(작업도구, 취급물질) 어떻게 하다가(경위, 동작, 움직임), 어떤 이유 때문에 어떻게 재해를 당하였는지 작성하여 주시기 바랍니다.</td></tr>
<tr><td colspan="2">목격자가 있는 경우: 성명(　　　　), 연락처(　　　　　　), 재해자와의 관계(　　　　)</td></tr>
<tr><td colspan="2">가해자가 있는 경우: 성명(　　　　), 연락처(　　　　　　), 재해자와의 관계(　　　　)</td></tr>
<tr><td colspan="2">재해 발생 후 현재 요양 중인 의료기관 전에 진료(치료) 받은 의료기관</td></tr>
<tr><td colspan="2">의료기관명:　　　　　　　　　　소재지:</td></tr>
<tr><td colspan="2">의료기관명:　　　　　　　　　　소재지:</td></tr>
<tr><td rowspan="2">재요양을
받는사유</td><td>사 유</td></tr>
</table>

재요양을 받는사유 — 사 유: □금속내 고정물 제거　□증상악화로 인한 요양　□물리치료　□증상악화로 인한 수술적 가료　□의지장착을 위한 요양　□기타

수술할 경우 기재　수술부위:　　　　　　　　수술예정일자:　　년　월　일

요양급여신청 및 휴업급여 청구에 관한 기재 사실이 틀림없음을 확인합니다.	위와 같이 신청(청구)합니다.
년　　월　　일	년　　월　　일
사업장명　　　　　　　☎	
소 재 지	신청인(청구인)　　　　(서명 또는 인)
보험가입자(사업주)　　(서명 또는 인)	대 리 인　　　　　　 (서명 또는 인)

※ 사망자 또는 3일 이상의 휴업재해에 대해서는 재해일로부터 1개월 이내에 지방노동관서에 산업재해조사표를 반드시 제출하셔야 합니다.

※ 보험가입자(사업주)의 서명 또는 날인을 받을 수 없으면 확인을 생략하고 신청서를 제출할 수 있으며, 이 경우 근로복지공단에서 「산업재해보상보험법 시행규칙」 제20조제3항에 따라 보험가입자(사업주)에게 의견을 제출하도록 하여 신청서를 처리합니다.

※ 신청인이 대리인을 선임한 경우에는 대리인은 「대리인 선임 신고서」를 근로복지공단에 제출하여야 합니다.

[휴업급여 청구 및 다른 보상(배상) 등의 내역은 뒷면에 작성합니다.]

(뒷 면)

※ 요양급여 신청 구비서류 ※

1. 초진소견서(최초요양 또는 재요양) 1부.
2. 목격자 및 행정기관(경찰서) 등에서의 관련 진술서 사본 등 재해경위와 사실 확인을 위한 관계인의 진술 또는 관련 서류 1부.
3. 「민법」 또는 다른 법령에 의거 보상이나 배상을 받은 경우 및 보험가입자(사업주) 또는 제3자 등으로부터 보험급여에 상당한 금품을 받은 경우 금품의 내역 및 금액을 알 수 있는 판결문·합의서 등의 서류.

<table>
<tr><td colspan="2">휴업급여 청구기간</td><td colspan="3">.   .   .   ~   .   .   .</td></tr>
<tr><td colspan="2">수령회망은행 및 계좌번호</td><td>은행명:</td><td>계좌번호:</td><td>(예금주:)</td></tr>
</table>

<재해자 확인사항>

① 휴업급여 청구기간에 대하여 이미 사업주로부터 급여를 받았습니까? 1.예( )   2.아니오( )

② 휴업급여를 청구한 기간 중 취업한 사실이 있습니까?   1.취업함( ) 2.취업하지 못함( )

③ 휴업급여 자동지급을 신청하겠습니까?   1.예( )   2.아니오( )

휴업급여

※ 작성할 때 유의사항 ※

1. 「취업」이란 재해 당시 사업 또는 다른 사업으로의 취업 뿐만 아니라 자영업 운영이나 학업 등 생업으로의 복귀 등을 포함하는 개념입니다.
2. 휴업급여를 청구한 기간 중에 교정시설에 수용된 기간, 해외 체류 기간 등 요양으로 인하여 취업하지 못한 기간으로 기대하기 어려운 경우에는 휴업급여를 지급받을 수 없습니다.
3. 재해로 인한 요양기간이 아닌 기간 또는 취업한 기간에 허위 기타 부정한 방법으로 휴업급여를 받은 경우에는 지급받은 급여액의 2배에 해당하는 금액을 부당이득으로 근로복지공단에 납부하여야 합니다.
4. 보험가입자(사업주)로부터 휴업급여 상당하는 금액을 미리 받은 경우에는 중복으로 휴업급여를 받으실 수 없습니다.
   ※ 보험가입자(사업주)는 휴업급여에 상당하는 금품을 재해자에게 지급한 경우 지급 사실을 증명하는 서류(급여대장, 계좌이체 내역 등)를 첨부하여 근로복지공단에 휴업급여를 대체청구 할 수 있습니다.
5. 「휴업급여 자동지급」이란 1회의 청구로 입원 요양기간(통원 기간 제외) 동안 휴업급여가 자동지급되는 제도입니다.
6. 휴업급여 청구서의 처리기한내에 평균임금을 산정하기 곤란한 경우에는 재해자의 생계보호를 위하여 최저임금액을 1일당 휴업급여 지급액으로 산정하여 우선 지급하고, 평균임금 산정 후 지급 차액이 있는 경우에는 추가 지급합니다.
7. 「산업재해보상보험법 시행령」 제23조에 따른 일용근로자는 일당에 0.73을 곱한 금액을 평균임금으로 적용합니다.

※ 휴업급여 청구 구비서류 ※

1. 재해가 발생한 달을 포함하여 이전 4개월간의 임금대장(단, 연차수당 및 상여금이 있는 경우에는 12개월간의 임금대장)
2. 일용근로자의 경우 일용근로계약서 또는 일당을 확인할 수 있는 자료

다른보상

① 본 재해와 동일한 사유로 민법, 기타 법령에 따라 보상 또는 배상금을 수령한 사실이 있습니까? 1.예( ) 2.아니오( )

② 보상 또는 배상금을 수령한 경우 내역(①에서 "예"라고 체크한 경우에만 작성합니다.)

수령일자	수령금액	지급한 자(기관) 또는 지급처	첨부서류
			1. 합의서 2. 판결문(또는 결정문) 3. 영수증 4. 기타

<u>본인</u>은 휴업급여 청구 및 다른 보상 등의 기재내용이 모두 사실을 확인하고 위와 같이 청구합니다.

청구인   (서명 또는 인)

※ 근로복지공단 임직원이 업무와 관련 금품·향응을 요구하면 청렴상담 부조리신고센터(052-704-7926)에 신고해 주시기 바랍니다.

※ 산재보험급여를 허위·부당한 방법으로 받은 사례를 산재부정수급신고센터(052-704-7474)에 신고해 주시면 포상금을 드립니다.

향후 치유(치료종결) 후 동 사업장에서 계속 근무할 의사가 있습니까?	□ 예 □ 아니오

공통

개인정보 이용 동의서

◦ 이용목적 : 업무상 재해 여부 결정, 조사 및 연구업무, 근로복지공단이 수행하고 있는 산재 보험 사업 관련 서비스 제공 안내 문자 메시지 전송, 고객 감사편지 발송

◦ 이용정보 : 건강보험 요양급여내역, 「의료법」에 따른 의료기관의 진료기록 등의 자료, 건강검진기록, 성명, 주소, 전화번호(일반전화 및 휴대전화), 이메일 주소

◦ 이용기간 : 이용 동의를 한 날부터 5년

◦ 동의거부권리 안내 : 신청인은 본 개인정보 동의를 거부할 수 있으며, 이 경우 근로복지공단이 제공하는 서비스가 제한될 수 있습니다.

□ 동의   □ 동의하지 않음

성명: (서명 또는 인)

※ 개인정보 수집은 「산업재해보상보험법」 및 같은 법 시행령에 따라 별도의 동의 절차가 필요 없으며, 「산업재해보상보험법」 제36조 및 같은 법 시행령 제21조에 따른 보험급여 결정에 관한 통지는 동 개인정보 이용 동의서와는 무관하게 통지됨을 알려드립니다.

<요양급여 신청 및 휴업급여 청구 대행에 대한 위임(동의)장>

본인은 □요양급여 신청, □휴업급여 청구를 아래 산업재해 의료기관이 대행하여 근로복지공단[고용·산재보험 토탈서비스(total.kcomwel.or.kr) 제출 포함]에 제출하는 것에 동의합니다.

위임하는 자(신청인)   위임받는 자(의료기관)

(서명 또는 인)   (서명 또는 인)

근로복지공단   지역본부(지사)장 귀하

(210mm×297mm, 백상지 80g/㎡)

▌근로복지공단이 요양급여 등 지급결정을 취소하고 부당이득금으로 징수할 수 있는지요?

[질문] 근로복지공단이, 출장 중 교통사고로 사망한 갑의 아내 을에게 요양급여 등을 지급하였다가 갑의 음주운전 사실을 확인한 후 요양급여 등 지급결정을 취소하고 이미 지급된 보험급여를 부당이득금으로 징수하는 처분을 하였습니다. 이런 경우 요양급여 등 지급결정은 취소해야 할 공익상의 필요가 중대하여 을 등 유족이 입을 불이익을 정당화할 만큼 강하지만, 이미 지급한 보험급여를 부당이득금으로 징수하는 처분은 공익상의 필요가 을 등이 입게 된 불이익을 정당화할 만큼 강한 경우에 해당하는지요?

[답변] 근로복지공단이, 출장 중 교통사고로 사망한 갑의 아내 을에게 요양급여 등을 지급하였다가 갑의 음주운전 사실을 확인한 후 요양급여 등 지급결정을 취소하고 이미 지급된 보험급여를 부당이득금으로 징수하는 처분을 한 사안에서, 위 사고는 망인의 음주운전이 주된 원인으로서 망인의 업무와 사고 발생 사이에는 상당인과관계가 있다고 볼 수 없어 망인의 사망은 업무상 재해에 해당하지 않으므로 요양급여 등 지급결정은 하자 있는 위법한 처분인 점 등을 고려하면, 요양급여 등 지급결정은 취소해야 할 공익상의 필요가 중대하여 을 등 유족이 입을 불

이익을 정당화할 만큼 강하지만, 위 사고는 망인이 사업주의 지시에 따라 출장을 다녀오다가 발생하였고, 사고 발생에 망인의 음주 외에 업무로 인한 과로, 과로로 인한 피로 등이 경합하여 발생한 점 등을 고려하면, 이미 지급한 보험급여를 부당이득금으로 징수하는 처분은 공익상의 필요가 을 등이 입게 된 기득권과 신뢰보호 및 법률생활 안정의 침해 등 불이익을 정당화할 만큼 강한 경우에 해당하지 않는다고 한 판단을 정당합니다.

관련판례

구 산업재해보상보험법(2010. 5. 20. 법률 제10305호로 개정되기 전의 것, 이하 '구 산업재해보상보험법'이라 한다) 제84조 제1항의 내용과 취지, 사회보장 행정영역에서의 수익적 행정처분 취소의 특수성 등을 종합하여 보면, 구 산업재해보상보험법 제84조 제1항 제3호에 따라 보험급여를 받은 당사자로부터 잘못 지급된 보험급여액에 해당하는 금액을 징수하는 처분을 할 때에는 보험급여의 수급에 관하여 당사자에게 고의 또는 중과실의 귀책사유가 있는지, 잘못 지급된 보험급여액을 쉽게 원상회복할 수 있는지, 잘못 지급된 보험급여액에 해당하는 금액을 징수하는 처분을 통하여 달성하고자 하는 공익상 필요의 구체적 내용과 처분으로 말미암아 당사자가 입게 될 불이익의 내용 및 정도와 같은 여러 사정을 두루 살펴, 잘못 지급된 보험급여액에 해당하는 금액을 징수하는 처분을 해야 할 공익상 필요와 그로 말미암아 당사자가 입게 될 기득권과 신뢰의 보호 및 법률생활 안정의 침해 등의 불이익을 비교·교량한 후, 공익상 필요가 당사자가 입게 될 불이익을 정당화할 만큼 강한 경우에 한하여 보험급여를 받은 당사자로부터 잘못 지급된 보험급여액에 해당하는 금액을 징수하는 처분을 해야 한다(대법원 2014.04.10. 선고, 2011두31697 판결).

[별지 제14호 서식]

문서번호 :　　　　　　　　　　(시행일자 :　　　　　　　　　)
수　　신 : 근로복지공단　　　　　　지역본부(지사)장

<table>
<tr><td colspan="4" align="center">산업재해보상보험법
요양급여비용 청구서</td><td>처리기간</td></tr>
<tr><td colspan="4"></td><td>40일</td></tr>
</table>

수급권자	①성　　명		②근로자와의관계	
	③주민등록번호			
	④재해발생일	년　월　일		
	⑤주　　소			
국민건강보험공단 (의료급여보장기관)	⑥기관명		⑦법인번호 (사업자등록번호)	
	⑧주　소			
⑨청구사유	업무상 재해근로자의 건강보험·의료급여 요양급여 비용 청구			
⑩산재승인상병명				
⑪승인 진료기간	．．．~　．．．입원(　)일,　．．．~　．．．통원(　)일			
⑫요 양 비	원(₩　　　)		입금계좌	
⑬부담자 산재보험 관리번호	□□□ - □□ - □□□□□ - □			

위와 같이 청구하오니 지급하여 주시기 바랍니다.

　　　　　　　　　　　　　　　　　　　년　　　월　　　일

국민건강보험공단　　　　　　지사장 (의료급여 보장기관장) ㊞

<구비서류>	※ 요양급여비용 명세서　부.

접수일자		접수번호		처리기한	

▌근로자가 의족이 파손된 경우 요양급여 대상인지 여부?

[질문] 저는 의족을 착용하고 아파트 경비원으로 근무하다 제설작업 중 넘어져 의족이 파손되는 등의 재해를 입고 요양급여를 신청하였습니다. 그러나 근로복지공단이 '의족 파손'은 요양급여 기준에 해당하지 않는다는 이유로 요양불승인처분을 하였습니다. 그런데 저는 업무상 사유로 근로자가 장착한 의족이 파손된 경우는 산업재해보상보험법상 요양급여의 대상인 근로자의 부상에 포함된다고 보는데 아닌가요?

[답변] 의족을 착용하고 아파트 경비원으로 근무하던 귀하가 제설작업 중 넘어져 의족이 파손되는 등의 재해를 입고 요양급여를 신청하였으나, 근로복지공단이 '의족 파손'은 요양급여 기준에 해당하지 않는다는 이유로 요양불승인처분을 하였다는 위 질문에서, 산업재해보상보험법과 장애인차별금지 및 권리구제 등에 관한 법률의 입법 취지와 목적, 요양급여 및 장애인보조기구에 관한 규정의 체계, 형식과 내용, 장애인에 대한 차별행위의 개념 등에 의하면, 산업재해보상보험법의 해석에서 업무상 재해로 인한 부상의 대상인 신체를 반드시 생래적 신체에 한정할 필요는 없는 점 등을 종합적으로 고려하면, 의족은 단순히 신체를 보조하는 기구가 아니라 신체의 일부인 다리를 기능적·물리적·실질적으로 대체하는 장치로서, 업무상의 사유로 근로자가 장착한 의족이 파손된 경우는 산업재해보상보험법상 요양급여의 대상인 근로자의 부상에 포함됩니다.

재활치료계획서

산재근로자	성 명		주민등록번호	
	재해일자		내원일자	
주치의			팀 회의 일자	20 . . .
승인상병				
장해 (Impairment)				
활동 제한 (Activity limitation)				
기왕증				
회의 참석자				
주요 안건				
평가내용	물리치료평가	※ 근력, 균형, 보행여부 등의 내용		
	작업치료평가	※ 정량적 일상생활동작(K-MBI) 등의 내용		
	재활사회사업	※ Need 파악, 가족지지, 향후 퇴원이후 계획 등의 내용		
	재활심리평가	※ MMSE, 치료동기, 행동장애 여부 등의 내용		
	재활간호평가	※ 혈압, 당뇨 등 내과적 문제, 욕창여부 등의 내용		
	기타 평가	※ 통증평가, 언어치료 평가 등 표준화된 검사내용을 기재		
특이사항				
종합평가 및 치료계획	※ 평가내용을 근거로 치료목표와 연결되는 재활치료계획(치료목표 및 치료방법, 예상 치료기간 등)을 기재			

전문과목 : 재활의학과   면허번호 :

의사성명 :   (서명)

■ 사업주가 가입한 '자손사고' 보험금의 유족보상금을 공제하는 것이 맞는지요?

[질문] 저희 아들은 A회사에 고용되어 회사의 냉동탑차를 운전하던 중 중앙선 침범 운전을 하여 교통사고로 사망하였습니다. 그런데 위 냉동탑차는 B보험회사의 자동차보험에 가입되어 있었습니다. 그래서 저는 아들의 상속인으로서 B보험회사로부터 자기신체사고의 보험금인 2천만원을 받았습니다. 그 후 저는 「산업재해보상보험법」이 정한 소정의 유족보상금을 청구하였으나, B보험회사로부터 수령한 2천만원을 공제하고 남은 유족보상금만 지급받았는데 이렇게 공제하는 것이 맞는지요?

[답변] 「산업재해보상보험법」 제80조 제3항 "수급권자가 동일한 사유로 민법이나 그 밖의 법령에 따라 이 법의 보험급여에 상당한 금품을 받으면 공단은 그 받은 금품을 대통령령으로 정하는 방법에 따라 환산한 금액의 한도 안에서 이 법에 따른 보험급여를 지급하지 아니한다."라고 규정하고 있습니다.

위 조항의 취지는 보험급여의 원인이 되는 업무상 재해가 동시에 사용자의 채무불이행 또는 불법행위의 요건도 갖추고 있는 경우에 산업재해보상보험법에 의한 수급권자가 그 재해에 관하여 사용자로부터 민법에 의한 손해배상을 받았을 때에는 이중의 이득이 될 수 있으므로, 이미 지급받은 손해배상금과 동일·동질의 보험급여를 손익상계의 법리에 따라 이를 공제하는 것입니다.

그러나 이러한 이유로 근로복지공단이 보험급여 지급을 거절하기 위해서는, 근로자가 업무상 재해로 인하여 발생한 손해에 대하여 민법 기타 법령에 의하여 배상의무를 지는 사용자로부터 손해배상을 받아야 할 것이고, 나아가 수급권자가 배상받은 손해도 단순히 동일한 재해에서 발생한 손해로 충분한 것이 아니라 재해보상의 대상이 된 손해와 민사상의 손해배상의 대상이 된 손해가 동질, 동일한 것이라야 합니다(대법원 1991.7.13.선고, 90다11776 판결판례).

위 질문의 경우 귀하의 아들의 사망은 중앙선을 침범한 잘못으로 인하여 일어난 것이므로 사용자인 A회사에게 근로자인 귀하의 아들에 대한 보호의무 등에 어떤 잘못이 있다고 볼 수 없을 것 같습니다. 따라서 A회사가 상속인인 귀하에게 민법 기타 법령에 의한 손해배상의무를 부담한다고 볼 수 없습니다. 그러므로 귀하가 B보험회사로부터 지급받은 보험금은 A회사가 귀하의 아들 또는 의뢰인에게 부담하는 손해배상 의무의 이행행위로서 지급한 것이 아닙니다.

또한, '자기신체사고 자동차보험'은 피보험자가 급격하고도 우연한 외부로부터 생긴 사고로 인하여 신체에 상해를 입은 경우에 그 결과에 따라 보험약관에 정해진 보상금을 지급하는 보험이어서 그 성질상 상해보험이지,

사용자의 고의·과실에 의하여 근로자에게 손해배상 의무를 부담할 경우 그 배상의무를 인수하여 그 손해를 전보해 주는 책임보험이 아니므로 근로자의 사망으로 장래 얻을 수 있는 일실수입을 전보하기 위하여 유족에게 지급하는 유족급여와 그 법적인 성질을 달리 한다고 할 것입니다.

따라서 귀하가 B보험회사로부터 받은 보험금은 위 「산업재해보상보험법」 제80조 제3항에서 규정한 '동일한 사유로 민법 기타 법령에 의하여 이 법의 보험급여에 상당한 금품을 받은 때'에 해당한다고 볼 수 없으므로, 귀하가 지급받은 보험금을 유족보상금에서 공제할 수는 없다고 보입니다.

[관련판례]

근로자의 상속인이 사업주가 가입한 '자기신체사고 자동차보험'의 보험자로부터 지급받은 보험금은 사업주가 근로자 또는 유족에게 부담하는 손해배상 의무의 이행행위로서 지급한 것이 아닐 뿐만 아니라, 사용자의 고의·과실에 의하여 근로자에게 손해배상 의무를 부담할 경우 그 배상의무를 인수하여 그 손해를 전보해 주는 책임보험이 아니므로 근로자의 사망으로 장래 얻을 수 있는 일실수입을 전보하기 위하여 유족에게 지급하는 유족급여와 그 법적인 성질을 달리하므로, 위와 같은 보험금은 산업재해보상보험법 제48조 제3항에서 규정한 '동일한 사유로 민법 기타 법령에 의하여 이 법의 보험급여에 상당한 금품을 받은 때'에 해당한다고 볼 수 없으므로, 이를 근로복지공단이 지급할 유족보상일시금에서 공제할 수 없다(서울행정법원 2005.05.17. 선고. 2004구합38164 판결).

[별지 제15호서식]

산 업 재 해 보 상 보 험

[ ] 유 족 급 여
[ ] 진폐유족연금   청 구 서
[ ] 장 의 비

※ 공통란은 모두 기재하시고, 해당 신청란에 [✔] 하고 기재하시기 바랍니다.　　　　　　　(앞면)

접수번호		접수일	처리기간 : 10일

산 재 근로자	성 명	주민등록번호 □□□□□□-□□□□□□□	
	주 소 ☎		직종
	재해발생일 □□□년 □□월 □□일		채용년월일
	수령희망은행 및 계좌번호　　　　　　　　　　　　　　(예금주 :　　　　)		
	※ 최초 등록시에만 작성하시고, 이후 변경하고자 하는 경우에는 거래은행 계좌번호 등록(변경)신청서를 제출하여야 합니다.		

[ ] 유족 급여 [ ] 진폐 유족 연금	수급방법	[ ] 일시금　[ ] 연금(진폐유족연금 포함)　[ ](일시금,연금)×1/2				
	재해발생원인 및 상황	※ 최초 유족급여 청구에만 기재하며, 육하원칙에 의거 작성하여 주십시오.(별지첨부)				
	목격자	성명	주민등록번호		근로자와의 관계	
	청구인 (수급권자)	성 명	주민등록번호	주　　소	관계	장해유무
				휴대전화		
				휴대전화		
				휴대전화		
	구비 서류	1. 근로자의 사망진단서 또는 사체검안서 1부(사인미상인 경우 사체부검소견서 1부) 2. 주민등록등본 또는 「가족관계의 등록에 관한 법률」에 따른 증명서 1부 ※ 행정정보 공동이용에 동의하는 경우에는 주민등록등본은 공단 직원이 확인하며, 주민등록등본만으로 수급권자 확인이 곤란한 경우에 가족관계 증명서가 필요합니다.				

※ 산재근로자가 사망하기 전에 청구하지 않은 보험급여가 있습니까? 1.예( ) 2.아니오( )

장의비	장제실행자 (비용부담자)	성명	사망자와의 관계	장제실행일 　년　월　일	장의비 　　　원
	장제　실행 확인자	성명	(서명 또는 인)	※ 사업주가 장제를 실행하고, 사업주가 직접 청구하는 경우에만 유족급여 수급권자(유족)가 본란에 확인합니다.	

다른 배상	① 이 재해와 동일한 사유로 민법, 그 밖의 법령에 따른 배상 또는 보상을 받은 사실이 있습니까? 　　　　　　　　　　　　　　　　　　□ 예　　□ 아니오(　　)			
	② 배상 또는 보상금을 수령한 경우 그 내역(①에서 "예" 라고 체크한 경우에만 작성합니다.)			
	수령일자	수령금액	지급한 자	첨부서류
				합의서, 판결문, 영수증, 기타서류 등

개인정보 이용 동의서		
■ 이용목적 : 근로복지공단이 수행하고 있는 산재보험 사업 관련 서비스 제공 안내문자, 　　　　메시지 전송, 고객감사 편지 발송 ■ 이용정보 : 성명, 주소, 전화번호(일반전화 및 휴대전화), 이메일 주소 ■ 이용기간 : 이용 동의를 한 날부터 5년 ■ 동의 거부권리 안내 : 신청인은 본 개인정보 동의를 거부할 수 있으며, 이 경우 근로복지공단　　이 제공하는 서비스가 제한될 수 있습니다.	□ 동의 □ 동의하지 않음	성명　　(서명 또는 인)

※ 개인정보 수집은「산업재해보상보험법」및 같은 법 시행령에 따라 별도의 동의 절차가 필요 없으며,「산업재해보상보험법」제36조 및 같은 법 시행령 제21조에　　따른 보험급여 결정에 관한 통지는 동 개인정보 이용 동의서와는 무관하게 통지됨을 알려드립니다.

위에 기재한 사실이 틀림없음을 확인합니다. 　　　　　　　년　　월　　일 　사업장명　　　　☎ 　소 재 지 　사 업 주　　(서명 또는 인)	산업재해보상보험법 시행령 제21조제1항에 따라 위와 같이 청구합니다. 　　　　　　　　　년　　월　　일 청 구 인 :　　(서명 또는 인)☎ 대 리 인 :　　(서명 또는 인)☎

근로복지공단	지역본부(지사)장 귀하

- 103 -

안 내 문

1. 유족급여 지급방법

■ 연금지급이 원칙 〔평균임금*365일*(52~67%)/12월〕 상당액 매월 지급)이며 50% 일시금 지급은 연금수급권자가 원하는 경우 유족일시금(평균임금 1,300일분 상당)의 50%를 일시금으로 지급 하고 유족보상 연금은 50% 감액하여 지급

<유족보상연금 수급자격자 및 순위>

※ 근로자의 사망 당시 그 근로자와 생계를 같이하고 있던 유족 중

1) 배우자(사실혼 포함)

2) 부모 또는 조부모로서 60세 이상인 자

3) 자녀 또는 손으로서 19세 미만인 자, 형제자매로서 19세 미만이거나 60세 이상인자

4) 위에 해당되지 아니하는 자녀·부모·손자녀·조부모 또는 형제자매로 장애인복지법에 따른 장애등급이 제 2급 이상인 자 (시각장해인인 경우 제 3급인자도 해당됨)

※ 받을 권리의 순위 : 배우자, 자녀, 부모, 손, 조부모 및 형제자매의 순

＊ 유족 중 유족보상연금 수급권자가 없는 경우, 유족급여를 연금의 형태로 지급하기 곤란한 경우 (근로자가 사망당시 유족보상연금 수급권자가 외국에 거주하는 자일 경우 또는 내국인 수급권자가 국외로 이주하는 경우)에 일시금으로 지급

<유족보상 일시금 수급권자 순위>

1) 근로자의 사망 당시 그 근로자와 생계를 같이하고 있던 배우자, 자녀, 부모, 손 및 조부모
2) 근로자의 사망 당시 그 근로자와 생계를 같이하고 있지 아니하던 배우자, 자녀, 부모, 손자녀 및 조부모 또는 근로자의 사망 당시 생계를 같이하고 있던 형제자매
3) 형제자매
＊ 같은 순위의 수급권자가 2인 이상인 경우 그 유족에게 등분하여 지급. 부모에 있어서 양부모를 우선 순위로 하고 조부모에 있어서 양부모의 부모를 우선 순위로 함. 근로자가 특히 유언으로서 지정할 경우에는 그 지정에 따름

---

2. 유족보상연금수급자격자의 실격

■ 수급자격자가 사망한 경우
■ 수급자격자가 재혼한 때 (사망근로자의 배우자에 한하며, 사실상 혼인관계에 있는 경우를 포함)
■ 사망한 근로자와의 친족관계가 끝난 경우
■ 자녀·손자녀 또는 형제자매가 19세가 된 경우(단, 2012.12.18.이전 사망근로자의 유족은 18세가 된 경우)
■ 법 제63조제1항제4호에 따른 장애인이었던 자로서 그 장애 상태가 해소된 경우
■ 근로자가 사망할 당시 대한민국 국민이었던 유족보상연금 수급자격자가 국적을 상실하고 외국에서 거주하고 있거나 외국에서 거주하기 위하여 출국하는 경우
■ 대한민국 국민이 아닌 유족보상연금 수급자격자가 외국에서 거주하기 위하여 출국하는 경우
＊ 연금의 수급자격을 잃은 때에는 지체없이 관할 지역본부(지사)에 신고하여야 합니다.

3. 유족보상연금의 지급정지 등

■ 법 제64조제2항에 따라 유족보상연금을 받을 권리가 이전된 경우에 유족보상연금을 새로 지급받으려는 사람은 공단에 유족보상연금 수급권자 변경신청을 하여야 함
■ 법 제64조제3항에 따라 유족보상연금 수급권자가 3개월 이상 행방불명이면 같은 순위자(같은 순위자가 없는 경우에는 다음 순위자)의 신청에 따라 행방불명된 달의 다음 달 분부터 그 행방불명 기간 동안 그 행방불명된 사람에 대한 유족보상연금의 지급을 정지하고, 법 제62조제2항 및 법 별표 3에 따라 산정한 금액을 유족보상연금으로 지급하며, 이 경우 행방불명된 종전의 유족보상연금 수급권자는 법 제62조제2항 및 법 별표 3에 따른 가산금액이 적용되는 유족보상연금 수급자격자로 보지 않음
■ 유족보상연금의 지급이 정지된 사람은 언제든지 그 지급정지의 해제를 신청할 수 있음

※ 통상임금은 근로기준법시행령 제6조의 규정에 의하여 산출합니다.

[별지 제16호서식] <개정 2015. 6. 1.>

산 업 재 해 보 상 보 험

유족보상연금 차액일시금 청구서

※ 공통란은 모두 기재하시고, 해당 신청란에 [✔] 하고 기재하시기 바랍니다.

접수번호	접수일	처리기간 : 10일

<table>
<tr><td rowspan="3">산 재
근로자</td><td>성 명</td><td colspan="2">주민등록번호
□□□□□□-□□□□□□□</td></tr>
<tr><td colspan="3">재해발생일
□□□□ 년 □□ 월 □□ 일</td></tr>
<tr><td colspan="3">수령희망은행 및 계좌번호
(예금주 :   )</td></tr>
</table>

<table>
<tr><td rowspan="4">청구인
(수급권자)</td><td>성 명</td><td>주민등록번호</td><td>주　　소</td><td>근로자와의관계</td></tr>
<tr><td></td><td></td><td></td><td></td></tr>
<tr><td></td><td></td><td></td><td></td></tr>
<tr><td></td><td></td><td></td><td></td></tr>
</table>

<table>
<tr><td rowspan="3">유족보상
연금을 지급
받던 자</td><td>성명</td><td>주민등록번호</td></tr>
<tr><td colspan="2">주소</td></tr>
<tr><td>수급자격상실사유발생일　　　년　　월　　일</td><td>수급자격상실이유</td></tr>
</table>

<table>
<tr><td rowspan="2"><구비서류></td><td>청구인 제출 서류</td><td>담당직원 확인 사항</td></tr>
<tr><td>1.「가족관계의 등록에 관한 법률」에 따른 증명서 1부</td><td>1. 주민등록 등본
※ 행정정보 공동이용에 동의하지 아니하는 경우 해당 서류제출</td></tr>
</table>

<행정정보 공동이용 동의서>

청구인은 본 민원의 처리와 관련하여 「전자정부법」 제36조에 따른 행정정보의 공동 이용을 통하여 담당직원이 위의 담당직원 확인사항을 확인하는 것에 동의합니다.　　　□ 예　　□ 아니오

산업재해보상보험법 제62조제4항에 따라 유족보상연금차액일시금을 청구합니다.

　　　　년　　월　　일

　　　　　　청 구 인　　　　(서명 또는 인)

☎

　　　　　　대 리 인　　　　(서명 또는 인)

☎

※ 공지사항 : 본 민원의 처리결과에 대한 민족도 조사 및 관련 제도 개선에 필요한 의견조사를 위해 귀하의 전화번호(휴대전화)로 전화조사를 실시할 수 있습니다.

가. 근로복지공단　　　　지역본부(지사)장 귀하

▌산재치료 종결 후 후유증 발생 시 재요양신청이 가능한 지요?

[질문] 저는 공장에서 일하던 중 척추에 부상을 입고 치료를 받아 완치된 후 1년 간 후유증 없이 생활해 왔습니다. 그러나 몇 주일 전부터 그 상처부위에 통증이 심해지더니 요즘 들어서는 부어오르기 시작합니다. 이러한 경우 산재보험에 의한 재요양이 가능한지요?

[답변] 원래의 상병(傷病)과 재발한 상병 간에 부위적, 시간적으로 보아 의학상의 인과관계가 존재하고 그 타당성이 있다고 인정되며 의학적으로도 재요양이 필요하다고 보이면 재요양청구권을 인정함이 상당하다 할 것입니다.

재요양의 요건에 관하여 판례는 "산업재해보상보험법에 의한 재요양은 일단 요양이 종결된 후에 당해 상병이 재발하거나 또는 당해 상병에 기인한 합병증에 대하여 실시하는 요양이라는 점 외에는 최초의 요양과 그 성질을 달리할 것이 아니므로, 재요양의 요건은 요양 종결된 후에 실시하는 요양이라는 점을 제외하고는 요양의 요건과 다를 바가 없고, 따라서 재요양의 요건으로는 요양의 요건 외에 당초의 상병과 재요양 신청한 상병과의 사이에 의학상 상당인과관계가 있다고 인정되고, 당초 상병의 치료종결 시 또는 장해급여 지급 당시의 상병상태에 비하여 그 증상이 악화되어 재요양을 함으로써 치료효과가 기대될 수 있다는 의학적 소견이 있다는 것으로 족하고 당초 상병의 치료종결 시 또는 장해급여 지급 당시의 상병상태에 비하여 그 증상이 현저하게 악화되어 적극적인 치료의 필요성이 인정되는 경우만 재요양을 인정할 것은 아니다."라고 하였습니다(대법원 2002.26. 선고, 2002두1762 판결, 2002. 4.26. 선고, 2000두5050 판결).

그렇다면 재요양청구권의 행사기간이 문제되는바, 「산업재해보상보험법」 제112조는 보험급여를 받을 권리는 3년간 행사하지 아니하면 시효로 인하여 소멸하고, 이 소멸시효에 관하여는 이 법에 특별한 규정이 있는 경우를 제외하고는 「민법」의 규정에 의한다고 규정하고 있으며, 소멸시효의 기산점에 관하여 「민법」 제166조 제1항은 소멸시효는 권리를 행사할 수 있는 때로부터 진행한다고 규정하고 있습니다. 따라서 귀하께서 재요양청구권을 행사할 수 있는 기간은 위 재발증을 알았을 때로부터 3년간이라고 보는 것이 타당할 것이며, 그 기간이 3년이 경과되지 않았다면 귀하께서는 재요양을 청구할 수 있을 것으로 보입니다.

▌요양 치유를 받은 후 재발한 경우 다시 요양급여를 받을 수 있는지요?

질문 저는 사고를 당하여 산재로 요양을 받고 치유되었습니다. 그런데 다시 그 질병이나 부상이 재발한 경우에도 요양급여를 받을 수 있나요?

답변 요양급여를 받은 자가 치유 후 요양의 대상이 되었던 업무상 부상 또는 질병이 재발하거나 치유 당시보다 상태가 악화되어 이를 치유하기 위한 적극적인 치료가 필요하다는 의학적 소견이 있는 경우에는 재요양을 받을 수 있습니다.

재요양이란 요양급여를 받은 자가 치유 후 요양의 대상이 되었던 업무상 부상 또는 질병이 재발하거나 치유 당시보다 상태가 악화되어 이를 치유하기 위한 적극적인 치료가 필요하다는 의학적 소견이 있는 경우에 다시 받는 요양급여를 말합니다. 재요양은 업무상 부상 또는 질병에 대해 요양급여(요양급여를 받지 않고 장해급여를 받는 부상 또는 질병의 경우에는 장해급여)를 받은 경우로서 ① 치유된 업무상 부상 또는 질병과 재요양의 대상이 되는 부상 또는 질병 사이에 상당인과관계가 있을 것, ② 재요양의 대상이 되는 부상 또는 질병의 상태가 치유 당시보다 악화된 경우로서 나이나 그 밖에 업무

외의 사유로 악화된 경우가 아닐 것, ③ 재요양의 대상이 되는 부상 또는 질병 상태의 호전을 위해 수술(신체 내 고정물의 제거 수술 또는 의지 장착을 위한 절단 부위의 재수술을 포함함) 등 적극적인 치료가 필요하다고 인정될 것, ④ 재요양의 대상이 되는 부상 또는 질병의 상태가 재요양으로 치료효과를 기대할 수 있다고 인정될 것 등의 요건 모두에 해당하는 경우에 인정합니다.

산재근로자가 재요양을 받으려면 요양급여신청서에 ① 초진소견서, ② 재요양을 신청하기 전에 보험가입자(사업주) 또는 제3자 등으로부터 보험급여에 상당하는 금품을 받은 경우에는 그 금품의 명세 및 금액을 확인할 수 있는 판결문·합의서 등의 서류, ③ 재요양을 신청하기 전에 보험가입자(사업주) 또는 제3자 등으로부터 보험급여에 상당하는 금품을 받지 않은 경우에는 그 사실을 확인하는 본인의 확인서서류를 첨부하여 근로복지공단에 재요양을 신청해야 합니다.

[별지 제29호서식] <개정 2015. 6. 1.>

산 업 재 해 보 상 보 험
2. 미 지 급 보 험 급 여 청 구 서

※ 공통란은 모두 기재하시고, 해당 신청란에 [✔] 하고 기재하시기 바랍니다.

접수번호		접수일	처리기간 : 10일

| 산 재
근로자 | 성명 | 주민등록번호 ⬚⬚⬚⬚⬚⬚-⬚⬚⬚⬚⬚⬚⬚ | |
| | 재해발생일 ⬚⬚⬚⬚ 년 ⬚⬚ 월 ⬚⬚ 일 | | |

※사망한 수급권자가 산재근로자와 동일한 경우에는 기재하지 않습니다.

사망한 수급 권자	성명	주민등록번호	사망일 (년 월 일)
	근로자와의 관계	사망원인	

청구인	성 명	주민등록번호	주 소	관계
			(휴대전화:)	
			(휴대전화:)	
			(휴대전화:)	
	수령희망은행 및 계좌번호		(예금주 :)	
	※ 최초 등록시에만 작성하시고, 이후 변경하고자 하는 경우에는 거래은행 계좌번호 등록(변경)신청서를 제출하여야 합니다.			

미지급 보험 급여 종류	요양급여( ), 휴업급여( ), 상병보상연금( ), 장해급여( ), 간병급여( ), 유족급여( ), 직업재활급여( ), 장의비( ) ※ 미지급 보험급여 대상 급여를 체크하시기 바랍니다.

다른 배상 등	① 이 재해와 동일한 사유로 민법, 그 밖의 법령에 따른 배상 또는 보상을 받은 사실이 있습니까? 예( ), 아니오( ) ② 배상 또는 보상금을 수령한 경우 그 내역(①에서 "예" 라고 체크한 경우에만 작성합니다.

수령일자	수령금액	지급한 자	첨부서류
			합의서, 판결문, 영수증, 기타서류 등

구 비 서 류	1. 사망한 수급권자의 사망진단서 또는 검시조서로서 사망원인과 연월일을 증명할 수 있는 서류 1부. 2. 주민등록등본 또는 「가족관계의 등록에 관한 법률」에 따른 증명서 1부 ※ 행정정보 공동이용에 동의하는 경우에는 주민등록등본은 공단 직원이 확인하며, 주민등록등본만으로 수급권자 확인이 곤란한 경우에 가족관계 증명서가 필요합니다. 3. 혼인관계 사실을 증명할 수 있는 자료 1부(해당자) 4. 신체 장해상태를 확인할 수 있는 의료기관 진단서 1부(해당자)

<행정정보 공동이용 동의서>
청구인은 본 민원의 처리와 관련하여 「전자정부법」 제36조에 따른 행정정보의 공동 이용을 통하여 담당직원이 위의 담당직원 확인사항을 확인하는 것에 동의합니다.　　　□ 예　　□ 아니오

산업재해보상보험법 제81조 제1항 및 제2항에 따라 위와 같이 청구합니다.
　　　　년　　월　　일
　　　청 구 인 :　　　　　(서명 또는 인)☎
　　　대 리 인 :　　　　　(서명 또는 인)☎

근로복지공단　　　　지역본부(지사)장 귀하

■ 중소기업에서 산재사고 난 경우의 치료비 부담자는?

[질문] 저는 소규모 중소업체에서 일하던 중 프레스기계에 오른쪽 손가락 둘째 마디를 절단 당하는 상해를 입었습니다. 회사가 산재보험에 가입되어 있는데도 사장은 "치료비는 내가 전액 부담하겠으니 의료보험으로 처리하라." 라고 하고 있습니다. 사장의 말대로 하는 것이 타당한지요?

[답변] 공장에서 일을 하다가 다쳤음에도 사장의 강요나 피해자 자신의 무지로 인하여 의료보험으로 처리하는 경우가 많이 있습니다. 그러나 국민건강보험법 제53조 제1항 제4호는 공단은 보험급여를 받을 수 있는 자가 업무상 또는 공무상 질병·부상·재해로 인하여 다른 법령에 의한 보험급여나 보상 또는 보상을 받게 되는 때에는 보험급여를 하지 아니한다고 규정하고 있습니다.

그러므로 업무상 재해의 경우에는 국민건강보험법상의 급여를 받을 수 없다 하겠습니다. 따라서 귀하는 신체장해의 발생이 예견되므로, 산업재해보상보험법에 따른 휴업급여 및 장해급여 등을 받기 위해서라도 필히 산재보험으로 처리하여야 할 것이며, 그렇게 하는 것이 후일 민사소송을 제기하여 손해 배상청구를 할 때에도 명확한 근거자료가 된다 할 것입니다.

이미 의료보험으로 처리되고 있는 경우라도 산재보험으

로 처리할 수 있는 것이며, 사업주가 계속 의료보험처리
를 주장하더라도 귀하가 직접 근로복지공단에 요양급여
신청서를 제출하거나 그러한 사실을 진정하는 방법을
이용하여야 할 것입니다.

[별지 제14호 서식]

문서번호 :　　　　　　　(시행일자 :　　　　　　　)
수　　신 : 근로복지공단　　　지역본부(지사)장

<table>
<tr><td colspan="4" style="text-align:center">산업재해보상보험법
요양급여비용 청구서</td><td>처리기간

40일</td></tr>
<tr><td rowspan="4">수급권자</td><td>①성　명</td><td></td><td>②근로자와의관계</td><td></td></tr>
<tr><td>③주민등록번호</td><td colspan="3">□□□□□□-□□□□□□□</td></tr>
<tr><td>④재해발생일</td><td colspan="3">□□□□년 □□월 □□일</td></tr>
<tr><td>⑤주　소</td><td colspan="3"></td></tr>
<tr><td rowspan="2">국민건강보험공단
(의료급여보장기관)</td><td>⑥기관명</td><td></td><td>⑦법인번호
(사업자등록번호)</td><td></td></tr>
<tr><td>⑧주　소</td><td colspan="3"></td></tr>
<tr><td>⑨청구사유</td><td colspan="4">업무상 재해근로자의 건강보험·의료급여 요양급여 비용 청구</td></tr>
<tr><td>⑩산재승인상병명</td><td colspan="4"></td></tr>
<tr><td>⑪승인 진료기간</td><td colspan="4">. . .~ . . . 입원(　)일, . . .~ . . . 통원(　)일</td></tr>
<tr><td>⑫요 양 비</td><td colspan="2">원(₩　　　　)</td><td>입금계좌</td><td></td></tr>
<tr><td>⑬부담자 산재보험
관리번호</td><td colspan="4">□□□ - □□ - □□□□□ - □</td></tr>
<tr><td colspan="5">위와 같이 청구하오니 지급하여 주시기 바랍니다.

　　　　　　　　　　　　　　　　　년　　월　　일

　　국민건강보험공단　　　　지사장 (의료급여 보장기관장) ㉑</td></tr>
<tr><td><구비서류></td><td colspan="4">※ 요양급여비용 명세서　부.</td></tr>
<tr><td>접수일자</td><td></td><td>접수번호</td><td></td><td>처리기한</td></tr>
</table>

■ 외국인도 산재보험 급여를 받을 수 있나요?

[질문] 저는 중소기업을 경영하는 사업자입니다. 저의 사업장엔 외국인이 다소 근무하고 있는데, 외국인 근로자가 일을 하다가 다친 경우에도 산업재해보상보험 보험급여를 받을 수 있나요?

[답변] 「산업재해보상보험법」은 원칙적으로 근로자를 사용하는 모든 사업 또는 사업장에 적용됩니다. 여기에서 근로자의 국적은 불문하며, 따라서 외국인 근로자의 경우에도 업무상 재해를 당한 경우 원칙적으로 산업재해보상보험급여를 받을 수 있습니다. 「산업재해보상보험법」은 원칙적으로 근로자를 사용하는 모든 사업 또는 사업장에 적용됩니다. 다만, 「공무원연금법」, 「군인연금법」, 「선원법」, 「어선원 및 어선 재해보상보험법」 또는 「사립학교교직원 연금법」에 따라 재해보상이 되는 사업은 「산업재해보상보험법」이 적용되지 않습니다.

또한, 주택건설업자 등이 아닌 자가 시공하는 일정한 공사, 가구 내 고용활동, 상시근로자 수가 1명 미만인 사업, 농업, 임업(벌목업은 제외), 어업 및 수렵업 중 법인이 아닌 자의 사업으로서 상시근로자 수가 5명 미만인 사업도 「산업재해보상보험법」이 적용되지 않습니다.

▌ 산재보험법상 보험급여 지급결정을 변경 또는 취소처분의 적법성의 판단기준은?

[질문] 산업재해보상보험법 제84조 제1항 제3호에 따라 보험급여를 받은 당사자로부터 잘못 지급된 보험급여액에 해당하는 금액을 징수하는 처분을 할 수 있는 경우 및 산업재해보상보험법상 각종 보험급여 지급결정을 변경 또는 취소하는 처분이 적법한 경우, 그에 터 잡은 징수처분도 반드시 적법하다고 판단해야 하는지요?

[답변] 산업재해보상보험법(이하 '산재보상법'이라 한다) 제84조 제1항 제3호의 내용과 취지, 사회보장 행정영역에서의 수익적 행정처분 취소의 특수성 등을 종합해 보면, 산재보상법 제84조 제1항 제3호에 따라 보험급여를 받은 당사자로부터 잘못 지급된 보험급여액에 해당하는 금액을 징수하는 처분을 할 때에는 보험급여의 수급에 관하여 당사자에게 고의 또는 중과실의 귀책사유가 있는지, 잘못 지급된 보험급여액을 쉽게 원상회복할 수 있는지, 잘못 지급된 보험급여액에 해당하는 금액을 징수하는 처분을 통하여 달성하고자 하는 공익상 필요의 구체적 내용과 처분으로 당사자가 입게 될 불이익의 내용 및 정도와 같은 여러 사정을 두루 살펴, 잘못 지급된 보험급여액에 해당하는 금액을 징수하는 처분을 해야 할

공익상 필요와 그로 말미암아 당사자가 입게 될 기득권과 신뢰의 보호 및 법률생활 안정의 침해 등의 불이익을 비교·교량한 후, 공익상 필요가 당사자가 입게 될 불이익을 정당화할 만큼 강한 경우에 한하여 보험급여를 받은 당사자로부터 잘못 지급된 보험급여액에 해당하는 금액을 징수하는 처분을 하여야 합니다.

나아가 산재보상법상 각종 보험급여 등의 지급결정을 변경 또는 취소하는 처분과 처분에 터 잡아 잘못 지급된 보험급여액에 해당하는 금액을 징수하는 처분이 적법한지를 판단하는 경우 비교·교량 할 각 사정이 동일하다고는 할 수 없으므로, 지급결정을 변경 또는 취소하는 처분이 적법하다고 하여 그에 터 잡은 징수처분도 반드시 적법하다고 판단해야 하는 것은 아닙니다.

■ 상수급인 재산에 대해 근로자 임금의 우선변제권이 인정되는지요?

[질문] 저는 A로부터 건축공사를 하도급 받아 공사하는 B에게 고용되어 일하였습니다. A가 B에게 공사대금을 지급하지 않음으로 인하여 저도 B로부터 임금을 지급받지 못하고 있습니다. 그러므로 저는 근로기준법에 의하여 직상수급인 A에게 임금을 청구하려고 합니다. 이 경우 저는 A의 총재산에 대하여도 임금채권우선변제를 받을 수 있는지요?

[답변] 「근로기준법」 제44조 제1항은 "사업이 여러 차례의 도급에 따라 행하여지는 경우에 하수급인이 직상수급인의 귀책사유로 근로자에게 임금을 지급하지 못한 때에는 그 직상수급인은 그 하수급인과 연대하여 책임을 진다."라고 규정하고 있으며, 제2항은 "제1항의 직상 수급인의 귀책사유 범위는 대통령령으로 정한다."라고 규정하고 있고, 같은 법 시행령 제24조는 직상수급인의 귀책사유로서 ①정당한 사유 없이 도급계약에 의한 도급금액 지급일에 도급금액을 지급하지 아니한 경우, ②정당한 사유 없이 도급계약에 의한 원자재공급을 지연하거나 공급을 하지 아니한 경우, ③정당한 사유 없이 도급계약의 조건을 이행하지 아니함으로써 하수급인이 도급사업을 정상적으로 수행하지 못한 경우를 규정하고 있습니다.

그리고 임금채권의 우선변제에 관하여 같은 법 제38조 및 「근로자퇴직급여 보장법」 제12조는 근로관계로 인한 채권 중 최종 3개월분의 3월분의 임금, 최종 3년간의 퇴직금(다만, 1997년 12월 24일 이전에 채용된 근로자로서 그 이후에 퇴직하는 근로자는 1989년 3월 29일 이후부터 1997년 12월 24일 이전까지의 계속근로연수에 대한 퇴직금에 1997년 12월 24일 이후의 계속근로연수에 대하여 발생하는 최종 3연간의 퇴직금을 합산한 금액을 우선변제의 대상으로 하며, 우선변제의 대상이 되는 퇴직금은 계속근로기간 1년에 대하여 30일분의 평균임금으로 계산한 금액으로 하되 250일분의 평균임금을 초과할 수 없음), 재해보상금의 채권은 사용자의 총재산에 대하여 질권 또는 저당권에 의하여 담보된 채권, 조세·공과금 및 다른 채권에 우선하여 변제되어야 한다고 규정하고 있습니다.

같은 법 제38조 제1항 및 「근로자퇴직급여 보장법」 제12조 제1항은 "임금·퇴직금·재해보상금 기타 근로관계로 인한 채권은 사용자의 총재산에 대하여 질권 또는 저당권에 의하여 담보된 채권을 제외하고는 조세·공과금 및 다른 채권에 우선하여 변제되어야 하고 다만, 질권 또는 저당권에 우선하는 조세·공과금에 대하여는 그러하지 아니하다."라고 규정하고 있으며, 「근로기준법」 제38조 제2항은 "제1항의 규정에 불구하고 ①최종 3개월분의 임금, ②재해보상금에 해당하는 채권은 사용자의 총재산에 대하여 질권 또는 저당권에 의하여 담보된 채권, 조세·

공과금 및 다른 채권에 우선하여 변제되어야 한다."라고 규정하고 있습니다.

그런데 위 규정에서 '사용자의 총재산'의 의미는 근로계약의 당사자로서 임금채무를 1차적으로 부담하는 사업주인 사용자의 총재산을 의미하므로 하수급인이 직상수급인의 귀책사유로 근로자에게 임금을 지급하지 못하여 직상수급인이 하수급인의 근로자들에 대하여 하수급인과 연대책임을 지는 경우, 하수급인의 근로자들이 직상수급인 소유의 재산에 대하여 임금채권 우선변제권을 주장할 수는 없을 것입니다.

따라서 위 질문에서도 귀하는 A의 재산에 대해서 임금채권의 우선변제권을 주장하지 못할 것으로 보입니다.

【관련판례】

사업이 수차의 도급에 의하여 행하여지는 경우 하수급인이 직상수급인의 귀책사유로 근로자에게 임금을 지급하지 못하게 됨에 따라 직상수급인이 구 근로기준법 제36조의2 제1항(현행 근로기준법 제44조 제1항)에 의하여 하수급인의 근로자들에 대하여 하수급인과 연대하여 임금을 지급할 책임을 지게 된다 하더라도(도급이 1차에 걸쳐 행하여짐으로써 도급인과 수급인만이 있는 경우에는 도급인이 직상수급인에 해당한다고 할 것임), 직상수급인과 하수급인의 근로자 사이에 묵시적인 근로계약관계의 성립을 인정할 수 있는 특별한 사정이 존재하지 않는 이상, 그 직상수급인은 하수급인의 근로자에 대한 관계에서 근로계약의 당사자로서 임금채무를 1차적으로 부담하는 사업주인 사용자에 해당하지 않는다고 할 것인바, 직상수급인 소유의 재산에 대한 강제집행절차에서 하수급인의 근로자들이 직상수급인 소유의 재산을 사용자의 총재산에 해당한다고 보아 이에 대하여 임금우선변제권을 주장할 수 없다(대법원 1997. 12. 12. 선고, 95다56798 판결, 1999. 2. 5. 선고, 97다48388 판결).

■ 최우선변제권이 인정되는 채권의 지연손해금도 최우선 변제받을 수 있는지요?

질문 저는 2년 전에 A회사에서 근무하다가 퇴직하였으나 체불임금 및 퇴직금 5천여만 원을 지급받지 못하여 소송을 제기하였더니 법원에서 승소판결을 받았습니다. A회사의 유일한 재산인 부동산에 다수의 근저당권이 설정되어 있으므로 경매신청을 하지 않고 있던 중 위 부동산이 근저당권자에 의하여 담보권실행을 위한 경매가 개시되어 배당요구를 하였습니다. 그런데 저의 임금 등 채권은 지연손해금도 상당한 액수가 되므로 임금채권의 지연손해금도 선순위 근저당권보다 우선하여 변제받을 수 있는지요?

답변 「근로기준법」 제38조 및 「근로자퇴직급여 보장법」 제12조는 근로관계로 인한 채권 중 최종 3개월분의 3월분의 임금, 최종 3년간의 퇴직금(다만, 1997년 12월 24일 이전에 채용된 근로자로서 그 이후에 퇴직하는 근로자는 1989년 3월 29일 이후부터 1997년 12월 24일 이전까지의 계속근로연수에 대한 퇴직금에 1997년 12월 24일 이후의 계속근로연수에 대하여 발생하는 최종 3연간의 퇴직금을 합산한 금액을 우선변제의 대상으로 하며, 우선변제의 대상이 되는 퇴직금은 계속근로기간 1년에 대하여 30일분의 평균임금으로 계산한 금액으로 하되

250일분의 평균임금을 초과할 수 없음), 재해보상금의 채권은 사용자의 총재산에 대하여 질권 또는 저당권에 의하여 담보된 채권, 조세·공과금 및 다른 채권에 우선하여 변제되어야 한다고 규정하고 있습니다.

그런데 이러한 임금 등의 채권의 지연손해금도 최우선변제의 대상에 포함되는지에 관하여 판례는 "임금 등 채권의 최우선변제권은 근로자의 생활안정을 위한 사회정책적 고려에서 담보물권자 등의 희생아래 인정되고 있는 점, 민법 제334조, 제360조 등에 의하면 공시방법이 있는 민법상의 담보물권의 경우에도 우선변제권이 있는 피담보채권에 포함되는 이자 등 부대채권 및 그 범위에 관하여 별도로 규정하고 있음에 반하여, 근로기준법의 규정에는 최우선변제권이 있는 채권으로 원본채권만을 열거하고 있는 점 등에 비추어 볼 때, 임금 등에 대한 지연손해금채권에 대하여는 최우선변제권이 인정되지 않는다고 봄이 상당하다 할 것이다."라고 하였습니다(대법원 2000. 1. 28.자, 99마5143 결정).

따라서 귀하의 경우에도 위와 같은 최우선변제대상이 되는 임금 등 채권의 원본만 선순위 근저당채권보다 최우선변제를 받을 수 있을 뿐이고, 그에 대한 지연손해금은 최우선변제를 받지 못할 것으로 보입니다.

■ 산재법과 자동차공제계약서상의 면책조항 적용요건은?

[질문] 자동차공제계약의 대인공제 II에서 "배상책임이 있는 조합원의 피용자로서 산업재해보상보험법에 의한 재해보상을 받을 수 있는 사람의 손해는 보상하지 아니한다."는 면책조항의 취지 및 위 면책조항의 적용요건에 해당된다는 점에 대한 증명책임의 소재는 어떻게 되는지요?

[답변] 자동차공제계약의 대인공제 II에서 "배상책임이 있는 조합원의 피용자로서 산업재해보상보험법(이하 '산재보험법'이라 한다)에 의한 재해보상을 받을 수 있는 사람의 손해는 보상하지 아니한다(다만 산재보험법에 의한 보상범위를 넘어서는 초과손해는 보상함)"는 취지의 면책조항을 두고 있는 경우, 그 규정의 취지는 사용자와 근로자의 노사관계에서 발생한 업무상 재해로 인한 손해에 대하여는 노사관계를 규율하는 근로기준법에서 사용자의 각종 보상책임을 규정하는 한편 이러한 보상책임을 담보하기 위하여 산재보험법으로 산재보험제도를 설정하고 있으므로, 산재보험 대상인 업무상 자동차사고에 의한 피해 근로자의 손해에 대하여도 산재보험에 의하여 전보 받도록 하고, 이처럼 산재보험에 의한 전보가 가능한 범위에서는 제3자에 대한 배상책임을 전보하는 것을 목적으로 하는 자동차보험의 대인배상 범위에서 이를 제외하려는 데 있는 것으로 해석함이 상당합니다(대법원 2005.3.17.선고, 2003다2802 전원합의체 판결 참조).

■ 산재법에 의해 보험급여를 공제하고 손해배상을 청구한 경우 과실상계의 대상인 손해액은?

[질문] 산업재해보상보험법 또는 국민건강보험법에 따라 보험급여를 받은 피해자가 스스로 보험급여를 공제하여 제3자에게 손해배상청구를 한 경우, 과실상계의 대상이 되는 손해액에 포함되나요?

[답변] 산업재해보상보험법 또는 국민건강보험법에 따라 보험급여를 받은 피해자가 제3자에 대하여 손해배상청구를 할 경우 그 손해발생에 피해자의 과실이 경합된 때에는 먼저 산정된 손해액에서 과실상계를 한 다음 거기에서 보험급여를 공제하여야 하는바, 피해자 스스로 보험급여를 공제하고 손해배상청구를 한 경우에도 위 과실상계의 대상이 되는 손해액에는 보험급여가 포함되어야 합니다(대법원 1996. 1. 23. 선고 95다24340 판결, 대법원 2002. 12. 26. 선고 2002다50149 판결 등 참조).

따라서 적극적 손해에 관한 손해배상액을 산정함에 있어서 국민건강보험법에 따라 수령한 보험급여액을 적극적 손해에서 스스로 공제하여 구하고 있다 하여 적극적 손해에 위 보험급여를 포함시키지 아니한 채 과실상계를 하고 거기에서 다시 보험급여를 공제한 것은 위법입니다.

▌지입차주 겸 운전자가 재해를 입은 경우 산재처리가 되는 지요?

질문 저는 A회사 명의로 지게차를 구입하여 A회사와의 형식상의 관리계약을 체결하고 지입차주 겸 운전사로서 지게차임대업에 종사하고 있습니다. 그런데 위 지게차의 운행에 관하여 A회사로부터 지시를 받거나 급여를 받음이 없이 저의 계산 하에 그 수입금 전액을 자신의 수입으로 하고 차량관리비용 등을 모두 제가 부담하였습니다. A회사에 대하여는 관리비와 제세공과금만을 납부하고 A회사가 보험업무 등 행정적인 업무를 대신 처리하여 주는 방식으로 위 지게차를 운행하였습니다. 그런데 제가 화물을 운반하다가 화물이 추락하는 사고가 발생하여 장해가능성까지 있는 재해를 입었습니다. 이 경우 저는 A회사의 근로자에 해당되어 산재보험처리 될 수 있는지요?

답변 「산업재해보상보험법」의 규정에 의한 보험급여의 대상자가 되기 위하여서는 재해 당시에 근로기준법의 규정에 의한 근로자이어야 할 것인데(같은 법 제5조 제2호), 근로자의 정의에 관하여 「근로기준법」 제2조 제1항 제1호는 "이 법에서 '근로자'라 함은 직업의 종류와 관계없이 임금을 목적으로 사업이나 사업장에 근로를 제공하는 자를 말한다."라고 규정하고 있습니다.

그리고 근로기준법상의 근로자에 해당하는지 여부를 판단함에 있어서는 그 계약의 형식이 민법상의 고용계약인지 또는 도급계약인지에 관계없이 그 실질에 있어 근로자가 사업 또는 사업장에 임금을 목적으로 종속적인 관계에서 사용자에게 근로를 제공하였는지 여부에 따라 판단하여야 할 것입니다.

그런데 임차한 중기의 지입차주 겸 운전사가 「근로기준법」소정의 근로자나 「산업재해보상보험법」소정의 근로자에 해당하는지에 관하여 판례는 "지입차주가 중기를 지입회사 명의로 구입하여 지입회사와 형식상의 관리계약하에 차주 겸 운전사로서 중기임대업에 종사하여 온 경우, 그 지입차주는 지입회사나 중기의 임차인으로부터 임금을 받을 것을 목적으로 근로를 제공하는 자라고 할 수 없으므로, 근로기준법 소정의 근로자나 산업재해보상보험법 소정의 근로자에 해당하지 않는다."라고 하였습니다(대법원 1998. 5. 8. 선고, 98다6084 판결).

따라서 위 질문에서도 귀하는 「산업재해보상보험법」및 「근로기준법」상 A회사의 근로자라고 할 수 없을 것이므로 산재보험의 혜택을 받기는 어려울 것으로 보입니다.

지입차주가 자기 명의로 사업자등록을 하고 사업소득세를 납부하면서 기사를 고용하여 지입차량을 운행하고 지입회사의 배차담당 직원으로부터 물건을 적재할 회사와 하차할 회사만을 지정하는 최초 배차배정을 받기는 하나 그 이후제품운송에 대하여 구체적인 지시를 받지는 아니할 뿐만 아니라 실제운송횟수에 따라 운임을 지입회사로부터 지급받아 온 경우, 지입차주가

지입회사의 지시·감독을 받는다거나 임금을 목적으로 지입회사에 종속적인
관계에서 노무를 제공하는 근로자라고 할 수 없다는 이유로 지입회사와 지
입차주 사이에 대내적으로 사용자와 피용자의 관계가 있다고 볼 수 없다(대
법원 2000. 10. 6. 선고 2000다30240 판결).

지입회사의 지시·감독을 받는다거나 임금을 목적으로 지입회사에 종속적인
관계에서 노무를 제공하는 근로자라고 할 수 없다는 이유로 지입회사와 지

▌교통사고의 경우 종합보험 미가입시 산재보험으로 처리할 때 주의할 사항은?

[질문] 저는 회사 승용차를 타고 출장가던 중 중앙선을 침범해 온 트럭과 충돌하여 다리를 절단 당하는 상해를 입고 회사까지 그만 두었습니다. 가해차량은 종합보험에 가입되지 않았고 상대방 운전사와 차주는 산재보험으로 충분히 보상받을 수 있으니 1천만원에 민·형사상 합의를 하자고 합니다. 어떻게 해야 하는지요?

[답변] 근로자가 업무상 사유로 부상당하거나 사망한 경우에는 근로기준법이 정하는 바에 따라 요양보상, 휴업보상, 장해보상 또는 유족보상 등을 받게 되며, 위와 같은 보상의무를 부담하는 사용자는 그 의무이행을 위해 산업재해보상보험법이 정하는 바에 따라 산업재해보상보험에 가입하도록 되어 있습니다. 근로자가 제3자의 불법행위로 인하여 업무상 부상을 입게 된 경우에는 산재보험금을 받게 되는 한편, 가해자에 대하여는 민법상 손해배상청구권을 아울러 취득하게 됩니다.

그러므로 위와 같은 사고를 당한 귀하는 산재보험금을 받을 수 있는 한편 상대편 사고운전자에게는 불법행위 책임에 기한 손해배상청구를, 상대편 트럭차주나 회사에 대하여는 자동차손해배상보장법에 기한 손해배상청구를

할 수 있지만, 두 가지 배상을 모두 받을 수 있는 것은
아니며 누구한테든지 손해액 전부를 배상받으면 그 사
고와 관련된 손해배상은 종결됩니다.

산업재해보상보험법 제87조 제1항은 "공단은 제3자의
행위에 따른 재해로 보험급여를 지급한 경우에는 그 급
여액의 한도 안에서 급여를 받은 자의 제3자에 대한 손
해배상청구권을 대　위한다."라고 규정하고 있고, 같은
법 제87조 제2항은 "제1항의 경우에 수급권자가 제3자
로부터 동일한 사유로 인하여 이 법의 보험급여에 상당
하는 손해배상을 받은 경우에는 공단은 그 배상액을 대
통령령이 정하는 방법에 따라 환산한 금액의 한도 내에
서 이 법에 의한 보험급여를 지급하지 아니한다." 라고
규정하고 있습니다.

따라서 상대방과 합의를 보아 손해배상청구권을 포기하
면 그 액수만큼 산업재해보상금도 줄어들게 되므로 성
급히 민·형사상 합의를 해주면 안 되며, 산재보험처리
후 보전되지 못한 손해액에 대하여 민사상 손해배상청
구소송이나 형사상 합의를 고려하여야 할 것입니다.

▌지입차주가 고용한 운전자가 재해를 당한 때 지입회사의 책임은?

[질문] 저는 B회사에 덤프트럭을 지입한 지입차주 A에게 운전수로 고용되어 일하고 있습니다. 그런데 그 덤프트럭이 고장나자 이를 수리하기 위하여 위 트럭의 적재함이 들린 상태에서 차량부품의 교체작업을 하다가 갑자기 적재함이 내려오는 바람에 그 밑에 깔려 중상해를 입었습니다. 이에 저는 치료비 등 손해배상을 지입회사인 B에게 청구하자 B회사는 사고 당시 「중기관리법」이 「건설기계관리법」으로 바뀌면서 A가 위 덤프트럭을 개인이 혼자서 운영하는 개별 건설기계대여업의 형태로 운영할 수 있게 되었고, A가 위 트럭의 사실상 소유자로서 이를 직접 운영하여 왔으므로 자신은 지입차주인 A를 지휘·감독하는 사용자의 지위에 있지 않아 책임이 없다고 하면서 위 트럭 외에는 다른 재산이 없는 A에게 모든 책임을 떠넘기려 합니다. 이 경우 B회사의 주장이 맞는지요?

[답변] 판례는 "지입차주가 자기 명의로 사업자등록을 하고 사업소득세를 납부하면서 기사를 고용하여 지입차량을 운행하고 지입회사의 배차담당 직원으로부터 물건을 적재할 회사와 하차할 회사만을 지정하는 최초 배차배정을 받기는 하나 그 이후 제품운송에 대하여 구체적인

지시를 받지는 아니할 뿐만 아니라 실제 운송횟수에 따라 운임을 지입회사로부터 지급받아 온 경우, 지입차주가 지입회사의 지시·감독을 받는다거나 임금을 목적으로 지입회사에 종속적인 관계에서 노무를 제공하는 근로자라고 할 수 없다는 이유로 지입회사와 지입차주 사이에 대내적으로 사용자와 피용자의 관계가 있다고 볼 수 없다.”라고 하였습니다(대법원 2000.10.6.선고, 2000다30240 판결).

그러므로 이 질문에서 지입회사인 B는 사용자로서 업무를 지휘·감독하는 지위에 있었다면 업무상 재해를 당한 귀하로서는, B회사에 고용된 상시 근로자 수가 1인 이상인 경우에 산재보험의 혜택을 받을 수 있다 할 것이고, 위 산재보험으로 회복되지 않은 손해에 대하여는 사용자인 B의 고의·과실을 입증하여 그에 대한 손해배상청구를 할 수 있을 것입니다.

따라서 귀하는 A 내지 B의 과실을 입증하여야 하는데, 위 트럭이 정상적으로 정비된 상태에서는 위 트럭의 운전석 옆에 붙어 있는 덤프레버를 작동시키는 경우 외에는 들려진 적재함이 갑자기 내려오는 경우가 있을 수 없으므로 A가 위 덤프레버를 작동시킨 사실이 없다는 점과 A나 B가 귀하에게 해당 중기가 작업 중 고장이 난 경우에 전문자격을 갖춘 정비업소나 정비공으로 하여금 수리를 하도록 하는 등의 안전교육을 실시하는 것을 게을리 한 사실 등을 입증하면 될 것입니다. 그리고 귀하는 자력이 있는 B만을 피고로 하여 소를 제기하거나 아

니면 공동불법행위자인 A를 공동피고로 하여 소를 제기
할 수 있을 것입니다.

　건설기계관리법 및 건설기계관리법시행령이 시행된 후에는 지입차주로서
는 지입차량의 등록 명의를 실질관계에 부합하게 자신 앞으로 전환하여 그
차량을 개인이 혼자서 운영하는 개별 건설기계대여업의 형태로 운영하거나
혹은 2인 이상의 법인이나 개인이 공동으로 운영하는 공동 건설기계대여업
의 형태로 운영할 수 있음에도 불구하고 여전히 그 등록명의를 지입회사
앞으로 남겨둔 채 종래의 지입체제를 그대로 유지하여 온 경우, 비록 지입
차주가 지입차량의 실질적인 소유자로서 직접 이를 실제로 운영하여 왔다고
할지라도 지입회사는 지입차량의 운행사업에 있어서의 명의대여자로서 제3
자에 대하여 그 지입차량이 자기의 사업에 속하는 것임을 표시하였다고 볼
수 있을 뿐만 아니라 객관적으로 지입차주를 지휘·감독하는 사용자의 지위
에 있는 것으로 볼 수 있고, 지입회사는 지입차량의 운전사에 대하여도 직
접 근로계약상의 책임을 지는 사용자로서 그 운전사가 근로를 제공하는 과
정에서 생명·신체·건강을 해치는 일이 없도록 물적 환경을 정비하고 필요한
조치를 강구할 보호의무 내지는 산업안전보건법 제23조 소정의 안전상의
조치의무를 부담한다.”라고 하였습니다(대법원 1998. 1. 23. 선고, 97다
44676 판결).

▌산재보험료는 사용자가 전액 부담해야 하는지요?

［질문］ 저는 사용자입니다. 그런데 산업재해보상보험은 사용자가 보험료 전액을 부담하고 근로자는 별도의 보험료를 부담하지 않는다고 하는 데 사실인가요?

［답변］ 사회보험 중 국민연금, 건강보험, 고용보험은 개인이 부담하거나 개인과 사업주가 함께 부담하는 반면, 산업재해보상보험은 사용자가 보험료 전액을 부담합니다. 근로복지공단은 보험사업에 드는 비용에 충당하기 위해 보험가입자(사업주)로부터 산업재해보상보험료를 징수합니다. 즉 산업재해보상보험은 사용자가 보험료 전액을 부담합니다. 산업재해보상보험은 재해근로자나 그 유족에 대한 사용자의 보상 또는 배상책임을 국가가 보험방식을 통해 대신 보상하는 제도이기 때문에 다른 사회보험과는 달리 사업주가 보험료 전액을 부담합니다.

［관련판례］

근로복지공단의 이사장으로부터 보험료의 부과 등에 관한 대리권을 수여받은 지역본부장이 대리의 취지를 명시적으로 표시하지 않고서 산재보험료 부과처분을 한 경우, 그러한 관행이 약 10년간 계속되어 왔고, 실무상 근로복지공단을 상대로 산재보험료 부과처분에 대한 항고소송을 제기하여 온 점 등에 비추어 지역본부장은 물론 그 상대방 등도 근로복지공단과 지역본부장의 대리관계를 알고 받아들였다는 이유로, 위 부과처분에 대한 항고소송의 피고적격이 근로복지공단에 있다(대법원 2006.2.23, 자, 2005부4, 결정).

■ 조그마한 사업체도 산재보험에 가입해야 하는지요?

[질문] 저는 조그마한 사업체를 운영하는 사람입니다. 회사 경영이 많이 힘든데, 산업재해보상보험에 반드시 가입해야 하는 건가요? 가입하지 않을 수는 없나요?

[답변] 「산업재해보상보험법」의 적용을 받는 사업의 사업주는 당연히 산업재해보상보험에 가입자가 됩니다(당연가입). 따라서, 근로자 1인 이상을 고용하고 있는 사업장은 의무적으로 가입해야 합니다. 한편 「산업재해보상보험법」의 적용 제외 대상 사업의 사업주는 근로복지공단의 승인을 받아 산재보험에 가입할 수 있습니다(임의가입).

「산업재해보상보험법」은 원칙적으로 근로자를 사용하는 모든 사업 또는 사업장에 적용됩니다. 다만, 「공무원연금법」, 「군인연금법」, 「선원법」, 「어선원 및 어선 재해보상보험법」 또는 「사립학교교직원 연금법」에 따라 재해보상이 되는 사업은 「산업재해보상보험법」이 적용되지 않습니다. 또한, 주택건설업자 등이 아닌 자가 시공하는 일정한 공사, 가구 내 고용활동, 상시근로자 수가 1명 미만인 사업, 농업, 임업(벌목업은 제외), 어업 및 수렵업 중 법인이 아닌 자의 사업으로서 상시근로자 수가 5명 미만인 사업도 「산업재해보상보험법」이 적용되지 않습니다.

중소기업 사업주 산재보험 보험가입신청서
(근로자를 사용하는 사업주)

(앞쪽)

※ 뒤쪽의 유의사항과 작성방법을 읽고 작성해 주시기 바라며, [　]에는 해당되는 곳에 "√" 표를 합니다.

접수번호		접수일		처리기간　7일

중소기업 사업주 사업장관리번호		산재보험 사업장관리번호	

사업장	상호(법인명)			
	소재지			
	우편물 수령지			
	전화번호		휴대전화	
	사업자등록번호		법인등록번호	
	근로자수		전자우편주소	
사업주	성명		주민등록번호	
	주소			

보험가입 신청내용	보험료산정 기준보수액	등급(　　　　　　원)		
	업무 내용			
	근로시간	부터　　　　까지		
	특정업무 종사 여부	[　] 분진작업을 수행하는 업무 [　] 진동 공구를 사용하는 업무 [　] 연(납) 업무 [　] 유기용제를 취급하는 업무		
	특정업무 종사경력	최초 종사연월	년　　　월	
		종사한 기간의 합계	년　　　월	

　「고용보험 및 산업재해보상보험의 보험료징수 등에 관한 법률」 제49조제2항, 같은 법 시행규칙 제43조제1항1호에 따라 위와 같이 신청합니다.

년　　　월　　　일

신청인(보험가입자)　　　　　　(서명 또는 인)

[　]보험사무대행기관　　　　　　(서명 또는 인)

근로복지공단 ○○지역본부(지사)장　귀하

첨부서류	건강진단서(사업주가 특정업무 종사자인 경우만 첨부합니다)	수수료 없음

개인정보 수집 및 이용 동의서

　본인은 이 건 민원사무처리에 대한 처리결과 안내, 캠페인(이벤트), 사업홍보물, 고객만족도조사 및 관련 제도개선에 필요한 의견조사를 위해 우편, 휴대전화 또는 이메일 등으로 수신·참여하는 것에 동의합니다.

신고인(신청인)　　　　　　(서명 또는 인)

※ 처리 사항(아래 사항은 민원인이 적지 않습니다)

보험관계 성립일		승인 여부	[　]승인　[　]불승인
건강진단 실시기간	년　월　일부터　　　년　월　일까지		

210mm×297mm[백상지 80g/㎡(재활용품)]

유의사항

1. 산재보험 중소기업 사업주 보험가입신청에 따라 공단이 보험가입을 승인한 경우 그 신청서의 접수일의 다음 날부터 중소기업 사업주에 대하여 산재보험관계를 적용합니다.

2. 보험료산정 기준보수액은 보험급여의 산정 기준 임금액 및 평균임금으로 적용합니다.

3. 「산업재해보상보험법」 제124조제4항 및 같은 법 시행령 제124조에 따라 산재보험료 체납기간에 발생한 업무상의 재해에 대해서는 보험급여를 지급하지 않습니다. 다만, 체납한 보험료를 보험료 납부기일이 속하는 달의 다음 다음 달 10일까지 납부한 경우에는 보험급여를 받을 수 있습니다.

4. 보험에 가입한 중소기업 사업주가 50명 이상의 근로자를 사용하게 된 경우에도 해당 보험연도에 한해서는 보험관계가 유지됩니다.

5. 보험가입을 신청한 당해 연도에는 보험계약 해지가 불가합니다.

작성방법

1. '산재보험 사업장관리번호'란은 근로자 고용으로 이미 성립되어 있는 산재보험 보험관리번호를 적습니다.

2. '근로자수'란은 신청서 제출일 당시 사용하고 있는 근로자수를 적습니다.

3. '보험료산정 기준보수액'란은 「고용보험 및 산업재해보상보험의 보험료징수 등에 관한 법률」 제49조제1항에 따라 고용노동부장관이 고시하는 금액을 적습니다.

4. '업무 내용'란에는 중소기업 사업주 자신이 하는 업무의 구체적 내용을 적습니다.

5. '근로시간'란에는 사용하고 있는 근로자들의 정해진 근무 시작시간 및 종료시간을 적습니다.

6. 중소기업 사업주로서 하는 업무가 '특정업무 종사 여부'란에 열거된 특정업무의 각 호의 어느 하나에 해당하는 경우에는 그 해당하는 특정업무의 [ ]에 "√" 표를 합니다.

7. '특정업무종사경력'란에는 중소기업 사업주로서 하는 업무가 '특정업무 종사 여부'란에 열거된 각 호의 어느 하나에 해당할 경우로서, 해당 가입예정자가 과거에 해당하는 특정업무에 종사한 적이 있을 때에 해당하는 특정업무에 최초에 종사한 연월 및 종사한 기간의 합계를 적습니다.

   ※ 열거한 특정업무의 어디에도 해당하지 않는 경우 '특정업무 종사 여부'란과 '특정업무 종사경력'란은 적지 않습니다.

아래의 기준보수액을 선택하여 [보험료산정 기준보수액] 항목에 작성하여
주시기 바랍니다.

(단위 : 원)

	구분	기준보수액(월)	평균임금(1일)
(2016)년도 중소기업사업주 기 준 보 수 액	1등급	1,447,200	48,240
	2등급	1,493,580	49,786
	3등급	1,540,000	51,333
	4등급	1,730,000	57,666
	5등급	1,920,000	64,000
	6등급	2,110,000	70,333
	7등급	2,310,000	77,000
	8등급	2,500,000	83,333
	9등급	2,690,000	89,666
	10등급	3,711,240	123,708
	11등급	4,732,500	157,750
	12등급	5,753,790	191,793

▌유해물질 노출 환경에서 발생한 질환도 산업재해에 해당되는지요?

[질문] 저희 어머니는 2000년부터 2010년까지 도자기 제조회사에서 유약 처리공정에서 근무하다가 퇴사 후 폐암으로 사망하였습니다. 어머니는 평소에 담배도 피지 않았고, 어떻게 폐암에 걸리게 되었는지 알 수도 없습니다. 이 경우 산업재해에 해당하여 보상을 받을 수 있는지요?

[답변] 「산업재해보상보험법」에 의한 재해보상은 업무상 재해에 한하여 인정됩니다.

업무상의 재해에 관한 정의에 관하여 같은 법 제5조 제1호는 "업무상의 재해란 업무상의 사유에 따른 근로자의 부상, 질병, 장해 또는 사망을 말한다."라고 규정하고 있습니다.

위 질문의 경우 일반적으로 도자기 제조회사의 유약 처리공정에서 유약의 주성분인 실리카 중 결정형 유리규산이 분진형태로 노출될 경우에는 폐암을 유발시킬 수 있는 것으로 알려져 있지만 법적으로 그 인과관계를 밝히는데 어려움이 있습니다.

따라서 귀하의 어머니의 경우도 폐암 진단을 받기 전까지 건강 상태와 어머니가 근무한 작업환경, 근무시간 등이 폐암을 유발 또는 급속히 악화시킬 수 있는 상태라

는 것 등을 입증한다면 산업재해로 보호받을 가능성이
있을 것으로 보입니다.

① 폐암 진단을 받기 전까지 건강에 별다른 이상이 없었고, ② 작업장에 대한 작업환경을 측정한 결과 근로자들이 분진·유기용제·납 등의 유해물질에 노출되고 있다면 비록 그 검출량이 작업환경노출 허용기준 미만이지만 저농도로 장기간 노출될 경우에는 건강상 장해를 초래할 수 있고, ③ 근로자가 2년 여 동안 1주일씩 교대로 주·야간근무를 반복하였으며 폐암진단을 받기 수개월 전부터는 잦은 연장근무를 하였을 뿐만 아니라, 하루 10시간 내지 12시간 정도의 야간근무를 한 달에 적어도 15일 이상 수행하였고, ④ 신체 감정회신상 이미 발생한 폐암을 악화시키는 데 영향을 미쳤을 가능성이 50~75%로서 업무관련성을 배제할 수 없다는 의견이라면 비록 망인의 사망원인인 폐암에 이르게 된 의학적 경로가 정확하게 밝혀지지 아니하였다고 하더라도 망인은 암 발생과 관련이 있는 유해물질에 장기간 노출된 상태에서 과도한 업무를 계속하느라 면역기능이 약화되어 폐암이 발병하였거나 발생한 폐암이 조기에 발견되어 치료되지 못한 채 자연적인 진행경과 이상으로 급속히 악화된 후에야 발견됨으로써 그 치료에 불구하고 사망에 이르렀다고 인정함이 상당하므로, 망인의 사망은 업무상 재해에 해당한다(대법원 2005. 11. 10. 선고 2005두8009 판결).

유해물질 관련 급성중독 · 직업병 사건 보고(통보)

1. 사건개요
○ 사업장
 - 사업장명 :
 - 사업장관리번호 :
 - 소재지 :
 - 대표자 :
○ 재해자
 - 성명 :
 - 생년월일 :
 - 주소 :
 - 직종 :
 - 담당업무 :
 - 상병명 :
○ 재해경위 :

2. 진행경과

3. 특이사항

4. 향후 조치계획

20   .   .   .

근로복지공단   지역본부(지사)장

▌비정규직 등도 산재보상 보험급여를 받을 수 있는지요?

[질문] 편의점에서 일하는 아르바이트생이나 건설현장에서 일하는 비정규직 혹은 일용직 근로자도 산업재해보상 보험급여를 받을 수 있나요?

[답변] 「산업재해보상보험법」은 원칙적으로 근로자를 사용하는 모든 사업 또는 사업장에 적용됩니다. 따라서 아르바이트생이나 비정규직 근로자, 일용직 근로자의 경우에도 업무상 재해를 당한 경우 원칙적으로 산업재해보상 보험급여를 받을 수 있습니다.

「산업재해보상보험법」은 원칙적으로 근로자를 사용하는 모든 사업 또는 사업장에 적용됩니다. 다만, 「공무원연금법」, 「군인연금법」, 「선원법」, 「어선원 및 어선 재해보상보험법」 또는 「사립학교교직원 연금법」에 따라 재해보상이 되는 사업은 「산업재해보상보험법」이 적용되지 않습니다. 또한, 주택건설업자 등이 아닌 자가 시공하는 일정한 공사, 가구 내 고용활동, 상시근로자 수가 1명 미만인 사업, 농업, 임업(벌목업은 제외), 어업 및 수렵업 중 법인이 아닌 자의 사업으로서 상시근로자 수가 5명 미만인 사업도 「산업재해보상보험법」이 적용되지 않습니다.

■ 정기 회식 후 개별모임 중 당한 재해도 산재보험이 적용되는지요?

질문 저는 회사에서 정기 회식을 마치고 다른 참석근로자의 일부와 술을 더 마시기 위하여 회사차량으로 이동하던 중 교통사고를 당했습니다. 이런 경우에도 업무상 재해가 될 수 있는지요?

답변 관련 판례는 "근로자가 근로계약에 의하여 통상 종사할 의무가 있는 업무로 규정되어 있지 아니한 회사 외의 행사나 모임에 참가하던 중 재해를 당한 경우, 이를 업무상 재해로 인정하려면 우선 그 행사나 모임의 주최자, 목적, 내용, 참가인원과 그 강제성 여부, 운영방법, 비용부담 등의 사정들에 비추어 사회통념상 그 행사나 모임의 전반적인 과정이 사용자의 지배나 관리를 받는 상태에 있어야 한다.

또한 근로자가 그와 같은 행사나 모임의 순리적인 경로를 일탈하지 아니한 상태에 있어야 하는바, 사용자가 주최하던 정례회식을 마치고 참석근로자들에게도 귀가를 지시한 후 먼저 귀가한 다음에도 근로자들이 다른 곳에 가서 술을 더 마시기 위하여 사용자 소유의 차량을 함께 타고 가다가 발생한 교통사고로 인하여 근로자들이 사망하거나 다친 경우, 피해 근로자들이 임의로 자기들만의 모임을 계속한 것은 그들의 사적인 행위에 해당하는 것으로서 이를 가리켜 사용자의 지배·관리하의 행사가 계속된 것이라고 볼 수는 없고, 더욱이 피해 근로자들은 당초 행사의 순리적인 경로를 이탈한 것이므로 그 업무수행성을 인정할 수 없어 근로기준법에 의한 재해보상을 받을 수 있는 업무상의 재해에 해당한다고 볼 수 없다.”라고 하였습니다(대법원1995. 5.26.선고, 94다60509 판결).

따라서 위 질문의 경우도 피해 근로자들이 정기 회식을 마치고도 임의로 자기들만의 모임을 계속한 것으로 이는 사용자의 지배·관리하의 행사가 계속된 것이라고 볼 수는 없고, 당초 행사의 순리적인 경로를 이탈한 것으로 업무수행성을 인정할 수 없어 업무상 재해로 인정될 수 없을 것으로 보입니다.

[관련판례]

① 근로자가 자신이 팀장으로 있는 직원의 인사이동에 따른 회식을 2차까지 마친 후 야간근로자들의 작업 상태를 확인하기 위하여 밤 00:30경 음주한 채 자신의 승용차를 운전하여 귀사(歸社) 도중 위 승용차가 도로 우측의 화단분리대를 충돌하고 전복되는 사고가 발생하여 사망한 경우, 위 회식은 그 참석이 강제되지 않았고, 또한 위 회식 후 망인의 귀사 행위도 망인의 임의적인 행위로서 근로의무이행을 위한 업무수행의 연속이라거나 업무수행과 관련된 활동이라고 보기 어려우며, 나아가 교통사고는 망인 자신의 자동차 운전행위에 매개된 음주운전으로 발생된 것으로서 위 망인의 사망을 그 업무수행을 위한 귀사과정에서 통상 수반하는 위험의 범위 내에 있는 것이라고 보기 어려워 위 망인의 사망과 업무와의 사이에 상당인과관계를 인정할 수 없다.”라고 한 원심판결을 수긍한 사례가 있고(대법원 1996. 6. 14. 선고 96누3555 판결), ② 근로자가 출장 중 밤늦게 일을 마치고 부근

에서 동료들과 함께 자정이 지날 때까지 저녁식사 겸 술을 마신 다음, 택시로 이동하여 포장마차에서 술을 더 마시고 밖으로 나와 횡단보도를 건너던 중 동료들보다 약 5미터 처져서 뒤늦게 횡단을 하다가 교통사고를 당한 경우, 위 사고가 출장과정에 당연히 또는 통상 수반되는 행위 중에 발생한 것으로서 업무상의 재해에 해당한다(대법원 1998.5.29.선고, 98두2973 판결, 2002.12.27.선고, 2000다18714 판결).

■ 노조전임자가 쟁의행위 중 사망한 경우 산재보험이 적용되는지요?

질문 노동조합업무의 전임자가 쟁의행위 중 과로로 인하여 사망한 경우에도 업무상 재해로 인정되어 「근로기준법」상 재해보상을 받을 수 있는지요?

답변 「노동조합 및 노동관계조정법」 제24조 제1항 및 제2항은 근로자는 단체협약으로 정하거나 사용자의 동의가 있는 경우에 근로계약 소정의 근로를 제공하지 아니하고 노동조합의 업무에만 종사할 수 있고, 노조업무전임자(위 제1항의 규정에 의하여 노동조합의 업무에만 종사하는 자)는 그 전임기간동안 사용자로부터 어떠한 급여도 지급받아서는 아니 된다고 규정하고 있습니다.

그렇다면 위와 같은 노조전임자도 산재보상을 받을 수 있는지에 관하여 판례는 "노동조합업무 전임자가 근로계약상 본래 담당할 업무를 면하고 노동조합의 업무를 전임하게 된 것이 사용자인 회사의 승낙에 의한 것이며, 재해발생 당시 근로자의 지위를 보유하고 있었고 그 질병이 노동조합업무 수행 중 육체적·정신적 과로로 인하여 발병된 경우 특별한 사정이 없는 한 이는 근로기준법상 재해보상이 되는 업무상 재해로 보아야 하고, 다만 그 업무의 성질상 사용자의 사업과는 무관한 상부 또는 연합관계에 있는 노동단체와 관련된 활동이거나 불법적

인 노동조합활동 또는 사용자와 대립관계로 되는 쟁의
단계에 들어간 이후의 노동조합활동 중에 생긴 재해 등
은 이를 업무상 재해로 볼 수 없다."라고 하였습니다(대
법원 1996. 6. 28.선고, 96다12733 판결).
따라서 위 질문의 경우 노사분규·노동쟁의 중 발생한 재
해는 사용자와 대립관계로 되는 쟁의단계에 들어간 이
후의 노동조합활동 중에 생긴 재해로서 이는 업무상 재
해로 인정되지 않을 것으로 보입니다.

관련판례

노동조합업무 전임자가 근로계약상 본래 담당할 업무를 면하고 노동조합
의 업무를 전임하게 된 것이 사용자인 회사의 승낙에 의한 것이라면, 이러
한 전임자가 담당하는 노동조합업무는, 그 업무의 성질상 사용자의 사업과
는 무관한 상부 또는 연합관계에 있는 노동단체와 관련된 활동이나 불법적
인 노동조합활동 또는 사용자와 대립관계로 되는 쟁의 단계에 들어간 이후
의 활동 등이 아닌 이상, 원래 회사의 노무관리업무와 밀접한 관련을 가지
는 것으로서 사용자가 본래의 업무 대신에 이를 담당하도록 하는 것이어서
그 자체를 바로 회사의 업무로 볼 수 있고, 따라서 그 전업자가 노동조합업
무를 수행하거나 이에 수반하는 통상적인 활동을 하는 과정에서 그 업무에
기인하여 발생한 재해는 산업재해보상보험법 제4조 제1호 소정의 업무상
재해에 해당한다(대법원 1998.12.08.선고, 98두14006 판결).

▌공무원이 출근 중 당한 교통사고가 공무수행 중의 재해에 해당하는지요?

 저는 지난 해 12월 숙직근무를 하러 가던 중 교통사고를 당해 장애를 입게 되었습니다. 그 날은 제가 근무하는 동 사무소로 숙직근무를 위해 50cc 오토바이를 운전하여 가던 중 가해 봉고차량이 중앙선을 넘어 오면서 사고가 났습니다. 그러나 가해차량은 책임보험만 가입되어 있고, 가해운전자는 일용근로자였으므로 제대로 치료비도 받지 못하고, 결국은 저희 부모님이 300만원을 받고 합의를 해주었습니다. 사고 당시 저는 무면허로 운전을 했고 가해자가 있기 때문에 공상처리가 안된다고 하여 지금은 직장을 잃고 보상도 받지 못한 상태입니다. 저는 달리 권리구제를 받을 수 있는 방법은 없는지요?

 「공무원연금법」 제25조는 "공무원의 공무로 인한 질병·부상과 재해에 대하여는 제34조의 규정에 따른 단기급여를 지급하고, 공무원의 퇴직·장애 및 사망에 대하여는 제42조의 규정에 의한 장기급여를 지급한다."라고 규정하고 있습니다. 그러므로 귀하의 경우와 같이 숙직근무를 하러 가던 중 교통사고를 당한 경우에는 '공무로 인한 부상'에 해당되는지가 문제가 됩니다. 이에 관하여 판례는 "공무원이 근무를 하기 위하여 주거지와 근무장

소와의 사이를 순리적인 경로와 방법으로 출·퇴근을 하던 중에 발생한 재해는 공무수행과 관련하여 발생한 재해로서 공무원연금법상의 공무상 재해에 해당한다."라고 하였습니다(대법원 1993.10.8.선고, 93다16161 판결).

따라서 귀하의 경우 숙직근무를 하기 위하여 출근 중, 사고 당한 것을 입증할 수 있다면 공무원연금법상의 급여를 받을 수 있다고 보입니다. 또한, 사고 당시 귀하가 무면허운전을 하였는지 여부와 가해자가 따로 있는지 여부는 문제가 되지 않습니다. 요양비 등을 지급받기 위한 절차는 소속기관장의 확인을 거쳐 공무원연금관리공단에 급여의 지급을 청구하면 공무원연금급여심의회의 심의를 거쳐 급여를 지급하게 됩니다.

그런데 「공무원연금법」제33조 제2항 본문에서는 "이 법에 따른의한 급여의 사유가 제3자의 행위로 인하여 발생한 경우에는 공단 또는 지방자치단체는 당해 급여의 사유에 대하여 이미 지급한행한 급여액(장해연금을 받는 경우에는 장해보상금을 받는 것으로 보아 산정한 금액)의 범위 안에서 수급권자가 제3자에 대하여 가지는 손해배상청구권을 취득한다."라고 규정하고 있으며, 같은 법 제33조 제3항은 "제2항의 경우에 수급권자가 그 제3자로부터 같은 사유로 인하여 이미 손해배상을 받은 때에는 그 배상액의 범위에서 급여를 지급하지 아니한다."라고 규정하고 있습니다. 따라서 위 질문의 경우 귀하가 이미 지급받은 책임보험금 및 합의금 등은 급여에서 공제될 수 있을 것입니다.

▌출·퇴근 중 발생한 사고에 대하여도 산재보험이 적용되는 지요?

[질문] 저는 자가용승용차를 운전하고 회사에 출근하던 중 빙판길에서 운전 미숙으로 전주와 충돌하여 요치 3개월의 중상을 입었습니다. 그런데 저는 자손보험에 가입하지 않아 치료비 등의 부담으로 어려움을 겪고 있습니다. 이 경우 업무상 재해로서 산재보험을 적용 받아 치료비의 부담을 덜 수 있는 방법은 없는지요?

[답변] 「산업재해보상보험법」에 의한 재해보상은 업무상 재해에 한하여 인정됩니다. 업무상의 재해에 관한 정의에 관하여 같은 법 제5조 제1호는 "업무상의 사유에 따른 근로자의 부상, 질병, 장해 또는 사망을 말한다."라고 규정하고 있고, 같은 법 제37조 제1항 제1호 다목 나항에서는 "사업주가 제공한 교통수단이나 그에 준하는 교통수단을 이용하는 등 사업주의 지배관리하에서 출퇴근 중 발생한 사고"를 업무상 사고로 규정하면서, 같은 법 시행령 제29조는 '출퇴근 중의 사고'에 대하여 "근로자가 출퇴근하던 중에 발생한 사고가 ① 사업주가 출퇴근용으로 제공한 교통수단이나 사업주가 제공한 것으로 볼 수 있는 교통수단을 이용하던 중에 사고가 발생하였을 것, ② 출퇴근용으로 이용한 교통수단의 관리 또는

이용권이 근로자측의 전속적 권한에 속하지 아니하였을 것 등의 요건 모두에 해당하면 법 제37조 제1항 제1호 다목에 따른 업무상 사고로 본다.

그러므로 대법원은 출·퇴근 중의 근로자는 일반적으로 그 방법과 경로를 선택할 수 있어 사용자의 지배·관리하에 있다고 할 수 없다는 이유로 원칙적으로 출·퇴근 중의 재해를 업무상 재해로 인정하지 않고, 예외적으로 사용자가 제공한 교통수단이나 사용자가 이에 준하는 교통수단을 이용하도록 하여 근로자의 출퇴근과정이 사용자의 지배·관리하에 있다고 볼 수 있는 경우에 한하여 업무상 재해로 인정하는 입장입니다. 다만 대법원은 일용직 산불감시원이 자기 소유의 오토바이를 타고 출근하다가 산불감시업무 담당구역과 상당히 떨어진 곳에서 중앙선을 침범하여 교통사고로 사망한 사안에서, 망인이 자기 소유의 오토바이를 이용하여 산불감시업무를 수행하는 것을 조건으로 채용되었고, 망인의 집에서 소속 면사무소까지 출근시간에 맞추어 도착할 수 있는 대중교통수단이 없었으며, 망인이 맡은 산불감시대상지역이 매우 넓어 도보나 자전거를 이용한 업무수행이 곤란하고, 망인이 집에서 소속 면사무소로 출근하기 위하여 선택한 경로가 최단경로로서 합리적인 경로라고 볼 수 있는 점 등에 비추어 망인의 사망이 업무상 재해에 해당한다고 한 사례가 있습니다.

따라서 위 질문의 경우 일반적인 경우 경우에도 귀하는 자기의 승용차로 출근하던 중 재해를 입었으므로 이를 사용자의 지배·관리 하에 있다고 볼 수 없어 '업무상 사고'가 아니므로 「산업재해보상보험법」상의 보상급여를 받기는 어려울 것으로 보입니다.

【관련판례】

산업재해보상보험법 소정의 업무상의 재해라 함은 근로자가 사업주와의 근로계약에 기하여 사업주의 지배·관리하에서 근로업무의 수행 또는 그에 수반되는 통상적인 활동을 하는 과정에서 이러한 업무에 기인하여 발생한 재해를 말하므로, 출·퇴근 중의 근로자는 일반적으로 그 방법과 경로를 선택할 수 있어 사용자의 지배 또는 관리하에 있다고 볼 수 없고, 따라서 출퇴근 중에 발생한 재해가 업무상의 재해로 인정되기 위하여는 사용자가 근로자에게 제공한 차량 등의 교통수단을 이용하거나 사용자가 이에 준하는 교통수단을 이용하도록 하여 근로자의 출퇴근 과정이 사용자의 지배·관리하에 있다고 볼 수 있는 경우에 해당되어야 한다(대법원 1999.9.3.선고, 99다24744 판결).

▌출퇴근 중 발생한 사고를 업무상 사유로 발생한 것으로 볼 수 있는지요?

질문 출·퇴근 중에 발생한 재해를 사업주의 지배·관리 아래에 있는 업무상의 사유로 발생한 것으로 볼 수 있는지요?

답변 출·퇴근 중에 발생한 재해와 관련하여, 사업주가 제공한 교통수단을 근로자가 이용하거나 또는 사업주가 이에 준하는 교통수단을 이용하도록 하는 경우를 비롯하여, 외형상으로는 출·퇴근의 방법과 그 경로의 선택이 근로자에게 맡겨진 것으로 보이나 출·퇴근 도중에 업무를 행하였다거나 통상적인 출·퇴근시간 이전 혹은 이후에 업무와 관련한 긴급한 사무처리나 그 밖에 업무의 특성이나 근무지의 특수성 등으로 출·퇴근의 방법 등에 선택의 여지가 없어 실제로는 그것이 근로자에게 유보된 것이라고 볼 수 없습니다.

그러나 사회통념상 아주 긴밀한 정도로 업무와 밀접·불가분의 관계에 있다고 판단되는 경우에는, 그러한 출·퇴근 중에 발생한 재해와 업무 사이에는 직접적이고도 밀접한 내적 관련성이 존재하여 그 재해는 사업주의 지배·관리 아래 업무상의 사유로 발생한 것이라고 볼 수 있습니다.

■ 출장 가던 중 교통사고를 당한 경우 합의는 어떻게 해야 하는지요?

［질문］ 저는 회사 승용차를 타고 출장 가던 중 중앙선을 침범해 온 트럭과 충돌하여 다리를 절단 당하는 상해를 입고 회사까지 그만두었습니다. 가해차량은 종합보험에 가입되지 않았고 상대방 운전사와 차주는 산재보험으로 충분히 보상 받을 수 있으니 2천만원에 민·형사상 합의를 하자고 합니다. 이런 경우 어떻게 처리해야 하는지요?

［답변］ 근로자가 업무상 사유로 부상당하거나 사망한 경우에는 「근로기준법」이 정하는 바에 따라 요양보상, 휴업보상, 장해보상 또는 유족보상 등을 받게 되며, 위와 같은 보상의무를 부담하는 사용자는 그 의무이행을 위해 「산업재해보상보험법」이 정하는 바에 따라 산업재해보상보험에 가입하도록 되어 있습니다. 근로자가 제3자의 불법행위로 인하여 업무상 부상을 입게 된 경우에는 산재보험금을 받게 되는 한편, 가해자에 대하여는 「민법」상 손해배상청구권을 아울러 취득하게 됩니다.

그러므로 위와 같은 사고를 당한 귀하는 산재보험금을 받을 수 있는 한편 상대편 사고운전자에게는 불법행위 책임에 기한 손해배상청구를, 상대편 트럭차주나 회사에 대하여는 자동차손해배상보장법에 기한 손해배상청구를 할 수 있지만, 두 가지 배상을 모두 받을 수 있는 것은 아니며 누구한테든지 손해액 전부를 배상 받으면 그 사고와 관련된 손해배상은 종결됩니다.

「산업재해보상보험법」 제87조 제1항은 "공단은 제3자의 행위에 따른 재해로 보험급여를 지급한 경우에는 그 급여액의 한도 안에서 급여를 받은 자의 제3자에 대한 손해배상청구권을 대위한다."라고 규정하고 있고, 같은 법 제87조 제2항은 "제1항의 경우에 수급권자가 제3자로부터 동일한 사유로 인하여 이 법의 보험급여에 상당하는 손해배상을 받은 경우에는 공단은 그 배상액을 대통령령이 정하는 방법에 따라 환산한 금액의 한도 내에서 이 법에 의한 보험급여를 지급하지 아니한다."라고 규정하고 있습니다.

따라서 상대방과 합의를 보아 손해배상청구권을 포기하면 그 액수만큼 산업재해보상금도 줄어들게 되므로 성급히 민·형사상 합의를 해주면 안 되며, 산재보험처리 후 보전되지 못한 손해액에 대하여 민사상 손해배상청구소송이나 형사상 합의를 고려하여야 할 것입니다.

■ 회사행사 중 발생한 사고도 산재를 받을 수 있는지요?

[질문] 저는 회사에서 주최한 야유회에 참석하였다가 발생한 사고로 부상을 입었습니다. 일을 하다가 다친 것이 아닌데도 산재보상을 받을 수 있나요?

[답변] 운동경기·야유회·등산대회 등 각종 행사에 근로자가 참가하는 것이 사회통념상 노무관리 또는 사업운영상 필요하다고 인정되는 경우로서 근로자가 그 행사에 참가(행사 참가를 위한 준비·연습을 포함)하여 발생한 사고로 부상 또는 장해가 발생하거나 사망하면 업무상 재해로 봅니다. 행사 중의 사고가 업무상 재해로 인정되는 경우는 구체적으로 ① 사업주가 행사에 참가한 근로자에 대해 행사에 참가한 시 간을 근무한 시간으로 인정하는 경우, ② 사업주가 그 근로자에게 행사에 참가하도록 지시한 경우, ③ 사전에 사업주의 승인을 받아 행사에 참가한 경우, ④ 그 밖에 ①부터 ③까지에 준하는 경우로서 사업주가 그 근로자의 행사 참가를 통상적·관례적으로 인정한 경우 등과 같습니다.

[관련판례]

근로자가 토요일 오후에 회사 근처 체육공원에서 동료 직원들과 족구경기를 하다가 넘어지면서 왼쪽 발목에 부상을 입은 사안에서, 족구경기가 노무관리상 필요에 의하여 사업주가 실질적으로 주최하거나 관행적으로 개최

된 행사로서 그 전반적인 과정이 사업주의 지배나 관리를 받는 상태에 있었다고 보아 그 과정에서 발생한 사고를 업무상 재해로 인정한 사례(대법원 2009.5.14. 선고, 2007두24548, 판결)

■ 자신의 승용차로 출퇴근 중 일어난 사고도 산재보상을 받을 수 있는지요?

[질문] 자신의 승용차를 이용하여 출퇴근 중에 사고를 당한 경우에도 산재보상을 받을 수 있나요? 만약 사업주가 제공한 통근버스를 이용한 경우에는 어떤가요?

[답변] 출퇴근 중에 발생한 재해가 업무상 재해가 되기 위해서는 사업주가 제공한 교통수단을 근로자가 이용하거나 사업주가 이에 준하는 교통수단을 이용하도록 하는 등 근로자의 출퇴근 과정이 사업주의 지배·관리 하에 있다고 볼 수 있는 경우여야 합니다. 자신의 승용차를 이용하여 출퇴근하는 도중에 사고를 당한 경우에는 원칙적으로 사업주의 지배관리 하에 있지 않으므로 산재보상을 받을 수 없습니다. 한편, 사업주가 제공한 통근 버스를 이용한 경우에는 사업주의 지배관리 하에 있다고 볼 수 있으므로 업무상 재해로 인정되어 산재보상을 받을 수 있습니다.

근로자의 출퇴근은 일반적으로 출퇴근 방법과 경로의 선택이 근로자에게 유보되어 있어 통상 사업주의 지배·관리하에 있다고 할 수 없고, 산업재해보상보험법에서 근로자가 통상적인 방법과 경로에 의하여 출퇴근하는 중에 발생한 사고를 업무상 재해로 인정한다는 특별한 규정을 따로 두고 있지 않은 이상, 근로자가 선택한 출퇴근 방법과 경로의 선택이 통상적이라는 이유만으로 출퇴근 중에 발생한 재해가 업무상의 재해로 될 수는 없습니다. 따라서 출퇴근 중에 발생한 재해가 업무상의 재해로 되기 위해서는 사업주가 제공한 교통수단을 근로자가 이용하거나 또는 사업주가 이에 준하는 교통수단을 이용하도록 하는 경우, 외형상으로는 출퇴근의 방법과 그 경로의 선택이 근로자에게 맡겨진 것으로 보이지만 출퇴근 도중에 업무를 행하였다거나 통상적인 출퇴근시간 이전 혹은 이후에 업무와 관련한 긴급한 사무처리나 그 밖에 업무의 특성이나 근무지의 특수성 등으로 출퇴근의 방법 등에 선택의 여지가 없어 실제로는 그것이 근로자에게 유보된 것이라고 볼 수 없고 사회통념상 아주 긴밀한 정도로 업무와 밀접·불가분의 관계에 있다고 판단되는 경우 등 근로자의 출퇴근 과정이 사업주의 지배·관리하에 있다고 볼 수 있는 경우라야 합니다(대법원 2007.9.28.선고, 2005두12572 전원합의체 판결, 대법원 2010.4.29.선고, 2010두184 판결 등 참조).

■ 사업장 밖에서 일어난 사고도 산재로 인정받을 수 있나요?

질문 저는 사업장 밖에서 업무를 수행하던 중에 사고를 당했습니다. 이때도 업무상 재해로 인정을 받을 수 있는지요? 아니면 다른 방법을 통해서 구제를 받을 수 있는지요?

답변 근로자가 사업주의 지시를 받아 사업장 밖에서 업무를 수행하던 중에 발생한 사고로 부상 또는 장해가 발생하거나 사망하면 원칙적으로 업무상 재해로 봅니다. 따라서 산재보상을 받을 수 있습니다. 근로자가 사업주의 지시를 받아 사업장 밖에서 업무를 수행하던 중에 발생한 사고로 부상 또는 장해가 발생하거나 사망하면 업무상 재해로 봅니다. 다만, ① 사업주의 구체적인 지시를 위반한 행위, ② 근로자의 사적 행위, ③ 정상적인 출장 경로를 벗어났을 때 발생한 사고 중 어느 하나에 해당하는 사고로 근로자에게 발생한 부상·장해 또는 사망은 업무상 재해로 보지 않습니다.

업무의 성질상 업무수행 장소가 정해져 있지 않은 근로자가 최초로 업무수행 장소에 도착하여 업무를 시작한 때부터 최후로 업무를 완수한 후 퇴근하기 전까지 업무와 관련한 사고로 부상 또는 장해가 발생하거나 사망하면 업무상 재해로 봅니다.

■ 근로자가 실수로 사고를 발생한 경우 산재보상 여부는?

 저는 사용자입니다. 근로자가 일을 하다가 자신의 실수로 사고가 발생했습니다. 근로자의 실수가 있는 경우에는 산재보상을 받을 수 없나요?

 산업재해보상보험은 무과실 책임주의로 근로자의 고의·자해행위나 범죄행위 또는 그것이 원인이 되어 발생한 재해(부상·장해 또는 사망)가 아니라면 근로자의 실수로 인한 경우에도 보상을 받을 수 있습니다. 업무상 재해의 인정 기준은 업무상 사고 또는 업무상 질병으로 재해(부상·질병·장해 또는 사망)가 발생하여야 합니다. 업무상 사고 또는 업무상 질병에 해당하는 지 여부에 대해서는 구체적인 사정을 고려하여 판단합니다.

업무상 사고 또는 업무상 질병으로 재해가 발생하더라도 업무와 재해 사이에 상당인과관계가 없는 경우에는 업무상 재해로 보지 않습니다. 근로자의 고의·자해행위나 범죄행위 또는 그것이 원인이 되어 발생한 재해(부상·질병·장해 또는 사망)는 업무상 재해로 보지 않습니다. 다만, 그 재해가 정상적인 인식능력 등이 뚜렷하게 저하된 상태에서 한 행위로 발생한 경우로서 일정한 사유가 있으면 업무상 재해로 봅니다. 근로자의 고의·자해행위나 범죄행위 또는 그것이 원인이 되어 발생한 재해가 아니라면 근로자의 실수가 있는 경우에도 보상을 받을 수 있습니다.

■ 휴식시간에 구내매점에 가다가 다친 경우 산재처리가 되는지요?

질문 저는 점심시간 중에 회사 내에 있는 매점에 커피를 마시러 가던 중 제품하치장으로 가는 자동차에 사고를 당하여 다리가 부러지는 부상을 당했습니다. 이러한 경우에도 산재처리가 가능한지요?

답변 업무상의 재해에 관한 정의에 관하여 같은 법 제5조 제1호는 "업무상의 재해란 업무상의 사유에 의한 근로자의 부상, 질병, 신체장해 또는 사망을 말한다."라고 규정하고 있으며, 업무상 재해에 관하여 판례는 '근로자가 사업주와의 근로계약에 기하여 사업주의 지배, 관리하에서 당해 근로업무의 수행 또는 그에 수반되는 통상적인 활동을 하는 과정에서 이러한 업무에 기인하여 발생한 재해'라고 하고 있습니다(대법원 2005.9.29.선고, 2005두4458 판결). 또한 같은 법 제37조의 제1항 제1호 마목 마항은 "휴게시간 중 사업주의 지배 관리하에 있다고 볼 수 있는 행위로 발생한 사고"를 업무상 사고로 규정하고 있습니다.

휴식시간중의 사고와 관련하여 판례는 "휴게시간 중에는 근로자에게 자유행동이 허용되고 있으므로 통상 근로자는 사업주의 지배·관리하에 있다고 할 수 없고, 따라서 근로자가 휴게시간 중에 사업장 내 시설을 이용하여 어떠한 행위를 하다가 부상을 입은 경우에는 업무상 재해라고 할 수 없습니다.

그러나 한편 휴게시간 중의 근로자의 행위는 휴게시간 종료 후의 노무제공과 관련되어 있으므로, 근로자의 휴게시간 중의 행위가 당해 근로자의 본래의 업무행위 또는 그 업무의 준비행위 내지 정리행위, 사회통념상 그에 수반되는 것으로 인정되는 생리적 행위 또는 합리적·필요적 행위라는 등 그 행위 과정이 사업주의 지배·관리하에 있다고 볼 수 있는 경우에는 업무상 재해로 인정하여야 하므로 근로자가 휴게시간에 구내매점에 간식을 사먹으러 가다가 제품하치장에서 교통사고를 당한 경우, 위 행위는 근로자의 본래의 업무행위에 수반된 생리적 또는 합리적 행위라는 이유로 업무상 재해에 해당한다." 라고 판시하였습니다(대법원 2000.4.25.선고, 2000다2023 판결).

따라서 귀하의 경우에도 휴게시간 중의 행위가 본래의 업무행위에 수반된 생리적 또는 합리적인 행위로 볼 수 있다 할 것이므로 업무상 재해에 해당하여 산재처리가 가능할 것입니다.

▌ 출장 중의 교통사고에 대하여도 산재보상 처리될 수 있는 지요?

[질문] 저는 회사에서 지방출장명령을 받고 가던 중 자동차사고로 중상해를 입었습니다. 업무 중 당한 재해는 법에 의한 휴업보상, 장해보상 등 제반 보상을 받을 수 있다고 하는데, 출장 중 업무로 인한 재해로 인정될 수 있는 범위는 어떻게 되는지요?

[답변] 이른바 '출장 중'이란 그 목적, 방법, 사업의 종류나 그 사업에 있어서의 관행 등에 따라서 여러 가지 태양이 있겠으나, 보통 사용자의 포괄적 또는 개별적인 명령으로 특정의 용무를 위하여 통상의 근무지를 떠나서 용무지에 갔다가 용무를 마치고 돌아오는 일련의 과정을 포괄하는 것으로 볼 수 있습니다. 그러나 공용외출 가운데는 출장에 포함되지 않는 경우도 있는데, 즉 외근업무, 출근 전의 공용, 퇴근도중의 간단한 용무 등은 일반적으로 출장이라고 할 수 없기 때문에 출장의 범위를 명확히 구분하기는 곤란합니다. 다만, 출장 중인 때에는 그 용무의 성질이나 수행방법 등에 관해서 포괄적으로 사업주에 대하여 책임을 지고 있는 만큼 특별한 사정이 없는 한 출장과정의 전반에 걸쳐 사업주의 지배하에 있다고 할 수 있고, 또한 그 과정전반에 걸쳐 업무수행성이 있다고 보는 것이 타당하겠습니다. 따라서 출장 중의 적극적인 사용(私用)·사적행위 등을 제외하고는 통상의

합리적인 방법을 취하고 있는 한 업무수행성이 있다고 할 것입니다. 출장 중에 발생한 재해로 인정된 사례를 살펴보면 ① 급성전염병 ①급성전염병 유행지에 출장 갔다가 병에 걸린 경우, ② 출장도중 ②출장도중 화물차에 편승한 근로자가 굴러 떨어진 사고, ③ 동남아시아의 ③동남아시아의 출장지에서 풍토병에 걸린 경우, ④ 종업원이 ④종업원이 공무를 마치고 오토바이로 직접 회사로 돌아오던 중의 사고, ⑤ 자택으로부터 ⑤자택으로부터 직접 출장지에 가기 위하여 역으로 가던 도중의 사고 ⑥ 출장도중 호텔 객실에서 잠을 자다가 화장실을 가거나 또는 물을 마시기 위한 등의 목적으로 일어나 움직이다 술에 취한 관계로 호텔객실의 바닥이나 벽 등에 머리를 부딪쳐 생긴 사고 등을 들 수 있습니다. 따라서 위 질문에 있어서도 위와 같은 기준에 따라 업무수행성과 업무기인성이 인정될 경우라면 재해보상을 청구해볼 수 있을 것으로 보입니다.

[관련판례]

근로자가 사업장을 떠나 출장중인 경우에는 그 용무의 이행여부나 방법 등에 있어 포괄적으로 사업주에게 책임을 지고 있다 할 것이어서 특별한 사정이 없는 한 출장과정의 전반에 대하여 사업주의 지배하에 있다고 말할 수 있으므로 그 업무수행성을 인정할 수 있고, 다만 출장 중의 행위가 출장에 당연히 또는 통상 수반하는 범위내의 행위가 아닌 자의적 행위이거나 사적 행위일 경우에 한하여 업무수행성을 인정할 수 없고, 그와 같은 행위에 즈음하여 발생한 재해는 업무기인성을 인정할 여지가 없게 되어 업무상 재해로 볼 수 없다."라고 하였습니다(대법원 1997.9.26.선고, 97누8892 판결, 2002.9.4.선고, 2002두5290 판결).

■ '출장 중'과 '출퇴근 중'의 범위는 어떻게 구분하나요?

[질문] 수인의 근로자가 함께 출장명령을 받고 각자 주거지로부터 일정한 장소에 집합하여 그 중 1인의 승용차로 업무수행 장소로 이동하는 경우, '출장 중'과 '출퇴근 중'의 범위는 어떻게 구분하나요?

[답변] 사업주로부터 출장명령을 받고 각자 일정한 지점에 집합하여 사업주측이 제공하는 교통수단을 이용하여 업무 수행 장소로 이동하게 되어 있는 경우 집합장소에 집합한 후 업무 수행 장소로 갔다가 다시 집합장소로 돌아올 때까지를 출장 중이라고 할 것입니다. 그리고 각자가 주거지에서 집합장소로, 그리고 집합장소에서 주거지로 이동하는 동안에는 아직 출장이 개시되지 않았거나 출장이 끝난 것으로 보아야 할 것이며, 이는 수인의 근로자가 함께 출장명령을 받고 일정한 장소에 집합하여 그 중 1인의 승용차로 업무 수행 장소로 이동하는 경우에도 마찬가지로 보아야 합니다.

[관련판례]

근로자의 출·퇴근시에 발생한 재해는, 비록 출·퇴근이 노무의 제공이라는 업무와 밀접·불가분의 관계에 있다 하더라도, 일반적으로 출·퇴근 방법과 경로의 선택이 근로자에게 유보되어 있어 통상 사업주의 지배·관리하에 있다고 할 수 없으므로, 출·퇴근 중에 발생한 재해가 업무상의 재해가 되기 위하여는 사업주가 제공한 교통수단을 근로자가 이용하거나 또는 사업주가 이에 준하는 교통수단을 이용하도록 하는 등 근로자의 출·퇴근과정이 사업자의 지배·관리하에 있다고 볼 수 있는 경우여야 한다(대법원1999.12. 24. 선고 99두9025 판결).

■ 산재사고 후 후유증으로 비관자살한 경우 산재처리여부?

[질문] 저의 남편은 A회사가 시공하는 학교 증축공사장에서 비계해체작업 도중 함께 일하던 동료가 떨어뜨린 비계용 쇠파이프에 머리를 맞아 뇌기질성장애 등으로 1년 6개월간 치료를 받아 오던 중 비관하여 자살하였습니다. A회사는 남편의 사망과는 아무런 관계가 없다고 하며 책임을 회피하고 있고, 저는 근로복지공단에 유족보상금을 신청해봐야 기각될 것이 뻔하여 신청도 포기하였습니다. 이런 경우 A회사의 민사상책임은 없는지요?

[답변] 먼저 위 질문과 같은 경우 「산업재해보상보험법」에 의한 유족급여를 받을 수 있을 것인지에 관하여 판례는 "근로자의 사망이 업무상 질병으로 요양 중 자살함으로써 이루어진 경우 당초의 업무상 재해인 질병에 기인하여 심신상실 내지 정신착란의 상태에 빠져 그 상태에서 자살이 이루어진 것인 한 사망과 업무와의 사이에 상당인과관계가 있다고 할 것이며, 이 경우 근로자의 업무와 위 질병 또는 질병에 따르는 사망간의 인과관계에 관하여는 이를 주장하는 측에서 입증하여야 하지만, 그 인과관계는 반드시 의학적, 자연과학적으로 명백히 입증하여야만 하는 것이 아니고 제반 사정을 고려하여 업무와 질병 또는 사망 사이에 상당인과관계가 있다고 추단되

는 경우에도 그 입증이 있다고 보아야 할 것이어서, 근로자가 업무상 질병으로 요양 중 자살한 경우에 있어서는 자살자의 질병 내지 후유증상의 정도, 그 질병의 일반적 증상, 요양기간, 회복가능성 유무, 연령, 신체적·심리적 상황, 자살자를 에워싸고 있는 주위상황, 자살에 이르게 된 경위 등을 종합적으로 고려하여 상당인과관계가 있다고 추단할 수 있으면 그 인과관계를 인정하여야 한다."라고 하였으며(대법원 1993. 12. 14. 선고 93누9392 판결, 1999. 6. 8. 선고, 99두3331 판결), 또한 "업무상 질병인 진폐증의 증상이 악화되어 그로 인한 정신적 이상증세를 일으켜 자살한 경우에는 '업무상 재해'에 해당한다."라고 하였습니다(대법원 1993. 10. 22. 선고 93누13797 판결).

따라서 위 질문의 경우 귀하는 보험급여를 받을 권리의 소멸시효기간인 3년이 경과되지 않았다면 위 판례가 제시하는 기준에 부합하는 제반사실을 입증하여 관할 근로복지공단사무소에 유족급여신청을 해볼 수 있을 것으로 보입니다.

판례는 "사고발생 후 생활고와 사고후유증 등으로 인한 고통을 이기지 못한 채 비관자살을 한 것이라면 이 사건 증상과 고통·비관과의 사이나, 고통·비관과 자살의 사이에는 서로 상당인과관계가 있다."라고 하여 이 사건 사고와 사망 사이의 인과관계를 인정하고 있습니다.

따라서 귀하의 남편이 사고후유증을 비관하여 자살한 것이라면, 이 사건 사고와 남편의 사망 사이에는 상당인과

관계가 있다고 보이므로 귀하는 A회사를 상대로 민사상의 손해배상청구를 할 수 있습니다. 다만, 위 사고에 대한 귀하 남편의 과실 및 사망이 자살로 인한 것이므로 그에 대한 과실비율에 의한 과실상계의 가능성이 있음을 고려하여야 합니다.

▌등기부상 대표이사이나 실제로는 근로자인 경우에도 산재 보험이 적용되는지요?

[질문] 저는 A회사에 입사하여 근무를 성실히 하여 A회사의 실질적 오너 B의 신임을 얻어 대표이사로 법인등기부에 등재되었습니다. 하지만 저는 A회사의 실질적 대표이사인 B의 지휘, 감독을 받았고 월급도 부장급 월급을 받았을 뿐입니다. 또한 B는 거래은행과 사이에 A회사를 대표하여 대출계약을 맺고 자금 집행의 최종적인 결재권과 근로자들에 대한 업무상 지휘권을 행사하였고, 대표이사 월급도 수령하였습니다. 그러던 중 저는 공장에서 팔이 절단되는 사고를 당하였습니다. 이런 경우에 제가 대표이사로 등재되어 있는데 산재보험 혜택을 받을 수가 있는지요?

[답변] 「산업재해보상보험법」의 규정에 의한 보험급여의 대상자가 되기 위하여서는 재해 당시에 근로기준법의 규정에 의한 근로자이어야 할 것인데(같은 법 제5조 제2호), 근로자의 정의에 관하여 「근로기준법」 제2조 제1항 제1호는 "이 법에서 '근로자'라 함은 직업의 종류와 관계없이 임금을 목적으로 사업이나 사업장에 근로를 제공하는 자를 말한다."라고 규정하고 있습니다.

그리고 근로기준법상의 근로자에 해당하는지 여부를 판단함에 있어서는 그 계약의 형식이 민법상의 고용계약인지 또는 도급계약인지에 관계없이 그 실질에 있어 근로자가 사업 또는 사업장에 임금을 목적으로 종속적인 관계에서 사용자에게 근로를 제공하였는지 여부에 따라 판단하여야 할 것입니다(대법원 2002.7.26.선고, 2000다27671 판결).

따라서 형식적으로는 대표이사라 할지라도 실질적 대표이사가 별도로 존재하고, 실질적 대표이사가 회사의 자금에 대한 최종적 권한, 직원들에 대한 인사권, 업무상 지휘에 관한 권한을 갖고 있고 형식적 대표이사는 직원의 월급을 받으면서 실질적 대표이사에 종속되어 업무상 지휘를 받으며 직원의 월급을 받는 반면, 실질적 대표이사는 대표이사의 월급을 받고 있는 사정들이 인정된다면, 회사의 대표권 및 경영권을 가진 자는 실질적 대표이사, 사업주가 되므로 형식적 대표이사는 근로자로서 산재보험 급여를 받을 수 있을 것입니다.

다만 이러한 경우가 인정되려면 귀하가 단지 법인등기부에 대표이사로 등재가 되었을 뿐 아무런 권한도 없는 명목상의 대표이사임이 인정되어야 하고, 별도의 실질적 대표이사가 존재함도 아울러 인정되어야 할 것입니다.

이에 관하여 하급심 판례는 "법인등기부에 대표이사로 등재되어 있으나 실질적으로는 사용종속관계 하에서 근로를 제공하고 있는 피고용인이 업무상 재해를 당한 경우 산재보험 혜택을 받을 수 있다."라고 한 사례가 있습니다(서울고등법원 2006.6.22.선고, 2005누22182 판결).

따라서 귀하의 경우 A회사의 실질적인 대표이사는 B라

고 볼 수 있고, 귀하는 명목상 대표이사에 불과한 것으
로 보이므로 산업재해보상 혜택을 받을 수 있을 것으로
보입니다.

산업재해로 인한 손해배상청구권의 소멸시효 기간과 그 중단 방법은?

[질문] 저는 2년 11개월 전 아파트 건축공사현장에서 일을 하던 중 잘못 설치된 공작물로 인하여 3층에서 떨어져 허리부상을 당하고 입원치료를 받았습니다. 그리고 며칠 전 퇴원하면서 산재보상금을 받았으나 너무 적다고 생각되는데, 지금이라도 회사에 대하여 추가로 손해배상청구권을 행사할 수는 없는지요?

[답변] 소멸시효제도는 권리자가 자신의 권리를 행사할 수 있음에도 불구하고 장기간 권리를 행사하지 않는 경우 그 권리를 소멸시키는 제도로서, 그 권리의 보호이익이 감소되었고 증거보전이 곤란함과 장기간 계속된 사실적 평온 보호의 필요성이 있는 등 소송의 적정과 소송경제 면에 비추어 인정되고 있으며, 민법은 채권의 종류별로 그 소멸시효기간을 각기 달리 규정하고 있습니다(민법 제162조 내지 제165조 등). 그런데 귀하가 산업재해보상보험법에 의한 보상을 받은 후 사용자의 고의 또는 과실에 대한 책임을 물어 배상을 청구하는 것은 민사상 불법행위로 인한 손해배상청구를 하는 것인데, 불법행위로 인한 손해배상청구권은 '손해 및 가해자를 안 날로부터 3년'과 '불법행위를 한 날로부터 10년'의 기간 중 먼저 만료되는 것에 의하여 권리가 시효소멸 되어 손해배

상청구권을 행사할 수 없게 됩니다(민법 제766조).

그리고 '불법행위를 한 날로부터 10년의 기간'을 종전에는 학설상 중단이 없는 제척기간으로 보기도 하였으나, 판례는 민법 제766조 제2항이 규정하고 있는 '불법행위를 한 날로부터 10년'의 기간도 소멸시효기간에 해당한다고 하여 중단이 가능한 소멸시효기간으로 보고 있습니다(대법원 1996.12.19. 선고, 94다22927 판결).

위 질문에서 위 사고로 인하여 귀하에게 발생된 손해에 대하여 과실상계 후 산재보상금 중 손익상계가 가능한 부분을 상계한 후 추가로 청구할 부분이 있는지는 별론으로 하고 귀하의 손해배상청구권은 손해 및 가해자를 안 날로부터 3년의 시효기간 만료일이 임박하였으므로 귀하가 손해배상을 청구하려면 일단 소멸시효를 중단시키는 행위가 필요합니다.

소멸시효중단사유로는 재판상청구나 압류, 가압류, 가처분 등의 절차가 있으며, 귀하의 경우는 3년의 시효기간이 만료하기 전에 소장 접수를 하는 방법으로 손해배상청구권을 행사하여 소멸시효를 중단시킬 수 있을 것으로 보입니다. 다만, 즉시 그러한 법적 절차를 거칠 수 없다면 먼저 내용증명우편으로 손해배상을 청구하는 내용의 최고를 할 수 있으며, 이 경우 내용증명우편이 상대방에게 도달된 날로부터 6개월 내에 소송을 제기하는 등의 조치를 취한다면 귀하의 손해배상청구권을 행사할 수 있을 것입니다(민법 제174조).

근로복지공단이 취득하는 손해배상청구권이 제3자에 대한 청구권과 동일한지요?

질문 근로복지공단이 취득하는 손해배상청구권이 피해 근로자의 제3자에 대한 손해배상청구권과 동일성이 유지되는지요?

답변 구 산업재해보상보험법(2007.4.11. 법률 제8373호로 전문 개정되기 전의 것, 이하 같다) 제54조 제1항 본문은 "근로복지공단(이하 '공단'이라 한다)은 제3자의 행위에 의한 재해로 인하여 보험급여를 지급한 경우에는 그 급여액의 한도 안에서 급여를 받은 자의 제3자에 대한 손해배상청구권을 대위한다."고 규정하고 있는바, 이는 급여를 받은 피재근로자가 제3자에 대하여 손해배상청구권을 갖고 있음을 전제로 하여, 공단이 피재근로자에게 지급한 보험급여액의 한도 안에서 그 손해배상청구권을 취득한다는 취지로서, 공단이 법 규정에 따라 보험급여를 함으로써 취득하는 손해배상청구권은 동일성이 그대로 유지된다고 할 것입니다(대법원 1997.12.16. 선고, 95다37421 전원합의체 판결 등 참조).

한편, 구 자동차손해배상보장법(2003.8.21. 법률 제6969호로 개정되어 2004.8.22. 시행되기 전의 것, 이하 같다) 제9조 제1항 본문은 "보험가입자 등에게 제3조의 규정에 의한 손해배상책임이 발생한 경우 그 피해자는 대통령령이 정하는 바에 의하여 보험사업자 등에 대하여 상법 제724조 제2항의 규정에 의하여 보험금 등을 자기에게 직접 지급할 것을 청구할 수 있다."고 규정하고 있고, 같은 법 시행령(2004.2.21. 대통령령 제18286호로 개정되기 전의 것, 이하 '구 시행령'이라고 한다) 제3조 제1항은 "법 제5조 제1항의 규정에 의하여 자동차를 운행하고자 하는 자가 가입하여야 하는 책임보험 또는 책임공제의 보험금 또는 공제금은 피해자 1인당 다음 각 호의 금액과 같다."고 규정하면서 같은 항 제2호에서 "부상한 경우에는 [별표 1]에서 정하는 금액의 범위 안에서 피해자에게 발생한 손해액. 다만, 그 손해액이 법 제13조 제1항의 규정에 의한 자동차보험 진료수가에 관한 기준에 의하여 산출한 진료비 해당액에 미달하는 경우에는 [별표 1]에서 정하는 금액의 범위 안에서 그 진료비 해당액으로 한다."라고 규정하고 있습니다.

위 제2호 단서의 규정 취지는 교통사고 피해자가 입은 손해 중 그의 과실비율에 해당하는 금액을 공제한 손해액이 위 규정의 진료비 해당액에 미달하는 경우에도 교통사고로 인한 피해자의 치료 보장을 위해 그 진료비 해당액을 손해액으로 보아 이를 책임보험금으로 지급하라는 취지라고 해석되므로, 교통사고 피해자로서는 위 교통사고의 발생에 기여한 자신의 과실의 유무나 다과에 불구하고 위 제2호 단서 규정에 의한 진료비 해당액을 자동차손해배상보장법에 의한 책임보험금으로 청구할 수 있다고 할 것입니다.

▌ 장해보상연금 일부를 선급 신청한 경우 일실수입 산정 시 공제할 금액은?

[질문] 저는 업무상 재해를 당하여 「산업재해보상보험법」에 의한 장해보상연금을 지급 받게 되었는데, 최초 2년 분의 선급을 신청하여 지급 받았습니다. 그런데 저는 위 재해가 사용자의 과실에 기인한 것이므로 사용자를 상대로 민사상 손해배상청구의 소송을 제기하였습니다. 이 경우 일실수입산정에 있어서 손익상계는 위 선급금만 공제되는지요?

[답변] 「산업재해보상보험법」 제80조 제2항은 "수급권자가 동일한 사유에 대하여 이 법에 따른 보험급여를 받으면 보험가입자는 그 금액의 한도 안에서 민법이나 그 밖의 법령에 의한 손해배상의 책임이 면제된다. 이 경우 장해보상연금 또는 유족보상연금을 받고 있는 자는 장해보상일시금 또는 유족보상일시금을 받은 것으로 본다."라고 규정하고 있습니다.

그리고 같은 법 제80조 제3항은 "수급권자가 동일한 사유로 민법이나 그 밖의 법령에 따라 이 법의 보험급여에 상당한 금품을 받으면 공단은 그 받은 금품을 대통령령이 정하는 방법에 따라 환산한 금액의 한도 안에서 이 법에 따른 보험급여를 지급하지 아니한다. 다만, 제2항 후단에 따라 수급권자가 지급받은 것으로 보게 되는 장해보상일시금 또는 유족보상일시금에 해당하는 연금액에 대하여는 그러하지 아니하다."라고 규정하고 있습니다.

그런데 판례는 "산업재해보상보험법 제48조 제2항(현행 산업재해보상보험법 제52조 제2항)은 '수급권자가 동일한 사유에 대하여 이 법에 의한 보험급여를 받은 경우에는 보험가입자는 그 금액의 한도 안에서 민법 기타 법령에 의한 손해배상책임이 면제되고, 이 경우 장해보상연금 또는 유족보상연금을 받고 있는 자는 장해보상일시금 또는 유족보상일시금을 받은 것으로 본다.'라고 규정하고 있는바, 이러한 규정을 구 산업재해보상보험법(1999.12.31. 법률 제6100호로 개정되기 전의 것) 제42조 제1항, 제2항, 같은 법 시행령 제31조 제5항의 규정에 비추어 보면, 수급권자가 장해보상연금을 지급받고 있는 경우에는 같은 법 제42조 제1항 [별표 1]에 정하여진 장해보상일시금액을 수급권자에게 배상할 손해액에서 공제하여야 한다."라고 하였습니다(대법원 2000.5.26.선고, 99다31100 판결).

또한 "구 산업재해보상보험법(1999.12.31. 법률 제6100호로 개정되기 전의 것) 제42조에 의하면, 장해급여는 수급권자의 선택에 따라 장해보상연금 또는 장해보상일시금으로 지급하되, 장해보상연금은 수급권자의 신청이 있는 경우에는 그 연금의 최초의 1년 분 또는 2년 분을 선급 할 수 있다고 규정하고 있고, 같은 법 제48조 제2항(현행 산업재해보상보험법 제80조 제2항)에 의하면, '수급권자가 동일한 사유에 대하여 이 법에 의한 보험급여를 받은 경우에는 보험가입자는 그 금액의 한도 안에서 민법 기타 법령에 의한 손해배상의 책임이 면제되며, 이 경우 장해보상연금 또는 유족보상연금을 받고 있는 자는 장해보상일시금 또는 유족보상일시금을 받은 것으로 본다.'라고 규정하고 있습니다.

그러므로, 수급권자가 장해보상연금 또는 유족보상연금을 선택하면서 최초의 1년 분 또는 2년 분의 선급을 신청한 경우에는 손익상계를 함에 있어서 그 선급금만을 공제할 것이 아니라 그 이후에 지급받게 될 장해보상연금 또는 유족보상연금을 장해보상일시금 또는 유족보상일시금으로 환산한 금액도 함께 공제하여야 한다."라고 하였습니다(대법원 2001.9.25.선고, 2000다3958 판결).

따라서 위 질문에 있어서도 귀하가 사용자를 상대로 청구한 손해배상청구소송에서 손익상계를 함에 있어서 귀하의 일실수입 중 그 선급금만을 공제할 것이 아니라 그 이후에 지급받게 될 장해보상연금을 장해보상일시금으로 환산한 금액도 함께 공제하게 될 것으로 보입니다.

■ 산재법상 장해연금 및 장래 임금 인상분도 일실수익의 산정에 포함할 수 있는지요?

질문 산업재해보상보험법상의 장해연금 및 장래의 임금 인상 기대분이 일실수익 산정의 기초가 될 수 있는지요?

답변 불법행위로 인한 피해자의 일실수입은 원칙적으로 그 사고 당시 피해자의 수입을 기준으로 산정하여야 하고, 다만 그 수입이 장차 증가될 것이 상당한 정도로 확실시되는 객관적 자료가 있는 경우에 한하여 그 증가될 수입도 고려할 수 있는 것인바(대법원 1989.12.26.선고, 88다카6761 판결 등 참조), 망인의 장해연금 산정의 기초가 되는 근로기준법 제19조 소정의 평균임금의 일률적·전반적인 인상은 이 사건 변론종결 시까지 이미 실현된 부분에 대하여는 당연히 이를 참작할 수 있으나 변론종결 이후에까지 같은 비율로 계속 증가될 것이라고 쉽게 단정하여서는 안 될 것입니다.

더욱이 산재법 제38조, 같은 법 시행령 제25조에서 장해연금의 산정에 있어서는 그 사유발생 당시의 평균임금에 기한 정률보장의 방식을 원칙으로 하되 수급권자의 신청이 있거나 근로복지공단이 필요하다고 인정하는 경우로서, 동일직종 근로자의 통상임금 변동율이 5/100를 초과하는 등의 사유가 발생하여야 그 평균임금의 인상을 허용하고 있음을 알 수 있으므로, 이러한 사정하에서는 과거 5년간 평균임금의 인상률이 평균 6.5%를 초과하였다는 사유만으로 장래에도 그 이상으로 평균임금이 증가될 것이 상당한 정도로 확실시된다고 보기는 어렵다 할 것입니다.

그럼에도 원심이 이 사건 사고 및 변론종결 당시의 망인의 수입이 아니라 장차 인상될지도 모를 망인의 기대수입에 따라서 그 일실수입을 산정한 것은 위에서 설시한 일실수입 산정의 법리에 반한다 할 것이므로 이 점을 지적하는 취지의 상고이유의 주장은 이유 있습니다(대법원 2004.05.13. 선고, 2004다3697 판결).

▌산재보상금의 수령으로 사용자에 대한 채권의 소멸시효가 중단되는지요?

질문 저는 2년 전 A건설회사에 일용목공으로 고용되어 빌딩 3층에서 거푸집조립작업을 하던 중 5층에서 떨어진 작업대에 머리앞면을 맞아 외상후 자극장애 및 외상증후군으로 정신병원에 입원하여 최근까지 치료를 받고 퇴원하였습니다. 치료비 및 휴업보상 등 보상금을 지급받은 후 회사 측에 손해배상을 요구하였으나 회사 측은 산재처리 되었으므로 손해배상을 해줄 수 없다고 합니다. 이 경우 저는 사용자를 상대로 민사상 손해배상청구권을 행사할 수 있는지요?

답변 「산업재해보상보험법」의 적용을 받는 사업 또는 사업장에서 업무수행 중 사용자 또는 그 피용자의 과실에 기인하여 재해가 발생한 경우에 근로자는 같은 법에 의한 보상금을 지급받을 수 있고, 나아가 그 보상금만으로 자신이 받은 재해정도에 충분한 보상이 되지 못할 때에는 회사를 상대로 그 과실 등을 입증하여 민법상의 손해배상청구권을 행사할 수 있습니다(산업재해보상보험법 제40조, 민법 제750조).

그런데 「민법」 제766조는 불법행위로 인한 손해배상의 청구권은 피해자나 그 법정대리인이 그 손해 및 가해자를 안 날로부터 3년간, 불법행위를 한 날로부터 10년을 경과한 때에는 시효로 인하여 소멸한다고 규정하고 있고, 같은 법 제168조는 승인을 소멸시효의 중단사유로 규정하고 있습니다.

귀하의 경우에는 사고발생일인 4년 전에 그 가해자와 손해를 알았다고 볼 것이고, 산업재해보상제도가 사용자의 고의·과실을 불문하고 사용자측에 그 보상을 명하는 무과실보상제도(無過失補償制度)인 점에 비추어 「산업재해보상보험법」에 의한 치료비, 휴업보상 등의 보상금 지급만으로 민사상 손해배상채무를 승인(시효중단사유)하였다고 볼 수 없는 것으로 보입니다. 판례도 "피용자가 산재보험급여를 받는데 필요한 증명을 요구함에 따라 회사가 사업주로서 그 증명을 하여 준 것 또는 그 보험급여청구의 절차에 조력하여 준 것만으로 회사가 피용자 등에 대하여 손해배상채무가 있음을 승인하였던 것이라고 볼 수는 없다."라고 하였습니다(대법원 1993.7.27.선고, 93다357 판결).

따라서 귀하와 회사 간에 달리 약정한 사실이 없다면, 위 사고로 인한 민사상의 손해배상청구권은 사고발생일 다음 날부터 소멸시효가 진행된다고 보아야 할 것입니다. 따라서 현재로서는 소멸시효가 완성되어 위 청구권은 소멸하였기 때문에, 귀하께서는 사용자를 상대로 한 민사상의 손해배상을 청구하는 것은 어려울 것으로 보입니다.

산재보상금 수령 후 과실있는 사용자에게 위자료청구가 가능한지요?

[질문] 저는 상시근로자 30명인 A주식회사에서 근무하는 52세의 남자로서 성형기 작업도중 성형기에 팔이 빨려 들어가 우측 요골 및 척골 원위부 분쇄골절 등의 중상해를 입었습니다. 이후 17개월여 기간 동안 입원 및 통원치료를 받았고 49%의 후유장해가 나와 요양·휴업·장해급여 등으로 5천만원 가량의 보상금을 수령하였습니다. A주식회사는 "산재보상금을 충분히 받았으니 일체의 손해배상금을 지급해줄 수 없다." 라고 합니다. 이런 경우 저는 위자료 등 손해배상을 청구할 수 없는지요?

[답변] 근로자가 1인 이상의 사업장에서 일하던 중 부상당하여 후유장해가 발생한 경우 「산업재해보상보험법」 제57조에 따른 보상을 청구할 수 있는바, 이는 사용자측의 고의·과실을 불문하고 사용자측에 그 보상을 명하는 무과실보상제도로서 요양·휴업·장해급여 등의 보상금청구권이 있습니다. 또한, 사고발생에 사용자측의 고의·과실이 있는 경우에는 그 사용자를 상대로 민법상의 불법행위로 인한 손해배상청구도 할 수 있습니다.

그런데 「산업재해보상보험법」에 의한 보상금이 지급되면 사용자는 「근로기준법」상의 책임을 전적으로 면하게 되며, 「근로기준법」상의 보상이 행하여진 경우 사용자는 근로자에 대하여 부담하는 「민법」상의 손해배상책임에 대하여 동일한 성질의 손해에 관한 한 그 가액의 한도 내에서 그 책임도 면하게 됩니다. 즉, 사용자의 과실이 없는 경우에는 위와 같은 재해보상은 받을 수 있지만 사용자를 상대로 「민법」상 불법행위로 인한 손해배상은 청구할 수 없으며, 사용자의 과실로 인한 사고의 경우에 는 그 과실정도에 따라 「민법」상 불법행위로 인한 손해 배상책임을 지게 되는 것이고, 다만 산재보험 처리된 범 위의 한도 내에서는 손익상계가 되는 것입니다.

그리고 산재사고로 후유장해가 나온 경우 「산업재해보상 보험법」에는 요양급여·휴업급여·장해급여 등만 규정하고 있을 뿐 위자료는 규정되어 있지 아니하여 재해보상의 대상이 되지 아니하므로, 재해보상금의 수령은 그 부분 에 관하여는 민법상의 위자료청구에 대하여 아무 영향 을 줄 수 없으며 또한 그 재해보상을 가지고 위자료의 배상책임을 면할 수도 없습니다.

따라서 귀하는 사고가 사용자의 과실로 인하여 발생한 경우에는 산재보상금을 수령하였다고 하여도 A주식회사 를 상대로 한 위자료청구가 가능하겠지만, 그 금액을 결 정함에는 귀하의 연령, 장해비율, 과실정도, 수령한 보 상금 등을 참작하게 되므로 그 청구를 함에 있어 신중 을 기해야 할 것입니다.

■ 산재보험급여 거부처분 후 재청구가 가능한지요?

[질문] 저는 공장에서 일을 하다가 기계에 오른손이 절단되는 재해를 입었습니다. 요양급여를 받지 못한다는 취지의 결정을 받아 이에 불복하기 위해 근로복지공단에 심사청구를 하였으나 요양불승인처분을 받았고, 여러 사정으로 인하여 불승인처분을 받은 지 벌써 1년이 다 되어 갑니다. 저 같은 경우 이제 요양급여를 청구할 수 없는지요?

[답변] 「산업재해보상보험법」 제103조 제1항 및 제3항은 "보험급여에 관한 결정에 대하여 불복이 있는 자는 공단에 심사청구를 할 수 있고, 심사청구는 보험급여에 관한 결정이 있음을 안 날부터 90일 이내에 하여야 한다."라고 규정하고 있습니다. 따라서 귀하처럼 불승인처분이 있음을 안 날부터 90일 이상이 경과한 경우에는 불승인처분에 대해 다툴 수가 없는 것이 원칙입니다.

그러나 판례는 "종전의 요양보상급여취소처분이 불복기간의 경과로 인하여 확정되었다고 하더라도 요양급여청구권이 없다는 내용의 법률관계까지 확정된 것은 아니며, 3년의 소멸시효에 걸리지 아니한 이상 다시 요양급여를 청구할 수 있고 그것이 거부된 경우 이는 새로운 거부처분으로서 위법여부를 소구할 수 있다."라고 하였으며(대법원 1993.4.13.선고, 92누17181 판결), "요양불승인처분이 불복기간의 경과로 인하여 확정되었다 하더라도 그 불승인처분의 대상이 된 부상이 업무상의 사유에 의한 것인지의 여부까지 확정된 것은 아니므로, 그 부상으로 인한 신체장해가 업무상의 재해에 해당한다는 이유로 별도의 처분인 장해보상급여처분을 다툴 수 있다.”라고 하였습니다(대법원 1994.11.8. 고, 93누21927 판결).

따라서 귀하의 경우에는 비록 요양불승인처분에 대한 불복기간이 경과되어 위 처분이 확정되었지만 소멸시효 기간인 3년이 경과되기 전까지는 다시 요양급여를 청구하거나, 별도의 산재보험급여인 장애보상급여를 청구해 볼 수 있을 것입니다.

■ 산재보험급여의 부지급결정에 구제받을 수 있는 방법은?

[질문] 얼마 전 저의 남편이 회사에서의 과중한 업무수행으로 평소의 지병인 고혈압증세가 악화되어 뇌혈관장해로 사망을 하여 근로복지공단에 유족급여신청을 하였습니다. 그러나 근로복지공단으로부터 업무와 인과관계가 없다 하여 유족급여의 부지급결정을 받았습니다. 남편은 사망하기 전에 평소보다 현저하게 과중한 업무수행으로 말미암은 과로로 평소의 지병인 고혈압증세가 악화되어 뇌혈관장해가 발생하여 사망한 것인데, 저는 어떻게 해야 구제 받을 수 있는지요?

[답변] 이 질문과 관련하여 판례는 "구 산업재해보상보험법(1999.12.31. 법률 제6100호로 개정되기 전의 것) 제4조 제1호(현행 산업재해보상보험법 제5조 제1호) 소정의 업무상 재해라고 함은 근로자의 업무수행 중 그 업무에 기인하여 발생한 질병을 의미하는 것이므로 업무와 사망의 원인이 된 질병 사이에 인과관계가 있어야 하지만, 질병의 주된 발생 원인이 업무수행과 직접적인 관계가 없더라도 적어도 업무상의 과로나 스트레스가 질병의 주된 발생 원인에 겹쳐서 질병을 유발 또는 악화시켰다면 그 사이에 인과관계가 있다고 보아야 할 것이고, 그 인과관계는 반드시 의학적·자연과학적으로 명백히 입증하여야 하는 것은 아니고 제반 사정을 고려할 때 업무와 질병 사이에 상

당인과관계가 있다고 추단되는 경우에도 그 입증이 있다고 보아야 하고, 또한 평소에 정상적인 근무가 가능한 기초질병이나 기존질병이 직무의 과중 등이 원인이 되어 자연적인 진행속도 이상으로 급격하게 악화된 때에도 그 입증이 있는 경우에 포함되는 것이며, 업무와 사망과의 인과관계의 유무는 보통평균인이 아니라 당해 근로자의 건강과 신체조건을 기준으로 판단하여야 한다."라고 하고 있습니다(대법원 2001.7.27.선고, 2000두4538 판결).

그러므로 이 질문의 경우 귀하의 남편의 사망은 일응 업무와의 관련성이 있어 보입니다(단, 과로하였다는 점은 구체적으로 입증할 수 있어야 합니다). 유족급여 부지급 결정에 대한 구제방법은 다음과 같습니다. 산재보험급여를 받을 권리가 있는 자를 수급권자라고 하는데, 통상 업무상 재해를 당한 근로자나 그 유족 등이 수급권자가 될 것입니다.

수급권자가 산재보험급여를 청구하였다가 근로복지공단으로부터 산재보험급여를 지급하지 않겠다는 결정을 받았거나, 지급하는 결정을 받았다 하더라도 그 액수에 불만이 있다면 근로복지공단에 심사청구를 할 수 있습니다. 이러한 심사청구는 당해 보험급여에 관한 결정을 행한 근로복지공단의 소속기관을 거쳐 근로복지공단에 제기하여야 합니다. 그리고 이러한 심사청구를 할 수 있는 기간은 보험급여에 관한 결정이 있은 것을 안 날로부터 90일 이내에 하여야 합니다. 심사청구서를 접수한 근로복지공단의 소속기관은 의견서를 첨부하여 심사청구서를 근로복지공단에게 보내게 되고 근로복지공단은 심사청구서를 받은 날로부터 원칙적으로 60일 이내에 심사청구에 관한 결정을 하게 됩니다. 다만, 부득이한 사유로 인하여 그 기간 내에 결정을 할 수 없는 때에는 1차에 한하여 20일을 넘지 아니하는 범위 내에서 그 기간이 연장될 수 있습니다(산업재해보상보험법 제103조, 제105조).

이러한 근로복지공단의 심사청구에 대한 결정에 대하여 이의를 하려면 심사청구에 대한 결정이 있음을 안 날로부터 90일 이내에 당해 보험급여에 관한 결정을 행한 근로복지공단의 소속기관을 거쳐 산업재해보상보험심사위원회에 재심사청구를 할 수 있습니다. 심사위원회에서 재심사청구를 받은 날로부터 원칙적으로 60일 이내에 재결을 하여서 그 재결서 등본을 청구인에게 보내게 됩니다(산업재해보상보험법 제106조, 제109조). 그리고 이러한 심사위원회의 재결에 대하여 다투기 위해서는 재결서를 받은 날로부터 90일 이내에 행정소송을 제기하여야 합니다. 또한, 위와 같은 심사청구, 재심사청구를 거치지 아니 하고도 처분이 있음을 안 날로부터 90일 이내, 처분이 있은 날로부터 1년 이내에 곧바로 행정소송을 제기할 수도 있습니다(행정소송법 제18조, 제20조).

따라서 귀하의 경우에는 근로복지공단의 유족급여부지급 결정의 통지를 받은 날로부터 90일 이내에 근로복지공단에 심사청구를 하고 그 결과에 따라 재심사청구나 행정소송을 제기하거나, 심사청구를 하지 않고 곧바로 행정소송을 제기하여 다툴 수 있을 것입니다.

■ 심사청구와 재심사청구 및 취소소송의 제소기간은?

[질문] 저는 현재 산업재해보상보험법상의 보험급여에 관한 결정에 대하여 취소소송을 제기하려고 합니다. 그런데 위 취소소송을 제기하기 위하여 산업재해보상보험법상의 심사청구 및 재심사청구를 반드시 거쳐야 하는 것인지요? 저는 현재 심사청구만을 거친 상태에서 취소소송을 제기하려 하는데 그것이 가능한지 여부 및 가능하다면 제소기간은 어떻게 되는지요?

[답변] 「산업재해보상보험법」 제103조 및 제106조는, 보험급여에 관한 결정에 대하여는 심사청구 및 재심사청구를 할 수 있고 다만 재심사청구를 하고자 할 때에는 심사청구를 거쳐 그에 대한 결정의 통지를 받은 날부터 소정의 기간 내에 하여야 한다고 규정하고 있습니다.

같은 법의 심사청구 절차와 관련하여 판례는 "보험급여에 관한 결정에 대하여 불복이 있는 사람이 임의적으로 심사청구를 하여 결정을 받은 경우에 반드시 더 나아가 재심사청구까지 거쳐야 한다고 해석할 법률상의 근거규정이 없으므로, 보험급여에 관한 결정에 대하여 불복이 있는 사람으로서는 산업재해보상보험법상의 심사청구 및 재심사청구를 거치지 아니하고 바로 취소소송을 제기할 수 있고 임의적으로 심사청구 및 재심사청구를 모두 거

친 후에 비로소 취소소송을 제기할 수도 있을 뿐만 아
니라, 임의적으로 심사청구만을 하여 그 결정을 받은 후
바로 취소소송을 제기할 수도 있는 것으로 해석하여야
할 것인바, 이와 같이 임의적으로 심사청구만을 거친 채
취소소송을 제기할 경우에는 행정소송법 제20조 제1항
의 규정에 따라 그 제소기간은 심사청구에 대한 결정의
정본을 송달받은 날로부터 기산하여야 한다."라고 하였
습니다(대법원 2002.11.26.선고, 2002두6811 판결).
따라서 귀하의 경우 재심사청구를 거치지 아니하고 취소
소송을 제기할 수 있을 것으로 보이며, 이때 제소기간
90일은 심사청구에 대한 결정의 정본을 송달받은 날로
부터 기산하여야 할 것으로 보입니다.

■ 산업재해 근로자의 손해배상청구소송 제기 방법은?

질문 저는 개인건축업자 *A*가 총 공사대금 2천만원인 개인주택 증축공사를 도급받은 공사 현장에 저를 포함한 3인의 일용 잡부로 고용되어 일하던 중 2층 발판이 무너져 추락하면서 다리골절상을 입고 노동능력상실율 30%의 판정을 받았습니다. 이 경우 저는 「산업재해보험법」상의 장해보상을 받을 수 있는지요? 그리고 손해배상청구소송을 제기하려면 그 절차 및 방법은 어떻게 되는지요?

답변 먼저 위 질문의 경우 「산업재해보상보험법」의 적용 여부를 살펴보면, 「산업재해보상보험법 시행령」 제2조 제1항 제3호 '가'에서 건설공사에 있어서는 총 공사금액이 2,000만원 미만인 공사를 산재보험규정이 당연히 적용되는 사업에서 제외하고 있습니다. 그러므로 귀하의 경우는 「산업재해보상보험법」에 정한 보상급여는 받을 수 없다 하겠습니다.

따라서 귀하는 고용주인 건축업자를 상대로 한 민사상 손해배상청구소송을 제기하여야 하는바, 우선 청구할 수 있는 손해배상청구액의 범위로는 치료비, 치료기간 동안의 휴업손해, 노동능력상실에 따른 일실수익, 위자료 등이 될 수 있습니다. 다만, 위 손해배상액에서 본인의 과실부분 만큼은 공제될 것입니다.

그리고 일반적으로 소송제기를 위하여 필요한 서류로는 치료비영수증, 진단서, 사고경위에 관한 증인진술서(인감증명서 첨부), 주민등록표등본 등이며, 이러한 불법행위로 인한 손해배상청구권은 손해 및 가해자를 안 날로부터 3년, 불법행위를 한 날로부터 10년 이내에 청구하여야 함을 주의하시기 바랍니다(민법 제766조).

참고로 손해배상청구소송을 제기하기 전에 건축업자 소유의 재산을 조사하여 재산을 타인에게 빼돌리지 못하도록 미리 가압류하여 보전조치를 취해 둠으로써 강제집행재산을 확보해 두는 것이 좋을 것입니다.

▌ 산재사고에 의한 노동능력을 상실한 후 교통사고를 당한 경우 노동능력상실률 산정방법은?

질문 당초의 산재사고에 의한 노동능력 70% 상실로 취업불능판정을 받은 지 불과 11개월만에 교통사고를 당한 경우 교통사고로 인한 노동능력상실률의 산정방법은 어떻게 되는지요?

답변 당초의 산재사고에 의한 노동능력 70% 상실로 취업불능의 판정을 받은 원고가 장해급여일시금까지 받은 후 다시 교통사고로 상해를 입었다면 당초의 사고와 교통사고로 인한 상해부위가 서로 다릅니다. 또 그 사이에 자동차운전사로 일시 고용된 일이 있었다 하더라도 원래의 사고로 인한 노동능력상실의 정도를 다시 측정한 결과 노동능력이 회복된 사실이 확인되었다는 등 다른 특별한 사정이 없는 한 위 노동능력상실 판정일부터 불과 약 11개월 후인 교통사고일 무렵에 이미 상실된 것으로 인정된 노동능력 70%의 전부가 회복된 것으로 추정할 수는 없다 할 것입니다. 노동능력상실이 전혀 없었던 원래의 완전한 노동능력 가운데 교통사고의 장해로 인한 노동능력상실의 비율을 산출하기 위해서는 기왕에 존재하고 있던 장해와 교통사고로 인한 장해를 합쳐 현재의 노동능력상실의 정도를 알아내고 여기에서 기왕의 장해로 인한 노동능력상실의 정도를 감하는 등 기왕의 장해로 인한 노동능력상실의 정도를 참작하여야 합니다.

■ 업무상 재해로 인정받을 수 있는 요건은 무엇인지요?

[질문] 저는 사용자입니다. 업무상 재해를 당한 근로자는 산업재해 보상 보험급여를 받을 수 있다고 하는데, 업무상 재해로 인정받으려면 어떤 요건을 갖추어야 하나요?

[답변] 업무상 재해란 업무상의 사유에 따른 근로자의 부상·질병·장해 또는 사망을 말합니다. 근로자가 업무상 사고 또는 업무상 질병에 해당하는 사유로 부상·질병 또는 장해가 발생하거나 사망하면 업무상 재해로 봅니다. 다만, 업무와 재해 사이에 상당인과관계가 없는 경우에는 업무상 재해로 보지 않습니다.

업무상 재해의 인정 기준은 업무상 사고 또는 업무상 질병으로 재해(부상·질병·장해 또는 사망)가 발생하여야 합니다. 업무상 사고 또는 업무상 질병에 해당하는 지 여부에 대해서는 구체적인 사정을 고려하여 판단합니다.

업무상 사고 또는 업무상 질병으로 재해가 발생하더라도 업무와 재해 사이에 상당인과관계가 없는 경우에는 업무상 재해로 보지 않습니다. 근로자의 고의·자해행위나 범죄행위 또는 그것이 원인이 되어 발생한 재해(부상·질병·장해 또는 사망)는 업무상 재해로 보지 않습니다. 다만, 그 재해가 정상적인 인식능력 등이 뚜렷하게 저하된 상태에서 한 행위로 발생한 경우로서 일정한 사유가 있으면 업무상 재해로 봅니다.

■ 선원이 업무상 재해를 입은 경우 어떻게 보상받을 수 있는지요?

[질문] 저는 A회사 소속 원양어선의 선원으로서 북태평양 근해에서 조업 중 갑판에 쌓아둔 화물이 떨어져 상해를 입었습니다. 사고 후 즉시 귀국하여 치료를 받았으나 완치되지 않은 상태로 퇴원조치 당하여 현재 집에서 치료 중입니다. 이런 경우 어떠한 보상을 받을 수 있는지요?

[답변] 근로자가 업무상 재해를 입었을 경우에 사용자가 근로자에 대한 보호의무를 다하지 못하였다면 손해를 배상하여야 할 것인바, 선박소유자와 선원 간에는 업무의 특수성으로 인하여 「산업재해보상보험법」, 「근로기준법」을 그대로 적용하지 않고 별도로 「선원법」에 의하여 규제하고 있습니다.

선원이 직무상 부상하거나 질병에 걸린 때에는 그 부상이나 질병이 치유될 때까지 선박소유자에게 요양이나 요양에 필요한 비용을 청구할 수 있고, 또한 선원의 요양 중 4월의 범위 안에서 그 부상 또는 질병이 치유될 때까지 매월 1회 통상임금에 상당하는 금액을 상병보상으로 청구할 수 있으며, 4월이 지나도록 치유되지 아니하는 경우에는 치유될 때까지 매월 1회 통상임금의 70%에 상당하는 금액을 상병보상으로 청구할 수 있습니다. 만약, 신체에 장해가 남는 경우에는 장해등급에 따른 장해보상을 받을 수 있습니다(선원법 제85조 이하).

그리고 선박소유자는 선원법상의 재해보상을 완전히 이행할 수 있도록 선원을 피보험자로 하여 보험에 가입하여야 합니다(선원법 제98조).

선원이 「선원법」에 의한 재해보상에 이의가 있는 경우에는 해양수산관청에 심사 또는 조정을 청구할 수 있고, 해양수산관청의 심사 또는 조정결과에 이의가 있는 때에는 선원노동위원회에 심사 또는 중재를 청구할 수 있습니다(선원법 제95조, 제96조).

또한 「선원법」에 의한 재해보상에 만족할 수 없는 경우에는 민사소송을 제기하여 배상을 받을 수도 있습니다.

따라서 귀하는 선박소유자에게 직무상 부상으로 인한 요양보상 및 상병보상을 청구할 수 있으므로 우선 해양수산관청에 심사 또는 조정을 신청하여 배상을 받도록 하고, 배상을 받지 못하는 경우에는 선원노동위원회에 심사 또는 중재 청구를 하시거나 민사소송을 제기할 수도 있을 것입니다.

▌ 선원근로계약에 기하여 재해보상의무를 중첩적으로 인수한 것으로 볼 수 있는지요?

질문 선원근로계약에 기하여 선원에 대한 재해보상과 보험가입의무를 부담하고 있는 선박용선회사를 대신하여 특수한 관계에 있는 다른 회사가 보험에 가입한 경우, 위 회사가 선박 용선회사의 재해보상의무를 중첩적으로 인수한 것이라고 볼 수 있는지요?

답변 기록을 보면 이 사건 선박에 기관장으로 승무하는 내용의 근로계약을 체결하면서 해외취업선원 재해보상에 관한 규정(해양수산부 고시 제2001-96호, 이하 '이 사건 보상규정'이라 한다)에 의하여 재해보상을 받기로 약정한 후 선박에 승선하였다가 앞서 본 바와 같이 이 사건 재해를 당한 사실, 위 계약 당시 이스트윈드는 이 사건 선박의 소유자인 아폴로 쉽핑 프라퍼티즈 에스 에이(이하 '아폴로쉽핑'이라 한다)로부터 이 사건 선박을 용선하여 운항하고 있었던 사실을 인정한 다음, 그 대표이사가 동일하고 이 사건 재해 당시 파나마에 법인소재지를 두고 있었던 점, 이 사건 보상규정 제17조 등에 의하면 이스트윈드가 망인에 대한 재해보상을 위한 보험에 가입하도록 되어 있는데 이스트윈드가 아닌 아폴로쉽핑이 그 재해보상보험에 가입한 점 등에 비추어, 아폴로쉽핑은 이스트윈드와 연대하여 이 사건 보상규정에 의한 재해보상금을 지급할 의무가 있다고 판단하였습니다.

위 사실을 적법하게 인정한 바와 같이, 망인을 이 사건 선박의 선원으로 고용한 이스트윈드가 이 사건 근로계약에 기하여 망인에 대한 재해보상과 이를 위한 보험가입의 의무를 부담하게 되어 있음에도 이 사건 선박의 소유자로서 이스트윈드와 특수한 관계에 있다고 보이는 아폴로쉽핑이 이스트윈드 대신 그 재해보상을 위한 보험에 가입하였다면, 특별한 사정이 없는 한 아폴로쉽핑은 이스트윈드의 망인에 대한 재해보상의무를 중첩적으로 인수하였다고 봄이 상당합니다(대법원2008. 02.01.선고, 2006다63990 판결).

▌ 산재치료 병원으로 이동 중 발생한 사고로 인정이 가능한지요?

[질문] 산재 요양기간 중 통원치료를 위해 병원으로 이동 중 발생한 사고에 대하여 산재 가상병으로 승인이 가능한지요?

[답변] 추가상병 요양급여의 신청은 산업재해보상보험법(이하 산재보험법이라 합니다) 제49조 제2호에서 업무상의 재해로 발생한 부상이나 질병이 원인이 되어 새로운 질병이 발생하여 요양이 필요한 경우로 규정하고 있습니다.
같은 법 시행령 제32조 제2호 및 제45조에 의거 요양 중의 사고는 요양 중인 산재보험 의료기관(산재보험 의료기관이 아닌 의료기관에서 응급진료 등을 받는 경우에는 그 의료기관) 내에서 업무상 부상 또는 질병의 요양과 관련하여 발생한 사고를 말하며, 요양 중의 사고는 추가상병으로 신청하도록 규정하고 있습니다.
귀하의 질문 상 통원치료를 위해 병원으로 이동 중 발생한 사고는 산재보험법에서 규정하고 있는 산재보험 의료기관 내에서 요양과 관련하여 발생한 재해에 해당 되지 않는 것으로 판단됩니다.

[별지 제5호 서식] <개정 2013. 8. 27.>
※ 공통란은 모두 기재하시고, 해당 신청란에 ☑ 하고 기재하십시오.

산업재해보상보험 ☐ **전원요양신청서** ☐ **병행진료신청서** ☐ **추가상병 신청서**		처리기간 7일

공 통	재해자 (신청인)	①성명		②주민 등록번호	☐☐☐☐☐☐-☐☐☐☐☐☐☐
		③주소	☐☐☐-☐☐☐		
		④재해발생일	☐☐☐☐년 ☐☐월 ☐☐일		

전 원 요 양 · 병 행 진 료	⑤전원요양의 사유 (해당번호에 ○표)	☐ 요양 중인 산재보험 의료기관의 인력.시설 등이 본인의 전문적인 치료 또는 재활치료에 맞지 아니하여 다른 산재보험 의료기관으로 옮길 필요가 있는 경우 ☐ 생활근거지에서 요양하기 위하여 다른 산재보험 의료기관으로 옮길 필요가 있는 경우 ☐ 「산업재해보상보험법」제43조제1항제2호에 따른 상급종합병원에서 전문적인 치료 후 다른 산재보험 의료기관으로 옮길 필요가 있는 경우	
	⑥병행진료의 사유 (해당번호에 ○표)	특수진료과목 ☐치과☐안과☐이비인후과☐비뇨기과☐정신건강의학과 ☐피부과☐신경과☐흉부외과☐내과☐마취통증의학과	위탁검사 (☐MRI ☐CT ☐근전도 ☐본스캔)
		☐ 수술경과관찰(통원진료)	☐ 응급진료(처치)
		☐ 진폐환자-폐암진료	☐ 협의진료(의과, 한의과)
		☐ 진폐환자-수술필요	☐ 전원요양 신청전 사전 검사 (상급종합병원으로 한정)
		☐ 진폐환자-상급의료기관진료	☐ 전원요양 신청전 집중재활치료
		☐ 뇌혈관질환자 (종합병원급 이상에서 수술하지 않은 경우)	☐ 단순 수술 . 처치(통원진료)
	전원요양(병행진료) 의료기관	⑦병.의원명칭	⑧소재지 ☎
	전원.병행진료(예정)일자	☐☐☐☐년 ☐☐월 ☐☐일	

<구비서류>　전원요양 소견서 / 병행진료 소견서

추 가 상 병	⑨추가상병의 발생사유 (구체적으로 기재)	(별지사용 가능)
	<구비서류>　추가상병 소견서	

공 통	위와 같이 신청합니다. 　　　　　　　　　년　　월　　일 　　　신 청 인 :　　　　(서명 또는 날인) 　　전화 번호 : 　　E-mail :　　　　휴대폰 : 　　　대 리 인 :　　　　(서명 또는 날인)
	근로복지공단　　　　　지역본부(지사)장 귀하
	☐ **위 임 장** 위 본인은 (☐전원요양 ☐병행진료 ☐추가상병) 신청을 아래 의료기관에게 근로복지공단 고용·산재보험토탈서비스(total.kcomwel.or.kr)를 통하여 제출할 것을 위임합니다. 　위임하는 자　　(서명 또는 인)　　위임받는 자　　(서명 또는 인)

접수일자		접수번호		처리기한	

(210mm×297mm, 신문용지 54g/㎡)

[별지 제6호 서식]

※ 굵은 선 안은 의료기관에서 기입하지 않습니다.

<table>
<tr><td colspan="4" style="text-align:center">산업재해보상보험
□ 전원요양소견서　□ 병행진료소견서
□ 추가상병소견서</td></tr>
<tr><td>①성　명</td><td></td><td>②주민등록번호</td><td>□□□□□□-□□□□□□□</td></tr>
<tr><td>③재해발생일</td><td colspan="2">□□□□년□□월□□일</td><td>④의료기관 최초도착일　　년　　월　　일</td></tr>
<tr><td rowspan="3">⑤승인상병명
및 분류기호</td><td colspan="2">1.(□□□ □　　　　　)</td><td>4.(□□□ □　　　　　)</td></tr>
<tr><td colspan="2">2.(□□□ □　　　　　)</td><td>5.(□□□ □　　　　　)</td></tr>
<tr><td colspan="2">3.(□□□ □　　　　　)</td><td>6.(□□□ □　　　　　)</td></tr>
<tr><td colspan="4">※ 담당의사의 전원요양.병행진료.추가상병의 필요성에 대한 소견 (별지사용 가능)</td></tr>
<tr><td>⑥전원요양의 필요성</td><td colspan="3"></td></tr>
<tr><td>⑦병행진료의
필요성</td><td colspan="3"></td></tr>
<tr><td>⑧추가상병 신청
상병명
및 분류기호</td><td colspan="3">1.(□□□ □　　　　) 3.(□□□ □　　　　)
2.(□□□ □　　　　) 4.(□□□ □　　　　)</td></tr>
<tr><td>⑨추가상병 사유</td><td colspan="3"></td></tr>
<tr><td>⑩추가상병의 일반적
발병원인</td><td colspan="3"></td></tr>
<tr><td>⑪환자의 추가상병
발병원인</td><td colspan="3"></td></tr>
<tr><td>⑫추가상병의
기승인상병 또는
재해와의 인과관계</td><td colspan="3"></td></tr>
<tr><td colspan="4">위에 기재한 사실이 틀림없음을 확인합니다.
　　　　작성일자　　　　　년　　월　　일

의료기관명　　　　　　　　　의료기관 지정번호　　　　　　☎
의료기관 주소　　　　　　　　　　　　　　의료기관장　　　　　(인)
주치의사　면허번호 제　　　호　전문과목　　　(취득연도　　년)
　　　　　성명　　　　　(서명 또는 날인)
　　　　　　　　　　　　　　　근로복지공단 본부(지사)장 귀중</td></tr>
<tr><td colspan="4">자문의소견

　　　년　　월　　일　　자문의　　　　　(서명 또는 날인)</td></tr>
</table>

[별지 제11호 서식] <개정 2015.12.29.>

※ 굵은 선 안은 청구인이 기입하지 않습니다.

<table>
<tr><td colspan="6" align="center">산 업 재 해 보 상 보 험
이 송 비 사 전 지 급 청 구 서</td><td align="center">처리기간
7일</td></tr>
<tr><td rowspan="3">재해자
(청구인)</td><td>①성 명</td><td></td><td>②주민등록번호</td><td colspan="3">□□□□□□-□□□□□□□</td></tr>
<tr><td>③주 소</td><td colspan="5">□□□□□　　　　　　　　　　　　☎</td></tr>
<tr><td>④부상 또는 발병일시</td><td colspan="5">□□□□년 □□월 □□일 □□시</td></tr>
<tr><td rowspan="6">청구

내용</td><td>⑤이송구간</td><td>에서　　까지　　km</td><td>⑥이송기간</td><td colspan="3">년　월　일 ~ 　년　월　일( )일간</td></tr>
<tr><td>⑦승용구분</td><td colspan="5">기차(　　　km) · 택시(　　　km) · 버스(　　　km) · 기타(　　　km)</td></tr>
<tr><td>⑧청구사유</td><td></td><td>⑨요양결정일자
및 승인번호</td><td colspan="3">년　월　일 제　　호</td></tr>
<tr><td>⑩청구액</td><td>원</td><td>⑪수령희망은행
및 계좌번호</td><td colspan="3"></td></tr>
<tr><td colspan="2">⑫상 병 부 위</td><td colspan="4">1. 두부　　　2. 상지부　　　3.체간부　　　4. 수족부　　　5. 하지부</td></tr>
<tr><td colspan="2">⑬부상 또는 발병일시</td><td>년　월　일　시</td><td>⑭초 진 일 자</td><td colspan="2">년　　월　　일</td></tr>
<tr><td colspan="2">⑮상 병 명</td><td colspan="5"></td></tr>
<tr><td colspan="2">⑯상병경과의 개요</td><td colspan="5"></td></tr>
<tr><td colspan="7">
위에 기재한 사실이 틀림없음을 확인합니다.

년　　　월　　　일

의료기관 분류번호
명　　　칭 :
소 재 지 :
담당의사의 면허번호 : 제　　　　호　　성명　　　　　　(서명 또는 인)</td></tr>
<tr><td colspan="4">위에 기재한 사실이 틀림없음을 확인합니다.
년　　　월　　　일

사업장명:　　　　☎

소 재 지:

대 표 자:　　　(서명 또는 인)</td><td colspan="3">위와 같이 청구합니다.
년　　　월　　　일

청 구 인:　　　　(서명 또는 인)
(☎　　　　　　　　)

대 리 인:　　　　(서명 또는 인)</td></tr>
<tr><td colspan="7" align="center">근로복지공단　　　지역본부(지사)장　귀하</td></tr>
<tr><td colspan="7">구비서류 : 수령희망 거래은행 통장 사본.</td></tr>
<tr><td colspan="2">접수일자</td><td colspan="2">접수번호</td><td colspan="3">처리기한</td></tr>
</table>

(210mm×297mm, 신문용지 54g/㎡)

▌야근 후 승용차로 퇴근하다 난 사고의 경우 산재법상 업무상 재해에 해당하는지요?

[질문] 근로자가 회사의 필요한 업무상 필요 때문에 심야까지 근무한 후 대중교통 수단을 이용하기 어려워 승용차를 이용하여 퇴근하다가 교통사고로 사망하였을 경우, 퇴근 방법과 경로의 선택이 사실상 망인에게 유보되었다고 볼 수 없고 사업주인 회사의 객관적 지배·관리 아래 있었다고 보아 산업재해보상보험법상 업무상 재해에 해당하는 지요?

[답변] '업무상 재해'라 함은 근로자와 사업주 사이의 근로계약에 터 잡아 사업주의 지배·관리 아래 당해 근로업무의 수행 또는 그에 수반되는 통상적인 활동을 하는 과정에서 이러한 업무에 기인하여 발생한 재해를 말하고, 일반적으로 근로자의 출·퇴근이 노무의 제공이라는 업무와 밀접·불가분의 관계에 있다 하더라도 그 출·퇴근 방법과 경로의 선택이 근로자에게 유보되어 있는 이상 근로자가 선택한 출·퇴근 방법과 경로의 선택이 통상적이라는 이유만으로 출·퇴근 중에 발생한 재해가 업무상의 재해로 될 수는 없을 것이지만 이와 달리 근로자의 출·퇴근 과정이 사업주의 지배·관리 아래 있다고 볼 수 있는 경우에는 출·퇴근 중에 발생한 재해도 업무상의 재해로 될 수 있습니다(대법원 2007.9.28.선고, 2005두12572 전

원합의체 판결 참조).

사업주가 제공한 교통수단을 근로자가 이용하거나 또는 사업주가 이에 준하는 교통수단을 이용하도록 하는 경우(대법원 2004.4.23.선고, 2004두121 판결 참조)를 비롯하여, 외형상으로는 출·퇴근의 방법과 그 경로의 선택이 근로자에게 맡겨진 것으로 보이나 출·퇴근 도중에 업무를 행하였다거나 통상적인 출·퇴근시간 이전 혹은 이후에 업무와 관련한 긴급한 사무처리나 그 밖에 업무의 특성이나 근무지의 특수성 등으로 출·퇴근의 방법 등에 선택의 여지가 없어 실제로는 그것이 근로자에게 유보된 것이라고 볼 수 없고 사회통념상 아주 긴밀한 정도로 업무와 밀접·불가분의 관계에 있다고 판단되는 경우에는(대법원 2004.11.25.선고, 2002두10124 판결, 대법원 2004. 11.25.선고, 2002두12298 판결, 대법원 2005.9.29.선고,2005두4458 판결, 대법원 2008.3.27.선고, 2006두2022 판결, 대법원 2008.4.24.선고, 2006두15660 판결 참조), 그러한 출·퇴근 중에 발생한 재해와 업무 사이에는 직접적이고도 밀접한 내적 관련성이 존재하여 그 재해는 사업주의 지배·관리 아래 업무상의 사유로 발생한 것이라고 볼 수 있을 것입니다.

▌출퇴근 중에 발생한 재해가 산업재해보상보험법에서 정한 업무상 재해에 해당하는지요?

질문 저는 사업자인데, 근로자가 직장 회식을 마치고 술에 취한 상태에서 회사 차량을 운전하고 귀가하다가 운전부주의로 교통사고를 일으켜 사망하였습니다. 위 회식에 참석이 강제되지 않았고, 근로자가 회사 차량을 운행한 주된 목적이 다음 날 회사 업무로 차량에 적재된 물품을 배달하기 위한 것이라기보다는 퇴근의 편의에 있었으며, 근로자는 퇴근 후 회식 자리로 가면서 다음날 출차(출차)하는 조건으로 회사 사무실이 있는 건물의 경비원의 승낙을 받아 건물 내 주차장에 차량을 주차하였던 것인데도 술에 취한 상태에서 무리하게 회사 차량을 출차하여 임의로 운전한 점 등에 비추어 볼 때, 이 사고가 산업재해보상보험법 제4조 제1항의 '업무상의 재해'에 해당하는지요?

답변 산업재해보상보험법 제4조 제1호 소정의 업무상의 재해라 함은 근로자가 사업주와의 근로계약에 기하여 사업주의 지배·관리하에서 근로업무의 수행 또는 그에 수반되는 통상적인 활동을 하는 과정에서 이러한 업무에 기인하여 발생한 재해를 말합니다. 그러므로 출·퇴근 중의 근로자는 일반적으로 그 방법과 경로를 선택할 수 있어 사용자의 지배 또는 관리하에 있다고 볼 수 없고,

따라서 출·퇴근 중에 발생한 재해가 업무상의 재해로 인정되기 위하여 사용자가 근로자에게 제공한 차량 등의 교통수단을 이용하거나 사용자가 이에 준하는 교통수단을 이용하도록 하여 근로자의 출·퇴근 과정이 사용자의 지배·관리하에 있다고 볼 수 있는 경우에 해당되어야 합니다 (대법원 1997.11.14.선고, 97누13009판결, 1999.12.24.선고, 99두9025판결 등 참조).

기록에 의하면, '망인'은 2001. 9. 12. 소외 2 경영의 소외 3 주식회사에 입사하여 소외 2 소유의 1t 화물자동차(이하 '이 사건 차량')를 이용하여 잉크와 인쇄재료를 인쇄소 등 거래처에 배달하는 운전기사로 근무한 사실, 망인은 같은 해 10. 31. 19:00경 직장동료 소외 4 주임과 함께 다음날 아침 배달할 물품을 이 사건 차량에 적재하여, 다음날 아침 일찍 차량을 출차(출차)하는 조건으로 소외 3 주식회사와 같은 건물인 (건물 명칭 생략) 빌딩 내 주차장에 경비원의 허락을 받아 주차한 후, 소외 4 주임, 소외 5(소외 2의 딸) 실장, 경리여직원 소외 6 등 동료들과 함께 퇴근하여, 19:30경부터 사무실 근처 식당에서 회식을 하면서 소주 4병을 나누어 마신 다음 호프집에서 500cc 생맥주를 마시다가 21:50경 몰래 회식자리를 빠져나와 22:10경 혈중알코올농도0.161%의 술에 취한 상태에서 이 사건 차량을 운전하여 귀가하던 중, 운전 부주의로 진행방향 우측 도로 연석을 충돌하고 왼쪽으로 전복되는 사고를 일으켜 차량에 적재되어 있던 이소프로필알코올 등 인화성 물품이 바닥에 떨어지면서 화재가 발생함으로써 전신화염화상 등의 상해(이하 '이 사건 재해')를 입은 사실을 인정할 수 있습니다.

비록 망인이 평소 소외 2 등의 묵인 또는 방임하에 퇴근 시 가끔 이 사건 차량을 이용하였고, 사고 당일 이 사건 차량의 운행 목적에 퇴근의 편의 외에 다음날 물품배달을 위한 의사가 일부 포함되어 있다 하더라도, 이 사건 재해는 업무 종료 후 발생하였고 퇴근 후 직원들끼리 가진 회식은 그 참석이 강제된 것이 아니었던 점, 이 사건 차량 운행의 주된 목적은 다음날 물품을 배달하기 위한 것이라기보다는 퇴근의 편의에 있었던 점, 망인은 퇴근 후 회식자리로 가면서 다음날 출차(출차)한다는 조건으로 특별히 사무실과 같은 건물 경비원의 승낙을 받아 건물 내 주차장에 이 사건 차량을 주차하였음에도 회식자리에서의 음주로 인한 0.161%의 주취상태에서 무리하게 이 사건 차량을 출차하여 임의로 운행한 점, 음주운전이라고 하여 업무수행성이 부정되는 것이 아니고, 교통사고가 운전과정에서 통상 수반되는 위험의 범위 내에 있는 것이라고 하더라도(대법원 2001.7.27. 선고, 2000두5562 판결 참조), 음주 후 퇴근의 편의를 위하여 이 사건 차량을 무단 운전한 것은 배달업무를 위한 업무수행의 연속이라거나 업무수행과 관련된 통상적 활동이라고 보기 어려운 점(대법원 1996.6. 14.선고, 96누3555 판결, 2003.11.28.선고, 2003두10367 판결 등 참조) 등의 사정을 앞에서 본 법리에 비추어 살펴보면, 이 사건 차량의 운행이 사용자인 소외 2 등의 지배

관리하에 있었다고 보기 어렵고, 따라서 이 사건 재해는 업무수행 중의 재해에 해당하지 아니합니다.

또한, 이 사건 교통사고 및 재해는 망인의 음주로 인한 운전 부주의가 주된 원인이 되어 발생한 것으로서 물품 배달을 위한 운전업무에 통상 수반되는 위험의 범위 내에 있는 것으로 보기는 어려우므로, 이 사건 재해와 업무 사이의 상당인과관계도 인정할 수 없습니다.

■ **자가용승용차를 이용하던 중 일어난 사고를 업무상 재해로 볼 수 있는지요?**

[질문] 근로자가 팀장 등 동료 근로자들과 함께 출장업무를 수행한 다음 집합장소로 돌아와 해산한 후에 귀가의 수단으로 근로자 자신의 자가용승용차를 운전하여 가던 중 교통사고로 사망하였습니다. 이는 사업주의 지배관리를 벗어난 상태에서 관리이용권이 근로자에게 전담되어 있는 교통수단을 이용하던 중 발생한 출·퇴근 중의 재해로서 업무상 재해로 볼 수 있는지요?

[답변] 산업재해보상보험법시행규칙 제35조 제4항은 근로자가 출·퇴근하는 도중에 발생한 사고로 인하여 사상한 경우에는 사업주가 소속근로자들의 출·퇴근용으로 제공한 교통수단의 이용 중에 발생한 사고일 것(제1호)과 사업주가 제공한 교통수단에 대한 관리·이용권이 근로자측에 전담되어 있지 아니할 것(제2호)이라는 요건에 해당되는 경우에 한하여 이를 업무상 재해로 보도록 규정하고 있는바, 망인이 팀장 등 동료 근로자들과 함께 출장업무를 수행한 다음 집합장소로 돌아와 해산한 후에 귀가의 수단으로 망인 자신의 자가용승용차를 운전하여 가던 중 이 사건 사고가 발생하였다면, 이는 사업주의 지배관리를 벗어난 상태에서 관리이용권이 망인에게 전담되어 있는 교통수단을 이용하던 중 발생한 출·퇴근 중의 재해로서 업무상 재해로 볼 수 없다고 할 것입니다.

■ 휴게시간에 사업장 시설을 이용하다 난 사고도 업무상 재해에 해당하는지요?

[질문] 저는 사용자입니다. 근로자가 휴게시간 중에 사업장 내 시설을 이용하다가 입은 부상이 업무상 재해에 해당하는지요?

[답변] 휴게시간 중에는 근로자에게 자유행동이 허용되고 있으므로 통상 근로자는 사업주의 지배·관리 하에 있다고 할 수 없습니다.

따라서 근로자가 휴게시간 중에 사업장 내 시설을 이용하여 어떠한 행위를 하다가 부상을 입은 경우에는 업무상 재해라고 할 수 없습니다. 그러나 한편 휴게시간 중의 근로자의 행위는 휴게시간 종료 후의 노무제공과 관련되어 있으므로, 근로자의 휴게시간 중의 행위가 당해 근로자의 본래의 업무행위 또는 그 업무의 준비행위 내지 정리행위, 사회통념상 그에 수반되는 것으로 인정되는 생리적 행위 또는 합리적·필요적 행위라는 등 그 행위 과정이 사업주의 지배·관리 하에 있다고 볼 수 있는 경우에는 업무상 재해로 인정합니다.

▌약물 등의 부작용으로 사망한 경우 업무상 재해에 해당 하는지요?

[질문] 업무상 재해를 인정하기 위한 업무와 재해 사이의 상당 인과관계에 대한 입증의 정도 및 업무상 재해로 인한 상병을 치료하기 위하여 장기간 복용한 약물 등의 부작용으로 인하여 사망한 경우, 산업재해보상보험법 제4조 제1항 소정의 업무상 재해에 해당하는지요?

[답변] 산업재해보상보험법 제4조 제1호 소정의 업무상 재해를 인정하기 위한 업무와 재해 사이의 상당인과관계는 반드시 의학적·자연과학적으로 명백히 입증되어야 하는 것은 아니고 제반 사정을 고려할 때 업무와 재해 사이에 상당인과관계가 있다고 추단되는 경우에도 그 입증이 있다고 할 것입니다. 재해 발생 원인에 관한 직접적인 증거가 없는 경우라도 간접적인 사실관계 등에 의거하여 경험법칙상 가장 합리적인 설명이 가능한 추론에 의하여 업무기인성을 추정할 수 있는 경우에는 업무상 재해라고 보아야 할 것입니다. 업무상 재해로 인한 상병을 치료하기 위한 약물 등의 부작용으로 인하여 사망한 경우에도 업무상 재해라고 보아야 하고, 위 약물 등의 부작용과 사망 사이의 상당인과관계 유무를 따질 때에도 앞서 본 바와 같은 법리가 적용됩니다.

■ 회사버스로 출근 중 사고가 난 경우 어떤 보상을 받을 수 있는지요?

질문 저는 회사버스로 출근하던 중 버스기사의 일방적 과실로 교통사고를 당하였습니다. 그런데 위 사고버스가 가입된 자동차보험회사에서는 '회사버스로 출근하다가 사고가 난 경우에는 「산업재해보상보험법」에 의한 재해보상을 받을 수 있으므로 자기들은 면책되었다.'라고 하면서 보상금을 지급하지 않고 있습니다. 이런 경우 저는 어떤 보상을 받을 수 있는지요?

답변 근로자가 업무를 수행하던 중 제3자의 과실에 의한 교통사고로 부상 또는 장해를 입은 경우에는 업무상의 재해에 해당되어 「산업재해보상보험법」상의 보험급여청구권을 행사할 수 있음과 동시에 사고운전자인 제3자 및 차량소유자 또는 자동차보험회사에 대하여도 「민법」이나 「자동차손해배상보장법」에 의한 배상청구권이 발생합니다. 그러나 업무용 자동차종합보험계약약관에 의하면 "배상책임 있는 피보험자의 피용자로서 산업재해보상보험법에 의한 재해보상을 받을 수 있는 사람에 대하여는 보상하지 아니한다."라는 면책조항이 있고 또한, 위 면책조항에서 "산업재해보상보험법에 의한 보상범위를 넘어서는 손해가 발생한 경우에도 보상하지 아니한다."

라고 규정하고 있어 교통사고로 부상 또는 장해를 입은 경우에도 업무상 재해에 해당될 경우 산업재해보상보험 법상의 보험급여청구권만을 행사할 수 있었습니다.

그러나 2005. 3. 17. 대법원은 "배상책임 있는 피보험자의 피용자로서 산업재해보상보험법에 의한 재해보상을 받을 수 있는 사람에 대하여는 보상하지 않는다는 면책조항은 산재보험에 의한 전보가 가능한 범위 내에서는 유효하지만, 업무상 자동차사고에 의한 피해근로자의 손해가 산재보험법에 의한 보상범위를 넘어서는 경우에도 보험자가 면책된다고 한다는 면책조항은 무효"라는 취지의 선고를 내렸습니다(대법원 2005. 3.17.선고, 2003다2802 전원합의체 판결).

따라서 귀하는 교통사고로 인한 피해에 대해 업무상 재해에 해당될 경우 산업재해보상보험에 의한 보상을 받아야 하지만 산업재해보상보험의 보상범위를 넘어서는 피해에 대해서는 자동차보험회사에 손해배상을 청구할 수 있다고 할 것입니다.

〔관련판례〕

자동차종합보험계약의 대인배상 책임보험계약에 있어서 그 사고의 피해자가 배상책임 의무 있는 피보험자의 피용자로서 근로기준법에 의한 재해보상을 받을 수 있는 사람인 경우에는 그 사고로 인하여 피보험자가 입게 된 손해를 보험자가 보상하지 아니하기로 정한 자동차종합보험 보통약관상의 면책조항은, 노사관계에서 발생하는 재해보상에 대하여는 원칙적으로 산업재해보상보험에 의하여 전보 받도록 하고 제3자에 대한 손해배상책임을 전보하는 것을 목적으로 한 자동차보험의 대인배상 범위에서는 이를 제외하려는데 그 취지가 있는 것이므로, 피해자가 산업재해보상보험법에 의한 재해보상을 받을 수 있는 사람인 경우에는 보험자는 위의 면책약관에 따라 피보험자에 대하여 보상책임을 지지 아니한다."라고 하여(대법원 1995.11.24. 선고, 95다39540 판결, 2002. 9.4. 선고 2002다4429 판결),

■ 선원이 상륙하여 재해를 당한 경우 직무상 재해로 인정할 수 있는지요?

[질문] 선원근로계약에 기하여 선박에 승선한 선원이 항해 중 기항지에 상륙하여 다른 선원들과 모임을 갖던 중 재해를 당한 경우, 이를 직무상 재해로 인정할 수 있는지요?

[답변] 선원근로계약에 기하여 선박에 승선한 선원이 선박의 항해 중 기항지에 상륙하여 다른 선원들과 모임을 갖던 중 재해를 당한 경우, 이를 직무상 재해로 인정하려면, 해양근로관계의 특수성에 비추어 그러한 모임의 개최와 이를 위한 하선 및 귀선에 대하여 선장의 지휘·감독이 있었는지 여부를 우선적으로 고려해야 합니다.

한편 그 모임의 주최자, 목적, 내용, 참가인원과 그 강제성 여부, 운영방법, 비용부담 등의 사정들까지 종합하여, 사회통념상 그 모임의 전반적인 과정이 선박소유자 등을 대리하는 선장의 지배나 관리를 받는 상태에 있어야 합니다. 기록에 의하면, 위 저녁 모임은 단순히 친목을 도모하기 위한 사적 모임이 아니라 고급선원으로 분류되는 1등 기관사의 '연가회식' 자리로 마련되어 선장 이하 고급선원 전원이 모두 참석하였음을 알 수 있습니다.

해양근로의 특성상 위 모임은 그 처음부터 끝까지 참석한 선장의 지휘·감독 아래 진행되었다고 볼 수 있는바,

이러한 사정을 앞서 본 법리에 비추어 보면, 이 사건 재해가 발생한 위 모임의 전 과정은 선박소유자 등을 대리한 선장의 지배나 관리를 받는 상태에 있었다고 봄이 상당하므로, 이 사건 재해를 직무상 재해로 인정할 수 있습니다.

▌기왕증이 악화된 경우 업무상 재해에 해당하는 지요?

[질문] 저는 A건설회사에 고용되어 약 2년간 지하철건설현장에서 일하게 되었습니다. 그런데 어느 날 현장소장 B의 지시에 따라 무거운 건설자재를 옮기던 중 척추를 심하게 다치게 되었습니다. 저는 위 회사에 고용되기 전에 허리가 아파 병원에서 치료받은 적이 있는데, 혹시 기존질병이 있는 경우에는 업무상 재해로 인정받을 수 없는 것은 아닌지요?

[답변] 「산업재해보상보험법」 제5조 제1호는 "업무상 재해라 함은 업무상의 사유에 따른 근로자의 부상·질병·신체장해 또는 사망을 말한다."라고 규정하고 있고, 「근로기준법」 제78조 제1항은 "근로자가 업무상 부상 또는 질병에 걸린 경우에는 사용자는 그 비용으로 필요한 요양을 행하거나 또는 필요한 요양비를 부담하여야 한다."라고 규정하고 있습니다.

업무상 재해의 성립요건에 관하여 보면, '업무상'이란 '업무에 기인하고 업무수행 중에 발생하는'것을 뜻하며, 여기서 '업무에 기인하고'라 함은 업무와 재해 즉 부상, 질병, 사망 등의 사이에 인과관계가 인정되는 것을 말하고 '업무수행 중에'란 당해 근로자가 사용자의 지휘·명령 하에 업무를 행하는 것을 말합니다.

관련 판례는 "산업재해보상법 제4조 제1항(현행 산업재해보상법 제5조 제1항) 소정의 업무상 재해라 함은 근로자가 업무수행에 기인하여 입은 재해를 뜻하는 것이어서 업무와 재해발생과의 사이에 인과관계가 있어야 하지만, 그 재해가 업무와 직접 관련이 없는 기존의 질병이더라도 그것이 업무와 관련하여 발생한 사고 등으로 말미암아 더욱 악화되거나 그 증상이 비로소 발현된 것이라면 업무와의 사이에는 인과관계가 존재한다고 보아야 할 것이다."라고 하고 있고(대법원 1989.11.14. 선고, 89누2318 판결, 2006.3.9.선고, 2005두13841 판결), 이 경우 그 인과관계는 "반드시 의학적, 자연과학적으로 명백하게 입증되어야 하는 것은 아니고, 근로자의 취업 당시의 건강상태, 발병경위, 질병의 내용, 치료의 경과 등 제반 사정을 고려할 때 업무와 질병 사이에 상당인과관계가 있다고 추단되는 경우에도 그 입증이 있다고 보아야 할 것이다."라고 하고 있습니다(대법원 1992.5.12.선고, 91누10022, 2000.1.28.선고, 99두10438 판결, 2003.5.30.선고, 2002두13055).

그리고 귀하와 유사한 사안에서 대법원은 이상의 관련 판례를 인용하면서 업무와 질병 사이의 인과관계를 인정하여 업무상 재해에 해당한다고 판시하였습니다(대법원 1999.12.10.선고, 99두10360 판결).

따라서 귀하의 경우 업무와 질병 사이에 인과관계가 있다고 볼 수 있다 할 것이고, 업무상 재해로서 재해보상을 받을 수 있을 것으로 보입니다.

[별지 제4호의2 서식] <신설 2009. 7. 24., 개정 2015. 12. 29.>

<table>
<tr><td colspan="5" align="center">업 무 상 질 병 판 정 위 원 회
의견진술 신청서</td></tr>
<tr><td>사건번호</td><td colspan="4"></td></tr>
<tr><td>재해자</td><td>성 명</td><td></td><td>소 속
사업장명</td><td></td></tr>
<tr><td rowspan="3">신청인</td><td>성 명</td><td></td><td>생년월일</td><td></td></tr>
<tr><td colspan="2">재해자와 관계</td><td colspan="2"></td></tr>
<tr><td colspan="2">주 소</td><td colspan="2">(☎   )</td></tr>
<tr><td>신청취지
및 이유</td><td colspan="4"></td></tr>
<tr><td colspan="5">위와 같이 의견진술을 신청합니다.

년　월　일

신청인　　　　　　　　　(서명 또는 인)

업무상질병판정위원회 위원장 귀하</td></tr>
<tr><td>첨부</td><td colspan="4">재해자와 관계를 확인할 수 있는 서류(가족관계증명서, 위임장 등)</td></tr>
</table>

산재보험에서 보상금 수령 후에도 손해배상청구소송이 가능한지요?

[질문] 저는 A건설회사에서 시공하는 건축공사장에 인부로 취업하여 작업하던 중 미끄러져 넘어지면서 부상을 입었습니다. 산재보험에서 휴업보상금과 장해보상금을 수령하였으나 너무 적은 것 같은데, 소송을 통하여 추가로 청구할 수 있는지요?

[답변] 근로자가 사업장에서 일을 하던 중 부상·질병·신체장해 또는 사망 등 업무상의 재해를 당한 경우에 치료는 물론 각종 보상금(휴업급여, 상병보상연금, 장해급여, 유족급여, 장의비 등)을 받게 하는 제도를 산업재해보상보험이라고 하는데, 「산업재해보상보험법」에서 이를 규정하고 있습니다.

위 법에 따른 보험급여는 근로자가 업무상의 사유로 재해를 당한 경우 사업주의 고의·과실여부에 관계없이 보험급여를 해주는 것이며, 근로자가 산재보상금을 수령하였더라도 그 재해가 사업자의 고의·과실로 인한 경우에는 민사상 불법행위로 인한 손해배상책임도 청구할 수 있습니다. 이 경우 산업재해보험급여액이 예상한 손해배상청구액 보다 적을 때에는 사업자를 상대로 민사상 손해배상청구의 소를 제기하여 부족한 만큼 더 지급하라는 판결을 받을 수 있을 것입니다. 다만, 그 소송과정을 통하여 사고발생에 있어서 사용자측에 고의·과실이 있었음이 입증되어야 한다는 점, 사고발생에 관하여 근로자 본인의 과실이 있었다면 과실상계라고 하여 손해배상금액이 적당한 비율로 감축될 수도 있다는 점, 그리고 손해 및 가해자를 안 날로부터 3년, 불법행위를 한 날로부터 10년 내에 청구를 하여야 한다는 점 등에 주의하셔야 할 것입니다.

그리고 동일한 업무상 재해에 대하여 민법 기타 법령에 의한 상당한 금품을 받은 때에는 그 한도에서 근로복지공단은 산업재해보험급여를 지급하지 않으며, 근로자가 업무상 재해로 인하여 산업재해보상금을 받았거나 받을 수 있는 경우에는 보험가입자인 사업자는 동일한 사유에 대하여 「근로기준법」에 의한 재해보상책임이 면제됩니다(산업재해보상보험법 제80조, 민법 제750조).

이와 관련한 판례는 "산업재해보상보험법 제48조(현행 산업재해보상보험법 제80조 제2항) 제2항은 '수급권자가 동일한 사유에 대하여 이 법에 의한 보험급여를 받은 경우에는 보험가입자는 그 금액의 한도 안에서 민법 기타 법령에 의한 손해배상책임이 면제되고, 이 경우 장해보상연금 또는 유족보상연금을 받고 있는 자는 장해보상일시금 또는 유족보상일시금을 받은 것으로 본다.'고 규정하고 있는바, 이러한 규정을 구 산업재해보상보험법(1999. 12. 31. 법률 제6100호로 개정되기 전의 것) 제42조 제1항, 제2항, 같은 법 시행령 제31조 제5항의 규정에 비추어 보면, 수급권자가 장해보상연금을 지급받고 있는 경우에는 같은 법 제42조(현행 제57조 제2항) 제1 항 [별표 1]에 정하여진 장해보상일시금액을 수급권자에게 배상할 손해액에서 공제하여야 한다."라고 하였습니다(대법원 2000. 5. 26. 선고, 99다31100 판결).

따라서 귀하는 작업 중 부상에 대한 사용자의 고의·과실을 입증하여 전체 손해액에서 이미 수령한 산재보상금을 제한 나머지 금액을 소송을 통해 청구할 수 있을 것입니다.

▌산재사고 후 보험금을 수령한 경우 구상할 수 있는 범위는 어떻게 산정해야 하나요?

[질문] 산업재해보상보험에 가입한 A와 가입하지 아니한 B의 공동불법행위로 인하여 산재사고가 발생하여 A가 피해자에게 전액을 손해배상한 후 산재보험금을 수령한 경우 A가 B에 대하여 구상할 수 있는 범위는 어떻게 산정해야 하나요?

[답변] 수해보험금을 수령한 피해자가 불법행위자를 상대로 배상청구를 하는 경우에는 청구의 상대방이 보험가입자인지의 여부에 관계없이 이미 수령한 보험금은 손해배상액에서 공제되어야 하는 것이고 제3자에 의하여 산재사고가 발생한 경우 산재급여를 한 국가는 불법행위자인 제3자에 대하여 구상할 수 있는 것이어서 산업재해보상보험에 가입하지 아니한 B(공동불법행위자)는 국가의 보험급여로 아무런 이익도 얻지 못하면서 국가로부터 구상을 당하게 되는 반면에 이에 가입한 A는 공동불법행위자가 보험가입자가 아니라는 우연한 사정 때문에 보험면책의 이익을 독점함으로써 그의 부담부분에 미치지 못하는 근소한 배상을 하게 되는 불합리한 결과에 이르게 된다 할 것이므로 A와 B의 공동불법행위로 인하여 산재사고가 발생하여 원고가 피해자에게 손해전액을 배상한 후 산재보험금을 수령한 경우, A의 B에 대한 구상범위는 A가 유족들에게 지급한 금원에서 산재보험금을 공제한 나머지를 가지고 A·B의 과실비율에 따라 산정하여야 합니다.

■ 사업주가 산재보험성립신고를 안한 경우에도 보험혜택을 받을 수 있는지요?

질문 저는 종업원 9인인 A제조회사에서 프레스 조작공으로 일하여 오던 중 작동미숙으로 우측 제2, 3수지 원위지골부위절단상을 입고 병원치료를 받았습니다. A회사는 근로복지공단에 산재보험성립신고를 하지 않았다고 하는데, 이 경우 산재보험혜택을 받을 수 없는지요?

답변 「산업재해보상보험법」 및 「고용보험 및 산업재해보상보험의 보험료징수 등에 관한 법률」은 근로자를 사용하는 모든 사업 또는 사업장에 적용하고, 다만 위험률·규모 및 사업장소 등을 고려하여 대통령령이 정하는 사업에 대하여는 그러하지 아니한다고 규정하고 있고(산업재해보상보험법 제6조), 산업재해보상보험법의 적용을 받는 사업의 사업주는 당연히 산업재해보상보험의 보험가입자가 된다고 규정하고 있습니다(고용보험 및 산업재해보상보험의 보험료징수 등에 관한 법률 제5조 제3항).
그러므로 산재보험은 일반보험처럼 사업주가 임의로 그 가입을 결정하는 것이 아니라 법률이 정하는 일정요건에 해당되는 사업장은 그 사업주의 보험성립신고와 관계없이 그 날로부터 「산업재해보상보험법」 및 「고용보험 및 산업재해보상보험의 보험료징수 등에 관한 법률」

에 의해 보험관계가 자동적으로 성립되는 것입니다.

따라서 소속사업장이 위 사안에서와 같은 제조업인 경우에는 상시 고용근로자가 1인 이상인 경우라면 사업주가 보험성립신고를 하지 아니하였더라도, 근로자는 근로복지공단으로부터 보상금전액을 받을 수 있다 하겠습니다(산업재해보상보험법 시행령 제2조 제1항 제5호).

그리고 사업주는「고용보험 및 산업재해보상보험의 보험료징수 등에 관한 법률」제26조에 의해 근로자가 지급받은 보험급여액의 전부 또는 일부를 징수 당하게 될 것입니다.

국민연금 [ ]당연적용사업장 해당신고서
건강보험 [ ]사업장(기관) 적용신고서
고용보험 ([ ]보험관계성립신고서 [ ]보험가입신청서)
산재보험 ([ ]보험관계성립신고서 [ ]보험가입신청서)

※ 유의사항 및 작성방법은 제1쪽 뒷면을 참고하여 주시기 바라며, 색상이 어두운 난은 신청인이 적지 않습니다.　　　　(제1쪽 앞면)

접수번호		접수일		처리기간　건강보험·국민연금 3일, 고용·산재보험 5일	

공통	사업장	사업장관리번호		명칭		사업장 형태　[ ]법인 [ ]개인	
		소재지　　우편번호(　)					
		우편물 수령지　우편번호(　)				전자우편주소	
		전화번호		(휴대전화)		FAX번호	
		업태		종목	(주생산품)	업종코드	
		사업자등록번호		법인등록번호			
		주거래 은행 (은행명)		(예금주명)		(계좌번호)	
	사용자 (대표자)	성명	주민(외국인)등록번호			전화번호	
		주소					
	보험료 자동이체신청	은행명		계좌번호			
		예금주명		예금주 주민등록번호(사업자 등록번호)			
	보험료 전자고지 신청	고지 [ ]전자우편 방법 [ ]전자문서교환시스템		[ ]휴대전화 [ ]인터넷 홈페이지(사회보험통합징수포털)		4대 사회보험 합산고지 [ ] 신청 [ ] 미신청	
		수신처 (전자우편주소, 휴대전화번호 또는 인터넷 홈페이지에 가입한 아이디)					
		수신자 성명		수신자 주민등록번호			

국민연금/건강보험	건설현장사업장　[ ]해당 [ ]비해당	건설현장 사업기간	~

연금(고용)보험료 지원 신청	「국민연금법」 제100조의3 또는 「고용보험 및 산업재해보상보험의 보험료징수 등에 관한 법률」 제21조에 따라 아래와 같이 연금(고용)보험료 지원을 신청합니다(근로자 수가 10명 미만인 사업장만 해당합니다). 국민연금 [ ]　고용보험 [ ]

국민연금	근로자수	가입대상자수	적용연월일
	분리적용사업장　[ ]해당 [ ]비해당	본점사업장관리번호	

건강보험	적용대상자수	본점사업장관리번호	적용 연월일		
	사업장 특성부호	회계종목(공무원 및 교직원기관만 작성)　1		2	3

고용보험	상시근로자수	피보험자수	성립일	
	보험사무대행기관 (명칭)	(번호)		
	주된 사업장	명 칭	사업자등록번호	
		총상시근로자수	총피보험자수	업종
		우선지원대상기업 [ ]해당 [ ]비해당	주된 사업장관리번호	

산재보험	상시근로자수	성립일		사업종류코드
	사업의 형태 [ ] 계속 [ ] 기간이 정하여져 있는 사업(사업기간:　　　-　　　)			
	성립신고(가입신청)일 현재　산업재해발생여부	[ ]있음 [ ]없음		
	주된 사업장 여부 [ ]해당 [ ]비해당	주된 사업장 관리번호		
	원사업주 사업장관리번호 또는 사업개시번호 (사내하도급 수급사업주인 경우만 기재)			

위와 같이 신고(신청)합니다.

　　　　　　　　　　　　　　　　　　　　　　　　　　　　년　　　월　　　일

신고인·신청인(사용자·대표자)　　　　　　　　　　　(서명 또는 인)

[ ]보험사무대행기관(고용·산재보험만 해당)　　　　(서명 또는 인)

국민연금공단 이사장/국민건강보험공단 이사장/근로복지공단 지역본부장(지사장) 귀하

행정정보 공동이용 동의서

본인은 이 건 업무처리와 관련하여 담당 직원이 「전자정부법」 제36조제2항에 따른 행정정보의 공동이용을 통하여 담당 직원 확인사항의 제1호 및 제2호의 확인사항을 확인하는 것에 동의합니다.
*동의하지 않는 경우에는 신청인이 직접 관련 서류를 제출해야 합니다.

신고인(신청인)　　　　　　　　　　　　　　　　　(서명 또는 인)

210mm×297mm[백상지(80g/㎡) 또는 중질지(80g/㎡)]

신고인 (신청인) 제출서류	1. 근로자 과반수의 동의서 1부(고용보험 임의적용 가입신청의 경우에만 제출합니다) 2. 통장 사본 1부(자동이체 신청의 경우에만 제출합니다)	수수료 없음
담당 지원 확인사항	1. 사업자등록증 사본 1부 2. 주민등록표 등본 1통(고용·산재보험의 경우에만 제출합니다) 3. 법인 등기사항증명서	

유의사항

1. 국민연금, 건강보험의 건설현장사업장은 건설일용근로자만 가입된 사업장을 말하고, 건설현장사업장으로 적용받고자 하는 사업장이 일괄경정 고지신청서(해당 기관 서식)를 제출하고 사업장 자격관리 등을 위하여 해당 기관이 운영하는 정보통신망(EDI)에 가입하면 일괄경정고지를 받을 수 있습니다.
2. 전자고지는 「국민건강보험법」 제79조에 따라 송달의 효력이 발생하며, 별도의 우편고지서는 발송하지 않습니다.
3. 연금(고용)보험료 지원 대상 사업장은 전년도의 월평균 근로자 수가 10명 미만이거나 신청 직전 3개월 동안(보험관계성립일 이후 3개월이 지나지 않은 경우에는 그 기간 동안) 연속하여 근로자 수가 10명 미만이고, 신청월 말일 기준으로 10명 미만이어야 합니다. 다만, 고용보험의 경우에 보수총액신고서를 제출하지 않은 사업장은 고용보험료 지원이 중단될 수 있습니다.
   ※ 법인사업장은 법인 단위로 10명 미만 여부를 판단하나, 아파트관리사무소의 경우 「고용보험 및 산업재해보상보험의 보험료징수 등에 관한 법률 시행령」 제12조제2항에 따라 관리사무소 현장 별로 10명 미만 여부를 판단합니다.
4. 신청 연도의 근로자 수가 3개월 연속 10명 이상인 경우 4개월째부터 해당 연도 말까지 연금(고용)보험료 지원 대상에서 제외됩니다.
5. 연금(고용)보험료 지원은 국민연금 및 고용보험의 자격취득이 된 사람으로 한정하여 이루어지므로 현재까지 자격취득이 안 된 근로자는 반드시 해당 기관에 자격취득신고서 또는 근로내용확인신고서를 제출하여야 혜택을 받을 수 있습니다.
   (신고관련 문의: 국번없이 국민연금 1355, 고용보험 1350)
6. 연금(고용)보험료 지원 대상에 해당하는 경우에 신청 월부터 해당 연도 말까지 지원되며 매월 해당 월의 보험료가 납부기한 이내에 모두 납부된 경우만 보험료가 지원됩니다. 따라서 납부기한이 지나서 납부하거나 일부만 납부한 월에는 지원을 받을 수 없습니다.
7. 연금(고용)보험료는 근로자의 소득수준, 국민연금(고용보험)가입이력 등에 따라 사용자와 근로자의 연금보험료와 고용보험료 부담분의 5분의 3의 범위에서 지원됩니다.
8. 연금(고용)보험료를 지원받고 있는 사업장에 신규로 자격을 취득한 근로자가 있을 경우 연금(고용)보험료 지원신청이 없어도 해당 가입자가 보험료 지원요건을 충족할 경우 연금(고용)보험료를 지원받을 수 있습니다.
9. 연금(고용)보험료 지원 대상 요건에 해당되지 않음이 추후 확인된 경우에는 그 지원된 금액에 대하여 국가가 이를 환수할 수 있습니다.
10. 국민연금공단과 근로복지공단에서 국민연금과 고용보험의 지원 여부를 확인하여 처리 결과를 각각 통보합니다.
11. 국민연금의 경우 18세 미만의 근로자도 사업장가입자입니다. 다만, 본인이 원하지 아니하면 가입하지 않을 수 있습니다.
12. 고용·산재보험 신고(신청) 시 "건설공사 및 임업 중 벌목업"의 경우에는 별도 서식을 이용하여 근로복지공단에 제출하여 주시기 바랍니다.
13. 자동이체 신청 시 고용·산재보험료의 처리 대상은 월별보험료 및 분할납부보험료(2~4기)이며, 일시납부하는 개산보험료와 분할납부보험료(1기)는 자동이체 처리되지 않습니다.
14. 산재보험 적용사업(장)은 「임금채권보장법」을 당연히 적용받게 됩니다.
15. 상시근로자 20명 이상의 산재보험 적용사업(장)은 「석면피해구제법」을 당연히 적용받게 됩니다.

작성방법

공통 사항	1. "사용자·대표자"란은 개인사업의 경우 개인사업주, 법인의 경우 대표자 인적사항을 적습니다. 2. "업태와 종목"란은 사업자등록증 상의 업태와 종목을 적습니다. 3. "주거래 은행"은 사업장이 거래하는 주거래 은행의 은행명, 계좌번호 등을 적습니다. 4. "자동이체신청"란의 예금주 주민등록번호는 계좌개설 시 주민등록번호로 등록되었으면 그 주민등록번호를, 사업자등록번호로 등록되었으면 그 사업자등록번호를 적습니다. 5. "합산고지"는 4대 사회보험을 한 장의 고지서에 합산된 금액으로 고지 받는 것으로 그 신청여부에 따라 "[√]"표시를 합니다. 6. "전자고지 신청"란은 전자고지를 받으려는 방법에 해당하는 부분에 "[√]"표시를 하고, 전자우편이나 휴대전화를 선택한 경우에는 "수신처"에 전자고지를 받으려는 정확한 전자우편주소 또는 휴대전화번호를 적으며, 전자문서교환시스템을 선택한 경우에는 "건강보험 Web EDI, 사회보험 EDI" 중 하나를 선택하여 적습니다.
국민 연금	1. "적용 연월일"란에는 사업장이 1명 이상의 근로자를 사용하게 된 날을 적습니다. 2. "근로자수"란에는 법인의 대표자는 포함하고, 개인사업장의 사용자는 포함하지 마십시오. 3. "가입대상자수"란에는 사업장의 18세 이상 60세 미만의 근로자와 사용자를 합하여 기재하되, 18세 미만 근로자의 경우에도 가입을 희망하는 경우에는 포함하십시오. 4. "분리적용사업장"이란 이미 국민연금에 가입된 본점(모사업장)으로부터 분리하여 별개의 사업장으로 가입한 경우를 말하며, 이러한 분리적용사업장으로 가입하려는 경우에만 본점 명세를 적습니다.
건강 보험	1. "적용 연월일"란에는 사업장이 1명 이상의 근로자를 사용하게 된 날을 적습니다. 2. "회계종목"란은 공무원 및 교직원사업장만 회계종목 사항을 적습니다. ※ 사업장 특성부호: 1. 공무원사업장 3. 사립학교교직원사업장 5. 군 기관 7. 일반근로자사업장 3. 관할 단위사업장 및 부서가 있을 때에는 제2쪽의 "단위사업장 현황" 및 "영업소 현황"을 적고, 고용보험의 경우 보험관계 성립사업장이 둘 이상일 때에는 제3쪽의 "신고대상사업장 현황"을 계속 적습니다.
고용 보험	※ "(총)피보험자수" 란은 「고용보험법」 제10조에 따른 적용제외 근로자를 제외한 근로자수를 적습니다. 1. "상시근로자수" 및 "피보험자수"란은 신고대상 사업장의 내용을 적습니다. 2. "총상시근로자수" 및 "총피보험자수"란은 하나의 사업주가 운영하는 전체사업장에 근로하는 상시근로자수 및 피보험자수의 총계를 적습니다. 3. "우선지원 대상기업"란은 「고용보험법 시행령」 제12조에 따른 "우선지원 대상기업에 해당하는 기업"인지 여부를 적습니다. 4. "주된 사업장관리번호"란은 주된 사업장의 보험관계가 이미 성립한 경우에만 적습니다. 5. 제출된 서식만으로 사실 여부의 확인이 곤란한 경우 관련 서류의 보완 요구가 있을 수 있습니다(산재보험 동일).
산재 보험	※ "원사업주 사업장관리번호 또는 사업개시번호"란은 사내하도급 근로자를 고용하여 사내하도급을 수행하는 수급사업주가 원사업주의 산재보험 사업장관리번호(원사업주가 일괄적용 사업장인 경우에는 원사업주의 사업개시번호)를 적습니다(건설업은 제외). 1. "사내하도급"이란 원사업주로부터 업무를 도급받거나 업무의 처리를 수탁한 사업주가 자신의 의무를 이행하기 위해 원사업주의 사업장에서 해당 업무를 수행하는 것을 말합니다. 2. "수급사업주"란 업무를 도급받거나 업무의 처리를 위탁받은 사업주를 말합니다. 3. "원사업주"란 업무를 도급받거나 업무의 처리를 위탁한 사업주를 말한다. 사업이 수차의 도급에 의해 이루어지는 경우에는 최상위의 원사업주를 말합니다. 4. "사내하도급 근로자"란 수급사업주가 원사업주로부터 도급받거나 위탁 받은 일을 완성하거나 업무를 처리하기 위하여 고용한 근로자를 말합니다. 5. 원사업주가 다수 있는 경우에는 사내하도급 근로자가 가장 많은 사업장의 원사업주 원수급 사업장관리번호를 적습니다. 6. 제출된 서식만으로 사실 여부의 확인이 곤란한 경우 관련 서류의 보완 요구가 있을 수 있습니다.(원사업주는 수급사업주에게 사업장관리번호 제공에 협조하여야 합니다)

처리절차

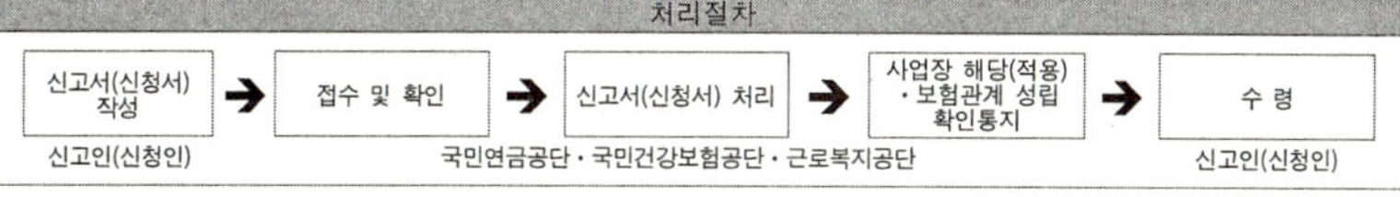

공동대표자 현황

번호	성 명	주민(외국인)등록번호	취임일	주　　소	전화번호
				우편번호(　　)	
				우편번호(　　)	
				우편번호(　　)	
				우편번호(　　)	
				우편번호(　　)	
				우편번호(　　)	
				우편번호(　　)	

단위사업장 현황(건강보험)

번호	단위사업장기호	단위사업장명	소　재　지	전화번호

영업소 현황(건강보험)

번호	영업소기호	영업소명	소　재　지	전화번호

유의사항 및 작성방법

1. 관할 단위사업장 및 부서가 있을 때에는 "단위사업장현황", "영업소현황"을 작성합니다.
2. 영업소기호는 사업장에서 영업소별로 부여하여 관리하시기 바랍니다.
3. 색상이 어두운 난은 국민건강보험공단에서 작성하므로 신고인(신청인)이 작성하지 않습니다.

신고대상사업장현황(고용보험)

사업장(2)	명칭		전화번호		
	소재지				
	업태	종목 (주생산품:)	업종코드		
	상시근로자수　　　명	피보험자수　　　명	사업자등록번호		
	고용보험성립일		보험사무대행기관번호		
	사업장관리번호				

사업장(3)	명칭		전화번호		
	소재지				
	업태	종목 (주생산품:)	업종코드		
	상시근로자수　　　명	피보험자수　　　명	사업자등록번호		
	고용보험성립일		보험사무대행기관번호		
	사업장관리번호				

사업장(4)	명칭		전화번호		
	소재지				
	업태	종목 (주생산품:)	업종코드		
	상시근로자수　　　명	피보험자수　　　명	사업자등록번호		
	고용보험성립일		보험사무대행기관번호		
	사업장관리번호				

사업장(5)	명칭		전화번호		
	소재지				
	업태	종목 (주생산품:)	업종코드		
	상시근로자수　　　명	피보험자수　　　명	사업자등록번호		
	고용보험성립일		보험사무대행기관번호		
	사업장관리번호				

특수형태근로종사자 산재보험 적용제외 신청서

※ 산재보험 적용제외 신청은 특수형태근로종사자 본인이 직접 하셔야 합니다.

접수번호		접수일	처리기간 5일

신고 사업장	사업장관리번호	대표자 성명
	명칭	전화번호
	소재지	

특수형태 근로종사자	성명	주민등록번호
	주소	
	휴대전화번호	전화번호

「고용보험 및 산업재해보상보험의 보험료징수 등에 관한 법률 시행규칙」 제44조의5제1항에 따라 위와 같이 신청합니다.

년   월   일

신청인(특수형태근로종사자)   (서명 또는 인)

근로복지공단 ○○지역본부(지사)장 귀하

본인 신청 확인

특수형태근로종사자는 산업재해보상보험 적용제외 신청 시 아래의 사항을 유의하시고, 해당 문장을 자필로 적어주시기 바랍니다.

> 본인의 의사에 따라 산업재해보상보험 적용제외 신청서를 직접 작성하고 서명 날인합니다.
>
> *(특수형태근로종사자 본인의 자필로 작성)*

개인정보 수집 및 이용 동의서

본인은 산업재해보상보험 제도 안내, 고객만족도 조사 및 관련 제도개선에 필요한 의견조사 등을 위하여 우편 또는 휴대전화 등으로 관련 정보 등을 수신하는 것에 동의합니다.

① 개인정보의 수집 및 이용 목적: 관련 제도 홍보자료 제공 및 제도개선에 필요한 의견조사 등
② 수집하는 개인정보의 항목: 신청인 성명, 주소 및 휴대전화번호 등 연락처
③ 개인정보의 수집 및 이용기간: 해당 신고 사업장에서 이직 후 3년
④ 동의 거부 권리 등 안내: 신청인은 개인정보 수집 및 이용에 관하여 동의하지 않을 수 있으며, 이 경우 공단이 제공하는 산재보험 제도 안내 및 관련 정보 등은 제공받을 수 없습니다.

신청인   (서명 또는 인)

처리절차

신청서 작성	→	접수 및 확인	→	신청서 처리	→	처리결과 통지	→	수령
신청인				근로복지공단				신청인

210mm×297mm[백상지(80g/㎡) 또는 중질지(80g/㎡)]

고용·산재보험 적용제외확인서

◆ 사업장 개요

사 업 장 명		대 표 자	
소 재 지		전 화 번 호	
사업자등록번호		휴대폰번호	

◆ 고용·산재보험 적용제외 사유(해당사유에 ☑)

☐ 사업개시이후 현재까지 어떠한 형태의 근로자도 고용하지 않음

☐ 근로자가 아닌 가족종사자만으로 사업 운영

☐ 아래의 고용보험 적용제외 근로자만 고용하고 있음

· 65세 이상인자 :　　　　명

· 주간학생만 고용:　　　　명

· 월간 소정근로시간이 60시간(주당15시간)미만인 근로자 :　　　　명

(다만, 1월 미만 고용되는 일용근로자 및 생업을 목적으로 3월 이상 계속 고용된 자는 근로시간에 관계없이 적용 대상임)

※ 산재보험은 고용보험 적용제외근로자라도 적용대상에 해당

☐ 기타사유(구체적으로 기재바람)

　　위와 같이 적용제외 사업장임을 확인하며, 추후 근로자 고용 시에는 채용일로부터 14일이내에 고용·산재보험관계 성립신고서를 제출하겠음을 확인합니다.

사업주 :　　　　　　(인)

<table>
<tr><td rowspan="3">접수</td><td>접수일자</td><td></td><td rowspan="3">처리</td><td>선 람</td><td></td><td rowspan="3">결재</td><td>담당</td><td>차장</td><td>부장</td><td>지사장</td></tr>
<tr><td>접수번호</td><td></td><td>조회필</td><td></td><td rowspan="2"></td><td rowspan="2">전결</td><td rowspan="2"></td><td rowspan="2"></td></tr>
<tr><td>처리기간</td><td></td><td>입력필</td><td></td></tr>
</table>

■ 근로복지공단의 보험급여결정에 이의가 있는 경우의 불복절차는?

질문 저는 사업장에서 사고를 당했습니다. 그래서 산업재해보상보험과 관련하여 근로복지공단의 보험급여를 신청하였는데, 그 결정 등에 이의가 있는 경우에 어떻게 하면 되나요? 구체적인 불복절차를 알려주세요.

답변 근로복지공단의 보험급여 결정 등에 불복하는 자는 근로복지공단에 심사청구를 할 수 있습니다. 심사청구는 그 보험급여 결정 등을 한 근로복지공단 지역본부 또는 근로복지공단 지사를 거쳐 근로복지공단에 제기해야 합니다.

심사청구에 대한 결정에 불복하는 자는 산업재해보상보험 재심사위원회에 재심사청구를 할 수 있습니다. 재심사청구는 그 보험급여 결정 등을 한 근로복지공단 지역본부 또는 근로복지공단 지사를 거쳐 산업재해보상보험 재심사위원회에 제기해야 합니다.

근로복지공단의 보험급여 결정, 심사청구에 대한 결정, 재심사청구에 대한 재결에 대해 불복하는 보험급여 수급자는 행정법원에 소장을 제출하여 행정소송을 제기할 수 있습니다.

■ 사용자가 가입한 보험에서 근로자가 지급받은 보험금을 산재보험에서 공제할 수 있는지요?

질문 저는 사업주 명의의 자동차를 운전하여 배송업무를 하던 중 교통사고를 당하여 위 차량이 가입된 보험회사로부터 자기신체사고보험금을 지급받은 후 근로복지공단에 요양급여를 신청하였습니다. 그런데 자기신체사고보험금은 산업재해보상보험급여에서 공제되어야 한다는 이유로 근로복지공단에서 요양급여를 불승인하는 처분을 받았습니다. 과연 사용자가 가입한 자기신체사고보험에 의해 근로자가 지급받은 보험금은 산업재해보상보험급여에서 공제할 수 있다는 것이 사실인지요?

답변 산업재해보상보험법(이하 '산재보험법'이라고 한다) 제80조는 '산재보험급여와 다른 보상이나 배상과의 관계'에 관하여 '수급권자가 이 법에 따른 보험급여를 받았거나 받을 수 있으면 보험가입자인 사용자는 동일한 사유에 대하여 근로기준법에 따른 재해보상 책임이 면제되고(제1항), 수급권자가 동일한 사유에 대하여 이 법에 따른 보험급여를 받은 경우 사용자는 그 금액의 한도 안에서 민법 그 밖의 법령에 따른 손해배상 책임이 면제된다(제2항 전문).'고 규정하고, 제3항 본문에서 "수급권자가 동일한 사유로 민법이나 그 밖의 법령에 따라

이 법의 보험급여에 상당한 금품을 받으면 공단은 그 받은 금품을 대통령령으로 정하는 방법에 따라 환산한 금액의 한도 안에서 이 법에 따른 보험급여를 지급하지 아니한다."고 규정하고 있습니다.

또한 산재보험법 제87조는 '제3자에 대한 구상권'에 관하여 '공단이 제3자의 행위에 따른 재해로 보험급여를 지급한 경우 그 급여액의 한도 안에서 수급권자의 제3자에 대한 손해배상청구권을 대위하고(제1항 본문), 반대로 수급권자가 제3자로부터 손해배상을 받은 경우 배상액을 일정한 방법에 따라 환산한 금액의 한도 안에서 공단은 산재보험급여를 지급하지 아니한다(제2항).'고 규정하고 있습니다.

위 각 규정의 취지는 산업재해로 인하여 손실 또는 손해를 입은 근로자는 재해보상 청구권과 산재보험급여수급권을 행사할 수 있고, 아울러 일정한 요건이 충족되는 경우 사용자에 대하여 불법행위로 인한 손해배상청구권도 행사할 수 있으므로, 이들 청구권 상호 간의 관계와 손실의 이중전보를 방지하기 위한 보상 또는 배상액의 조정문제를 규율하는 데에 있습니다. 따라서 산재보험법 제80조 제3항에서 말하는 '동일한 사유'라 함은 산업재해보상보험급여의 대상이 되는 손해와 근로기준법 또는 민법이나 그 밖의 법령에 따라 보전되는 손해가 같은 성질을 띠는 것이어서 산재보험급여와 손해배상 또는 손실보상이 상호 보완적 관계에 있는 경우를 의미합니다(대법원 1991.7.23.선고, 90다11776 판결 참조).

그러므로 귀하가 사업주 명의의 자동차를 운전하여 배송 업무를 하던 중 교통사고를 당하여 위 차량이 가입된 보험회사로부터 자기신체사고보험금을 지급받은 후 근로복지공단에 업무상 재해에 대한 요양급여를 신청하였으나 자기신체사고보험금은 산업재해보상보험급여에서 공제되어야 한다는 이유로 요양급여를 불승인하는 처분을 받은 것은 사용자가 가입한 자기신체사고보험에 의해 근로자가 지급받은 보험금은 사용자의 손해배상의무의 이행으로 지급받은 것이 아니므로 산업재해보상보험급여에서 공제될 수 없습니다.

[관련판례]

산업재해보상보험법 제11조 제2항에 의하면 수급권자가 동일한 사유에 대하여 이 법에 의한 보험급여를 받았을 때에는 보험가입자는 그 금액의 한도 안에서 민법 기타 법령에 의한 손해배상의 책임이 면제된다고 규정하고 있는바 여기서 동일한 사유라고 하는 것은 보험급여의 대상이 된 손해와 민사상의 손해배상의 대상이 된 손해가 같은 성질을 띠는 것이어서 보험급여와 손해배상이 상호보완적 관계에 있는 경우를 말하는 것이므로 원심인정과 같이 원고가 보험금으로 휴업급여금 15,039,640원, 장해보상급여금 39,042,750원을 수령하여 원심인정의 소극적 손해액보다 36,743,792원을 더 전보 받은 결과가 된다 하더라도 그 초과부분을 그 성질을 달리하는 적극적 손해의 배상액을 산정하는 데 있어 공제할 것이 아니다(대법원 1991.07.23. 선고, 90다11776 판결).

■ 동일한 사업주에 고용된 동료 근로자가 산재법에 의한 제3자에 해당하는 지요?

[질문] 근로자가 동일한 사업주에 의하여 고용된 동료 근로자의 행위로 인하여 업무상 재해를 입은 경우, 그 동료 근로자가 산업재해보상보험법 제54조 제1항 본문에서의 '제3자' 에 해당하는 지요?

[답변] 산업재해보상보험법 제54조(제3자에 대한 구상권) 제1항 본문에서의 '제3자'라 함은 피재(피재) 근로자와 산업재해보상보험관계가 없는 자로서 피재 근로자에 대하여 불법행위 등으로 인한 손해배상책임을 지는 자를 말하나, 근로자가 동일한 사업주에 의하여 고용된 동료 근로자의 행위로 인하여 업무상 재해를 입은 경우에 그 동료 근로자는 보험가입자인 사업주와 함께 직·간접적으로 재해근로자와 산업재해보상보험관계를 가지는 자로서 위 '제3자'에서 제외됩니다.

아울러 산업재해보상보험법 제54조 제1항 본문에 규정된 제3자라 함은 보험자, 보험가입자(사업주) 및 해당 수급권자를 제외한 자로서 피해 근로자와 산업재해보상보험관계가 없는 자로 피해 근로자에 대하여 불법행위책임 내지 자동차손해배상 보장법이나 민법 또는 국가배상법의 규정에 의한 손해배상책임을 지는 자를 말합니다.

나아가 교통사고의 가해자에 대하여 자동차손해배상 보장법 제3조에 의한 손해배상책임이 발생한 경우, 자동차손해배상 보장법 제9조 및 상법 제724조 제2항에 의하여 피해자에게 인정되는 책임보험자에 대한 직접청구권은 피해자가 책임보험자에 대하여 가지는 손해배상청구권으로서 가해자에 대한 손해배상청구권과는 별개의 권리라 할 것입니다.

그리고 자동차손해배상 보장법 제9조 제1항 및 상법 제724조 제2항에 의하여 피해자에 대하여 직접 손해배상책임을 지는 책임보험자는 교통사고의 가해자가 산업재해보상보험법상 제3자에 해당되는지 여부와 상관없이 제3자에 포함됩니다.

■ 파견근로자의 산재사고 시 파견사업주도 손해배상책임을 부담해야 되는지요?

［질문］ 저는 사업주입니다. 저희 회사 소속 근로자가 다른 회사에 파견 나가서 일하던 중 산재사고를 당했습니다. 사용사업주 등에게 과실이 있는 경우에 파견사업주인 저도 산재사고로 인한 손해배상책임을 부담해야 하는지요?

［답변］ 파견사업의 성격상 파견사업주가 파견근로자의 작업현장에서 직접적으로 근로자를 관리·감독할 지위에 있다고 볼 수는 없습니다.

그러나 파견근로자보호 등에 관한 법률 제34조, 제35조 제2항에 따라 재해보상에 관한 근로기준법, 산업재해예방에 관한 산업안전보건법 제5조를 적용함에 있어서는 파견사업주를 사용자 내지 사업주로 보도록 되어 있는 점과 사용자책임에 관한 민법 제756조의 취지 등을 종합해 보면, 산재사고에 관하여 파견사업주 자신에게 직접적인 과실이 있는 경우는 물론이고, 파견사업주 자신에게 직접적인 과실이 없는 경우에도 파견근로자를 사용하는 사용사업주 등에게 과실이 있다면 파견사업주도 산재사고로 인한 손해배상책임을 져야 합니다.

▌진폐건강진단기준 인력기준인 산업의학과 전문의 파견진료 가능한지요?

[질문] 진폐건강진단기관 인력기준인 직업환경의학과(산업의학과) 전문의 1명 이상을 타 의료기관에서 파견진료협약을 통해 근무하게 할 수 있는지요?

[답변] 진폐건강진단기관으로 지정받은 의료기관에서 지정기준인 직업환경의학과 전문의 채용이 어려워 타 의료기관과의 전문의 파견진료협약을 통해 건강진단을 실시하는 것이 위법인지 여부와 관련하여 : 의료제도를 총괄하는 보건복지부의 유권해석에 따르면, 의료기관 개설자를 제외한 의사가 복수의 의료기관에서 진료하는 것은 의료법상 허용됩니다. 다만, 의료인의 정원을 산정하는 경우 전속된 하나의 의료기관에서만 산정이 가능하고, 비전속 직업환경의학과 전문의만으로 구성될 경우 진폐건강진단기관의 인력 지정요건인 직업환경의학과 전문의 1인 이상이 채용된 것으로는 볼 수 없을 것으로 판단됩니다. 파견진료협약이 위법이 아니라면 타 병원에서 파견 받은 전문의는 상시근무를 하여야 하는지 여부와 관련하여 : 진폐건강진단기관의 인력 지정요건을 충족하기 위하여 직업환경의학과 전문의 1인 이상이 '전속'으로 근무하여야 하며, 의료인 전속 근무자는 '주 4일 이상 근무하면서 주32시간 이상 해당 의료기관에서 근무하는 경우'에만 의료인 정원에 포함되는 것으로 해석하고 있으니 참고하시기 바랍니다.

산 업 재 해 보 상 보 험
진폐보상연금 청구서

※ 공통란은 모두 기재하시고, 해당 신청란에 [✔] 하고 기재하시기 바랍니다.

접수번호		접수일	처리기간 10일

<table>
<tr><td rowspan="3">산재
근로자</td><td>성 명</td><td colspan="2">주민등록번호
□□□□□□ - □□□□□□□</td></tr>
<tr><td>주 소</td><td colspan="2">☎</td></tr>
<tr><td>수령희망은행 및 계좌번호</td><td colspan="2">(예금주 :   )</td></tr>
</table>

<table>
<tr><td rowspan="4">진
단
내
역</td><td>진단 의료기관명</td><td colspan="3"></td></tr>
<tr><td>진단일자</td><td>□□□□년 □□월 □□일</td><td>진폐장해등급</td><td>급</td></tr>
<tr><td>청구일 이전에 진폐로 인한
장해보상일시금 수령여부</td><td colspan="3">□있음   □없음</td></tr>
<tr><td>재 직 여 부</td><td colspan="3">□비재직   □재직 (※재직자일 경우 아래의 사업장 항목 기재 요망)</td></tr>
</table>

<table>
<tr><td rowspan="2">사
업
장</td><td>사업장관리번호</td><td></td><td>사업장명</td><td></td></tr>
<tr><td>소재지</td><td></td><td>사업주명</td><td></td></tr>
</table>

<table>
<tr><td rowspan="2">본 재해와 동일한 사유로 민법 기타 법령의 규정에 의하여 수령한 보상 또는 배상내역(산업재해보상보험법 제80조)</td><td>수령일자</td><td>수령금액</td><td>보상 또는 배상내역(수령근거)</td></tr>
<tr><td>첨부서류</td><td colspan="2">1. 합의서   2. 판결문   3. 영수증   4. 기타</td></tr>
</table>

<table>
<tr><td>위에 기재한 사실이 틀림없음을 확인합니다.

　　　　　　　　년　　　월　　　일
사업장명　　　　　　　　☎
소 재 지
사 업 주　　　(서명 또는 인)</td><td>위에 기재한 사실이 틀림이 없으며, 산업재해보상보험법제91조의5 제1항 및 시행령 제21조제1항에 따라 위와 같이 청구합니다.

　　　　　　　　년　　　월　　　일
청 구 인　　　(서명 또는 인)☎
대 리 인　　　(서명 또는 인)☎</td></tr>
</table>

담당직원 확인사항 : 주민등록등본(행정정보공동이용에 동의하지 아니하는 경우 해당서류 제출)

<행정정보 공동이용 동의서>

청구인은 본 민원의 처리와 관련하여 「전자정부법」 제36조에 따른 행정정보의 공동 이용을 통하여 담당직원이 위의 담당직원 확인사항을 확인하는 것에 동의합니다.　　　□예　　　□아니오

<구비서류>
· 통장계좌 사본

<유의사항>
1. 진폐장해등급 제1급부터 제7급까지에 해당하는 진폐보상연금자는 산업재해보상보험법 제59조에 따라 진폐장해등급 재판정대상자임에 따라 장해보상연금의 지급결정을 한 날로부터 2년이 지난 후 1년 이내에 재판정을 받아야 합니다.
2. 법 제114조에 따른 수급권의 변동(이름·주민등록번호·주소 등)이 발생하거나 법 제115조에 따른 수급권자가 외국에서 거주하기 위하여 출국하는 경우에는 이를 공단에 신고하여야 합니다.
3. 상기 제59조에 따라 공단이 직권으로 실시하는 장해등급 재판정 요구에 응하지 않을 경우 및 제114조나 제115조에 따른 보고·서류제출 또는 신고를 하지 아니하는 경우에는 진폐보상연금이 일시 중지 될 수 있습니다.

가. 근로복지공단　　　지역본부(지사)장 귀하

[별지 제19호 서식] <개정 2015.12.29.>

<table>
<tr><td colspan="5" align="center">진폐건강진단 소견서 (□정기검진 □임시검진 □이직자검진)</td></tr>
<tr><td>건강진단기관</td><td></td><td>건강진단기간</td><td colspan="2">년   월   일 ~   년   월   일</td></tr>
<tr><td>수진자 성명</td><td></td><td>주민등록번호</td><td colspan="2">-</td></tr>
<tr><td>증 상</td><td colspan="4">□ 기침   □ 객담   □ 혈담(객혈)   □ 흉통   □ 호흡곤란(1, 2, 3, 4, 5)</td></tr>
<tr><td>소 견</td><td colspan="4">혈압   ㎜Hg   맥박   회/분   호흡   회/분   기타</td></tr>
<tr><td>흡연력</td><td colspan="4">흡연(하루에   갑/   년),   금연(하루에   갑/   년,   년 전 금연),   비흡연</td></tr>
<tr><td rowspan="3">질병력</td><td colspan="2">과거 병력 :</td><td>키(cm)</td><td>체중(kg)</td></tr>
<tr><td colspan="2">과거 수술력 :</td><td></td><td></td></tr>
<tr><td colspan="2">현재 질병/후유증 :</td><td></td><td></td></tr>
</table>

필수검사

1. 흉부영상검사(촬영일: .   .   )-국제노동기구의 진폐 소견 완전분류에 의함(ILO, 2000)

<table>
<tr><td rowspan="2">진폐</td><td>소음영</td><td>모양/크기</td><td>/</td><td>밀도</td><td>/</td><td>위치</td><td>(우상, 우중, 우하 / 좌상, 좌중, 좌하)</td></tr>
<tr><td>대음영</td><td>(A, B, C)</td><td>symbols</td><td colspan="4"></td></tr>
<tr><td>기타</td><td colspan="7"></td></tr>
</table>

2. 폐환기능검사 - ATS/ERS (2005) 지침에 의함

<table>
<tr><td>검사 중 협조</td><td colspan="6">(매우 협조 / 협조 / 보통 / 비협조 / 매우 비협조)</td></tr>
<tr><td>검사 중 증상/소견</td><td colspan="6"></td></tr>
<tr><td>FVC</td><td>실측치</td><td>㎖</td><td>예측치</td><td>㎖</td><td>%</td><td rowspan="2">FEV₁/FVC</td></tr>
<tr><td>FEV₁</td><td>실측치</td><td>㎖</td><td>예측치</td><td>㎖</td><td>%</td></tr>
</table>

FEV_1/FVC ： %

• 폐용적, CO확산능 등 추가검사를 한 경우 결과지 첨부

추가검사(실시한 경우 기록)

<table>
<tr><td rowspan="3">1. 객담</td><td colspan="2">항산균 도말(- / +), 자체/의뢰</td><td colspan="2">항산균 배양 실시여부(자체/의뢰)</td><td>PCR (- / +)</td></tr>
<tr><td>일반세균</td><td>도말:</td><td colspan="2">배양:</td><td></td></tr>
<tr><td>세포진검사</td><td colspan="2"></td><td>기타</td><td></td></tr>
<tr><td rowspan="2">2. 혈액검사</td><td>혈색소</td><td>g/㎗</td><td>백혈구   10³/㎕</td><td>ESR   ㎜/hr</td><td>ASO   IU/㎗   CRP   ㎎/㎖</td></tr>
<tr><td colspan="5">기타:</td></tr>
<tr><td colspan="6">3. (HR)CT</td></tr>
<tr><td colspan="6">4. 심초음파</td></tr>
<tr><td colspan="6">5. 심전도검사</td></tr>
<tr><td colspan="6">6. 기타(조직검사 등)</td></tr>
</table>

종합소견(진폐담당의사가 작성)   년   월   일

<table>
<tr><td rowspan="4">확인</td><td>방사선사</td><td>(서명 또는 인)</td><td>면허번호(호)</td></tr>
<tr><td>영상판독의</td><td>(서명 또는 인)</td><td>전문의번호(호)</td></tr>
<tr><td>폐기능검사자</td><td>(서명 또는 인)   면허종별(   )</td><td>면허번호(호)</td></tr>
<tr><td>진폐담당의사</td><td>(서명 또는 인)   전문과목(과)</td><td>전문의번호(호)</td></tr>
</table>

※ 흉부영상검사, 폐환기능검사 등 각종 검사결과지 첨부 바랍니다.

[별지 제16호 서식] <개정 2015.12.29.>

분 진 작 업 종 사 경 력 확 인 서

근 로 자 명 :

주민등록번호 :

구 분	사업장명	직종명	작업장분진명	근무기간		비 고
최 종 분 진 작 업 장				년 월부터 년 월까지 (년 월)		현재 재직 또는 이직 (퇴직)여부
과 거 분 진 작 업 장 경 력				년 월부터 년 월까지 (년 월)		
				년 월부터 년 월까지 (년 월)		
				년 월부터 년 월까지 (년 월)		
				년 월부터 년 월까지 (년 월)		
사진첩부 (규격 3.5×4.5) ※사 업 주 확인날인						

상기의 기재사항은 사실과 상위 없음.

근로자명   (서명 또는 인)

사업주확인   사업장명

소 재 지

성   명   (서명 또는 인)

(210mm×297mm, 신문용지 54g/㎡)

[별지 제17호 서식] <개정 2015.12.29.>

분 진 작 업 종 사 사 실 확 인 서

☐ 근 로 자 명 :
☐ 주민등록번호 :

구 분	사업장명	직종명	작업장 분진명	근무기간		비 고
최종분진 작 업 장				년 월 일부터 년 월 일까지 (년 월)		현재 재직 또는 이직 (퇴직)여부
과 거 분 진 사 업 장 직 력				년 월 일부터 년 월 일까지 (년 월)		
				년 월 일부터 년 월 일까지 (년 월)		
				년 월 일부터 년 월 일까지 (년 월)		
				년 월 일부터 년 월 일까지 (년 월)		

사진첨부 (규격 3.5×4.5)

상기본인은 위와 같이 분진작업에 종사한 사실이 있으며, 최종분진작업장 퇴직후 다른 분진
작업에 종사한 경력은 없음을 확인하며, 위 기재 내용에 허위가 있을 경우에는 민·형사상의
책임을 지겠음을 확인합니다.

년 월 일

근로자명 : (서명 또는 인)

(210mm×297mm, 신문용지 54g/㎡)

■ 덤프트럭 임대인이 산재사고가 발생한 경우 산재법상 '제3자'에 해당하는지요?

[질문] 덤프트럭의 임대인이 임대차계약에 따라 공사현장에서 덤프트럭을 운전하다가 사업주의 피용자에게 산재사고가 발생하였습니다. 위 덤프트럭의 운전자는 산업재해보상보험법 제87조 제1항에 정한 '제3자'에 해당하고, 위 사고는 '제3자에 의한 재해'에 해당하는지요?

[답변] 산업재해보상보험법(이하 '산재법'이라 한다) 제87조 제1항은 '공단은 제3자의 행위로 인한 재해로 인하여 보험급여를 지급한 경우에는 그 급여액의 한도 안에서 급여를 받은 자의 제3자에 대한 손해배상청구권을 대위한다. 다만, 보험가입자인 2 이상의 사업주가 같은 장소에서 하나의 사업을 분할하여 각각 행하다가 그 중 사업주를 달리하는 근로자의 행위로 재해가 발생한 경우에는 그러하지 아니하다.'라고 규정하고 있습니다.

여기서 제3자라 함은 보험자, 보험가입자(사업주) 및 해당 수급권자를 제외한 자로서 보험가입자인 사업주와 함께 직·간접적으로 재해 근로자와 산업재해보상보험관계가 없는 자로 피해 근로자에 대하여 불법행위책임 내지 자동차손해배상보장법이나 민법 또는 국가배상법의 규정에 의하여 손해배상책임을 지는 자를 말합니다(대법원 1988.3.8.선고, 85다카2285 판결, 대법원 2004.12.24.선고, 2003다33691판결, 대법원 2007.3.29. 선고, 2006다86948판결 등 참조).

또한, 산재법의 규정에 의한 보험급여의 대상자가 되기 위해서는 재해 당시에 근로기준법의 규정에 의한 근로자이어야 한다고 할 것이고, 근로기준법상의 근로자에 해당하는지 여부를 판단함에 있어서는 그 계약의 형식이 민법상의 고용계약인지 또는 도급계약인지에 관계없이 그 실질에 있어 근로자가 사업 또는 사업장에 임금을 목적으로 종속적인 관계에서 사용자에게 근로를 제공하였는지 여부에 따라 판단하여야 합니다(대법원 1998.5.8.선고, 98다6084판결, 대법원 2007.1.25.선고, 2006다60793판결 등 참조). 우선 피고1이 산재법 제87조 제1항의 '제3자'에 해당하는지 여부에 대하여 보건대, 원심이 적법하게 확정한 사실과 기록에 의하면, 피고 1은 이 사건 덤프트럭을 동생인 피고 2의 소유명의로 등록하고, 피고 2의 명의로 사업자등록을 한 후 이 사건 덤프트럭을 전적으로 사용·관리하여 오면서 이 사건 덤프트럭의 임대업을 영위하는 자인 사실, 정우토건의 현장소장인 소외 1은 2003년 11월경 피고 1과 사이에 이 사건 덤프트럭을 임차하기로 하였는데, 그 임대차계약서에서 월 임대료는 매월 25일을 기준으로 4,300,000원을 지급하되 증감시 시간당 18,000원으로 정산하고, 고장·수리 및 사고는 임대인이 처리하기로 약정한 사실, 피고 1은 정우토건과의 임대차계약에 따라

이 사건 덤프트럭을 운전하여 이 사건 공사현장에서 정우토건의 지시에 따라 흙을 운반하는 작업을 하다가, 정우토건 소속 근로자 소외 2를 위 덤프트럭으로 치어 사망에 이르게 하는 이 사건 업무상 재해를 일으킨 사실을 인정할 수 있는바, 이와 같이 이 사건 덤프트럭의 임대인의 지위에 있는 피고 1이 그 임대차계약의 내용에 따라 이 사건 덤프트럭을 운전하여 임차인인 정우토건의 지시에 따라 작업하였다는 사정만으로 피고 1이 정우토건으로부터 임금을 받을 목적으로 종속적인 관계에서 근로를 제공한 것이라고 할 수는 없으므로, 피고 1이 산재법 제87조 제1항 소정의 '제3자'에 해당하지 않는다고 볼 수 없습니다.

또한, 사업장 내 기계기구 등의 위험과 같이 사업장이 갖는 하나의 위험이 현실화하여 발생한 업무상 재해에 대하여는 근로복지공단이 궁극적인 보상책임을 져야 한다고 보는 것이 산업재해보상보험의 사회보험적 내지 책임보험적 성격에 부합한다고 하더라도, 앞서 본 바와 같이 피고 1은 이 사건 재해 근로자와 동일한 사업주와의 관계에서 임금을 목적으로 종속적인 관계에서 근로를 제공하는 자에 해당하지 아니하여 재해근로자와 직·간접적으로 산업재해보상보험관계에 있는 것이 아니며, 이 사건 사고는 피고 1의 관리·지배 아래 있는 이 사건 덤프트럭의 운행으로 인하여 발생한 것으로서, 정우토건 내지 남광건설의 관리·지배 아래 운영되는 이 사건 공사현장에 내재하는 하나의 위험이 현실화한 것으로 볼 수 없을 뿐만 아니라, 원고가 산업재해사고의 궁극적 보상책임을 진다는 의미는 단지 산업재해보상보험의 적용범위 내에서 구상과 재구상의 악순환을 방지하기 위하여 그 최종 책임자를 정하자는 것이지, 원고가 하나의 사업장에서 발생되는 재해에 대하여는 그 경위나 원인 또는 가해자를 묻지 않고 그로 인한 손해를 보상하거나 그러한 위험을 인수한 취지는 아니므로, 이 사건 사고가 산재법 제87조 제1항이 정한 '제3자에 의한 재해'에 해당하지 않는다고 할 수는 없습니다.

나아가 구 산재법(2003. 12. 31. 법률 제7049호로 개정되기 전의 것) 제9조 제1항(현행 고용보험 및 산업재해보상보험의 보험료징수 등에 관한 법률 제9조 제1항에 같은 취지로 규정되어 있다)은 '사업이 수차의 도급에 의하여 행하여지는 경우에는 그 원수급인을 이 법의 적용을 받는 사업의 사업주로 본다. 다만, 원수급인이 서면계약으로 하수급인에게 보험료의 납부를 인수하게 하는 경우에 원수급인의 신청에 의하여 근로복지공단이 이를 승인한 때에는 그 하수급인을 이 법의 적용을 받는 사업의 사업주로 본다.'라고 규정하고 있는바, 앞서 본 바와 같이 이 사건 덤프트럭 임대차계약에서 이 사건 덤프트럭의 고장·수리 및 사고는 임대인이 부담하기로 한다고 약정한 점, 이 사건 덤프트럭의 구체적인 사용관계 및 그 대가의 지급방식 등에 비추어 보면, 이 사건 덤프트럭 사용에 대한 법률관계는 비록 피고 1에 의하여 작동이 이루어진다는 측면에서는 노무도급의 성격이 다소 가미되었다고 할지라도 기본적으로는 임대차 관계에 해당하므로, 임대업자인 피고 1은 위 규정의 '하수급인'에 포함되지 아니한다고 할 것이어서, 남광건설 내지 정우토건과 피고 1과의 관계가 하도급관계에 있음을 전제로 한 원심의 가정적·부가적 판단도 그대로 유지될 수 없습니다(대법원 2008.05.15.선고, 2006다27093 판결).

산재사고로 상해를 입은 자를 치료하던 중 의료사고로 확대된 경우 상당인과관계가 인정되는지요?

[질문] 산재사고로 상해를 입은 피해자가 치료를 받던 중 의료사고로 손해가 확대된 경우, 확대된 손해와 산재사고 사이에 상당인과관계가 인정되는지요?

[답변] 산재사고로 인하여 상해를 입은 피해자가 치료를 받던 중 치료를 하던 의사의 과실 등으로 인한 의료사고로 증상이 악화되거나 새로운 증상이 생겨 손해가 확대된 경우에는, 다른 특별한 사정이 없는 한 그와 같은 손해와 산재사고 사이에도 상당인과관계가 있다고 보아야 합니다. 산재사고와 의료사고가 각기 독립하여 불법행위의 요건을 갖추고 있으면서 객관적으로 관련되고 공동하여 위법하게 피해자에게 손해를 가한 것으로 인정된다면, 공동불법행위가 성립되어 공동불법행위자들이 연대하여 그 손해를 배상할 책임이 있습니다.

[관련판례]

교통사고로 인하여 상해를 입은 피해자가 치료를 받던 중 치료를 하던 의사의 과실로 인한 의료사고로 증상이 악화되거나 새로운 증상이 생겨 손해가 확대된 경우, 의사에게 중대한 과실이 있다는 등의 특별한 사정이 없는 한 확대된 손해와 교통사고 사이에도 상당인과관계가 있고, 이 경우 교통사고와 의료사고가 각기 독립하여 불법행위의 요건을 갖추고 있으면서 객관적으로 관련되고 공동하여 위법하게 피해자에게 손해를 가한 것으로 인정되면 공동불법행위가 성립한다(대법원 1998.11.24. 선고, 98다32045).

[별지 제7호 서식] <개정 2015.12.29.>
※ 해당란에 ☑ 하고 기재하십시오.

(앞 면)

<table>
<tr><td colspan="2">산업재해보상보험
진 료 계 획 서
(☐1회차 ☐2회차 ☐3회차 이상 ☐집중재활치료)</td><td>처리기간
7일</td></tr>
</table>

1. 일반사항 및 상태소견

① 성명	② 주민등록번호		③ 재해일자 년 월 일
④ 주소			⑤ 재요양시작일자 년 월 일

⑥ 재요양 사유(재요양중인 경우)

⑦ 상병명과 상병코드(주/부/파생은 주상병, 부상병, 파생상병을 의미하며 상병코드는 KCD-6에 의거 작성)

주/부/파생	상병코드	(재요양)상병명	치료중인 상병	집중재활치료 대상상병	주/부/파생	상병코드	(재요양)상병명	치료중인 상병	집중재활치료 대상상병
			☐	☐				☐	☐
			☐	☐				☐	☐
			☐	☐				☐	☐
			☐	☐				☐	☐
			☐	☐				☐	☐

⑧ 주요검사 (모두표시)

☐없음 ☐X-ray ☐MRI ☐CT ☐초음파 ☐근전도·신경전도 ☐관절경 ☐적외선체열검사 ☐정신상태검사 ☐심리학적검사 ☐Bone scan ☐ROM(운동범위검사) ☐기타( )

※ 이전 소견(초진, 진료계획) 이후 추가적으로 실시한 검사항목에 대해 기재 ⇒ ROM검사의 경우 신경손상, 골절 등으로 인해 관절기능제한이 있는 경우 향후 치료방향 및 치료방법 결정을 위해 반드시 정기적으로 검사를 실시하고 그 결과를 진료기록부에 기재하시기 바랍니다.

검사일자 년 월 일

⑨ 주요검사 결과 요약

⑩ 수술여부 (직전 진료계획 기간 내)	☐없음 ☐있음				
	수술명		수술일 년 월 일	수술병원	

⑪ 최근 내원주기 ☐입원 ☐1주일에 3~5회 ☐1주일에 1~2회 ☐2주일에 1~2회 ☐3주일에 1~2회 ☐월 1~2회 정도 ☐1개월이상 1~2회 정도

⑫신체부위 마비정도 [신경손상 환자만 해당]	☐비해당		⑬신체기능자립도[중등도 신경손상환자만 해당] ☐비해당			

⑫신체부위 마비정도 [신경손상 환자만 해당]   ☐비해당

마비부위	☐없음 ☐우상지 ☐우하지 ☐좌상지 ☐좌하지			
측정일자 (가장 최근일)	우 측		좌 측	
	상지	하지	상지	하지
년 월 일				

G5(Normal) : 충분한 저항을 이겨내고 완전운동범위 수행
G4(Good) : 약간의 저항 이겨내고 완전운동범위 수행
G3(Fair) : 중력 이겨내고 완전운동범위 수행가능
G2(Poor) : 중력 제거 상태에서 부분적 운동범위 수행
G1(Trace) : 관절운동 없으나 약간 근수축이 있는 경우
G0(Zero) : 관절운동 및 근수축도 없는 경우

⑬신체기능자립도[중등도 신경손상환자만 해당] ☐비해당

ADL	옷 벗고 입기	☐완전자립 ☐부분도움 ☐완전도움
	세수 하기	☐완전자립 ☐부분도움 ☐완전도움
	식사하기	☐완전자립 ☐부분도움 ☐완전도움
	화장실사용하기	☐완전자립 ☐부분도움 ☐완전도움
	일어나 앉기	☐완전자립 ☐부분도움 ☐완전도움
	이동하기	☐완전자립 ☐부분도움 ☐완전도움
처치 요구	욕창	☐없음 ☐있음
	특수처치요구	☐없음 ☐있음(장루,기관지관리,투석)
	배변장해	☐없음 ☐있음
	배뇨장해	☐없음 ☐있음

⑭ 기능상태평가 (집중재활치료환자인 경우에만 작성)	평 가 항 목	평가일자	평가점수

⑮ 종전의 요양승인기간 만료일 7일전까지 제출여부	☐ 7일전 제출 ☐ 7일전 미제출

○ 7일전 미제출시 그 사유(별첨 가능. 개선명령 결정 전 의견 제출이며, 미 기재시 의견이 없는 것으로 간주합니다)

접수일자		접수번호		처리기한	

(210mm×297mm, 신문용지 54g/㎡)

2. 진료계획 및 재활

※ 원칙적으로 3개월 단위로 제출(진폐, 이황화탄소중독증, 중추신경계통의 마비로 폐질등급에 해당되는 신체의 기능마비를 초래하는 부상·질병은 1년 단위)
※ 3개월 미만으로 제출된 경우 이후 증상고정 가능한 것으로 간주되므로 3개월 이상 요양이 필요할 경우 3개월 단위로 제출바랍니다.
　(단, 신청기간에 대해서는 의학적 자문 후 단축 승인될 수 있습니다)

<table>
<tr><td rowspan="2">① 입원</td><td>예상기간</td><td colspan="2">년　월　일　~　년　월　일 (　주)</td></tr>
<tr><td>사　유</td><td colspan="2">□수술(수술명 : 　　　　　　　　　) □의식장애　□외·기기고정　□견인장치
□석고붕대고정　□절대안정　□안정 및 보호　□이동불가　□집중재활치료　□기타(　　　　　)</td></tr>
<tr><td rowspan="3">② 통원·재가</td><td>예상기간</td><td colspan="2">년　월　일　~　년　월　일 (　주)</td></tr>
<tr><td>사　유</td><td colspan="2">□약물치료　□창상치료　□기기고정　□물리치료　□정신치료　□작업치료
□재활치료　□집중재활치료　□기타(　　　　　　　)</td></tr>
<tr><td>현재 취업여부</td><td colspan="2">□취업 중　□미취업　　취업치료 가능여부　　□정상취업가능　□부분취업가능　□취업불가</td></tr>
</table>

③ 현재까지 치료 내용과 위 예상요양기간이 필요한 사유 및 향후 치료계획(필요한 치료, 수술 또는 조치 예정 내역 기재)

◆절단상병의 경우 □절단상태　□접합상태　　◆골절상병인 경우 □유합상태　□불유합상태　□유합진행중 (기타 상세 내용은 아래에 기재)

④ 위 예상요양기간 후 증상고정여부　□ 가능　　　□ 불가능　　　□ 불명확

⑤ 치료 종결 후 예상되는 후유증상 및 장해 여부　□ 있음　　□ 관절기능장해(부위:　　　)　□ 기타장해(부위:　　　)
　　　　　　　　　　　　　　　　　　　　　□ 없음　□ 알수 없음 (사유 :　　　　　　　)

※ 관절기능장해가 있는 경우에는 ROM 검사결과를 진료계획서 제출 시 첨부하여 주시기 바랍니다.

⑥ 승인상병과 연관되어 동반치료가 필요한 기존질환명　□ 없음　□ 있음 (질환명 :　　　　　)

⑦ 심리상담 필요 여부　□ 필요　□ 불필요

⑧ 집중재활치료 필요 여부 (※ 대상 : 뇌혈관, 척추, 슬관절·고관절·견관절 질환자)　　□ 필요　　□ 불필요/비해당

<table>
<tr><td rowspan="3">⑨ 재활스포츠</td><td>지원 필요 여부</td><td>□ 필요　　□ 불필요</td></tr>
<tr><td>향후 예상되는 장해</td><td>□ 팔·다리 기능장해　□ 팔·다리 근성 또는 신경장해　□ 척추의 변형·기능·신경장해　□ 해당없음</td></tr>
<tr><td>필요할 경우 추천운동종목
(복수선택가능)</td><td>□ 수영　□ 헬스　□ 에어로빅　□ 아쿠아로빅　□ 탁구　□ 요가
□ 필라테스　□ 수중재활　□ 척추재활　□ 재활운동</td></tr>
</table>

※ 위 내용 작성시 추후 재활스포츠 신청관련 별도의 주치의 소견(추천서) 제출 필요 없음(단, 의료기관내 재활스포츠는 제외)
※ 재활스포츠 신청 가능한 통원 요양중인 산재근로자의 범위
　- 팔 또는 다리의 3대관절 중 1개 관절이상 장해가 남을 것으로 예상되는 자
　- 팔·다리의 근성 또는 신경장해(뇌 또는 척수손상으로 인하여 팔·다리 장해가 초래된 경우 포함)가 남을 것으로 예상되는 자
　- 척추의 변형·기능·신경장해가 남을 것으로 예상되는 자

<table>
<tr><td rowspan="2">⑩ 원직장 복귀 여부</td><td>원직복귀에 대한 재해자의 의사</td><td>□ 원직복귀 희망　　□ 원직복귀 비희망 (□재취업 희망　□재취업 비희망)</td></tr>
<tr><td>현 상태에서 원직복귀 가능 여부
(주치의 의견)</td><td>□ 가능　　□ 불가능</td></tr>
<tr><td rowspan="2">⑪ 직무수행 정도</td><td>치유 후 직무수행 가능 여부</td><td>□ 재해발생 당시 직무수행 가능　□ 직무수행 불가능　□ 직무전환필요　□ 불확실</td></tr>
<tr><td>작업능력평가 필요 여부</td><td>□ 필요　　□ 불필요</td></tr>
</table>

위에 기재한 내용이 사실임을 확인합니다.

　　　　　　　　　　　　　　　　　　　　　　　　작성일자　　　　년　　　월　　　일

의료기관 주소:　　　　　　　　　　　　　　　　의사면허번호　　　　　　호
의료기관명　　　　　　　　　(서명 또는 인)　　전문과목 (　　　) 전문의　　　호
　　　　　　　　　　　　　　　　　　　　　　성명　　　　　　(서명 또는 인)

근로복지공단　　　본부(지사)장 귀하

<table>
<tr><td>자문의사 소견</td><td></td></tr>
<tr><td colspan="2">

　　　년　　월　　일　　　자문의사명　　　　　(서명 또는 인)</td></tr>
</table>

(210mm×297mm, 신문용지 54g/㎡)

진료계획서 작성요령

> 진료계획서는 요양 중인 산재근로자에 대하여 요양연장이 필요한 경우에 산재근로자의 **치료경과와 상병상태 그리고 치료예정기간 및 치료방법** 등을 적은 진료계획을 기재한 일종의 진단서와 같은 것으로 **요양기간 만료일 7일 전까지 제출해야 합니다.**

[앞면]

1. 일반사항 및 상태소견

⑦ **상병명과 상병코드**

- 주/부/파생, 상병코드, (재요양)상병명 : 자동생성

- 치료중인 상병 : 진료계획서 작성 시점 현재 치료가 진행 중인 상병만을 표시합니다.(전체 자동 체크되며 치료가 끝난 상병에 대해서만 표시를 하며, 직전 진료계획상 표시되었던 내역을 불러옵니다)

- 집중재활치료대상상병 : 재활전문인증의료기관에서 요양 중인 집중재활치료대상자의 집중재활치료대상 상병만 표시합니다.(자동 체크되며 집중재활치료 대상이 아닌 경우 체크 해제)

⑧ **주요검사** : 이전 초진 및 진료계획 소견 이후 추가적으로 실시한 검사가 있는 경우 검사항목을 체크한 후 검사일자를 기재합니다.

⑨ **주요검사 결과 요약** : 검사에 대한 결과내용을 상세하게 작성합니다.(검사결과지 함께 제출)

⑩ **수술여부** : 직전 진료계획 기간 내 수술을 시행한 경우 수술명, 수술일, 수술을 시행한 병원을 기재합니다.

⑪ **최근 내원주기** : 직전 진료계획까지 내원한 주기를 표시합니다.

⑫ **신체부위 마비정도** : 신경손상환자의 경우 G0-G5까지의 마비정도를 기재하고 해당되지 않을 경우 비해당에 표시합니다.

⑬ **신체기능자립도** : 중등도 신경손상환자의 경우에만 작성하고 해당되지 않을 경우 비해당에 표시합니다.

⑭ **기능상태평가** : 재활전문인증의료기관의 집중재활치료환자인 경우에만 작성합니다.

⑮ **종전의 요양승인기간 만료일 7일전까지 제출여부**

- 진료계획서 7일전 제출여부는 자동표시 됩니다.

- 7일전 미제출시에는 그 사유를 반드시 기재합니다.(미기재시에는 의견이 없는 것으로 간주되므로 유의)

[뒷면]

2. 진료계획 및 재활

① 입원

 - 예상기간 : 예상 입원치료 기간을 기재합니다.

 - 사유 : 입원치료가 필요한 사유를 표시하고, 수술인 경우 수술명을 기재합니다. 사유가 명시되어 있지 않은 경우에는 기타 란에 표시하고, 그 사유를 기재합니다.

② 통원 · 재가

 - 예상기간 : 예상 통원기간을 기재합니다.

 - 사유 : 통원치료가 필요한 사유를 해당 항목에 표시하고, 사유가 명시되어 있지 않은 경우에는 기타 란에 표시하고 그 사유를 기재합니다.

 - 현재 취업여부 : 진료계획서 작성일 현재 취업하고 있는지 여부를 표시합니다.

 - 취업치료 가능여부 : 환자의 상병상태로 볼 때, 취업이 가능한지 여부를 확인합니다.

> **취업치료는** 아직 치료 종결은 어렵지만 직장에서 일을 할 수 있으면서 간단한 물리치료, 일정한 상병상태 확인을 위한 진찰 등이 필요한 환자에게 시행할 수 있는 통원치료를 의미합니다.

 ☞ 환자의 치료가 업무에 전혀 지장을 주지 않는 다면 **정상취업가능**, 치료를 받으면서 일부 업무가 가능한 경우에는 **부분취업가능**으로 체크합니다.

③ **현재까지 치료 내용과 예상요양기간이 필요한 사유 및 향후 치료계획 :** 현재까지의 치료내용, 상태변화, 호전여부 등 직전 진료계획내의 치료경과를 기재하고, 상병상태에 대한 향후 치료방법, 치료연장에 대한 소견 등 치료계획에 대해 구체적으로 작성합니다.

 ◆ **절단 및 골절상병인 경우 :** 절단부 접합여부, 골유합 여부 등 해당 상태 항목에 표시 후 하단에 세부부위, 치료내용 및 치료계획 등에 대해 상세히 기재합니다.

④ **치료 종결 후 예상되는 후유증상 및 장해 여부 :** 현재 상병상태로 볼 때, 치료가 종결되는 시점에서 예상되는 후유증상과 장해가 있는 경우 해당 부위 및 후유증상 및 장해에 대한 소견을 기재하고, 알 수 없는 경우 "알수 없음"에 체크 후 사유를 기재합니다.

⑤ **승인상병과 연관되어 동반치료가 필요한 기존질환명 :** 기존질환이 있으나, 승인상병의 치료를 위해서는 반드시 치료가 필요한 질환이 있는 경우 표시합니다.

⑥ **심리상담 필요 여부** : 사고로 인한 환자의 심리상태가 불안하여 심리상담이 필요한 경우 해당항목에 표시합니다.

⑦ **집중재활치료 필요여부** : 승인상병이 뇌혈관, 척추, 슬관절·고관절·견관절 질환자의 경우 단순 물리치료가 아닌 집중재활전문치료가 필요한지 여부에 대해 해당항목에 표시합니다.

⑧ **재활스포츠** : 환자의 상병상태상 재활스포츠 지원이 필요한지 여부 및 예상되는 장해, 추천 운동종목에 대한 의학적 소견을 기재합니다.

⑨ **원직장 복귀 여부** : 원직장 복귀에 대한 재해자의 의사 및 주치의사로서의 의견을 표시합니다.

⑩ **직무수행 정도** : 환자의 현재 상병상태로 볼 때, 치유 후 직무수행이 가능한지 여부에 대해 표시하고, 직무전환이 필요하거나 불확실할 경우 작업능력평가가 필요한지 여부에 대해 표시합니다.

[별지 제1호서식]

※ **굵은 선 안은 신청인이 기입하지 않습니다.**

<table>
<tr><td colspan="5" align="center">산 업 재 해 보 상 보 험
의 료 기 관 ☐ 지 정(☐ 변 경) 신 청 서(신 고 서)
☐ 일반지정　☐ 진폐일반　☐ 진폐전문</td><td colspan="2" align="center">처리기간
15일(지정)　5일(변경)</td></tr>
<tr><td rowspan="2">신 청 인
(신 고 인)</td><td>①성　　명</td><td></td><td colspan="2">②생년월일</td><td colspan="2"></td></tr>
<tr><td>③주　　소</td><td colspan="5">☎휴대전화</td></tr>
<tr><td rowspan="5">산재보험
의료기관</td><td rowspan="2">④명　　칭</td><td rowspan="2"></td><td colspan="2">⑤개설자(대표자)</td><td colspan="2"></td></tr>
<tr><td colspan="2">⑥건강보험요양기호</td><td colspan="2"></td></tr>
<tr><td>⑦소 재 지</td><td colspan="3"></td><td>☎
FAX</td><td></td></tr>
<tr><td>⑧진료과목</td><td></td><td colspan="2">⑨구　　분</td><td colspan="2">의과.한의과.요양병원</td></tr>
<tr><td>⑩사업자등록번호</td><td></td><td colspan="2">⑪법인등록번호</td><td colspan="2"></td></tr>
<tr><td colspan="2" align="center">변 경 사 항</td><td colspan="2" align="center">변 경 전</td><td colspan="3" align="center">변 경 후</td></tr>
<tr><td colspan="2">⑫의 료 기 관 명 칭</td><td colspan="2"></td><td colspan="3"></td></tr>
<tr><td colspan="2">⑬의 료 기 관 소 재 지</td><td colspan="2"></td><td colspan="3"></td></tr>
<tr><td rowspan="2">대표자
(법인인 경우
에 한함)</td><td>⑭성　명</td><td colspan="2"></td><td colspan="3"></td></tr>
<tr><td>⑮생년월일</td><td colspan="2"></td><td colspan="3"></td></tr>
<tr><td colspan="2">⑯진료과목.의료기관 종류</td><td colspan="2"></td><td colspan="3"></td></tr>
<tr><td colspan="2">⑰시설.장비.인력.운영 현황</td><td colspan="2"></td><td colspan="3"></td></tr>
<tr><td colspan="2" align="center">변 경 사 유</td><td colspan="5"></td></tr>
</table>

「산업재해보상보험법」제43조에 따른 산재보험 의료기관으로 지정받고자 신청 (산재보험 의료기관 변경사항을 신고)합니다.

년　　　　월　　　　일

신 청 인 (신 고 인)　　　　　　　　(서명 또는 날인)

근로복지공단　　　　　　　　**지역본부(지사)장 귀하**

<table>
<tr><td rowspan="9"><구비서류></td><td>신청인 제출서류</td><td>담당직원 확인사항 (동의하지 아니하는 경우 해당서류 제출)</td></tr>
<tr><td>1. 의료기관개설허가증 또는 신고필증 사본 1부(공통)</td><td rowspan="8">1. 사업자등록증 1부</td></tr>
<tr><td>2. 진료과목의 전문의 자격증 사본 1부(공통)</td></tr>
<tr><td>3. 의료기관 개요서 1부(지정)</td></tr>
<tr><td>4. 사업자등록증 사본 1부(지정)</td></tr>
<tr><td>5. 의료기관 개설자의 예금계좌통장 사본 1부(지정)</td></tr>
<tr><td>6. 변경전 산재보험 의료기관 지정서 1부(변경)</td></tr>
<tr><td>7. 그 밖에 변경사항을 확인할 수 있는 서류(변경)</td></tr>
<tr><td>※진단방사선과 의원은 제1호 서류 제출을 생략가능합니다(지정)</td></tr>
<tr><td colspan="3">신청인은 본 민원의 처리와 관련하여 「전자정부법」제21조 제1항에 따른 행정정보의 공동이용을 통하여 담당직원이 위의 '담당 직원 확인사항'을 확인하는 것에 (동의 / 부동의)합니다.</td></tr>
<tr><td><유의사항></td><td colspan="2">구비서류는 사본의 경우 '원본대조필'하시기 바랍니다.</td></tr>
<tr><td><공지사항></td><td colspan="2">본 민원의 처리결과에 대한 만족도 조사 및 관련 제도 개선에 필요한 의견조사를　위해 귀하의 전화번호(휴대전화)로 전화조사를 실시할 수 있습니다.</td></tr>
<tr><td>접수일자</td><td>접수번호</td><td>처리기한</td></tr>
</table>

(210mm×297mm, 신문용지 54g/㎡)

[별지 제2호서식]

(제1쪽)

의료기관 개요서 (의과 · 한의과용)

(※란은 기재하지 아니합니다)

※ 지역코드(   )

※①요양기관기호		※ 표시과목( )	②사업자등록번호	-	-
③의료기관명		④ 개설신고(허가) 일자 년 월 일	⑤ 개설신고(허가) 번호		

⑥ 개설자 (대표자)	성명		주민 등록번호		⑦ 면허 번호	⑧ 전문의 자격 종별	⑨ 전문의 자격 번호	⑩ 종 별 01종합병원 02병원 03의원 04치과병원 05치과의원 06조산원 07보건기관 28요양병원

구 분	⑪우편번호	⑫ 소 재 지 (주소)	⑬ 전화번호	※⑭가산율 %
의료기관	□□□ - □□□			※⑮입원환자간호관리료등급 (관련규정에 따라 분기별로 별도 제출함)
개설자 (대표자)	□□□ - □□□			등급

⑯ 설립 구분	01	국립	02	국립 대학	03	공립	04	학교 법인	05	특수 법인	06	종교 법인	07	사회 복지 법인	08	사단 법인	09	재단 법인	10	회사 법인	11	의료 법인	12	개인	13	군 병원	14	기타

⑰요양급여비용 수령금융기관	⑱ 금융기관명	⑲ 예금주	⑳계좌번호

㉑ 시 설 현 황

구분	허가 (신고) 사항	입원실			특수진료실														낮병동
		계	상급 병실	일반 병실	계	분만실	신생 아실	수술실	회복실	응급실	집중치료실 성인.소아	신생아	기타	인공 신장실	무균 치료실	격리 병실	물리 치료실	강내 치료실	방사선옥소 입원치료실
병실																			
병상																			
기타	조혈모세포처치실				(유, 무)				혈액 은행				(유, 무)						

- ■「의료법시행규칙」별표 3 또는 보건복지부장관이 별도로 정하는 시설규격에 적합하여야 함   ■ 집중치료실의 기타란에는 특수해당분야를 기재
- ■ 입원실의 병실, 병상수에는 특수진료실의 병실, 병상수가 포함되지 않도록 구분 기재

㉒ 운 영 현 황

01 의약분업예외지역 요양기관 (   )   02 응급의료기관 (   )   03 인력.시설.장비 공동이용기관 (   )   04 개방병원 (   )   05 가정간호사업실시기관 (   )

- ■ 해당하는 경우에만 (   )에 ∨표시하되, 03은 임차기관, 04는 개방병원이 작성함. 다만, 응급의료기관은 (   )에 ∨표시 대신 다음 각 호 중 해당번호를 기재함
  1. 중앙응급의료센터 2. 권역응급의료센터 3. 전문응급의료센터 4. 지역응급의료센터 5. 지역응급의료기관
- ■ 구비서류 : 01 의약분업예외지역확인증 또는 의약분업예외지역지정통보 문서 사본   02 응급의료기관지정서 사본   03 공동이용계약서 사본   04 개방병원이용계약서 및 개방병원이용요양기관현황 사본   05 가정간호사(2명이상) 자격증 및 가정간호사업실시전담부서 설치관련 서류 사본 1부

㉓ 인 원 현 황   총 ___________ 명

01 의사	계	명		한 의 사 03	계	명	07 약사	계	명	16	동위원소 취급자 (특 수)	명
	일 반 의	명			일 반 의	명		약 사	명	17	방사선취급감독자	명
	인 턴	명						한 약 사	명			
	레 지 던 트	명			일반수련의	명	08	임 상 병 리 사	명	18	영 양 사	명
	전 문 의 (조혈모세포시술의사)	명 (명)			전문수련의	명	09	방 사 선 사	명	19	조 리 사	명
					전 문 의	명	10	물 리 치 료 사	명	20	사 회 복 지 사	명
02 치과의사	계	명	04	조 산 사	명		11	작 업 치 료 사	명	21	조혈모세포이식담당자	명
	일 반 의	명		간 호 사 05	계	명	12	치 과 기 공 사	명	22	산 재 보 험 담 당	명
	인 턴	명			간 호 사	명	13	치 과 위 생 사	명	23	원 무 담 당	명
	레 지 던 트	명			가정전문간호사	명					
					보건전문간호사	명	14	의 무 기 록 사	명	24	기 타	명
	전 문 의	명			마취전문간호사	명	15	동위원소취급자(일 반)	명			
			06		정신전문간호사 간호조무사	명 명						

「산업재해보상보험법 시행규칙」제24조제1항에 따라 의료기관 개요서를 작성 제출합니다.

년   월   일

개 설 자 (대표자) :   (서명 또는 인)
명세서작성자 성명 :   (서명 또는 인)
주민등록번호 :

근로복지공단   지사(지역본부)장 귀하

297mm×420mm(보존용지(1종)120g/㎡)

㉔ 진료과목현황   총________과목

코드	진료과목	전문의	레지던트	계
01	내과			명
02	신경과			명
03	정신과	ⓐ / ⓑ		명
04	외과			명
05	정형외과			명
06	신경외과			명
07	흉부외과			명
08	성형외과			명
09	마취통증의학과			명
10	산부인과			명

코드	진료과목	전문의	레지던트	계
11	소아과	ⓐ / ⓑ		명
12	안과			명
13	이비인후과			명
14	피부과			명
15	비뇨기과			명
16	진단방사선과			명
17	방사선종양학과			명
18	병리과			명
19	진단검사의학과			명
20	결핵과			명

코드	진료과목	전문의	레지던트	계
21	재활의학과			명
22	핵의학과			명
23	가정의학과			명
24	응급의학과			명
25	산업의학과			명
26	예방의학과			명

코드	진료과목	전문의	레지던트	계
50	구강악안면외과			명
51	치과보철과			명
52	치과교정과			명
53	소아치과			명
54	치주과			명
55	치과보존과			명
56	구강내과			명
57	구강악안면방사선과			명
58	구강병리과			명
59	예방치과			명

코드	진료과목	전문의	전문수련의	계
80	한방내과			명
81	한방부인과			명
82	한방소아과			명
83	한방안이비인후피부과			명
84	한방신경정신과			명
85	침구과			명
86	한방재활의학과			명
87	사상체질과			명
88	한방응급			명

■ 진료과목 표기는 해당과목 코드에 ○표 하고, 진료과목별 인원현황은 전문의 및 레지던트 자격종별에 따른 인원만 기재
■ 정신과 레지던트는 1-4년차로 구분 (ⓐ1-2년차. ⓑ3-4년차)기재하고, 소아과 전문의 경우 내분비학 전공(ⓐ). 비전공(ⓑ)으로 구분 기재

㉕ 의료장비현황

[단위 : 대(개)]

(검사장비)

번호	명칭	수량
1	Urine Analyzer	
2	분광광도계(Spectro Photometer)	
3	자동혈구계산기(Automatic Cell Counter)	
4	Hct 원심분리기	
5	혈액화학자동분석기	
6	전해질분석기	
7	칼슘분석기	
8	혈중가스분석기	
9	자동혈액응고기(Automatic Coagulyzer)	
10	CO-Oximeter	
11	전기영동기(Electrophoresis)	
12	Flow Cytometer	
13	ELISA Process	
14	형광현미경(Fluorescence Microscope)	
15	동결절편기	
16	Drug Monitoring System	
17	Gamma-Counter	
18	근전도검사장비(EMG)	
19	호흡기능검사장비(Spirometer)	
20	심전도기(EKG)	
21	EKG Monitor	
22	Holter Monitor	
23	뇌파검사기(EEG,아날로그) / 뇌파검사기(EEG,디지털)	
24	뇌유발전위검사기(EP)	
25	EMG & EP	
26	안저카메라(Retina Camera)	
27	순음청력계기	
28	자기청력계기	
29	임피던스청력계기	
30	관절경(Arthroscope)	
31	자발현수후두경(Suspension Laryngoscope)	
32	후두경(후두직달경포함)	
33	기관지경(Bronchoscope)	
34	흉강경. 종격동경	
35	식도경(Esophagoscope)	
36	위경(Gastro(fiber)scope)	
37	십이지장경(Duodenoscope)	
38	담도경(Choledochoscope)	
39	대장경(Colonscope)	
40	직장경(Rectoscope)	

번호	명칭	수량
41	S상결장경	
42	복강경(Laparoscope)	
43	골반경(Culdoscope)	
44	자궁경(Hysteroscope)	
45	질확대경(Colposcope)	
46	방광경(Cystoscope)	
47	요도경(Urethroscope)	
48	초음파영상진단기	
49	심장초음파영상진단기	
50	조직형(HLA Typing)검사장비	
51	분자유전학적검사기	
52	질량분석기(Isotope Radio Mass Spectrometer)	
53	비기압계(Rhinomanometer)	
54	화학발광면역측정기	
55	Nephelometer	
56	기립경사테이블(Tilt Table)	
57	지각계	
58	Scheimplug Camera	
59	안내형광분석기	
60	위전도기기	
61	fundus camera	
62	비침습적심박출량측정기	
63	이내시경	
64	자궁경부확대촬영기(Cervicoscope)	
65	요관경(Ureteroscopy)	
	기타	

(방사선진단및치료장비)

번호	명칭	수량
71	X-Ray촬영장치	
72	X-Ray촬영. 투시장치	
73	혈관조영장치 (Single)	
74	혈관조영장치(Bi-plane)	
75	디지털방사선촬영장치	
76	C-Arm형 장치	
77	Tomography / Mammography	
78	영상저장및전송시스템(Full PACS)	
79	치과용방사선장치	
80	치과방사선파노라마장치	
81	치과근관장측정기	
82	Scan용 Gamma Camera	
83	Spect용 Gamma Camera	
84	단일광자전산화단층촬영기(Spect)	
85	방사성동위원소 (Scanner)	
86	CT scanner (두부용)	
87	CT scanner (전신용)	
88	M.R.I장비	
89	코발트치료기	
90	선형가속치료장치(Linear Accelerater)	
91	후장전치료장치(After Loading System)	
92	이리디움치료기	
93	골밀도검사기	
94	원자흡광광도기	
95	혈액방사선조사기	
96	양전자단층촬영기(PET)	
97	컴퓨터영상처리장치(CR)	
	기타	

(이학요법장비)

번호	명칭	수량
111	보행풀	
112	전신풀	
113	Whirl Pool Bath (수족지용)	
114	Whirl Pool Bath (전신용)	
115	Hubbard Tank	
116	간헐적견인장치	
117	전기자극치료기(EST)	
118	저주파치료기 (TENS)	
119	간섭파전류치료기(ICT)	
120	피부광화학치료기	
121	Phototherapy Unit	
122	간헐적양압흡입기	
123	보육기	
124	Laser 치료기	
125	표층열치료기(TDP. Hot pack)	
126	적외선치료기 (Infra Red)	
127	적외선체열 진단기	
128	초음파치료기(Ultra Sound. Micro Wave)	
129	초단파치료기	
130	극초단파치료기	
131	증기욕	
132	자외선치료기	
133	정규욕조	
134	파라핀욕	
135	FES 장비	
136	EDIT	
137	SSP	
138	운동기구	
139	냉동치료기	
140	대조욕 (Contrast Bath)	
141	등속성운동치료기 (Isokinetic)	
142	파동형공기압치료기	
143	Fluidotherapy Unit	
144	바이식형전기배뇨억제기(자기장)	
145	바이식형전기배뇨억제기(전기)	
	기타	

(수술 및 처치장비)

번호	명칭	수량
151	전신마취기	
152	인공호흡기 (Volume)	
153	인공호흡기(Pressure)	
154	Resuscitator	
155	고압산소치료기	
156	Oxygen tent	
157	Defibrillator	
158	인공심폐기	
159	대동맥용순환펌프기(IABP System)	
160	Pheresis 기	
161	Cryosurgery Unit	
162	Laser 수술장비	
163	수술용현미경(Operating Microscope)	
164	체외충격파쇄석기	
165	온열암치료기(Hyperthermia System)	
166	뇌종양치료기 (Gamma Knife)	
167	인공신장기	
168	조혈모세포냉동기	
169	Nebulizer	
170	초고속혈액주입기	
171	Liquid Nitrogen Storage Tank	
	기타	

(한의과 장비)

번호	명칭	수량
181	양도락	
182	맥전도	
183	전기침시술기	
184	레이저침시술기	
185	전자침시술기	
186	경락기능검사기	
187	적외선체열진단기	
188	색채요법기	
189	체성분분석기	
190	맥파기	
191	가속도맥파기	
192	추나치료대	
193	견인장치	
194	전산화팔강검사기	
195	수양명경경락기능검사기	
196	혈맥레이저침시술기	
197	혈류.내온레이저침시술기	
	기타	

■ 구비서류 : 의료장비구입증빙서류(세금계산서 등) 사본, 의료기기제조(수입)품목허가(신고)증 사본, 진단용방사선발생장치의설치및사용신고필증 사본, 특수의료장비등록필증 사본, 영상저장및전송시스템(Full PACS) 정상가동일 증빙자료 사본 1부

㉖ 의료인 등 인원현황 총-------------명						의 료 기 관 명		
면허종별	성명	주민등록번호	면허번호	자격종별	자격번호	입사일자	TPI 이수현황	비고

▣ 현황을 기재하는 인력은 의사, 한의사, 치과의사, (한)약사, 간호사(간호조무사 포함), 물리치료사, 임상병리사, 방사선사, 작업치료사, 사회복지사임
▣ 인턴, 레지던트는 비고란에 "인턴", "레지던트"로 기재(자격종별란에 "레지던트"의 전공과목 기재)
▣ 구비서류 : 면허증 및 자격증 사본 1부

210㎜×297㎜(보존용지(1종)120g/㎡)

산업재해보상보험

특진의료기관 선택 확인서

1. 특별진찰 대상자

성 명		주민등록번호	□□□□□□-□□□□□□□
주 소			☎
재해발생일	□□□□년□□월□□일	사업장명	

2. 요양중인 산재보험 의료기관

의료기관명	
주 소	☎

3. 상병명 및 특별진찰사유

상병명	
특별진찰사유	

4. 특진의료기관 선택　　　　　　　　　（※ 의료기관 1곳을 선택하여 "○"표 하세요)

의료기관명	주 소	의료기관 종류	선택여부

본인은 추천된 특진의료기관 중 위와 같이 선택하였음을 확인합니다.

년　　월　　일

　　　　신 청 인 :　　　　　(서명 또는 인)
　　　　전화 번호 :
　　　　E-mail :　　　　　휴대폰 :
　　　　대 리 인 :　　　　　(서명 또는 인)

(210mm×297mm, 신문용지 54g/㎡)

■ 산재사고에 대하여 구상금을 청구한 경우 자동차보험의 재해보상면책약관의 적용배제 여부?

[질문] 갑과 산업재해보상보험에 가입된 을의 피용자의 쌍방과실이 경합하여 발생한 산재사고에 대하여 근로복지공단이 보급여를 지급하고 갑에게 구상권을 행사하자 갑의 보험자가 구상금을 지급한 다음 을의 보험자에 대하여 을의 피용자의 과실비율에 상당하는 구상금을 청구하였습니다. 이런 경우, 자동차보험약관 소정의 재해보상면책약관의 적용이 배제되는지요?

[답변] 대인배상에 관한 보험회사의 면책사유의 하나로 피해자가 배상책임 있는 피보험자의 피용자로서 근로기준법에 의한 재해보상을 받을 수 있는 사람인 경우를 들고 있는 피고 회사의 위 자동차종합보험보통약관 제10조 제2항 제4호의 규정의 의미는, 사용자와 근로자의 노사관계에서 발생한 업무상 재해로 인한 손해에 대하여는 노사관계를 규율하는 근로기준법에서 사용자의 각종 보상책임을 규정하는 한편 이러한 보상책임을 담보하기 위하여 산업재해보상보험법으로 산업재해보상보험제도를 설정하고 있습니다.

그러므로 위 면책조항은 노사관계에서 발생하는 재해보상에 대하여는 궁극적으로 산업재해보상보험에 의하여

전보 받도록 하고 제3자에 대한 배상책임을 전보하는 것을 목적으로 한 자동차보험의 대인배상 범위에서는 이를 제외한 취지라고 보는 것이 타당하며, 위와 같은 면책조항이 상법 제659조에서 정한 보험자의 면책사유보다 보험계약자 또는 피보험자에게 불이익하게 면책사유를 변경함으로써 같은 법 제663조에 위반된다고 볼 수 없습니다.

약관의 규제에 관한 법률 제7조 제2호에서 정한 '상당한 이유 없이 사업자(즉 보험회사)의 손해배상 범위를 제한하거나 사업자가 부담하여야 할 위험을 고객에게 이전시키는 조항'에도 해당되지 아니하므로 이를 무효라고 할 수 없다는 것이 당원의 확립된 견해인바(대법원 1989.11.14.선고, 88다카29177 판결, 1993.11.9.선고, 93다23107판결, 2000.4.25.선고, 99다68027판결 등 참조), 이 질문의 경우도 달리 산업재해보상보험법에 의하여 보상받을 수 없는 경우에 해당한다는 등의 특별한 사정이 없는 한 산업재해보상보험법에 따라 보험급여가 지급된 부분에 대하여 원고가 위 방교상사의 보험자인 피고에 대하여는 구상권을 행사할 수 없다고 할 것입니다.

▌재해배상을 받을 수 있는 경우 자동차보험약관의 규정이 타법에 의해 무효가 되는지 여부?

질문 대인배상에 관한 보험회사의 면책사유의 하나로 피해자가 배상책임 있는 피보험자의 피용자로서 근로기준법에 의한 재해보상을 받을 수 있는 사람인 경우를 들고 있는 자동차종합보험보통약관의 규정이 상법 제663조에 위반하거나 약관의 규제에 관한 법률 제7조 제2호에 해당하여 무효인지요?

답변 사용자와 근로자의 노사관계에서 발생한 업무상 재해로 인한 손해에 대하여는 노사관계를 규율하는 근로기준법에서 사용자의 각종 보상책임을 규정하는 한편 이러한 보상책임을 담보하기 위하여 산업재해보상보험법으로 산업재해보상보험제도를 설정하고 있습니다.

대인배상에 관한 보험회사의 면책사유의 하나로 피해자가 배상책임 있는 피보험자의 피용자로서 근로기준법에 의한 재해보상을 받을 수 있는 사람인 경우를 들고 있는 자동차종합보험보통약관은 노사관계에서 발생하는 재해보상에 대하여는 산업재해보상보험에 의하여 전보 받도록 하고 제3자에 대한 배상책임을 전보하는 것을 목적으로 한 자동차보험의 대인배상 범위에서는 이를 제외한 취지라고 보는 것이 타당합니다.

위와 같은 면책조항이 상법 제659조에서 정한 보험자의 면책사유보다 보험계약자 또는 피보험자에게 불이익하게 면책사유를 변경함으로써 같은 법 제663조에 위반된다고 볼 수 없으며, 약관의 규제에 관한 법률 제7조 제2호에서 정한 '상당한 이유 없이 사업자(즉 보험회사)의 손해배상 범위를 제한하거나 사업자가 부담하여야 할 위험을 고객에게 이전시키는 조항'에도 해당되지 아니하므로 이를 무효라고 할 수 없습니다.

[관련판례]

자동차종합보험약관 제10조 제2항 제4호에서 피해자가 배상책임 있는 피보험자의 피용자로서 근로기준법에 의한 재해보상을 받을 수 있는 사람인 경우 보험자의 면책사유로 규정한 것은 노사관계에서 발생하는 재해보상에 대하여는 원칙적으로 산업재해보상보험에 의하여 전보 받도록 하려는 데에 그 취지가 있는 것이므로, 피해자가 근로기준법에 의한 재해보상을 받을 수 있는 자가 아니거나 근로기준법에 의한 재해보상을 받을 수 있다고 하더라도 산업재해보상보험법에 의하여 보상을 받을 수 없는 경우에는 위 면책사유의 적용대상에서 제외되어야 한다(대법원 1994.01.11.선고, 93다5376 판결).

제3편

산업재해보상 행정심판 재결례

■ 하자보수공사의 미가입 재해 판단 기준

　이 사건 지침은 하자보수공사의 산재보험적용과 관련하여 소규모 하자보수공사의 근로자를 보호하고, 사업주의 부담을 경감하기 위하여 하자보수 공사금액에 관계없이 '본 공사'를 기준으로 산재보험을 당연적용하는 것이므로, '미가입 재해여부' 판단도 하자보수공사가 아닌 본 공사를 기준으로 판단하는 것이 하자보수공사의 근로자 보호와 사업주 부담 경감이라는 이 사건 지침의 취지에 부합하는 점, 산재보험급여액 징수처분제도는 보험료 징수를 확보하기 위하여 우선 보험가입자의 성실한 가입신고가 선행되어야 한다는 점을 감안하여 그러한 성실신고의무를 촉진하려는 것인데, 이 사건 본 공사금액이 3억 6,000만원임에 반하여 이 사건 공사금액은 약 166만원에 불과하여 이 사건 공사에 대한 별도의 보험관계 성립신고를 하여할 필요성이 크다고 보기 어렵고, 이 사건 공사기간은 총 2일로서 사업이 종료되는 날의 전날인 이 사건 공사착공일에 보험관계 성립신고를 하여야 하는 가중한 신고의무를 부과하고 있는 점 등에 비추어 보면 이 사건 본 공사에 대한 보험관계 성립신고만으로도 보험료 징수를 확보하기 위한 성실신고의무를 다한 것으로 볼 수 있는 점 등을 종합적으로 고려하면 이 사건 공사가 아닌 이 사건 본 공사를 기준으로 산재보험급여액 징수처분을 위한 미가입 재해 여부를 판단하여야 한다 (2013-14253 산업재해보상보험급여액 징수처분 취소청구).

▌장소적으로 분리된 사업장의 미가입 재해 판단 기준

　이 사건 사업장은 청구인 사업장과 전체적으로 동일한 재해발생 위험도를 공유하고 있는 것으로 보이는 점, 청구인은 이 사건 사업장에서 청구인 사업장 소속 상용직 근로자 2명을 관리책임자로 배치하고 나머지 근로자는 일용직으로 채용하여 업무를 수행하였으며 이 사건 사업장 근로자들의 급여를 지급하는 등 청구인이 이 사건 사업장의 근로자들을 직접 지휘·감독한 사실이 확인되는 점, 청구인은 이 사건 재해 발생 이전에 이 사건 사업장의 일용직 근로자들에 대한 근로내용 확인신고서를 제출하지 아니하였으나, 상용직 근로자 2명은 청구인 사업장 소속으로 산재보험에 가입되어 산재보험료를 납부하여 왔으므로 청구인이 이 사건 사업장에 대하여 보험료 납부를 면탈하기 위하여 보험관계 성립신고의무를 불이행한 것으로 보기는 어려운 점 등을 종합적으로 고려하여 보면, 이 사건 사업장이 청구인 사업장과 분리되어 독립적으로 운영된다고 볼 수 없고 이 사건 사업장에서 이루어진 경제활동의 내용은 청구인의 최종적 사업목적을 위하여 청구인 사업장과 유기적으로 결합되어 있다고 할 것이므로 이 사건 사업장은 청구인 사업장과 독립된 산재보험법상 별개의 산재보험 가입대상인 사업장에 해당한다고 보기는 어렵고, 청구인이 이 사건 사업장에 대하여 산재보험관계 성립신고를 게을리 한 것으로도 볼 수 없다(2014-13147 산업재해보상보험급여액 징수처분 취소청구).

■ 별개 건축허가를 받은 증축공사의 총공사 포함 여부

　청구인은 이 사건 신축 및 증축공사에 대하여 각각 별도로 건축허가를 받고 직영으로 공사를 진행한 사실은 인정되나, 이 사건 신축공사의 최초 허가 시에는 이 사건 증축공사 범위 중 일부를 포함하여 건축허가를 받았고, 이 사건 신축공사에 대한 최초 보험관계 성립시 준공예정일이 이 사건 증축공사 기간까지 포함된 2014. 3. 26.로 되어 있어 청구인이 최초 이 사건 신축공사 당시에는 이 사건 증축공사와 구분 없이 공장 신축을 위한 하나의 공사로 진행한 것으로 보이는 점, 이 사건 증축공사는 공장 제2동을 연결하여 증축하는 공사로서 이 사건 신축공사와 동일한 장소에서 이루어졌고, 공사규모에 있어서도 연면적이 약 300㎡로서 이 사건 신축공사의 연면적 약 1000㎡의 1/3도 되지 아니하는 점 등을 종합하여 보면, 이 사건 신축공사와 이 사건 증축공사는 청구인 사업장의 공장 신축을 위한 일련의 공사로서 위 두 공사 전체를 보험료징수법 시행령 제2조제1항제1호에 정의된 '총공사'로 보아 하나의 산재보험관계가 성립된다고 할 것이며, 단지 위 두 공사에 대하여 형식적으로 별개의 건축허가를 받았다고 하여 이를 달리 볼 수는 없는 것이다(2014-14233 산업재해보상보험급여액 징수처분 취소청구).

청구인은 □□대학교부속 □한방병원으로부터 1.68km 떨어진 곳에 위치하고 있어 산재보험 의료기관의 지역별 분포 기준상 가까운 곳에 있는 산재보험 의료기관 중 한방병원이 있는 경우에 해당하고, 최근 3년간 '의료기관별 요양환자 현황'을 보면 산재 지정 의료기관의 요양환자 중 한방병원의 요양환자 수는 전체 요양환자 수의 약 2%에 미치지 못하고, 그 중에서도 □□대학교부속 □한방병원의 요양환자는 없는 것으로 확인되어 청구인 소재지에 한방병원을 추가로 지정할 필요가 있다고 보이지 않는 점, 피청구인은 청구인의 인근 또는 동일 건물 내 한방병원과 함께 협의진료가 가능한 의과 의료기관이 없는 점 등을 종합적으로 고려하여 산재보험 의료기관의 지역별 분포기준 점수 총 10점 중 0점을 주었고, 이에 따라 청구인은 배점 합계 총 100점 중 76점을 받아 지정기준인 80점을 넘지 못하였으며, 달리 피청구인의 평가가 잘못되었다는 것을 입증할만한 자료도 보이지 않으므로 피청구인의 이 사건 처분이 위법·부당하다고 할 수 없다 (2015-00007 산업재해보상보험 의료기관 지정거부처분 취소청구).

■ 적용단위 판단(1건 사업계획 인허가로 3동의 단독주택 신축공사)

청구인이 근로자를 사용하여 이 사건 공사를 모두 시행했다는 자료가 확인되지 않는 점 등에 비추어 볼 때 청구인 등은 각자 소유의 대지에 위 3동의 단독주택을 건축하기 위하여 공동으로 공사를 시공하였다거나 청구인이 모두 시공한 것으로 볼만한 입증자료도 확인되지 않으므로, 이 사건 공사는 당해 건축물의 공사를 각각 직접 시공한 부분에 대하여 해당 건축주가 사업주에 해당하는 것으로 보아야 할 것이고, 위 각각의 건축공사는 연면적이 100제곱미터 이하로 「고용보험법」과 「산업재해보상보험법」의 적용 대상이 아닌 것으로 보이는 점 등을 종합적으로 고려할 때, 청구인이 위 3동의 단독주택을 모두 시공하였는지 또는 청구인 등이 위 3동의 단독주택을 공동으로 시행하였는지 등의 실질적인 공사의 시행자가 누구인지 확인하지 아니한 채 이 사건 공사인 단독주택 3동의 연면적이 100제곱미터를 초과(3동의 건축면적 합계 276.62제곱미터)한다는 이유만으로 청구인에게 한 피청구인의 이 사건 처분은 위법·부당하다(2013-05342 고용보험료 및 산업재해보상보험료 부과처분 취소 청구 등).

▌직영공사의 당연적용(건축허가를 받지 못해 중지된 증축공사)

이 사건 공사는 연면적이 376.55㎡인 기존 건물의 증축공사이고,
총공사금액은 '건설업자가 아닌 자가 시공하는 건설공사의 총공사
금액에 관한 규정'에 따라 표준단가에 연면적을 곱하여 산정한 2억
2,931만 8,950원이 되는바, 이 사건 공사는 연면적이 100㎡를 초과
하고 총공사금액이 2천만원 이상인 건설공사로서 고용·산재보험의
당연적용대상 사업이고, 청구인은 이 사건 공사의 건축주로서 고용·
산재보험의 당연가입대상 사업주에 해당된다고 볼 수 있다
(2013-03768 산업재해보상보험료 등 징수처분 무효확인청구).

▌인력공급업 파견 근로자의 본사 흡수적용 여부(분리적용)

청구인은 ㈜□□□코리아와의 위탁계약에 따라 2012. 6. 1.부터
이 사건 사업장에 근로자를 파견하여 제과제빵 생산업무를 하고
있으며, 이 사건 사업장이 청구인의 본사와 장소적으로 분리되어
있고 사업종류가 다른 별개의 사업장이어서 본사와는 별도로 산재
보험에 가입하여야 함에도 불구하고 이 사건 재해 발생일까지 산
재보험에 가입된 사실이 없는 점, 청구인이 피재자를 포함한 3명
{(○○○, ○○○, ○○○(피재자)}에 대해 이 사건 사업장에 파견
하였음에도 불구하고 본사로 고용신고를 하였고, 그 중 2명{○○
○, ○○○(피재자)}은 이 사건 재해가 발생한 후에야 비로소 고용
신고를 한 점, 위 근로자 외에도 이 사건 사업장에 파견된 근로자
(○○○, ○○○, ○○○ 등 3명)가 있었던 것으로 보이나 이들에

대해 본사나 이 사건 사업장 어디에도 고용신고를 한 사실이 없어 청구인이 보험료를 성실하게 납부하였다고 볼 수 없는 점 등을 종합해 볼 때 이 사건 사업장의 보험관계가 본사에 흡수 적용된 것으로 보아야 한다는 청구인의 주장은 받아들일 수 없다(2013-15223 산업재해보상보험급여액 징수처분 취소청구).

■ 건설공사의 총공사금액 판단기준

이 사건 재해에 대한 조사 당시부터 청구인이 이 사건 총공사금액이 2천만원 이상이라고 주장하면서 총공사금액을 입증하는 공사내역서(총공사금액: 2,930만원), 작업일지 등의 자료를 제출하였음에도 불구하고 피청구인은 실제 이 사건 공사의 총공사금액이 2천만원 미만인지, 설계변경으로 2천만원 이상으로 변경된 사실이 있는지 등을 확인하지 아니한 것으로 보이고, 달리 이 사건 공사의 총공사금액의 산정이 불가능하다거나 2천만원 미만이었다가 설계변경으로 총공사금액이 변경되었다는 것을 입증할 수 있는 객관적인 자료가 없는 점 등에 비추어 볼 때 피청구인이 이 사건 공사의 총공사금액에 대한 정확한 조사를 한 것으로 보기 어렵다. 따라서 청구인이 제출한 공사내역서 등 관련자료를 다시 정확히 확인하여 이 사건 공사가 산재보험 적용 제외 대상에 해당하는지 여부를 결정하는 것은 별론으로 하고, 이 사건 공사의 총공사금액에 대한 정확한 조사 없이 착공일부터 피재자의 재해일까지의 공사금액이 2천만원 미만이라는 이유만으로 청구인의 보험관계 성립신고를 반려한 피청구인의 이 사건 처분은 위법·부당하다(2013-20197 산업재해보상보험 보험관계성립신고 반려처분 취소청구).

청구인은 일정한 생산시설과 인원을 갖추고 철골을 제조하여 판매하는 철골제조업을 하는 것으로는 볼 수 있으나 ① 판넬 및 창호의 경우에는 판넬 및 창호를 구매하여 절단기 등의 설비를 이용하여 절단 및 홀 가공 등의 작업을 일부 수행한다고 하더라도 이는 건설공사 등을 위한 부수적인 업무로서 청구인이 일정한 장소에서 상시적으로 고유제품을 생산하여 판매하는 제조업을 수행한 것으로 보기 어려운 점, ② 이 사건 공사는 연면적 '1,196㎡', 높이 '13.2m' 규모의 공장 신축공사 중 철근콘크리트공사와 설비공사를 제외한 공사로서 사실상 공장신축공사를 한 것이므로 이를 산재보험법 시행규칙 제4조상의 제조업에 부수한 생산제품의 설치공사로 보기 어려운 점, ③ 산재보험법 시행규칙 제4조는 제조업과 이에 부수한 설치공사의 재해발생 위험성을 명확하게 구분하기 어렵고, 설치공사가 제조업과 동일한 위험권에 있는 경우 등을 고려하여 생산제품의 설치공사를 주된 사업인 제조업으로 보험관계를 적용하는 것인데, 청구인 사업장에서의 판넬 및 창호 가공업무와 이 사건 공장신축공사 현장에서의 설치공사 등이 동일한 위험권에 있거나 재해발생 위험성이 구분되지 않는다고 보기 어려운 점 등을 종합적으로 고려할 때 이 사건 공사를 산재보험법 시행규칙 제4조의 상시적으로 고유제품을 생산하여 그 제품 구매자와의 계약에 따라 직접 설치한 공사로 보기 어려우므로 청구인의 주장은 받아들일 수 없다(2014-00592 고용보험료 및 산업재해보상보험료 등 징수처분 취소청구).

■ 곶감 생산판매 사업장의 적용관계(상시근로자 수 산정)

청구인은 곶감을 생산하기 위해 업종을 '곶감 제조업'으로 하여 2014. 1. 1. 이 사건 사업장에 대한 사업자등록을 하고 지방자치단체의 지원을 받아 건조장을 신축한 후 감 껍질 깎는 기계 등을 갖추고 수확한 감의 껍질 깎기, 건조 등의 가공공정을 거쳐 '곶감'을 생산하여 포장.출하를 하고 있는바, 이 사건 사업장의 최종제품은 '곶감'이라고 할 것이고, 사업종류예시표상 '200 식료품 제조업'의 사업세목인 '20002 야채 및 과실의 통조림과 기타 절임식료품 제조업'에 '과실 등의 건조물을 제조하는 사업'이 예시되어 있으므로 이 사건 사업장의 사업종류는 '200 식료품 제조업'에 해당하고, 상시근로자 수가 1명 이상이면 산재보험법의 적용 대상이 된다고 할 것이다. 따라서 청구인이 감나무를 재배하는 사업은 '800 농업'에 해당되고 상시근로자 수가 5명이 되지 않으므로 위 감나무를 재배하는 사업은 산재보험 당연적용대상이 아니라고 하는 것은 별론으로 하고, 곶감을 생산하는 이 사건 사업장까지 산재보험 사업종류가 '800 농업'에 해당하고 상시근로자 수가 5명 미만이어서 산재보험 당연적용대상 사업장이 아니라는 이유로 한 피청구인의 이 사건 처분은 위법.부당하다(2015-02493 산업재해보상보험 보험관계성립신고 반려처분 취소청구).

■ 개인직영공사 당연적용(근로자 사용사실 입증책임)

피청구인은 이 사건 공사에 대한 현장 확인을 하지 아니하였고, 피청구인의 처분과정 어디에도 청구인이 이 사건 공사를 하면서 근로자를 사용하였음을 확인하였다거나 이를 입증할 만한 증빙자료가 없으며, 고용·산재보험 인정성립조서에 기재된 근로자수 1명은 피청구인이 임의적으로 산출한 숫자로서 보험관계성립일 현재 실질적으로 사용한 근로자수를 나타내는 것으로 볼 수 없는 점, 청구인은 청구인 소속 교인 중 건축일을 하였던 직원을 포함한 교인들이 이 사건 공사를 하여 별도의 근로자의 고용이 없었다는 취지로 진술하고 있고, 청구인이 건설공사를 할 수 있는 에어콤프레샤, 함마드릴, 전기드릴, 고속카터기, 그라인더, 전기용접기, 테이블 톱, 굴삭기, 목공용 기계톱 등 각종 장비를 보유하고 있는 점, 이 사건 공사는 일반철골구조로 공사가 완료된 2층 건물 중 주차장으로 사용되는 1층 부분을 판넬을 이용하여 사무실 겸 교회로 용도를 변경하는 공사로서 근로자를 사용하지 않고 건축일을 한 경험이 있는 교인들의 노동력만으로 이 사건 공사를 할 수 없다고 단정하기 어려운 점 등을 종합적으로 보면 피청구인의 이 사건 처분과정에 나타난 자료만으로는 피청구인이 청구인의 근로자 사용 사실에 대하여 합리적으로 수긍할 수 있을 만큼의 입증을 하였다고 볼 수 없다 할 것이다(2014-23109 고용보험료 및 산업재해보상보험료 징수처분 취소청구).

■ 고철판매 목적 가건물 철거공사의 총공사금액 판단기준

총공사금액 산정에 있어 보험료징수법 시행령 제2조에 의거 총공사금액이란 총공사를 할 때 계약상의 도급금액(발주자가 재료를 제공하는 경우에 그 재료의 시가 환산액을 포함한다)을 말한다고 되어 있고 공사에 제공된 재료의 시가환산액도 총공사금액에 포함하도록 규정하고 있으나, '재료'란 최종목적물을 완성하기 위하여 투여되는 물품을 의미한다할 것이고, 해체 또는 철거공사에서 해체 후 발생하는 고철 등의 물품은 해체 또는 철거의 대상물일 뿐 최종목적물을 완성하기 위하여 투여되는 재료라고는 볼 수 없다(대법원 2012. 8. 30. 선고, 2012두10130 판결 참조). 따라서, 이 사건 공사는 건축물에 대한 철거.해체작업에 포함되는 건설공사에 해당하며, 청구인이 주장하는 총공사금액 2,860만원 중 고철매매금액 2,160만 원은 총공사금액에 포함할 수 없으므로 총공사금액은 700만원으로 2,000만원 미만인 공사에 해당되어 산재보험법 제6조 및 같은 법 시행령 제2조제1항에 따라 산재보험법 적용제외사업에 해당한다고 할 것이므로 이를 이유로 한 피청구인의 이 사건 처분이 위법.부당하다고 할 수 없다(2014-23167 산업재해보상보험 보험관계 성립신고서 반려처분 취소청구).

■ 일부 도급공사의 보험가입자

청구인이 피청구인에게 고용.산재보험 보험관계 신고를 하면서 이 사건 공사의 실제착공일을 2012. 2. 10.로 기재한 점, 청구인은 착공일자를 2012. 2. 7.로 하여 이 사건 공사 중 철골, 판넬, 창호공사 일체는 □□□□와, 배수로.철근콘크리트공사, 설비.전기.소방.통신공사 일체는 □□□□ 컨설팅과 도급계약을 체결한 점, 피청구인은 청구인이 이 사건 공사 중 도로포장 등 일부 공사를 직영으로 하였다고 인정하고 있는 점, 피재자들은 □□□□□ 소속 근로자들로서 □□□□ 청구인으로부터 도급받은 이 사건 도급공사 도중에 □□□□□의 지휘.감독을 받으며 작업하다가 이 사건 재해를 당한 점 등을 종합적으로 고려할 때, 청구인은 사업의 일부를 직접 하는 발주자로서 청구인이 이 사건 공사의 일부를 직접 한 부분에 대하여는 원수급인이 된다고 할 것이나, 청구인이 도급을 준 이 사건 도급공사는 최초로 도급을 받은 □□□□□가 원수급인이 되어야 할 것이다(2013-07821 산업재해보상보험급여액 징수처분 취소청구).

■ 재하도급된 제작·설치공사의 보험가입자

청구인은 이 사건 설치공사 중 이 사건 제작·설치를 ㈜□□□□코리아가 시행하도록 계약하고 ㈜□□□□코리아는 다시 이 사건 제작·설치 중 '슬러지 건조시설의 제작·설치'와 '건조품 이송 및 저장 시설의 제작·설치'를 ㈜□□□□와 ㈜□□□□엔에스가 각각 시행하도록 계약하였으므로 청구인은 「산업재해보상보험법 시행규칙」 제4조에 규정되어 있는 생산제품의 설치공사에 대한 특례 규정을 적용받을 수 없고, 이 사건 설치공사는 슬러지를 자원화하는 폐기물 처리 기계기구장치를 완성하기 위하여 각 부분적 기능을 수행하는 장치 등을 긴밀히 조립·설치하는 것으로서 '기계설비나 그 밖의 구조물의 설치공사'에 해당하는 건설공사라고 할 것인바, 청구인은 건설공사인 이 사건 설치공사의 원수급자로서 이 사건 설치공사가 다시 일부 도급되어 행해진 이 사건 제작·설치에 있어서도 고용보험과 산재보험 가입자인 사업주에 해당한다 할 것이다(2013-00374 고용보험료 및 산업재해보상보험료 징수처분 취소청구).

■ 사업자등록으로 인한 보험가입자의 실질적인 변경 여부

　보험관계의 당사자는 실질관계에 의하여 결정되어야 할 것이므로 청구인의 사업자등록으로 이 사건 사업장의 사업주가 실질적으로 변경되었는지를 살펴보아야 할 것인데, 위 인정사실에 따르면 ① 청구인은 이 사건 사업장의 실제사업주는 청구인의 매형인 ○○○라고 주장하고 있고, 청구인의 사업자 등록(2011. 5. 26.) 이후에 작성된 ○○○의 확인서(2011. 7. 27.) 및 피청구인의 미가입재해조사복명서(2011. 8. 1.)상 ○○○가 청구인의 사업자등록 이후에도 이 사건 사업장을 계속 운영한 사실이 확인되는 점, ② 국민권익위원회 소속 직원이 이 사건 사업장에 출장조사한 결과 ○○○는 사업자등록증상 명의만 빌려준 것에 불과하고, ○○○가 이 사건 사업장을 계속 운영하고 있는 사실이 확인되는 점, ③ ○○○는 청구인의 사업자 등록 이후인 2012. 8. 20. 이 사건 사업장 계좌로 이 사건 사업장에 대한 산재보험료(2012년 8월분~2013년 7월분)를 자동이체 납부하고, 2013. 1. 23. 이 사건 사업장에 대한 미납 산재보험료(2011년 2월분~2012년 7월분)를 추가로 직접 납부한 사실이 확인되는 점 등을 고려할 때 청구인의 사업자등록 이후에도 ○○○가 이 사건 사업장을 계속 운영한 것으로 보이고, 이 사건 사업장의 사업주가 실질적으로 변경된 것으로 보기 어려운 바, 청구인의 사업자등록으로 청구인에 대하여 별도의 산재보험관계가 성립한 것으로 보기 어렵다(2013-09660 산업재해보상보험급여액 징수처분 취소청구).

■ 양배추 수확작업의 사용종속관계

　이 사건 작업은 칼로 배추를 자르는 작업, 배추를 망에 담는 작업, 망에 담긴 배추를 운반하여 차에 싣는 작업 등으로 분업화 되어 있는데, 작업팀의 인원은 청구인을 제외한 5~6명으로 고정되어 있지 않고 5톤 트럭 당 도급금액이 상황에 따라 30~50만원으로 가변적이었던 것으로 보이며, 근로자들의 작업 내용도 청구인이 결정한 것으로 보이는 점, 청구인은 근로자들의 일당을 트럭 당 3만 5,000원에서 5만원으로 다르게 결정하여 지급한 점, 근로자들의 출·퇴근 등을 위하여 청구인 소유의 차량을 제공한 점 등을 종합적으로 고려할 때, 청구인은 발주자와 이 사건 작업에 대한 도급금액을 결정하고, 작업 상황에 따라 작업인원과 분업화된 근로자들에게 트럭 1대 당 일당을 정하여 지급한 후 나머지를 청구인의 수입으로 한 것으로 보이는바, 청구인은 이 사건 작업에 수행에 필요한 근로자들을 선정하여 근로자들과 사용종속관계에서 근로자들을 지휘·감독하고, 작업장소와 근로자들의 임금을 결정하며, 노무 및 장비(차량)의 제공을 통한 이윤 창출과 손실의 초래 등 위험을 스스로 안고 있는 사업주에 해당한다고 할 것이므로 청구인의 주장은 받아들이기 어렵다(2013-15729 산업재해보상보험급여액 등 징수처분 취소청구).

▌ 발주자를 개인공사의 원수급인으로 볼 수 있는지 여부

청구인이 이 사건 공사 중 기초공사와 관련하여 레미콘 업체에게 레미콘 대금을 직접 지급한 사실은 인정되나, 청구인은 기초공사 등에 관하여 □□설비와 공사계약을 체결하여 청구인이 아닌 □□설비가 기초공사를 한 것으로 보이고, 청구인이 기초공사 등의 과정에서 청구인의 책임 아래 공사를 직접 지휘·감독하였다는 객관적이고 구체적인 자료도 확인되지 아니하는 점 등에 비추어 보면 청구인이 이 사건 공사를 직접 하다가 사업의 진행경과에 따라 □□건설 등에게 도급을 준 것으로 보기는 어려운 점, 이 사건 재해는 □□건설과 체결한 도급계약에 따라 □□건설의 책임하에 시행되던 지붕공사 과정에서 발생한 것으로 달리 청구인에게 이 사건 재해에 대한 산재보험 책임을 부여할 만한 객관적이고 구체적인 자료가 확인되지 아니하는 점 등을 종합적으로 보면 청구인이 이 사건 공사 중 기초공사와 관련하여 레미콘 업체에게 레미콘 대금을 직접 지급한 사실만으로는 청구인을 이 사건 공사의 원수급인으로 보기는 어렵다. 따라서 피청구인이 이 사건 공사가 '발주자가 직접 공사를 행하다가 사업의 진행경과에 따라 도급하는 경우'에 해당한다는 이유로 청구인을 이 사건 공사의 원수급인으로 판단하고 한 피청구인의 이 사건 처분은 위법.부당하다(2014-05098 산업재해보상보험급여액 징수처분 취소청구).

▌ 화물운송차량 운전기사(근로자성 인정)

청구인은 피재자가 소속 근로자가 아니라 동업자이므로 피재자를 청구인 소속 근로자로 판단하여 한 이 사건 처분은 위법·부당하다고 주장한다. 그러나 위 인정사실에 따르면 청구인은 이 사건 차량을 주식회사 □□ 명의로 등록하여 차량수리비, 유지비, 관리비 등을 직접 부담하면서 화물운송업을 수행하였고 피재자를 운전기사로 채용하여 이 사건 차량의 운행횟수에 따라 임금을 지급하였으며, 피재자는 임금을 목적으로 종속적인 관계에서 청구인에게 근로를 제공한 것으로 보이는 점, 청구인이 피청구인에게 제출한 보험관계 성립신고서, 근로계약서, 보험가입자 확인서 및 의견서 등 관련자료에서 청구인이 피재자의 사업주임을 스스로 인정한 점, 달리 피재자가 동업자라는 청구인의 주장을 입증할 만한 객관적인 자료가 확인되지 않는 점 등을 종합적으로 고려할 때 피재자는 이 사건 차량의 화물운송을 위하여 청구인이 채용한 근로자에 해당한다고 보아야 할 것이다(2013-19468 산업재해보상보험급여액 징수처분 취소청구).

■ 사업자등록한 일용근로자(근로자성 인정)

청구인은 피재자가 개인사업자로서 청구인 법인의 근로자가 아니라는 취지의 주장을 하나 「근로기준법」 제2조제1항제1호에 '근로자'란 직업의 종류와 관계없이 임금을 목적으로 사업이나 사업장에 근로를 제공하는 자를 말한다고 되어 있는데, 위 인정사실에 따르면 피재자가 2013. 9. 23. '□□종합건설'로 사업자등록을 한 사실은 인정되나 사업자등록 전·후 변동없이 청구인 소속 ○○○ 주임의 지휘·감독을 받으면서 청구인이 지정한 근무시간 동안 일하였고 청구인은 피재자의 근태를 관리하고 피재자를 피재자가 데려온 다른 일용직 근로자와 마찬가지로 일당 15만원의 임금을 지급하였으므로 2013. 9. 23.자 공사계약서상 공사금액이라는 표현과는 달리 피재자가 청구인으로부터 지급받은 금액은 근로 자체의 대가적 성격을 갖고 있는 임금으로 보이는 점, 이 사건 공사에 필요한 비품, 원자재, 작업도구 등을 청구인이 공급하였고 식사제공도 한 점, 청구인이 공사명을 'A동, C동 창고 내부 선반공사'로, 구분은 '직영'으로, 성립신고일 현재 산업재해 발생여부를 '있음'에 체크하여 2013. 10. 30. 산재보험 성립신고를 한 것은 청구인도 이 사건 재해를 근로자의 업무상 재해로 인정한 것으로 볼 수 있는 점 등을 종합적으로 고려하면 형식적으로 피재자와 청구인 사이에 공사계약이 체결되었다고 할지라도 실질적으로 피재자는 청구인에게 임금을 목적으로 종속적인 관계에서 근로를 제공한 근로자로 보아야 하므로 청구인의 주장을 받아들일 수 없다(2014-05802 산업재해보상보험 급여액 징수처분 취소청구).

■ 레미콘 믹서트럭 운전기사(근로자성 인정)

청구인은 청구인 사업장의 비정규직 운전기사는 청구인과 레미콘운반도급계약을 체결하고 도급수수료를 받는 개인사업자에 불과하므로 이에 기초한 이 사건 처분은 위법·부당하다고 주장한다. 그러나 위 인정사실에 따르면 ① 청구인 사업장의 콘크리트 믹스트럭의 소유자는 청구인과 □□레미콘이고 콘크리트 믹서트럭에 대한 유류비 및 보험료 등 유지·관리 비용은 청구인이 부담하며 청구인은 반장(○○○)을 통하여 비정규직 운전기사들의 업무를 지휘·감독한 점, ② 청구인 사업장의 비정규직 운전기

사는 청구인의 책임 하에 □□시멘트의 지정에 따라 청구인에게
전속되어 업무를 수행하고, 업무수행 과정에서 제3자를 고용하
여 업무를 대체할 수 없는 점, ③ 비정규직 운전기사가 제출한 확
인서에서 비정규직 운전기사는 근로자가 아니라 개인사업자라고
주장하고 있으나 위 확인서는 이 사건 심판청구 이후에 제출된
것으로 신뢰하기 어렵고, 도급계약서도 작성하지 아니한 점, ④
청구인이 비정규직 운전기사의 보수를 사업소득으로 신고한 것은
운전기사의 요청 또는 4대 보험료 등 비용문제로 인하여 청구인
이 임의로 정한 사정에 불과한 것으로 보이는 점, ⑤ 업무형태 및
내용 등에 있어서 청구인이 소속 근로자라고 인정하는 정규직(2
명) 운전기사와 피재자 등 비정규직 운전기사와의 차이점을 확인
할 수 없고, 달리 피재자 등 비정규직 운전기사가 청구인 소속 근
로자가 아니라는 청구인의 주장을 입증할 만한 객관적이고 구체
적인 자료가 확인되지 않는 점 등을 종합적으로 고려할 때 피재
자 등 비정규직 운전기사는 자신이 독자적으로 업무를 수행하는
개인사업자에 해당하는 것이 아니라 청구인으로부터 작업도구를
지급받아 정해진 시간과 장소에서 이 사건 차량을 운전하기로 하
는 청구인 소속 근로자로 보아야 할 것이다(2014-04720 고용보
험료 및 산업재해보상보험료 징수처분 등 취소청구).

■ 예술고등학교 실기강사(근로자성 부인)

이 사건 처분 이후 청구인이 제출한 자료 및 피청구인의 조사결
과만으로는 실기강사가 청구인의 소속 근로자인지 결정하기 어려우
나, 실기강사(음악)는 청구인이 아닌 학생들의 선택에 의하여 70~

80%를 외부(자택, 스튜디오)에서 강의를 하고, 고정적인 기본급 없이 시간당 정해진 강의비(학생이 납부한 실기수업료)만 지급받고 있으며 퇴직금이나 상여금도 요구할 수 없는 등 청구인과 종속적인 관계에서 임금을 목적으로 근로를 제공한 것으로 보기 어려운 점이 일부 인정되는 점 등을 종합적으로 보면, 피청구인이 실기강사의 근로자성 및 사학연금 대상자 현황 등에 대한 구체적인 확인 없이 청구인이 관련자료를 제출하지 아니하였다는 이유로 국세청 원천징수신고자료만을 기초로 하여 청구인의 상시근로자수와 보수총액을 산정한 후 그에 따른 고용·산재보험료 등을 징수한 피청구인의 이 사건 처분은 위법·부당하다(2014-06376 고용보험료 및 산업재해보상보험료 징수처분 등 취소청구).

▌ 명시적 근로계약 체결이 없는 근로자(근로자성 인정)

청구인은 피재자가 오갈 곳이 없는 사람인 것이 불쌍하여 숙식을 제공하고 용돈을 지급하였을 뿐이라고 주장하나, 「근로기준법」상의 근로자인지 여부는 계약의 형식이 아닌 그 실질에 있어 근로자가 사업 또는 사업장에 임금을 목적으로 종속적인 관계에서 사용자에게 근로를 제공하였는지 여부에 따라 판단하는 것인데, 위 인정사실에 따르면, 피재자가 2000. 4. 20.부터 이 사건 사업장내에서 숙식을 제공받고 청구인의 지휘·감독을 받으면서 주변 청소 등을 해왔으며 청구인의 부인 ○○○로부터 정기적으로 월 90만원을 입금 받았던 사실이 확인되는 점, 피재자가 이 사건 사업장에서 전기톱을 정리하는 업무를 하다가 이 사건 재해가 발생한 점 등을 종합적으로 고려하면 비록 청구인과 피재자 사이에 명시적인 근로계약이 체결된 사실이 확인되지는 않더라도 청구인 사업장의 피재자는 전체적으로 보아 임금을 목적으로 종속적 관계에서 청구인에게 근로를 제공하였다고 인정되므로 「근로기준법」상의 근로자에 해당한다고 할 것이다(2014-12003 산업재해보상보험급여액 징수처분 취소청구).

■ 건설기계 임대업자가 굴삭기와 함께 파견한 근로자(근로자성 인정)

청구인은 피재자가 청구인 소속 근로자가 아니므로 이 사건 처분이 위법·부당하다고 주장한다. 그러나 위 인정사실에 따르면, ① 청구인은 2013년 1월부터 상시근로자를 채용하여 그 소유의 건설기계를 건축주의 요청에 따라 근로자와 함께 공사현장에 보내 공사를 보조하는 건설기계 임대업을 주된 사업으로 영위해 온 점, ② 청구인이 제출한 확인서상 이 사건 공사의 건축주와 굴삭기 임대계약을 하고 예비기사에게 연락하여 피재자를 당일 일용직으로 채용하여 18만원의 임금을 지급하기로 한 것으로 되어 있는 점, ③ 피재자가 제출한 확인서에도 청구인이 자신을 일용직으로 채용하였고 청구인에게 전화해서 장비위치를 확인하였으며, 청구인의 소속 기사인 ○○○으로부터 이 사건 공사의 건축주 연락처 및 공사현장을 확인한 것으로 되어 있는 점, ④ 피청구인의 '적용 및 부과업무 처리규정'에 건설용 기계·장비를 임대하는 사업주가 기계·장비조작 근로자(운전원, 수리공, 기술자 등)를 함께 파견하는 경우에 해당 근로자는 건설공사의 근로자로 보지 아니한다고 되어 있는 점 등을 종합적으로 고려할 때 피재자는 청구인이 건설기계대여업을 위하여 채용한 청구인 소속 근로자에 해당한다고 볼 수 있다(2014-16104 산업재해보상보험급여액 징수처분 취소청구).

■ 산림사업 설계 및 감리업무(영림업 비해당)

피청구인은 청구인의 산림관련 설계업무와 감리업무가 예시표상 '수목조사 및 평가서비스, 기타 영림관련 서비스업'으로 예시되는 '영림업'과 한국표준산업분류상의 '임업관련 서비스업'에 해당한다고 주장하나, 관련 법령과 위 인정사실에 따르면, 청구인은 산림과 관련하여 임도의 개량·보수나 사방댐 설치를 위한 설계용역, 이와 관련된 감리용역을 수행하는 것으로 보이는데, 이러한 용역들이 예시표상 '60002 영림업'으로 내용예시 되어 있는 '수목조사 및 평가서비스나 삼림을 관리 운영하는 영림관련 서비스업'에 해당한다고 보기 어렵고, 한국표준산업분류상 '임업'으로 분류되는 '산림용 종자의 채취나 묘목의 생산, 조림 및 육성, 산림보호 등 산림관련 산업활동'에 해당한다거나 '임업관련 서비스업'으로 해설되는 '수수료 또는 계약에 의하여 영림 및 벌목관련 서비스를 제공하는 산업활동'에 해당한다고 보기도 어렵다. 또한 청구인은 임도의 개량·보수나 사방댐 설치를 위한 설계용역 등을 하는데, 이러한 임도의 개량·보수나 사방댐 설치공사의 산재보험 사업종류는 '40004 기타건설공사(보험료율 37/1,000)'에 해당한다고 할 것인데, 위와 같은 공사의 설계용역만을 수행하는 청구인 사업장이 '40004 기타건설공사'보다 재해발생의 위험성이 높다고 볼 수도 없다. 따라서 피청구인이 청구인 사업장의 산재보험 사업종류를 정확하게 판단하여 다시 처분하는 것은 별론으로 하고, 청구인 사업장의 산재보험 사업종류가 '60002 영림업'에 해당한다는 이유로 한 피청구인의 이 사건 처분은 위법·부당하다(2013-13782 산업재해보상보험관계 변경신고 반려처분 취소청구).

▌주차장 시설관리(건물 등의 종합관리사업)

사업종류예시표상 '90101 건물 등의 종합관리사업'에 '건물 등에서 행하는 주차장 관리'가 예시되어 있고, 한국표준산업분류에 '6821 부동산 관리업'은 '수수료 또는 계약에 의하여 타인의 부동산시설을 유지 및 관리하는 산업활동'을 말한다고 되어 있는데, 청구인이 '위탁사업'이나 '용역사업' 등의 방식으로 수행하는 위와 같은 업무들은 병원 등의 부속시설인 주차장을 고객이 편안하고 안전하게 사용할 수 있도록 편의를 제공하는 등 동 주차장을 수수료를 받을 목적으로 운영한다고 하기 보다 유지.관리를 목적으로 하고 있는 것으로 보이는 점 등을 종합적으로 고려할 때 청구인이 건물주와 계약을 체결하고 수행하는 위와 같은 사업은 계약의 형태에 관계 없이 사업종류예시표상 '508 운수 관련서비스업'으로 해설되어 있는 각종 화물운수의 부대서비스를 수행하는 사업이나 각종 화물취급, 운수사업 지원 및 보조서비스를 제공하는 사업 등에 해당한다고 보기 보다는 '90101 건물 등의 종합관리사업'에 해당한다고 보는 것이 타당하다고 할 것이다(2014-22390 산업재해보상보험 사업종류 변경거부처분 취소청구).

▌개인사업자에서 법인으로 보험관계 승계 여부

청구인은 개인사업자인 ○○○로부터 보험관계가 승계되어 사업주 변경신고 대상일 뿐 보험관계 성립신고를 할 의무는 없다 할 것이므로 피청구인의 이 사건 처분이 위법.부당하다고 주장하나, 「고용보험법」및 산재보험법은 근로자를 사용하는 모든 사업 또는 사업장에 적용하도록 되어 있으므로 사업장이 별도로 분리되어 있을 경우 정당한 사유가 없는 한 사업주는 사업장별로 고용·산재보험에 가입하여야 할 것인데, 위 인정사실에 따르면 개인사업자인 ○○○(□□□□ 대표)는 2010. 8. 4. 충청남도 ○○시 ○○읍 ○○○○길 160에 소재한 '□□□□'에 대하여만 산재보험관계 성립신고를 하였고, ○○○가 2010년 12월경 이 사건 사업장으로 사업장을 이전한 것으로는 보이나 이 사건 사업장에 대한 산재보험관계 성립신고를 한 사실은 확인되지 않으며, ○○○가 운영해 온 '□□□□'은 이미 2012. 9. 27. 폐업된 점 등의 사정에 비추어 볼 때 청구인이 개인사업자인 ○○○로부터 보험관계를 승계받았는지는 별론으로 하더라도 이 사건 사업장이 산재보험에 가입된 사실이 없으므로 이에 대한 청구인의 주장은 받아들일 수 없다(2013-05275 산업재해보상보험급여액 징수처분 취소청구).

■ 사업종류변경 소급적용에 따른 급여징수의 타당 여부

이 사건 근로자의 2012. 9. 18. 재해 발생 전 산재보험료를 전액 납부하여 미납 보험료가 없었던 상태로 청구인이 산재보험료의 납부를 게을리 한 기간 중에 발생한 재해라고 볼 수 없음에도 불구하고, 피청구인은 청구인 사업장의 산재보험 사업종류는 1994. 1. 1.부터 '20910 플라스틱가공제품제조업(보험료율 18/1,000)'이 아니라 '40004 기타 건설공사(보험료율 37/1,000)'에 해당한다는 이유로 청구인 사업장의 사업종류를 소급하여 변경하였으며 그에 따라 2012. 12. 24. 청구인에게 2009년도부터 2011년도까지의 산재보험료 추가분을 부과하였고, 청구인이 재산정한 확정보험료의 납부를 게을리 한 기간 중에 이 사건 근로자의 재해가 발생한 것으로 보고 산재보험급여액 징수처분을 하였으므로, 소급하여 재산정한 산재보험료를 기준으로 하여 청구인이 재해 발생일 전의 산재보험료를 100분의 50 이상 납부하지 아니하였다는 취지로 부과한 피청구인의 산재보험급여액 징수처분은 위법·부당하다(2013-03202 산업재해보상보험료 부과처분 등 취소청구).

■ 구상권 행사와 급여징수의 상관관계 여부

보험료징수법 제26조에서 사업주가 산재보험관계의 신고 등을 게을리 한 기간 중에 발생한 재해로 피청구인이 보험급여를 지급한 경우 그 보험급여의 일정 비율 금액을 사업주로부터 징수할 수 있다고 규정한 취지는 산업재해를 당한 근로자에 대한 신속·공정한 보상, 재해 예방, 기타 근로자의 복지 증진 등을 위하여 사업주의 위 법상의 보험관계 성립신고 및 보험료 납부의 이행을 간접적으로 강제하기 위한 것이고, 산재보험법 제87조는 수급권자가 제3자인 가해자에 대하여 손해배상청구권을 가지고 있음을 전제로 제3자의 행위로 인한 재해에 대하여 피해자가 가지는 손해배상청구권을 피청구인이 대위행사하는 규정으로, 위 보험급여액 징수처분과 위 구상권 행사는 그 입법취지와 성격이 달라서 서로 영향을 주지 않는다(2013-22260 산업재해보상보험급여액 징수처분 취소청구).

▍개인건설공사의 총공사금액 산정방법

청구인은 이 사건 공사에 중고자재를 사용했고 인건비도 적게 들었는데 피청구인이 이 사건 공사에 새 자재를 사용하였을 것이라고 판단하고 고용·산재보험료를 과다하게 징수하였으므로 이 사건 처분은 위법·부당하다고 주장하나, 고용·산재보험은 사업주의 당연 가입과 자진신고 및 고용·산재보험료의 자진 납부를 원칙으로 하고 있는데, 위 인정사실에 따르면 청구인이 이 사건 공사에 대하여 피청구인에게 고용·산재보험 보험관계 성립신고를 하면서 보수총액의 추정액을 산정하여 개산보험료를 신고한 사실이 없고 보수총액 산정의 기초가 되는 인건비, 재료비 등에 대해 세금계산서, 영수증 등 구체적인 증빙자료를 제출하지 않았으므로 이 사건 공사는 보수총액의 추정액을 결정하기 곤란한 경우에 해당하고, 청구인은 「건설산업기본법」에 따라 등록을 한 건설업자가 아니어서 피청구인이 이 사건 공사의 구조별 연면적에 고용노동부장관이 고시한 「건설업자가 아닌 자가 시공하는 건설공사의 총공사금액 산정방법에 관한 규정」에 규정되어 있는 건설공사의 용도별·구조별 표준단가를 적용하여 이 사건 공사의 총공사금액을 산정한 후 이를 기초로 하여 위 총공사금액에 노무비율과 보험료율을 적용하여 청구인에게 고용·산재보험료를 징수하였으므로 피청구인의 이 사건 처분이 위법·부당하다고 할 수 없다 (2013-23795 고용보험료 등 징수처분 취소청구).

개산보험료 과소신고 여부

① 사업주는 개산보험료 신고 당시 확정된 공사에 대하여 보수총액을 추정할 수 있으나 신고 당시 확정되지 않은 공사에 대한 보수총액을 추정하여 신고하기는 어렵다고 할 것인데 청구인은 개산보험료 신고 당시 확정된 EMK ○○동 증축공사에 대한 보수총액 추정액을 산정하여 피청구인에게 개산보험료 신고를 한 점, ② 청구인의 최근 3년간(2010년부터 2012년까지) 개산보험료 보수총액과 확정보험료 보수총액이 900% 이상 차이가 있다는 사정만으로 청구인의 2013년도 개산보험료 보수총액을 청구인이 신고한 2013년도 개산보험료의 900%에 가까운 2012년도 확정보험료 보수총액과 같다고 단정할 수 없는 점, ③ 청구인의 ○○빌딩 신축공사가 2013. 4. 15. 계약이 체결되어 개산보험료 신고 당시 확정된 공사가 아님에도 불구하고 피청구인은 ○○빌딩 신축공사를 개산보험료 신고 당시 확정된 공사로 보고 청구인이 보수총액 추정액을 과소신고한 것으로 판단한 점, ④ 피청구인이 청구인의 2013년도 개산보험료 보수총액을 2012년도 확정보험료 보수총액으로 하여야 할 법령상의 근거가 없는 점, ⑤ 달리 청구인이 개산보험료 보수총액을 잘못 신고하여 2013년도 개산보험료 보수총액을 2012년도 확정보험료 보수총액으로 조정할 만한 객관적이고 구체적인 자료도 확인되지 않는 점 등을 종합적으로 보면 피청구인은 청구인의 2013년도 개산보험료 보수총액에 대한 객관적인 근거자료 없이 청구인의 개산보험료 보수총액을 2012년도 확정보험료 보수총액으로 산정한 것으로 보이므로 이에 기초하여 추가 개산보험료와 그에 대한 연체금까지 징수한 피청구인의 이 사건 처분은 위법·부당하다 (2013-23223 고용보험료 및 산업재해보상보험료 등 징수처분 취소청구).

■ 사업의 동일성 유지 여부

① 청구인의 사업은 □□□□에 주식회사와의 위탁운영계약에 근거하여 이 사건 사업장을 운영하는 것이고 종전 사업주인 ○○○과의 영업 양도·양수 등의 계약에 따라 이 사건 사업장을 운영하는 것으로 보기 어려운 점, ② 청구인이 ○○○로부터 이 사건 사업장에 필요한 장비 등을 구입하고 이 사건 사업장에 소속되어 있던 근로자를 채용한 것은 종전 사업주의 업무를 청구인이 승계하기 위해 그 업무 수행을 위한 기능적 재산을 승계하는 것이 아니라 청구인이 이 사건 사업장의 업무를 개시하는 데 있어 그 업무의 내용이 종전 사업주가 하던 것과 동일하여 종전 사업주의 장비 및 근로자를 인수하기로 한 것에 지나지 않는 점, ③ 이 사건 사업장에 대한 위탁운영자의 사업은 □□□□ 주식회사와의 위탁운영계약에 따라 그 사업의 기간이 정해져 있어 계약기간의 만료로 인해 그 사업이 소멸되도록 되어 있는 경우에 해당하는 점 등을 종합적으로 보면 청구인의 업무가 종전 사업주의 업무와 외견상 동일성, 계속성이 있다고 하더라도 종전사업은 위탁운영 계약기간 만료로 폐지되고 청구인의 새로운 사업이 성립하는 것으로 보아야 할 것이므로 단지 사업주가 교체되는 것에 불과하여 별도의 보험관계 성립신고의무가 없다는 청구인의 주장은 받아들일 수 없다(2014-00616 산업재해보상보험급여액 징수처분 취소청구).

■ 소사장제 개별 도급계약에 따른 보험관계

① 청구인의 사업형태는 소사장제로서 청구인 사업장의 작업기간은 각각의 업체와 별개의 도급계약에 따라 짧게는 5개월에서 길게는 1년여 동안으로 이는 계약에 의해 기간이 정해져 있어서 계약기간의 만료 등으로 인해 그 사업이 소멸되도록 되어 있는 경우에 해당한다고 할 수 있어 종전 사업은 폐지된 것으로 보이는 점, ② 청구인은 2011. 11. 1.부터 사업을 개시한 이후 총 3차례에 걸쳐 사업장 소재지를 변경하였고 2012년 4월부터 2012년 5월까지는 사실상 사업이 중단되었거나 하지 않은 것으로 보여 사업의 시간적 연결성이 없는 점, ③ 청구인은 도급계약이 체결되어 사업장을 변경할 때마다 고용된 근로자들과 함께 이전하였다는 자료를 확인할 수 없어 청구인 사업장의 인적 동일성이 인정되지 아니하는 점, ④ 청구인 사업장은 단순 수공구 외에 자체설비를 보유하고 있지 아니하고 도급계약이 체결될 때마다 해당 업체의 소재지에서 그 사업장의 설비를 이용하여 작업한 것으로 보이므로 청구인 사업장의 물적 조직 동일성도 인정되지 않는 점 등을 종합적으로 고려할 때 청구인이 최초 사업개시시 보험관계 성립신고를 하고 산재보험료를 납부한 사실이 있더라도 도급계약의 종료로 종전사업은 폐지되고 새로운 도급계약으로 청구인의 사업이 신규로 성립하는 것으로 보아야 할 것이므로 청구인이 이 사건 재해 당시 청구인의 사업에 대하여 별도의 보험관계 성립신고를 하지 않은 이상 이 사건 재해는 보험관계 성립신고를 게을리 하던 기간 중에 발생한 재해로 판단되므로 이에 반하는 청구인의 주장은 받아들일 수 없다(2014-01960 산업재해보상보험급여액 징수처분 취소청구).

■ 개별실적요율의 소급 취소(일괄적용 승인취소)

청구인은 2012. 11. 16. 피청구인에게 산재보험 일괄적용 신청을 하면서 이 사건 사업장의 총 상시근로자수를 '35명'으로 신고하였으나, 청구인은 2002. 1. 1.부터 (유)□□기업 등 다수의 업체(사업장)과 용역계약을 체결하고 해당 사업장에 근로자를 파견하여 청소용역업무 등을 수행하면서 이 사건 사업장의 각 사업장별 상시근로자수가 2010년은 1~15명, 2011년은 1~10명, 2012년은 1~13명으로 각 사업장별 상시근로자수가 20명을 넘지 않아 개별실적요율 적용요건에 해당되지 않았음이 확인된다. 따라서 피청구인이 청구인이 운영한 건물실내청소사업과 관련하여 2010년부터 2012년까지 각 사업장의 연도별 상시근로자 수가 20명 이상이 아니어서 보험료징수법 제15조제2항에 따른 개별실적요율 적용사업에 해당되지 않는 이 사건 사업장에 대해 2010년부터 2012년까지의 산재보험 일괄적용을 소급하여 취소하고, 일반요율을 적용하여 확정보험료를 산출한 후 청구인이 당초에 납부한 2010년 산재보험료와의 차액을 부과한 피청구인의 이 사건 처분은 위법·부당하다고 할 수 없다(2014-01259 산업재해보상보험료 추가징수처분 등 취소청구).

■ 건설공사의 성립일 판단기준

청구인은 2012. 7. 14. 이 사건 공사현장에 자재반입을 시작하였으나 2012. 7. 1.부터 2012. 7. 2. 까지 근로자를 채용하여 이 사건 공사현장의 장애물(항아리, 대리석, 채광막 등)을 철거하고 측량작업을 하는 등 이 사건 공사 착공을 위한 구체적인 준비행위를 한 사실이 인정되고, 피청구인에게 제출한 이 사건 공사에 대한 근로내용 확인신고서상 2012. 7. 1.부터 근로자의 근로사실이 기재되어 있으므로 이 사건 공사의 보험관계 성립일이 2012. 7. 14.이라는 청구인의 주장은 받아들일 수 없고 이 사건 공사의 보험관계 성립일은 2012. 7. 1.로 보아야 할 것이다(2014-05220 산업재해보상보험급여액 징수처분 취소청구).

■ 근로내용 확인신고서 제출과 실질적 산재보험 성립신고 여부

청구인이 이 사건 재해발생 이전에 보험관계 성립신고서를 제출하지는 않았으나 2013. 1. 15. 근로내용 확인신고서의 산재보험 항목에 선택 표기를 하고 근로자의 인적 사항, 근로일수 및 월평균 보수 등을 기재하여 피청구인에게 근로내용 확인신고서를 제출하였는바, 위와 같은 사항을 신고하게 되면 산재보험료가 부과될 것이라는 점을 청구인도 당연히 알 수 있었을 것이므로 위 근로내용 확인신고서를 제출할 당시 청구인에게 산재보험 성립신고를 회피한다거나 보험료 납부를 면탈하려는 의도가 있었던 것으로 보이지 않는다. 따라서 청구인이 위 근로내용확인신고서를 제출한 행위는 산재보험 성립신고의 의사를 가지고 한 것으로 볼 수 있으므로 위 근로내용 확인신고서 제출행위는 그 형식 여하를 떠나서 실질적으로는 산재보험 성립신고에 해당한다고 보아야 할 것이다. 따라서 피청구인이 보험관계 성립신고를 게을리 한 기간 중에 업무상 재해가 발생하였다는 이유로 피재자에게 지급한 산재보험급여액의 50%를 청구인에게 징수한 이 사건 처분은 위법·부당하다

(2014-04167 산업재해보상보험급여액 징수처분 취소청구).

■ 사업장 이전에 따른 종전 보험관계의 소멸

① 청구인은 2013. 9. 2. 주식회사 □□기업과 1년간(2013. 9. 1. ~2014. 8. 31.) 하도급 물량계약을 체결하였으나, 계약한 사업이 2013. 11. 29. 종료되었는바, 이는 보험료징수법 제10조제1호에 따라 그 사업이 소멸되도록 되어 있는 경우에 해당한다고 할 수 있어 종전 사업은 폐지된 것으로 보이는 점, ② 청구인은 통영사업장에 대한 산재보험 보험관계 소멸신고를 하지 않고 있다가 2014. 1. 25. 피재자 1의 재해가 발생하자 2014. 2. 4.에서야 통영지사에 산재보험 보험관계변경신고를 하였으나, 통영지사에서 청구인의 통영사업장은 계약관계가 종료되어 보험관계가 소멸되었다는 이유로 반려한 점 ③ 청구인은 2013. 11. 30.부터 2014년 1. 9.까지는 사실상 사업이 중단되었거나 하지 않은 것으로 보여 사업의 시간적 연결성이 없는 점, ④ 청구인은 군산사업장의 사업개시일이 2014. 1. 9.임에도 산재보험 보험관계성립신고를 하지 아니하고 있다가 산재보험 보험관계성립신고 의무기간인 14일이 지난 2014. 1. 25. 피재자 1의 재해가 발생하자 2014. 3. 11. 피청구인에게 군산사업장에 대한 산재보험 보험관계성립신고를 한 점, ⑤ 청구인 사업장은 단순 수공구 외에 자체 설비를 보유하고 있지 아니하고 도급계약이 체결될 때마다 해당 업체의 소재지에서 그 사업장의 설비를 이용하여 작업한 것으로 보이므로 청구인 사업장의 물적 조직 동일성도 인정되지 않는 점 등을 종합적으로 고려할 때 청구인이 최초 사업개시시 산재보험 보험관계성립신고를 한 사실이 있더라도 도급계약의 종료로 종전사업은 폐지되

고 새로운 도급계약으로 청구인의 사업이 신규로 성립하는 것으로
보아야 할 것이므로 청구인이 이 사건 재해 당시 청구인의 사업에 대
하여 별도의 보험관계 성립신고를 하지 않은 이상 이 사건 재해는 보
험관계 성립신고를 게을리 하던 기간 중에 발생한 재해로 보아야 할
것이다(2014-11998 산업재해보상보험급여액 징수처분 취소청구).

■ 분리적용 불인정

청구인은 2007년부터 '건설용 금속제품 제조업'을 하고 있으
며, ㈜□□□□와 제조단가계약을 체결하고 ㈜□□□□의 사업장
내에서 건설현장에서 사용하는 콘크리트 제품을 찍어내는 PC
MOLD를 제작하는 일 등을 병행하고 있는데, 청구인 회사와 이
사건 사업장은 장소적으로 분리되어 있으나 ㈜□□□□는 '철근
콘크리트제품 제조업'을 하고 있으며, 청구인은 단순히 이 사건
사업장에 근로자를 파견하여 ㈜□□□□의 생산라인에서 작업을
하도록 하는 '인력공급업'을 하는 것이 아니라 ㈜□□□□와의 제
품의 제조단가계약에 따라 청구인 소속 근로자 일부가 단기간 동
안 이 사건 사업장에서 PC MOLD를 제작하는 일을 하고 있어 ㈜
□□□□ 소속 근로자와 청구인 소속 근로자들의 작업내용이 서
로 다른 점, 청구인은 이 사건 사업장에서 일하는 소속 근로자들
을 지휘·감독하고 급여를 지급하고 있는 점, 청구인 회사의 산재
보험 사업종류는 '21809 건설용 금속제품 제조업'이고 이 사건
사업장에서도 콘크리트 제품을 찍어내는 금속제 틀인 PC MOLD
를 제작하는 것으로 동일한 재해발생위험도를 공유하고 있다고
볼 수 있는 점 등을 종합적으로 고려하여 보면 이 사건 사업장이

청구인 회사와 분리되어 독립적으로 운영된다고 볼 수 없고 이 사건 사업장에서 이루어진 경제활동의 내용은 청구인의 최종적 사업목적을 위하여 청구인 회사와 유기적으로 결합되어 있다고 할 것이므로 이 사건 사업장은 청구인 회사와 독립된 산재보험법상 별개의 산재보험 가입대상인 사업장에 해당한다고 보기는 어렵다. 따라서 청구인이 이미 '21809 건설용 금속제품 제조업'으로 산재보험 적용을 받고 있음에도 불구하고 이 사건 사업장에 대하여 별도의 산재보험 성립신고를 하지 아니하였다는 이유로 한 피청구인의 이 사건 처분은 위법·부당하다(2014-12001 산업재해보상보험급여액 징수처분 취소청구).

■ 성립신고 당일 재해발생

산재보험급여액 징수처분의 대상이 되는 '성립신고를 게을리 한 기간 중에 발생한 재해'란 보험가입신고를 하여야 할 기한이 끝난 날의 다음 날부터 보험가입신고를 한 날까지의 기간 중에 발생한 재해를 의미하는데, 청구인은 2014. 2. 3.부터 산재보험 보험관계가 성립하였음에도 불구하고, 보험관계가 성립한 날부터 14일 이내에 보험관계 성립신고를 하지 않다가 이 사건 재해가 발생한 날인 2014. 3. 17.에서야 피청구인에게 보험관계 성립신고를 한 사실이 인정되고, 청구인 및 □□산업 대표 ○○○의 확인서에 청구인이 2014. 2. 3.부터 근로자를 채용하여 이 사건 공사 중 윈도우 설치작업을 직접 하였다는 취지가 기재되어 있어 청구인이 2014. 2. 3.부터 이 사건 공사를 직접 한 것으로 보이므로 청구인이 보험관계 성립신고를 게을리 한 기간 중에 이 사건 재해가 발생하여 피재자에게 산재보험급여를 지급하였다는 이유

로 한 피청구인의 이 사건 처분은 위법·부당하다고 할 수 없다
(2014-16608 산업재해보상보험급여액 징수처분 취소청구).

■ 골프장 관리사업의 건설업 일괄적용

① 청구인이 이 사건 사업장의 골프장 코스 및 조경 관리 업무에
대하여 별도의 보험관계 성립신고를 하지 아니한 사실은 인정되나,
청구인은 2011. 5. 9.부터 건설업의 일괄적용을 받고 있는 회사로
서 이 사건 재해 발생일 이전인 2014. 4. 7. 피청구인에게 사업개시
신고서의 소재지, 공사명, 총공사금액, 공사기간 등의 항목에 이 사
건 사업장의 골프장 코스 및 조경 관리 업무에 대한 세부내용을 구
체적으로 기재하고, 공사기간을 2014. 4. 1.부터 2016. 3. 31.까지
로 하여 사업개시신고를 하였으므로 이는 보험료 징수를 위한 보험
관계의 세부내용을 신고하였다는 점에서 보험관계 성립신고와 실질
적인 차이가 없는 것으로 보이는 점, ② 청구인은 이 사건 사업장에
대한 사업개시신고 이전에도 이 사건 사업장과 유사한 골프장 코스
관리 및 조경 관리 업무에 대하여 건설업으로 사업개시신고를 하여
왔고, 청구인은 조경식재공사업 등으로 건설업 일괄적용을 받고 있
어 이 사건 사업장의 골프장 코스 및 조경 관리업무에 대하여 사업
종류를 정확하게 파악하여 건설업의 사업개시신고가 아닌 골프장
운영업의 보험관계 성립신고를 하여야 하는 것으로 기대하기는 어
려운 점, ③ 청구인은 이 사건 사업장에 대한 사업개시 신고로 인하
여 '골프장 및 경마장 운영업'의 보험료율(11/1,000)보다 훨씬 높은
'건설업'의 보험료율(38/1,000)을 적용받게 되었으므로 청구인이
보험료 납입의무를 면탈하기 위하여 보험관계 성립신고가 아닌 사

업개시 신고를 한 것으로는 볼 수 없는 점 등을 종합적으로 고려하여 보면 청구인이 건설업에 대한 일괄적용을 받고 이 사건 사업장의 사업을 개시하면서 이 사건 사업장의 사업이 일괄적용을 받는 건설업에 포함된다고 잘못 판단하여 사업개시 신고를 하였다 하더라도 그 신고의 형식에 불구하고 실질적으로 이 사건 사업장에 대한 보험관계가 성립된 사실을 신고하여 보험료 징수를 위한 성실신고의무를 이행한 것으로 볼 수 있다(2014-21256 산업재해보상보험 급여액 징수처분 취소청구).

■ 부당이득금 미납에 따른 압류처분

피청구인은 청구인이 지인의 사업장에서 일을 하고 급여를 받은 사실이 있음에도 취업한 사실이 없다고 허위로 표기한 휴업급여청구서를 제출하여 부정한 방법으로 휴업급여를 지급받았다는 이유로 2011. 1. 26. 그 급여액의 2배에 해당하는 부당이득금 징수결정처분을 하였고, 위 처분의 취소를 구하는 청구인의 심사 청구가 산업재해보상보험심사위원회의 심의를 거쳐 2011. 4. 13. 기각결정 되었으며, 청구인은 재심사 청구 없이 행정소송을 제기하였다가 2012. 1. 9. 소를 취하하였는바, 위에서 살펴본 바와 같이 이 사건 처분의 선행처분인 부당이득금 징수결정처분은 재심사 청구기간이 지나 불가쟁력이 생겨 더 이상 다툴 수 없게 되었고, 피청구인의 부당이득금 징수결정처분이 위법한지는 별론으로 하더라도 그 처분에 무효가 될 정도의 중대하고 명백한 하자가 있다고 볼 수 없다. 그리고 청구인은 보험급여의 부당이득금에 대한 납부고지를 받은 후 이를 납부하지 않아 피청구인으로부터 독촉을 받았음에도 이를 납부하지 않은 사실이 인정되고, 달리 이 사건 처분이 잘못되었다고 볼 만한 객관적이고 구체적인 자료를 확인할 수 없으므로 피청구인의 이 사건 처분이 위법·부당하다고 할 수 없다(2013-24517 압류처분 취소청구 등).

■ 하자보수공사의 미가입 재해 판단 기준

이 사건 지침은 하자보수공사의 산재보험적용과 관련하여 소규모 하자보수공사의 근로자를 보호하고, 사업주의 부담을 경감하기 위하여 하자보수 공사금액에 관계없이 '본 공사'를 기준으로 산재보험을 당연적용하는 것이므로, '미가입재해여부' 판단도 하자보수공사가 아닌 본 공사를 기준으로 판단하는 것이 하자보수공사의 근로자 보호와 사업주 부담 경감이라는 이 사건 지침의 취지에 부합하는 점, 산재보험급여액 징수처분제도는 보험료 징수를 확보하기 위하여 우선 보험가입자의 성실한 가입신고가 선행되어야 한다는 점을 감안하여 그러한 성실신고의무를 촉진하려는 것인데, 이 사건 본 공사금액이 3억 6,000만원임에 반하여 이 사건 공사금액은 약 166만원에 불과하여 이 사건 공사에 대한 별도의 보험관계 성립신고를 하여할 필요성이 크다고 보기 어렵고, 이 사건 공사기간은 총 2일로서 사업이 종료되는 날의 전날인 이 사건 공사착공일에 보험관계 성립신고를 하여야 하는 가중한 신고의무를 부과하고 있는 점 등에 비추어 보면 이 사건 본 공사에 대한 보험관계 성립신고만으로도 보험료 징수를 확보하기 위한 성실신고의무를 다한 것으로 볼 수 있는 점 등을 종합적으로 고려하면 이 사건 공사가 아닌 이 사건 본 공사를 기준으로 산재보험급여액 징수처분을 위한 미가입재해 여부를 판단하여야 한다 (2013-14253 산업재해보상보험급여액 징수처분 취소청구).

■ 진폐 장해위로금 청구권의 소멸시효 완성 여부(불인정)

피청구인은 보험급여원부상 청구인이 1989. 4. 19. 장해등급 제7급으로 결정된 내역이 있음을 입증하였을 뿐 청구인이 이를 적법하게 통지받았다는 점에 대하여는 아무런 입증을 하지 못하고 있으므로, 청구인의 제7급 장해위로금 지급청구권의 소멸시효가 완성되었다는 피청구인의 주장은 받아들일 수 없다.

결국 청구인이 제3급으로 진폐장해등급이 결정된 후 장해위로금 지급을 청구한 것에 대하여 제7급 장해위로금 지급청구권 부분은 소멸시효가 완성되었다는 이유로 해당 금액을 공제하고 차액분만을 지급한 피청구인의 이 사건 처분은 위법하며, 피청구인은 청구인에게 제3급 장해위로금 전액을 지급할 의무가 있다(2013-00372 제3급 장해위로금 전부지급 이행청구 등).

■ 진폐재해위로금 지급대상인 '8대 광업 이외의 광업'의 해석

진폐법은 광업을 영위하는 사업장 중에서도 '시행령 제2조 각 호에서 정한 광업'에 한하여 적용된다. 위 시행령 제2조제1호는 8대 광업을 한정적으로 열거하고 있으나 같은 조 제2호는 '제1호 외의 광업 중 진폐로 인하여 산재법에 따른 장해급여를 지급받고 퇴직한 자가 있는 광업'으로 규정하고 있어 이를 어떻게 파악할 것인지 문제되는바, 위 규정은 그 문언에 비추어 일응 근로

자가 재직 중 진폐로 장해급여를 받은 후 퇴직한 경우 그 근로자
가 일하던 사업장을 의미하는 것으로 해석할 수도 있겠으나, 진
폐란 재직 중에 진단될 수도 있고 퇴직한 후 진단될 수도 있으므
로 재직 중에 산재법상 장해급여를 지급받은 자가 있는 사업장에
만 진폐법을 적용한다는 것은 퇴직한 후 장해급여를 받은 자를
합리적인 이유 없이 차별하는 것이므로 위 규정이 형식적으로 장
해급여를 받은 시기를 기준으로 진폐법 적용여부를 결정한 것이
라고는 보기 어려우므로 이는 근로자가 업무수행으로 인하여 진
폐가 발생한 것이 확인되면 장해급여 지급시기를 불문하고 그 근
로자가 근무한 사업장은 그 실질이 8대 광업을 영위하는 사업장
과 같다고 보아 진폐법을 적용하여 진폐재해위로금을 지급하겠
다는 취지로 해석하는 것이 상당하다(2013-10615 진폐재해위로
금 지급거부처분 취소청구).

■ 진폐재해위로금 청구권의 기산일

진폐법 제24조제3항에 규정된 진폐재해위로금 지급대상자로서
'산재법 제91조의8의 진폐판정에 따른 진폐장해등급이 결정된 근로
자'는 '2010. 11. 21. 이후 최초로 진단서 또는 소견서가 발급된 경
우에 대해 개정된 진폐판정 및 진폐장해등급 기준을 적용하여 최종
적으로 진폐장해등급을 결정 받은 근로자'를 의미하는 것으로 해석
하는 것이 상당하다. 진폐재해위로금 지급대상자는 개정 진폐법 시
행일(2010. 11. 21.) 이후 최초로 진폐판정 등을 위한 진단서 또는
소견서가 발급된 자로서 진폐장해등급이 결정된 근로자라고 할 것
인데, 위 인정사실에 따르면, 청구인은 요양대상으로 결정되었을

뿐 진폐장해등급이 결정된 사실이 없고, 청구인의 진폐증 진단서 최초 발급일도 개정 진폐법의 시행일 이전인 2010. 7. 12.이므로 청구인은 진폐재해위로금 지급대상이 아니라고 할 것이다. 따라서 청구인이 진폐재해위로금 지급대상이 아니라는 이유로 피청구인이 청구인에게 한 이 사건 처분이 위법·부당하다고 할 수 없다 (2014-07821 진폐재해위로금 지급거부처분 취소청구).

■ 진폐 장해위로금 청구권의 소멸시효 완성 여부(인정)

청구인은 1996. 10. 16. 진폐증 최초 진단을 받아 장해등급 제11급으로 결정되었고, 이후 장해등급 제11급에 해당하는 장해급여를 신청하여 1997. 1. 17. 장해일시금 858만 310원을 지급받은 사실에 비추어 청구인은 적어도 1997. 1. 17. 이전에 장해등급 결정을 통지받았을 것으로 추정할 수 있는데, 청구인은 그로부터 소멸시효 기간 3년이 훨씬 지난 2014. 8. 4. 장해등급 제11급에 대한 장해위로금 지급을 청구하였고, 달리 소멸시효가 중단되었다고 볼 만한 사정도 보이지 않으므로, 장해등급 제11급에 대한 청구인의 장해위로금 지급청구권은 소멸시효가 완성되었다고 할 것이다 (2014-20642 장해위로금 지급거부처분 취소청구).

■ 진폐재해위로금 미지급사유

청구인은 진폐장해등급 제3급으로 상향 조정되어야 함을 전제로 해당 등급에 따른 진폐재해위로금 지급을 신청하였으나, 산재법 부칙 제3조는 구 산재법에 따라 요양 결정을 받은 진폐근로자는 그 요양이 종결되기 전까지는 구법에 따른 휴업급여 또는 상병보상연금에 관한 규정이 적용되도록 하였으므로 구 산재법에 따라 요양 결정을 받은 진폐근로자는 산재법 개정 후에도 진폐장해등급을 판정받지 않는다. 한편 진폐법 부칙 제2조에 따르면 진폐법 시행 후에 최초로 진폐재해위로금 지급사유가 발생한 사람부터 개정법이 적용되도록 규정하고 있고, 진폐법 제24조제3항에 따르면 개정 산재법이 규정한 진폐판정에 따른 진폐장해등급이 결정된 근로자에게 진폐재해위로금을 지급하도록 규정하고 있으므로 진폐장해등급 판정대상이 아닌 진폐근로자에게는 진폐재해위로금 지급사유가 발생하지 아니한다. 또한 진폐법 부칙 제4조는 이 법 시행 전에 종전의 규정에 따라 장해위로금을 받은 근로자가 이 법 시행 후에 진폐장해등급이 변경된 경우에도 종전 규정에 따라 장해위로금을 지급한다고 규정하고 있으므로, 구법에 따른 요양급여 대상자에게는 위 부칙이 적용될 여지가 없다. 이상의 규정들을 종합하면 구 산재법에 따라 요양 결정을 받고 요양 중인 청구인과 같은 경우는(청구인은 구법에 따라 장해등급 제9급으로 결정되어 장해급여를 받은 사실은 있으나, 계속 장해급여 대상자로 있었던 것이 아니라 이후의 정밀진단에서 요양 필요성이 인정되어 요양급여 대상자로 전환되었다) 진폐재해위로금이나 장해위로금 지급대상이 아니므로, 청구인이 요양 중이라는 이유로 위로금 지급을 거부한 피청구인의 이 사건 처분은 위법·부당하다고 할 수 없다(2013-22783 진폐재해위로금 지급거부처분 취소청구).

■ 진폐재해위로금 지급대상(연탄제조업 분진사업장)

청구인은 1980. 4. 1.부터 1996. 8. 1.까지 이 사건 사업장에서 연탄공으로 석탄분쇄공정에서의 탄 투입 및 이물질 제거업무를 담당하였는데 이는 진폐법 시행령 제1조의2 제2호의 '토석.암석 또는 광물을 부스러뜨리거나 가려내는 작업'에 해당하므로 청구인은 진폐법 제2조제3호에서 정한 '분진작업'에 종사하였다고 할 수 있는 점, 진폐법이 적용될 수 있는 '분진작업을 하는 사업'이란 같은 법 시행령 제2조 각 호에서 정한 광업을 영위하는 사업장이어야 하는데, 한국표준산업분류와 산재보험 사업종류예시표에 따르면 이 사건 사업장의 산재보험관계 성립기간(1975. 8. 1. ~ 1997. 5. 24.)에 '연탄제조' 또는 '연탄 및 응집고체 연료생산업'이 광업으로 분류되었고, 청구인이 이 사건 사업장에서 근무한 기간(1980. 4. 1. ~ 1996. 8. 1.)에 '연탄과 그 밖의 응집연료 생산업'이 진폐법 시행령 별표 1의 적용 광업에서 제외되지 않은 점(1999. 6. 16.부터 제외됨), 청구인은 이 사건 사업장에서 퇴직한 후 진폐로 확인되어 산재보험법에 따라 진폐장해등급 제3급으로 장해급여를 지급받고 있는 점 등을 고려할 때 이 사건 사업장은 진폐법의 적용을 받는 광업을 영위한 사업장에 해당한다고 보는 것이 타당하다. 따라서 이 사건 사업장이 영위한 '연탄 및 응집고체 연료생산업'이 청구인의 진폐재해등급이 결정된 2012. 4. 30.에 한국표준산업분류표상 제조업으로 분류되어 있다는 이유만으로 행한 피청구인의 이 사건 처분은 위법.부당하다(2013-16271 진폐재해위로금 지급거부처분 취소청구).

▌진폐 유족위로금 지급사유(진폐증의 악화로 요양 중 사망)

피청구인은 고인이 진폐증으로 장해등급이 판정된 적이 없고, 구 진폐법에 따른 장해위로금을 지급받은 사실이 확인되지 않는다는 이유로 진폐법 부칙 제5조의 경과조치를 적용받는 근로자로 볼 수 없다고 주장하나, 위 인정사실에 따르면 고인은 1989. 4. 11. 진폐증(진폐병형이 제1형, 제2형 또는 제3형이면서 동시에 심폐기능에 경도장해가 남음)으로 장해등급 7급15호로 판정되어 산재법상 장해급여를 지급받은 사실이 확인되고, 그 후 진폐증이 악화되어 1993년 6월 정밀진단을 받은 결과 '진폐병형 4A, 심폐기능 F2(중등도장해)'로 판정되어 요양대상자로 결정된 사실도 있으므로 고인이 구 진폐법에 따른 장해위로금을 지급받지 않았다 하더라도 장해위로금의 지급사유는 발생한 것이며, 고인은 요양 중이던 2012. 2. 19. 진폐로 사망하였으므로 진폐법 부칙 제5조의 경과조치를 적용받을 수 있는 근로자에 해당한다. 따라서 피청구인의 이 사건 처분은 위법·부당하다(2014-09062 유족위로금 지급거부처분 취소청구).

▌진폐 장해위로금 지급사유(진폐장해등급 상향과 동시에 요양 결정)

진폐법 부칙 제4조는 개정법 시행 후에 진폐장해등급이 변경된 자에게 차액분 장해위로금 지급을 보장하기 위하여 마련된 규정으로 봄이 상당하므로 '종전 규정에 따라 장해위로금을 지급받은 근로자가 개정법 시행 후에 진폐장해등급이 변경된 경우에도 종전의 규정에 따라 장해위로금을 지급한다.'는 것의 의미는 '변경된 진폐

장해등급에 해당하는 장해위로금을 종전 규정에 따라 산정하여 차액분 장해위로금을 지급한다.'는 의미로 해석하는 것이 타당하다 할 것이다. 따라서 진폐법 부칙 제4조를 '개정법 시행 후에 진폐 장해등급이 변경되었다 하더라도 종전 규정에 따라 요양이 종결되어야 장해급여 지급대상이 되고 그때에야 장해위로금을 지급한다.'는 것으로 해석하여 차액분 장해위로금 지급을 거부하는 것은 진폐법 부칙 제4조의 해석을 그르쳐 산재법과 진폐법의 개정 취지를 몰각시키는 것이므로 피청구인의 이 사건 처분은 부당하다(2014-07934 장해위로금 지급거부처부 취소청구).

■ 진폐재해위로금 과오급금 환수(신뢰보호원칙 위반 여부)

행정해석도 구체적인 행정권의 행사에 관한 것이라면 공적인 견해표명에 포함될 수 있을 것이나 이 사건 처분은 청구인의 정당한 이득을 환수하는 것이 아니라 처음부터 개정 진폐법에 따라 지급될 수 없는 비용을 원상으로 회복시키는 성격의 것인 점, 청구인에게 이미 지급된 진폐재해위로금 중 잘못 지급된 부분을 환수하는 이 사건 처분이 청구인의 이익을 침해하는 결과를 초래하기는 하지만 건전한 국가재정의 운용 및 적법행정의 필요성이라고 하는 공익[구 진폐법상 장해위로금 지급대상자에게 개정 진폐법을 적용하여 잘못 지급된 진폐재해위로금 중 유족위로금 상당액(약 156일분의 평균임금)을 환수하지 않을 경우 구 진폐법에 따라 유족위로금이 중복적으로 지급되는 부당한 결과가 초래됨]이 더 크다고 할 수 있는 점 등을 고려할 때 피청구인의 이 사건 처분이 신뢰보호의 원칙에 위배된다고 볼 수 없다. 따라서 청구인의 진폐판정 및 보험급여 결정을 위한 진단서 또는 소견서 발급일은 개정 진폐법이 시행되기 이전인 2010. 5. 12.이므로 청구인은 개정 진폐법에 따른 진폐재해위로금 지급대상자가 아니라 구 진폐법에 따른 장해위로금 지급대상자에 해당하고, 피청구인이 청구인에게 이미 지급한 진폐재해위로금 중 구 진폐법에 따른 장해위로금을 초과하는 금액에 대한 반환청구권의 소멸시효가 완성되지 않았으므로, 피청구인의 이 사건 처분이 위법·부당하다고 할 수 없다 (2014-07456 진폐재해위로금 과오급금 환수처분 취소청구).

■ 진폐재해위로금 지급대상 광업 비해당(육상화물취급업)

고인이 1975. 6. 1.부터 1979. 11. 30.까지 이 사건 사업장에서 근무한 사실은 확인되나 직력정보에 '하역 및 적재 단순 종사자'로만 기재되어 있어 구체적인 작업내용이 확인되지 않고, 청구인의 주장대로 고인이 석탄을 화물열차에 적재하는 과정에서 화물칸에 탑승하여 조구를 통해 내려온 석탄을 평탄화하는 작업을 수행한 것으로 보아 진폐법 시행령 제1조의2제4호의 '토석·암석 또는 광물을 차에 싣거나 내리는 작업' 내지 제6호의 '그 밖에 광물성 분진이 날리는 장소에서 토석·암석 또는 광물을 취급하는 작업'에 종사하여 진폐법 제2조제3호에서 정하는 분진작업에 종사하였음을 인정한다 하더라도, 고인이 근무하였던 □□□□(주) ◇◇출장소(이 사건 사업장)는 ◇◇광업소에서 채굴된 석탄을 화물열차에 적재하여 육상으로 운송하는 사업을 영위하였으므로 진폐법 시행령 제2조 각 호에서 정한 광업을 영위한 사업장에 해당한다고 볼 수 없다. 따라서 이를 이유로 한 피청구인의 이 사건 처분이 위법·부당하다고 할 수 없다(2014-15960 진폐재해위로금 지급거부처분 취소청구).

■ 진폐재해위로금 지급대상 광업 비해당(석재 및 석공품제조업)

청구인이 1983. 1. 1.부터 1991. 12. 31.까지 이 사건 사업장에서 근무하였고, 청구인이 근무할 당시 이 사건 사업장은 충청북도 ○○군 ○○읍 ○○리 산14-1번지와 같은 읍 ○○○길 4번지에 위치하여 각각 산재보험관계가 성립되어 사업종류를 '10201 암석채굴.채취업'과 '20804 석재 및 석공품제조업'으로 구분 적용받은 사실은 확인되나, 청구인은 2011. 4. 6. 피청구인에게 진폐요양신청을 하면서 분진작업종사경력확인서에 업종을 '20804 석재 및 석공품제조업'으로 기재한 점, 청구인의 직력정보에 직종이 모두 '71130 석재 절단, 재단 및 조각'으로 입력되어 있는 점, 청구인이 이 사건 사업장에서 퇴직한 후 근무하였던 사업장이 모두 석재 및 석공품 제조업체인 점, 청구인은 이 사건 사업장에서 암석 채굴작업도 병행하였다고 주장하면서 인우보증서를 제출하였으나 인우보증서 외에 청구인이 주로 암석 채굴작업에 종사하였음을 입증할 수 있는 객관적인 자료가 보이지 않는 점 등을 종합하여 볼 때 청구인의 주된 직종은 석재 및 석공품 제조업체의 석공(석재 절단, 재단 및 조각)으로 보는 것이 타당하므로 청구인이 진폐법의 적용을 받는 광업을 영위한 사업에 종사하였다고 보기 어렵다. 따라서 이를 이유로 한 피청구인의 이 사건 처분이 위법.부당하다고 할 수 없다(2014-15693 진폐재해위로금 지급거부처분 취소청구).

■ 진폐재해위로금 지급대상 광업 비해당(시멘트 제조업)

청구인이 1976. 8. 30.부터 1979. 2. 19.까지 이 사건 사업장에서 근무한 사실은 확인되나 직력정보와 건강관리카드에 직종(종사업무)이 '건설 및 광업 단순 종사원'으로만 기재되어 있어 구체적인 작업내용이 확인되지 않고, 달리 청구인이 작성한 각서에 착암공이라고만 기재되어 있는 사실 외에 청구인이 진폐법 시행령이 정하는 분진작업에 종사하였음을 입증할 수 있는 객관적이고 구체적인 자료가 보이지 않는다. 그리고 이 사건 사업장은 시멘트 제조업을 영위하고 있으므로 진폐법 시행령 제2조 각 호에서 정한 광업을 영위한 사업장에 해당한다고도 보기 어렵다. 따라서 피청구인의 이 사건 처분이 위법·부당하다고 할 수 없다(2014-16812 진폐재해위로금 지급거부처분 취소청구).

■ 진폐 장해위로금 지급대상 광업 비해당(코크스 및 석탄가스제조업)

청구인이 1977. 5. 10.부터 1982. 6. 1.까지 이 사건 사업장에서 근무한 사실은 확인되나 직력정보와 건강관리카드에 직종(종사업무)이 '광업 단순노무 종사자'로만 기재되어 있어 구체적인 작업내용이 확인되지 않고, 달리 청구인이 진폐법 시행령이 정하는 분진작업에 종사하였음을 입증할 수 있는 객관적이고 구체적인 자료가 보이지 않는다. 그리고 청구인은 이 사건 사업장이 연탄 제조업을 영위하였다는 취지로 주장하나, 상호만 '□□연탄'으로 되어 있을 뿐 구체적으로 어떠한 사업을 영위하였는지 확인할 수 있는 객관적 자료가 보이지 않을뿐더러 산재보험관계가 성립되었을 당시(1981. 1. 1.~ 1982. 6. 1.) 사업종류를 '21101 코크스 및 석탄가스제조업'으로 적용받은 사실을 확인할 수 있는데, 동 업종은 '연탄 제조업'과 달리 한국표준산업분류와 산재보험 사업종류예시표상 석탄 광업에서 제외된 채 제조업으로만 계속 분류되었으므로 이 사건 사업장이 진폐법 시행령 제2조 각 호에서 정한 광업을 영위한 사업장에 해당한다고도 보기 어렵다. 따라서 피청구인의 이 사건 처분이 위법·부당하다고 할 수 없다(2014-23495 장해위로금 지급거부처분 취소청구).

■ 진폐재해위로금 미지급사유(분진작업 종사 경력 미확인)

고인이 1983. 6. 13.부터 □□광업개발(주)에서 근무한 사실은 확인되지만 청구인의 주장대로 1991. 12. 31.까지 동 회사에서 운영한 영월광업소에서 근무하였다고 본다 하더라도 산재보험 보험급여원부에 고인의 직종이 '청경'으로 기재되어 있고, 고인이 '석회제조업'을 영위하는 ㈜□룡에서 1994. 1. 1.부터 1997. 2. 1.까지 근무한 사실도 확인되나 직력정보에 담당 업무(분진명)가 '경비'로만 기재되어 있을 뿐 청구인의 주장 외에 고인이 진폐법 시행령 제1조의2 각 호에 규정된 분진작업에 종사하였음을 입증할 수 있는 객관적이고 구체적인 자료가 보이지 않는다. 따라서 고인이 진폐법 시행령에서 정한 분진작업의 직종에 종사한 경력이 확인되지 않는다는 이유로 한 피청구인의 이 사건 처분이 위법·부당하다고 할 수 없다(2015-08198 진폐재해위로금 지급거부처분 취소청구).

부 록

요양업무처리규정

요양업무처리규정

제정 1995. 8.12. 규정 제 31호
개정 2015.12.29.규정 제923호

제1장 총칙

제1조(목적) 이 규정은 「산업재해보상보험법」(이하 "법"이라 한다), 같은 법 시행령(이하 "영"이라 한다) 및 같은 법 시행규칙(이하 "규칙"이라 한다)에서 위임된 사항과 산재근로자의 요양급여의 지급 및 요양서비스의 제공에 필요한 사항을 규정함을 목적으로 한다.

제2조(정의) 이 규정에서 사용하는 용어의 뜻은 다음 각 호와 같다.

1. "산재근로자"란 법 제37조에 따른 업무상의 재해를 입은 근로자를 말한다.
2. "소속기관장"이란 공단의 「직제규정」에 따른 지역본부장 또는 지사장을 말한다.
3. "전자문서"란 「전자정부법」 제2조 제7호에 따른 전자문서를 말한다.
4. "고용.산재보험토탈서비스(이하 "토탈서비스"라 한다)"란 인터넷주소가 total.kcomwel.or.kr로 등록된 정보통신망을 말한다.
5. "병행진료"란 산재근로자가 동시에 둘 이상의 법 제43조제1항에 따른 산재보험 의료기관(이하 "산재보험 의료기관"이라 한다)에서 요양을 하는 것을 말한다.
6. "통합청구"란 최초요양(재요양을 포함한다) 급여신청과 휴업급여를 함께 청구하는 것을 말한다.(신설 2011. 9. 1.)

제3조(요양급여의 지급 원칙 및 결정 통지) ① 소속기관장은 근로자에게 요양급여(재요양을 포함한다)를 지급하기로 결정한 때에는 그 근로자에게 법 제40조제2항 본문에 따라 산재보험 의료기관

에서 요양을 하게 하여야 한다. 이 경우 그 근로자가 산재보험 의료기관이 아닌 다른 의료기관에서 요양을 하고 있으면 산재보험 의료기관으로 옮겨서 요양을 하도록 통보하여야 한다.

② 소속기관장은 법·영·규칙·이 규정(이하 "법령 등"이라 한다)에 따라 요양급여(재요양, 추가상병, 전원요양, 병행진료, 요양비를 포함한다)의 지급 여부를 결정한 때에는 그 내용을 「보상업무처리규정」별지 제6호 서식에 따라 신청인(청구인을 포함한다. 이하 같다.) 보험가입자 및 산재보험 의료기관에 통지하여야 한다. 이 경우 신청인이 제7조의2에 따른 대리인을 선임한 경우에는 그 대리인에게 통지하여야 한다. <개정 2015.5.1>

제2장 재해조사

제4조(재해조사) ① 소속기관장은 법 제36조제1항에 따른 보험급여의 신청 또는 청구를 받은 때에는 근로자의 재해가 법 제37조에 따른 업무상의 재해에 해당하는지 여부를 조사(이하 "재해조사"라 한다)하여야 한다.

② 제1항에 따라 재해조사를 실시하는 때에는 법 제117조 및 법 제118조에 따라 근로자의 소속 사업장이나 산재보험 의료기관 등에 대하여 조사를 실시하되, 다음 각 호의 사항 중 필요한 사항을 확인하여야 한다. 다만, 재해발생 일시 및 장소, 재해발생 원인 및 경위 등 제7조에 따른 요양급여신청서에 기재된 사항 또는 제출된 서류만으로도 업무상의 재해 여부를 결정할 수 있는 때에는 소속 사업장이나 산재보험 의료기관 등에 대한 조사를 하지 아니하고 제출된 서류나 구두·전화 등의 방법으로 조사를 할 수 있다.

1. 재해발생 일시, 재해 장소, 재해발생 원인·상황·목격자, 사적행위나 음주행위 여부 등 재해발생 경위에 관한 사항

2. 근로자의 업무 내용 및 방법, 근로를 제공하는 장소 및 시간,

근로를 제공하는데 필요한 사업 또는 사업장(이하 "사업장"이
라 한다)의 시설, 근로환경 등 근로자의 업무에 관한 사항

3. 근로자의 직종, 채용일자, 근로에 종사한 기간, 근로계약 등
근로조건에 관한 사항

4. 근로자의 건강상태·기존질환, 과거병력, 부상부위 및 정도 등
근로자의 상병상태에 관한 사항

5. 사업주 또는 사업주의 친족여부, 고용보험 피보험자격 취득
여부 등 근로자에 해당하는지 여부의 판단에 필요한 사항

6. 근로계약서·출근부·임금대장 등 보험급여 지급에 필요한 임금
에 관한 사항

7. 제3자의 행위에 따른 재해 여부

8. 「고용보험 및 산업재해보상보험의 보험료징수 등에 관한 법률
(이하 "보험료징수법"이라 한다) 시행령」제17조제3항에 따른
천재지변, 정전 등 불가항력적인 사유로 발생한 재해에 해당하
는지 여부

9. 「자동차손해배상 보장법」이나 「민법」 그 밖에 다른 법령에 따
른 손해배상 등에 관한 사항

10. 구급활동이 있는 경우 구급구조증명원 등 소방관서의 구조와
구급활동에 관한 사항

11. 진료기록부상 의료기관의 최초 내원 경위

12. 지방고용노동관서 또는 한국산업안전보건공단의 중대 재해에
대한 조사자료

13. 영 제122조에 따른 중·소기업사업주의 경우 그 재해가 중·소
기업사업주가 영위하는 사업의 경영이나 개인적인 사유에 따
른 것인지 여부

14. 그 밖에 업무상의 재해 여부 판단에 필요하다고 인정되는 사항

③ 제2항에도 불구하고 소속기관장은 다음 각 호의 어느 하나에 해당
하는 경우에는 해당 사업장 등을 방문하여 유해·위험요인에 대한

현장 확인 조사를 수행하여야 한다. 다만, 사업장의 폐업 등으로 현장 확인 조사가 불가능한 경우에는 그러하지 아니하다.<신설 2011.12.28.>

1. 반복적인 신체부담업무로 근골격계질환이 발생되었다고 신청인이 주장하는 경우. 다만, 사무직 근로자 등 작업형태를 제출서류만으로 확인할 수 있는 경우는 제외한다.
2. 업무상 과로 또는 스트레스로 인하여 뇌혈관질환, 심장질환 또는 정신질환이 발생되었다고 신청인이 주장한 경우로서 과로 또는 스트레스에 대한 사실에 대하여 현장 확인이 필요한 경우
3. 그밖에 유해인자 또는 화학물질에 의한 질병이 발생된 경우로서 소속기관장이 현장 확인이 필요하다고 판단하는 경우

④ 소속기관장은 제3항에 따라 현장 확인조사를 하는 경우 신청인 또는 그 대리인(이하 이 항에서 "신청인등"이라 한다)에게 별지 제1호의2서식에 따른 문서, 전화 또는 전자적 방법(문자 메시지, 이메일) 등으로 조사 일시.장소 등을 미리 알려 참석을 원하는 때에는 신청인등이 참석할 수 있도록 하여야 한다. 이 경우 보험가입자 또는 그 대리인도 참석할 수 있도록 조사일시.장소 등을 미리 알려야 한다.<신설, 2015.12.29.>

⑤ 제2항부터 제3항에 따라 재해조사 대상이 법 제37조에 따른 업무상 질병인 경우에는 별표에 따라 질병별 자료수집 목록 중 조사가 불가능한 경우를 제외하고는 이를 확인.수집하여야 한다.<개정 2015.12.29.>

⑥ 소속기관장은 제1항부터 제5항에 따라 재해조사를 실시한 때에 다음 각 호의 어느 하나에 해당하는 사항에 관하여는 별지 제1호 서식에 따른 재해조사서를 작성하여야 한다.<개정 2015.12.29.>

1. 보험급여의 신청 또는 청구의 대상이 되는 상병이 법 제37조제1항제2호에 따른 업무상 질병의 인정 여부에 관한 것인 경우
2. 보험급여의 신청 또는 청구의 대상이 되는 상병이 법 제37조제

1항제1호에 따른 업무상 사고의 인정 여부에 관한 것으로서 요양급여신청서의 기재사항 또는 제출된 서류의 내용 등으로도 업무상 사고에 해당하는지 여부를 판단할 수 없는 경우

3. 근로자의 소속 사업장이 보험관계가 적용되어 있지 아니한 경우

4. 재해를 입은 자가 법 제5조제2호에 따른 근로자 여부가 불분명한 경우

5. 보험가입자가 규칙 제20조에 따른 확인을 거부하거나 재해발생 경위 등에 대하여 의견을 달리하는 경우

6. 근로자가 재해로 말미암아 사망한 경우

7. 재해가 영 제33조에 따른 제3자 행위에 따른 사고

8. 자해행위에 따른 재해 그 밖에 업무상의 재해 여부가 불분명하여 소속기관장이 필요하다고 인정하는 경우

⑦ 제6항에 따른 재해조사서에는 다음 각 호의 사항을 포함하여야 한다. 다만, 업무상질병판정위원회의 심의대상인 경우에는 제3호는 포함하지 아니한다.<개정 2015.12.29.>

1. 재해발생 경위 등 재해조사 내용

2. 근로자의 질병에 대한 주치의사 및 자문의사의 의학적 소견

3. 재해조사 결과에 대한 조사자의 의견

4. 그 밖에 업무상 재해 여부의 판단에 필요한 사항

제5조(자해행위 및 정신질환에 대한 조사방법 등) ① 소속기관장은 근로자가 자해행위로 말미암아 사상한 때에는 제4조제2항에 따른 조사사항 및 다음 각 호의 사항을 조사하여 업무상의 재해 여부를 결정하여야 한다.

1. 자해행위 사실을 확인할 수 있는 자료

2. 자해행위자가 업무상 스트레스로 말미암아 정신건강의학과적 진료를 받은 사실 및 기존질환이 있는지 여부 (개정 2012. 11. 8.)

3. 업무상의 재해로 말미암아 요양 중 정신적 고통을 호소하는 등 자

해행위를 통제할 만한 정신적 능력의 결여 여부

4. 자해행위가 개인적인 사유에 따른 것인지 여부

5. 제2호 및 제3호와 관련한 의사의 의학적 소견

6. 그 밖에 소속기관장이 필요하다고 인정하는 사항

② 소속기관장은 제1항에 따른 자해행위 또는 정신질환에 대하여는 정신건강의학과 전문의 자격을 가진 자문의사에게 자문을 하여야 한다.(개정 2012. 11. 8.)

제6조(공동 재해조사 등) ① 소속기관장은 보험료징수법 제11조에 따른 보험관계성립신고를 하지 아니한 사업장이나 법 제6조에 따른 보험관계 적용 대상 여부가 불분명한 사업장에서 재해가 발생하면 보험급여의 지급 업무를 담당하는 부서의 소속 직원과 보험관계의 적용 업무를 담당하는 부서의 소속 직원이 공동으로 제4조제1항에 따른 재해조사를 실시하게 할 수 있다.

② 소속기관장은 재해조사를 실시한 결과 근로자가 소속된 사업장의 산재보험 사업종류나 근로자의 소속 사업장의 확인이 필요하다고 판단되면 보험관계의 적용 업무를 담당하는 부서장에게 조사를 실시하게 하여야 한다.

③ 소속기관장은 영 제125조에 따른 특수형태근로종사자가 보험급여를 신청하거나 청구한 때에는 영 제126조에 따라 공단에 신고한 특수형태근로종사자에 해당하는지 여부를 확인하여야 한다. 이 경우 특수형태근로종사자로 공단에 신고 되어 있지 아니한 때에는 보험관계의 적용 업무를 담당하는 부서장에게 특수형태근로종사자 해당 여부 또는 보험관계의 적용 여부를 확인하게 하여야 한다.

제3장 요양급여의 신청 및 결정

제7조(최초 요양급여의 신청방법 등) ① 소속기관장은 근로자가 법

제41조에 따라 최초로 요양급여를 신청하려는 때에는 그 근로자에게 별지 제2호의 요양급여신청서에 별지 제3호의 초진소견서를 첨부하여 신청하게 하여야 한다.

② 제1항에 따라 산재근로자가 요양급여를 신청하는 때에 규칙 제20조제1항에 따른 재해발생 경위에 대한 보험가입자의 확인은 별지 제2호의 요양급여신청서에 보험가입자의 서명이나 날인을 받아 제출하는 방법으로 할 수 있다.

③ 소속기관장은 법 제41조제2항에 따라 산재보험 의료기관이 근로자의 요양급여 신청을 대행하려는 때에는 근로자의 동의를 받은 서류를 제출하게 하여야 한다. 이 경우 별지 제2호의 요양급여신청서에 요양급여 신청 대행에 대한 근로자의 서명이나 날인을 받으면 근로자의 동의를 확인하는 별도의 서류를 제출하지 아니하게 할 수 있다.

④ 소속기관장은 산재보험 의료기관이 요양급여의 신청을 대행하는 때에는 요양급여의 신청을 한 날부터 5년간 요양급여의 신청에 관한 서류의 원본을 보관하게 하여야 한다.

⑤ 소속기관장은 산재근로자의 요양서비스의 제공에 필요하여 산재보험 의료기관을 방문하거나 산재보험 의료기관의 지정기준 유지 여부, 요양서비스 실태 등에 대한 점검을 하는 때에는 제4항에 따른 요양급여 신청 서류의 보관 여부 및 서류 내용의 사실 여부를 확인하여야 한다.

⑥ 소속기관장은 산재근로자가 별지 제2호의 서식에 따른 최초 요양급여청구서를 신청하는 경우에는 휴업급여와 함께 통합청구할 수 있음을 안내하여야 한다.

제7조의2(대리인의 선임 등) ① 신청인은 제7조에 따른 요양급여를 신청할 때 또는 그 이후에 다음 각 호의 어느 하나에 해당하는 사람을 대리인으로 선임할 수 있다.<신설 2015.5.1>

　1. 신청인의 배우자, 직계존속·비속 또는 형제자매

2. 변호사 또는 공인노무사

② 소속기관장은 신청인이 대리인을 선임하거나 해임하면 별지 제25호 서식의 대리인 선임(해임) 신고서를 제출하게 하여야 한다. 이 경우 대리인 선임(해임)의 효력은 대리인 선임(해임) 신고서가 접수된 때부터 발생한다 <신설 2015.5.1>

③ 소속기관장은 제2항에 따라 대리인 선임(해임) 신고서를 제출받은 때에는 그 내용을 제59조에 따른 공단의 보험급여의 지급 업무를 처리하는 전산시스템에 기록·관리하여야 한다.<신설 2015.5.1.>

제7조의3(대리의 범위) ① 제7조의2에 따른 대리인은 요양급여와 관련된 사항에 대하여 신청인을 대리할 수 있다. 다만, 신청인이 대리권의 범위를 구체적으로 정한 경우에는 그 범위에서 대리행위를 할 수 있다.<신설 2015.5.1.>

② 대리인은 신청인이 제출한 요양급여신청서 등 민원서류 반려를 요청하는 때에는 신청인의 동의서를 첨부하여야 한다.<신설 2015.5.1.>

제8조(보험가입자의 확인이 없는 요양급여 신청의 처리방법) ① 소속기관장은 법 제41조에 따른 최초의 요양급여 신청이 보험가입자의 확인 없이 이루어진 때에는 별지 제4호의 요양급여신청 사실 통지서에 따라 보험가입자에게 요양급여의 신청 사실을 통지하고, 재해발생 경위에 대한 보험가입자의 의견을 서면으로 제출하게 하여야 한다. 다만, 보험가입자가 구두·전화 등 그 밖의 방법으로 요양급여 신청의 원인이 되는 재해발생 사실을 인정하는 때에는 서면에 따른 의견 제출을 생략하게 할 수 있다.(개정 2011.12.28.)

② 소속기관장은 보험가입자의 의견이 요양급여의 신청 내용과 달라 규칙 제20조제4항에 따라 그 의견을 신청인에게 알릴 때에는 별지 제4호의2 서식 보험가입자 의견 통지서 및 근로자 의견서에 따라 그 사실을 알리고, 10일 이내의 기간을 정하여 의견을 제출할 수 있도록 하여야 한다. 이 경우 보험가입자가 제출한 자료(「공공기관의 정보공개에 관한 법률」제9조에 따른 비공개 대상 정보는

제외한다)의 사본을 함께 제공하여야 한다. <개정 2015.5.1>

③ 소속기관장은 보험가입자가 재해발생 경위에 대한 의견을 제출하지 아니하거나 소속 사업장의 폐업 등으로 보험가입자의 의견을 확인할 수 없는 때에는 직권으로 사실관계를 조사하여 요양급여의 지급 여부를 결정할 수 있다.(개정 2011.12.28.)

제9조(업무상 질병 여부에 관한 자문) ① 소속기관장은 근로자의 질병에 대하여 제2장의 재해조사 외에 규칙 제22조에 따른 업무상 질병에 관한 자문이 필요한 경우 다음 각 호의 기관에 자문하여야 한다. <개정 2012. 6. 28.>

1. 폐질환 등 호흡기계 관련 질병 : 직업성폐질환연구소

2. 영 제34조에 따른 업무상 질병 인정기준(이하 "인정기준"이라 한다)에 명시되어 있지 않은 질병, 인정기준에 질병과 유해요인은 명시되어 있으나 질병과 유해요인의 인과관계 및 다른 유해요인에 대한 조사가 필요한 질병,「산업안전보건법」제43조의2에 따른 역학조사가 필요한 질병 : 한국산업안전보건공단

3. 제1호 및 제2호에 해당하지 않는 질병으로서 소음성 난청 등과 같이 유해요인에 대한 측정 등이 필요한 질병 : 규칙 제22조 제2호에 해당하는 기관

② 제1항제3호에서 규칙 제22조제2호에 해당하는 기관은 직업환경의학 외래기관으로서 작업환경 측정 및 시료분석 등을 할 수 있는 인력.시설.장비를 갖춘 기관 중에서 정한다. <신설 2012. 6. 28.>

③ 제1항에 따라 자문하는 경우 자문에 응하는 기관에 예산의 범위에서 비용을 지급할 수 있다. 이 경우 비용지급 기준.절차 및 그 밖에 필요한 사항은 이사장이 따로 정한다. <신설 2012. 6. 28.>

④ 소속기관장이 제1항에 따라 자문하려는 경우에는 요양급여신청서 및 관련 재해조사 자료를 붙여 이사장에게 적정 여부 등에

대한 의견을 물어야 한다. <신설 2012. 6. 28.>

⑤ 이사장은 제4항에 따라 소속기관장이 의견을 조회하면 제1항에 따른 자문의 필요성 여부 및 제1항 각 호의 어느 하나에 해당하는지 여부를 정하여 소속기관장에게 알려야 한다. <신설 2012. 6. 28.>

⑥ 소속기관장은 제2항에 따라 자문기관을 선정하는 경우 재해자가 소속된 사업장의 작업환경측정 등에 관여하는 등 이해관계가 있는 기관은 자문기관에서 제외하여야 한다. <신설 2012. 6. 28.>

⑦ 소속기관장은 제6항에 따라 선정한 자문기관이 조사 대상 사업장을 출입하여 측정 등을 하는 경우에는 소속 직원이 동행하여 법 제117조(사업장 등에 대한 조사)에 따라 조사에 참여하도록 하여야 한다. <신설 2012. 6. 28.>

⑧ 소속기관장은 신청(청구)인 또는 보험가입자의 요구가 있는 경우에는 제1항 각 호에 따른 기관의 조사에 신청(청구)인 또는 보험가입자를 참석시켜야 한다. <개정 2013.03.27.>

⑨ 이사장은 제5항에 따른 자문의 필요성 및 자문기관을 판단하기 위하여 법 제11조제3항 및 제4항에 따라 3명 이내의 직업환경의학과 전문의로 자문위원회를 구성·운영할 수 있다.<신설 2013.03.27.>

제10조(최초 요양급여의 결정 및 통지) ① 소속기관장은 규칙 제21조에 따라 최초 요양급여의 지급 여부를 결정하는 때에는 자문의사(업무상 질병에 대하여는 해당 상병분야의 진료과목에 대한 전문의 자격을 가진 자문의사)에게 자문을 하거나 영 제43조에 따른 자문의사회의(이하 "자문의사회의"라 한다)의 심의를 거쳐 결정하여야 한다. 다만, 요양급여 신청의 대상이 된 상병이 법 제37조제1항제1호에 따른 업무상 사고로 말미암은 상병(업무상

사고에 따른 상병인 경우라도 기존 상병의 악화 여부나 의학적 인과관계에 관한 의학적 자문이 필요한 상병은 제외한다)이 명확한 경우에는 자문의사의 자문 또는 자문의사회의의 심의를 생략할 수 있다.

② 소속기관장은 제1항에도 불구하고 요양급여의 신청 대상이 되는 상병이 법 제38조에 따른 업무상질병판정위원회의 심의 대상인 때에는 업무상질병판정위원회에 심의를 의뢰하여 그 결과에 따라 요양급여의 지급 여부를 결정하여야 한다. 이 경우 업무상질병판정위원회의 심의 의뢰 절차 및 방법에 관한 사항은 「업무상질병판정위원회 운영규정」에서 정하는 바에 따른다.

③ 소속기관장은 다음 각 호의 어느 하나에 해당하는 경우 신청인에게 그 변경 또는 추가된 질병에 대하여도 신청(청구를 포함한다. 이하 이 항에서 같다)할 뜻이 있는지를 물어 신청할 뜻이 있는 것으로 확인되면 당초 신청한 질병과 함께 변경 또는 추가된 질병에 대하여도 판정위원회에 심의를 의뢰하여야 한다.<신설 2015.12.29.>

1. 보험급여를 신청한 질병명이 착오임이 명백하여 질병명을 변경할 필요가 있는 경우

2. 보험급여를 신청한 질병 외에 해당 신청과 관련한 다른 질병이 발견되어 그 질병에 대한 판정위원회의 심의가 필요하다고 인정되는 경우

④ 소속기관장은 업무상질병판정위원회가 심의 과정에서「업무상질병 판정위원회 운영 규정」제15조제6항에 따라 심의 대상 질병명을 변경하거나 추가된 질병에 대한 심의를 하여 업무상 질병으로 인정하는 판정을 한 때에는 그 변경 또는 추가된 질병에 대하여도 신청할 뜻이 있는지 여부를 물어 신청을 할 뜻이 있는 것으로 확인되면 제2항 본문에 따라 결정하여야 한다. <개정 2015.12.29.>

⑤ 소속기관장은 제1항에 따라 요양급여의 지급 여부를 결정하는 때에 재해발생 경위, 주치의사의 의학적 소견 등을 고려할 때 요양급여의 지급 대상이 되지 아니할 것으로 추정되는 때에는 해당 상병분야의 진료과목에 대한 전문의 자격을 가진 자문의사의 자문을 받아야 한다.<개정 2015.12.29.>

⑥ 소속기관장은 제1항에 따라 자문의사의 자문 또는 자문의사회의의 심의를 거친 후 새로운 사실관계의 확인 등으로 자문내용과 상이한 결정을 할 경우에는 자문의사회의의 재심의를 거쳐 요양결정하여야 한다.<개정 2015.12.29.>

제10조의2(외국인 근로자 인적사항 등 처리) 소속기관장은 외국인 근로자가 요양급여를 신청한 때에는 다음과 같이 처리하여야 한다.<신설 2015.5.1.>

1. 외국인 근로자의 성명은 외국인등록증상의 영문대문자를 사용하고, 주민등록번호는「출입국관리법 시행령」제40조제2항 및 제40조의2에 따라 부여된 외국인등록번호로 처리한다.

2. 제1호에도 불구하고 외국인 등록이 되어 있지 않은 외국인의 성명은 여권상 영문 대문자를 사용하고, 주민등록번호는 소속기관장이 직권 부여한 번호를 사용할 수 있다.

제10조의3(산재근로자 정보 변경) ① 소속기관장은 제10조에 따라 요양급여의 지급 여부를 결정하여 통지한 이후에 해당 근로자의 주민등록번호, 재해일시, 사업장 관리번호, 채용일자 등이 잘못되었거나 변경된 사실을 알게 된 때에는 제59조에 따른 공단의 보험급여의 지급업무를 처리하는 전산시스템에 그 내용을 정정.관리하여야 한다.<신설 2015.5.1.>

② 제1항에 따라 근로자의 정보가 변경된 경우에는 그 내용을 해당 근로자에게 알려야 한다.<신설 2015.5.1.>

제11조(전원요양의 신청 및 결정) ① 소속기관장은 산재근로자가 법 제48조제1항제1호부터 제3호까지의 어느 하나에 해당하는 사유

로 전원요양을 신청하려는 때에는 그 산재근로자에게 별지 제5호
의 전원요양신청서에 별지 제6호의 전원요양소견서를 첨부하여
신청하게 하여야 한다. 다만, 전원요양의 신청 사유가 법 제48조
제1항제2호에 해당하면 전원요양소견서를 제출하지 아니하게 할
수 있다.

② 소속기관장은 제1항에 따라 전원요양 신청을 받은 때에는 요
양 중인 산재근로자의 부상 또는 질병의 치료를 위하여 다른 산
재보험 의료기관으로 옮겨서 요양을 하는 것이 적절한지 여부,
해당 산재근로자의 생활근거지, 전문적인 치료 및 재활치료의 필
요성 등에 대하여 자문의사의 자문 또는 자문의사회의의 심의를
거쳐 전원요양 여부를 결정하여야 한다. 다만, 전원요양의 사유
가 법 제48조제1항제2호 또는 제3호에 해당하고, 치료종결 여부
에 대한 판단이 필요 없는 경우에는 자문의사의 자문 또는 자문
의사회의의 심의를 생략할 수 있다.

③ 소속기관장은 제2항에 따라 전원요양을 결정하기 전까지는 해
당 산재근로자가 다른 산재보험 의료기관으로 미리 옮기지 않도
록 필요한 조치를 하여야 한다. 다만, 그 산재근로자가 「응급의
료에 관한 법률」에 따른 응급환자에 해당하는 경우에는 그러지
아니하다.

제12조(직권 전원요양 및 전원요양의 유예) ① 소속기관장은 다음
각 호의 어느 하나에 해당하면 자문의사의 자문 또는 자문의사회
의의 심의를 거쳐 직권으로 산재근로자를 다른 산재보험 의료기
관으로 옮겨서 요양을 하게 할 수 있다. 이 경우 법 제48조제1항
제4호에 해당하는 사유로 다른 산재보험 의료기관으로 옮겨서 요
양을 하게 하려는 때에는 영 제43조에 따라 자문의사회의의 심
의를 거쳐야 한다.

1. 법 제48조제1항제1호부터 제4호까지의 어느 하나에 해당하는 경우

2. 규칙 제25조에 따른 진료제한 조치를 한 경우

3. 규칙 제25조에 따른 지정취소를 한 경우

4. 산재근로자가 제17조에 따라 병행진료를 하는 때에 주된 상병에 대한 치료가 종료된 이후 병행진료의 대상이 된 상병에 대한 치료가 계속 필요하여 병행진료를 담당하고 있는 산재보험 의료기관으로의 전원이 필요한 경우

② 소속기관장은 제1항에도 불구하고 같은 항 제2호에 해당하는 경우로서 해당 산재보험 의료기관에서 요양을 하고 있는 산재근로자의 상병상태가 다음 각 호의 어느 하나에 해당하면 그 상태가 해소되기 전 까지는 계속하여 요양하게 할 수 있다.

1. 산재근로자가 중환자실에 수용되어 있는 등 상병상태가 응급조치를 받아야 할 상태인 경우

2. 산재근로자의 상병상태가 절대적 안정이 필요한 상태로서 전원요양을 위하여 산재보험 의료기관을 옮기는 과정에서 상병상태를 악화시킬 우려가 있는 경우

3. 의료장비 등 산재보험 의료기관의 시설이나 의료인의 전문성 등을 고려할 때 소속기관의 관할 지역에 소재한 다른 산재보험 의료기관에서는 산재근로자의 요양을 담당하기 곤란한 경우

4. 그 밖에 전원 하여야 할 산재근로자의 상병상태가 중하여 산재보험 의료기관을 옮기는 것이 적당하지 아니하다고 소속기관장이 인정하는 경우

③ 소속기관장은 법 제48조제1항제1호 또는 제3호에 해당하는 사유로 전원요양 조치를 하는 경우로서 산재근로자가 다음 각 호의 어느 하나에 해당하면 산재근로자의 의사(意思), 부상.질병의 상태, 제공되는 의료서비스의 수준, 생활 근거지 등을 고려하여 법 제43조제1항제1호에 따른 산재보험 의료기관으로 전원요양을 하게 할 수 있다.

1. 적극적인 재활치료를 받으면 장해상태의 경감 등 치료 효과가

기대되는 산재근로자

2. 법 제43조제2항 및 제3항에 따른 지정취소 또는 진료제한 등
   의 조치로 말미암아 다른 산재보험 의료기관으로 옮겨서 요
   양을 하여야 하는 산재근로자

3. 대한민국 국민이 아닌 산재근로자

4. 진폐로 요양을 받고 있는 산재근로자

5. 폐질의 정도가 폐질등급 제1급부터 제3급까지에 해당하거나
   이에 준하는 산재근로자

6. 그 밖에 소속기관장이 필요하다고 인정하는 산재근로자

제13조(추가상병 요양급여의 신청 및 결정) ① 소속기관장은 산
   재근로자가 법 제49조에 따른 추가상병 요양급여를 신청하려
   는 때에는 그 산재근로자에게 별지 제5호의 추가상병신청서
   에 별지 제6호의 추가상병소견서를 첨부하여 신청하게 하여
   야 한다.

② 소속기관장은 제1항에 따른 추가상병 신청을 받은 때에는 다
음 각 호의 구분에 따라 추가상병 요양급여의 지급 여부를 결정
하여야 한다.

1. 재해가 발생한 날부터 6개월 이내에 추가상병 요양급여를 신
   청한 때에는 영 제42조에 따른 자문의사의 자문을 거쳐 결정

2. 재해가 발생한 날부터 6개월이 지난 이후에 추가상병 요양급
   여를 신청한 때에는 영 제42조에 따른 자문의사 중 공단의 직
   원인 의사.치과의사 또는 한의사(이하 "산재의료전문위원"이라
   한다)의 자문을 거쳐 결정. 다만, 소속기관에 산재의료전문위원
   이 없거나 산재의료전문위원이 그 상병의 진료과목에 대한 전
   문의 자격이 없는 때에는 해당 진료과목에 대한 전문의 자격
   을 가진 다른 자문의사 2명 이상의 자문을 거쳐 결정

3. 제1호 또는 제2호에도 불구하고, 산재근로자가 신경인성방광
   (마미총증후군을 포함한다)으로 추가상병 요양급여를 신청한

때에는 산재의료전문위원의 자문을 거쳐 결정

4. 제1호부터 제3호까지에도 불구하고 이황화탄소중독증으로 요양 급여를 받는 산재근로자가 추가상병 요양급여를 신청하는 때에는 해당 상병의 진료과목에 대한 전문의 자격을 가진 자문의사 2명 이상의 자문을 거쳐 결정하되, 그 중에서 1명은 이황화탄소중독증에 관한 전문의를 포함하여야 한다.

5. 자기공명영상진단(MRI) 또는 전산화단층촬영장치(CT)를 사용하여 뇌부위를 촬영한 후 영상을 판독한 결과 뇌실질조직에 손상이 있다는 의학적 소견이 있는 경우 이에 따라 발생한 기질성 정신장애는 정신건강의학과 전문의의 자문을 거쳐 결정(개정 2012. 11. 8.)

③ 소속기관장은 제2항제2호 단서 또는 제4호에 따라 2명 이상의 자문의사의 자문을 거친 결과 의견이 서로 다른 경우나 제2항제5호에 해당하지 아니하는 자해행위 또는 정신질환은 자문의사회의의 심의를 거쳐 결정하여야 한다.<개정 2012. 11. 8.>

제14조(재요양의 신청 및 결정) ① 소속기관장은 근로자가 법 제51조에 따른 재요양을 신청하려는 때에는 별지 제2호의 요양급여신청서에 별지 제3호의 초진소견서, 규칙 제31조제1항제2호 또는 제3호의 서류 중 해당하는 서류를 첨부하여 신청하게 하여야 한다.

② 소속기관장은 규칙 제31조제1항제3호에 따른 본인의 확인서는 별지 제2호의 요양급여신청서에 근로자가 서명하거나 날인을 하는 방법으로 하게 할 수 있다.

③ 소속기관장은 재요양 여부를 결정하는 때에는 자문의사의 자문 또는 자문의사회의의 심의를 거쳐 결정하여야 한다. 다만, 영 제48조제1항제3호에 따른 내고정술에 의하여 삽입된 금속핀 등 내고정물의 제거술(척추기기 고정술에 따른 내고정물의 제거술은 제외한다) 또는 의지장착을 위하여 절단부위의 재수술이 필요하

여 재요양을 하는 경우에는 자문의사의 자문 또는 자문의사회의
의 심의를 생략할 수 있다.

④ 소속기관장은 제1항에 따라 재요양을 신청하는 경우에는 휴업급
여와 함께 통합청구 할 수 있음을 안내하여야 한다.<신설 2011.
9. 1.>

제4장 요양관리

제15조(진료계획서의 제출방법 등) ① 소속기관장은 산재보험 의료
기관이 법 제47조에 따라 진료계획서를 제출하려는 때에는 별지
제7호 진료계획서에 영 제40조제1항에 따른 사항을 기재하여 제
출하게 하여야 한다.

② 영 제40조제2항에서 "부상·질병의 특성상 1년 이상의 장기 요
양이 필요한 경우로서 공단이 정하는 부상·질병"이란 다음 각 호
의 어느 하나에 해당하는 부상·질병을 말한다.

1. 영 제35조에 따른 진폐

2. 규칙 제43조에 따른 이황화탄소중독증

3. 중추 신경계통의 마비로 폐질등급에 해당되는 신체의 기능 마
   비를 초래하는 부상·질병

4. 그 밖에 제1호부터 제3호까지에 준하는 부상·질병

③ 소속기관장은 산재근로자가 전원요양을 하는 경우에는 그 산
재근로자의 요양을 새로 담당하게 될 산재보험 의료기관에 그 산
재근로자의 요양기간을 통보하고, 그 요양기간을 연장할 필요가
있거나 그 요양기간 중 입원·통원의 변경 등 치료방법을 변경할
필요가 있는 경우에 진료계획서를 제출하도록 통보하여야 한다.
이 경우 진료계획서의 제출 시기에 관하여는 영 제40조제2항에
따른다.

④ 소속기관장은 산재보험 의료기관이 영 제40조제2항에서 정한 날까지 진료계획서를 제출하지 아니하는 때에는 그 사유를 확인하고 진료계획서의 제출을 요구하여야 한다. 이 경우 공단의 제출 요구에도 제출하지 아니하는 때에는 법 제43조에 따른 진료 제한 조치를 할 수 있다는 사실을 알려야 한다.

제16조(진료계획서의 심사 및 결과 통지) ① 소속기관장은 영 제41조에 따라 진료계획서를 심사하는 때에는 자문의사의 자문을 거쳐야 한다.

② 소속기관장은 제1항에도 불구하고 진료계획서를 심사하는 때에 다음 각 호의 제1호 또는 제2호에 해당하면 자문의사회의의 심의를 거쳐 심사하고, 제3호에 해당하면 영 제117조에 따른 특별진찰을 실시하고 그 결과를 참작하여 심사하여야 한다.

1. 해당 산재근로자의 상병상태가 고정되어 치료종결 여부를 판단할 필요가 있는 경우
2. 해당 산재보험 의료기관이 그 산재근로자의 요양을 담당하는 것이 적절한지 여부를 판단할 필요가 있는 경우
3. 해당 산재근로자의 계속 요양의 필요성을 판단하기 위하여 추가적인 진찰이 필요한 경우

③ 소속기관장은 영 제41조에 따라 진료계획서를 심사하는 때에 산재보험 의료기관이 제출한 진료계획서 내용으로는 계속 요양의 필요성이나 진료계획의 적정 여부 등에 대한 판단이 곤란하다고 인정되면 지체 없이 그 산재보험 의료기관에 진료계획서의 보완을 요청할 수 있다. 이 경우 보완 요청에 응하지 아니하면 영 제117조에 따른 진찰, 자문의사회의의 심의 또는 자문의사의 의학적 소견을 참고하여 심사할 수 있다.

④ 소속기관장은 진료계획서를 심사하는 때에 다음 각 호의 구분에 따라 요양연장 기간을 결정하여야 한다.

1. 진료계획서상의 치료예정기간이 3개월 이내이면 신청한 치료
   예정기간의 범위 내에서 요양연장 기간을 인정

2. 진료계획서상의 치료예정기간이 3개월을 초과하면 3개월의 범
   위 내에서 요양연장 기간을 인정. 다만, 치료예정기간이 3개
   월을 초과하고 4개월 이하인 경우로서 치료예정기간이 종료
   되는 때 또는 그 이전에 요양이 종결될 것으로 인정되면 신
   청한 치료예정기간을 요양연장 기간으로 인정할 수 있다.

⑤ 소속기관장은 제1항부터 제3항에 따른 진료계획서의 심사결
과(영 제41조제2항 각 호에 따른 변경조치를 하지 아니한 경우를
포함한다)를 「보상업무처리규정」별지 제6호 서식에 따라 해당 근
로자 및 산재보험 의료기관에 통지하여야 한다. 이 경우 산재근
로자가 소속된 사업장의 보험가입자가 진료계획서의 심사 결과를
요청하는 때에는 그 보험가입자에게 알려야 한다.

제17조(병행진료) ① 소속기관장은 산재근로자가 다음 각 호의 어느
하나에 해당하면 영 제42조에 따른 자문의사에게 자문을 하여
서로 다른 2개의 산재보험 의료기관에서 병행진료를 하게 할 수
있다. 다만, 제2호의 경우에는 자문의사의 자문을 생략할 수 있
다.<개정 2012. 11. 8.>

1. 요양 중인 산재보험 의료기관에 치과, 안과, 이비인후과, 비뇨
   기과, 정신건강의학과, 피부과, 신경과, 흉부외과, 내과, 마취
   통증의학과가 없어 다른 산재보험 의료기관에서 통원 진료가
   필요한 경우<개정 2012. 11. 8.>

2. 수술 후 상병상태를 확인하기 위하여 수술을 한 산재보험 의
   료기관에 통원 진료가 필요한 경우

3. 진폐로 요양급여를 받고 있는 산재근로자가 폐암진료를 위하
   여 법 제43조제1항제2호에 따른 상급종합병원에서 요양이 필
   요한 경우

4. 진폐로 요양급여를 받고 있는 산재근로자가 수술이 필요한 합병증 또는 속발증이 발생하였으나 해당 산재보험 의료기관에서 수술이 불가능한 경우

5. 진폐로 요양급여를 받고 있는 산재근로자가 진폐 요양급여 지급대상 합병증 또는 속발증이 발생할 우려가 있거나 그 이외의 질병이 발생한 경우로서 상급 의료기관에서 진료할 특별한 사유가 있다고 해당 산재보험 의료기관에서 인정하는 경우

6. 요양 중 산재보험 의료기관에 자기공명영상진단(MRI), 전산화단층촬영장치(CT), 본스캔 검사 및 근전도 검사를 위한 검사장비가 없어 다른 산재보험 의료기관에서 검사가 필요한 경우<개정 2012. 11. 8.>

7. 산재근로자가 요양을 하고 있는 산재보험 의료기관이 「응급 의료에 관한 법률」에 따른 응급 의료기관으로 지정되어 있지 않아 요양 중 다른 산재보험 의료기관에서 응급처치를 한 경우

8. 인접한 장소(같은 건물이나 일정한 구역을 말한다)에서 의과 산재보험 의료기관과 한의과 산재보험 의료기관이 서로 협의하여 진료체계를 이루고 있는 경우 산재근로자가 다음 각 목의 어느 하나에 해당하는 사유로 의과 산재보험 의료기관과 한의과 산재보험 의료기관에서 동시진료가 필요한 경우

  가. 한의과 산재보험 의료기관에서 요양을 하고 있는 산재근로자가 약제의 투여 등으로 의과 산재보험 의료기관에서 통원진료가 필요한 경우

  나. 통원요양 중인 산재근로자가 서로 다른 상병으로 의과 산재보험 의료기관과 한의과 산재보험 의료기관에서 동시에 통원진료가 필요한 경우

9. 해당 산재근로자가 수술 등 상병의 치료를 목적으로 다른 산재보험 의료기관(상급종합병원으로 한정한다. 이하 이 조에서

같다)으로 전원요양을 하기 위하여 미리 전원요양을 하고자 하는 그 산재보험 의료기관에서 수술 등을 위한 검사가 필요하여 통원진료를 받는 경우

10. 산재근로자가 법 제43조제1항제1호에 해당하는 의료기관 또는 「산재보험 의료기관 관리규정」 제6조제2항에 따라 이사장이 정한 재활치료전문 산재보험 의료기관에서 전문적인 재활치료의 필요성을 판단하기 위하여 전원요양 전에 통원진료를 받는 경우 <신설 2012. 6. 28.>

11. 뇌혈관질환으로 업무상 재해로 인정받은 산재근로자가 『의료법』제3조제3항에 따른 종합병원 이상에서 수술을 하지 않고 전원을 한 후 계속적인 약물치료 등 경과관찰이 필요한 경우<신설 2012. 11. 8.>

12. 현재 요양 중인 산재보험 의료기관에서 시설 및 전문 인력이 없고 통원요양으로 수술 및 처치가 가능한 경우(신설 2012. 11. 8.)

② 소속기관장은 요양급여를 지급받고 있는 산재근로자가 제1항에 따른 병행진료를 하고자 하는 때에는 그 산재근로자에게 별지 제5호의 병행진료신청서에 별지 제6호의 병행진료소견서를 첨부하여 신청하게 하여야 한다. 다만, 제1항제7호의 경우에는 의학적 소견을 첨부하지 아니하게 할 수 있다.

③ 소속기관장은 산재근로자에게 병행진료를 하게 한 때에는 그 산재근로자의 병행진료를 담당하는 산재보험 의료기관에 대하여는 진료계획서를 제출하지 아니하게 할 수 있다. 다만, 주된 상병 이외에 제1항제1호에 해당하는 상병으로 병행진료를 하는 때에는 진료계획서를 제출하게 하여야 한다.

제18조(진찰요구) ① 소속기관장은 법 제119조 및 영 제117조제1항

에 따라 진찰(이하 "특별진찰"이라 한다)을 실시하는 때에는 해당 산재근로자에게 별지 제8호의 특진의료기관 선택 확인서를 받아야 한다.

② 소속기관장은 제1항에 따라 산재근로자가 특진의료기관을 선택한 때에는 진찰을 요하는 사항, 진찰일시 등을 별지 제9호 서식에 따라 산재근로자 및 산재보험 의료기관에 알려야 한다.

③ 영 제117조제1항제1호에 따른 "계속 요양의 필요성을 판단하기 위한 진찰"이란 다음 각 호의 어느 하나에 해당하는 경우를 말한다.

1. 산재근로자의 상병상태, 치료방법 및 치료예정기간 등에 대하여 주치의사와 자문의사의 소견이 다른 경우

2. 상병의 치유 여부나 남게 될 후유증상 등에 대한 특별진찰이 필요한 경우

3. 산재근로자가 현재 요양 중인 의료기관에 재활관련 전문의가 없거나, 전문적인 재활치료가 필요한지 여부에 대한 판단을 위해 영 제118조제1항에 따른 의료기관 중 이사장이 정한 재활인증의료기관으로 특별진찰이 필요한 경우 <신설 2012. 11. 8.>

4. 제1호 및 제2호, 3호 이외에 소속기관장이 계속 요양의 필요성을 판단하기 위하여 특별진찰이 필요하다고 인정하는 경우<개정 2012. 11. 8.>

제19조(현장 요양서비스) ① 소속기관장은 산재근로자에게 요양이나 보험급여의 지급에 관한 사항의 안내, 상병의 특성이나 상태에 적합한 의료.재활서비스를 제공하기 위하여 소속 직원에게 산재보험 의료기관을 방문하도록 하거나 그 밖의 방법으로 그 산재근로자의 상병의 치료.보험급여의 지급 또는 직업복귀에 필요한 사항 등을 지원(이하 "현장 요양서비스"라 한다)하게 할 수 있다.

② 소속기관장은 제1항에 따른 지원을 하는 때에는 산재근로자의 상병상태의 정도에 따라 일반서비스 대상자와 집중서비스 대상자로 구분하여 지원할 수 있다. 이 경우 집중서비스 대상자에 대하여는 상담 내용 및 상병의 정도를 고려하여 집중지원계획을 수립하고, 그 계획에 따라 의료 및 재활서비스를 제공할 수 있다.

③ 소속기관장은 현장 요양서비스 업무를 담당하는 직원에게 상담 내용, 집중지원계획에 따른 세부지원 내용 및 조치사항, 산재근로자의 치료의 경과 및 상병 상태, 직업복귀에 관한 사항 등 현장 요양서비스를 제공하는 과정에서 얻은 정보나 지원 내용 등을 기록·관리하게 하여야 한다.

④ 현장 요양서비스에 필요한 세부 사항은 이사장이 따로 정하여 시행할 수 있다.

제20조(요양서비스 실태 점검) ① 소속기관장은 산재보험 의료기관에서 요양을 하고 있는 산재근로자의 적절한 요양관리를 위하여 수시로 산재보험 의료기관을 방문하여 요양실태를 점검할 수 있다.

② 소속기관장은 산재보험 의료기관을 방문하여 요양실태를 점검하는 때에는 다음 각 호의 사항을 반드시 확인하여야 한다.

1. 상병보상연금을 지급받고 있는 산재 근로자의 폐질상태의 변동 여부

2. 간병료를 지급받고 있는 산재근로자의 상병 상태 및 간병인의 유무, 다인(多人)간병 여부

제5장 요양비의 청구 및 지급

제21조(요양비의 청구 및 지급) ① 소속기관장은 법 제40조제2항 단서에 따른 요양비나 법 제40조제4항제6호에 따른 간병, 법 제40조제4항제7호에 따른 이송에 드는 비용을 부득이하게 산재근로자

가 부담하고 그 비용을 청구하는 때에는 그 산재근로자에게 별지 제10호의 요양비청구서에 비용 명세서(제23조에 따른 전문간병인에 대한 간병료를 청구하는 때에는 전문간병인 자격을 확인할 수 있는 서류를 포함한다)를 첨부하여 신청하게 하여야 한다.

② 소속기관장은 산재근로자가 제1항에 따른 요양비의 청구를 산재보험 의료기관에 위임한 때에는 산재보험 의료기관이 서류 제출을 대행하게 할 수 있다.

③ 영 제38조제1항제1호에 따라 "산재보험 의료기관이 아닌 의료기관에서 응급진료 등 긴급하게 요양을 받은 경우의 요양비"란 다음 각 호의 어느 하나에 해당하는 경우를 말한다.

1. 해당 근로자의 재해가 발생한 장소 인근에 산재보험 의료기관이 없어 산재보험 의료기관이 아닌 의료기관에서 부득이하게 요양을 받고 부담한 요양비

2. 산재근로자의 상병상태가 특수의료시설 또는 기술을 요하는 경우로서 인근에 소재하는 산재보험 의료기관에 그 필요한 시설 또는 기술이 갖추어져 있지 아니하여 산재보험 의료기관이 아닌 의료기관에서 응급치료 등 긴급하게 요양을 하고 산재근로자가 부담한 요양비

3. 제1호 또는 제2호에 따라 산재근로자가 산재보험 의료기관이 아닌 의료기관에서 수술을 한 후 상병상태를 확인하기 위하여 그 의료기관에서 통원진료를 받고 부담한 요양비

4. 제1호 및 제2호에 준하는 경우로서 산재근로자가 산재보험 의료기관이 아닌 의료기관에서 응급진료를 받은 후 의료기관 또는 약국에 부담한 요양비

④ 영 제38조제1항제3호에 따라 "그 밖에 공단이 정당한 사유가 있다고 인정하는 요양비"란 다음 각 호의 어느 하나에 해당하는 경우를 말한다.

1. 최초 요양급여 결정 전에 산재근로자가 업무상의 재해로 요양

을 받은 경우의 요양비

2. 보험관계성립신고를 하여야 할 법정기한의 다음 날부터 보험
   관계성립신고를 한 날까지의 기간 중에 발생한 재해로서 산재
   근로자가 업무상의 재해로 요양을 받고 부담한 요양비

3. 추가상병 또는 재요양 결정 전에 산재근로자가 추가상병 또는
   재요양으로 부득이하게 요양을 받고 부담한 요양비

4. 요양급여 지급 결정 당시에 요양을 담당하고 있는 산재보험 의
료기관 이외의 다른 의료기관에서 응급진료를 받고 부담한 요양비

⑤ 소속기관장은 제1항에 따라 요양비의 청구를 받은 때에는 자
문의사에게 자문을 하여 요양비의 지급 여부를 결정하여야 한다.
이 경우 지급할 요양비가 전문간병인에 대한 간병료인 경우에는
그 전문간병인의 인적사항이나 자격 등을 기록·관리하여야 한다.

⑥ 소속기관장은 제5항에도 불구하고 다음 각 호의 어느 하나에
해당하면 자문의사에게 자문을 하지 아니하고 요양비의 지급 여
부를 결정할 수 있다.

1. 규칙 제11조에 해당하고, 폐질등급 제1급 또는 제2급에 해당
   하는 상병보상연금수급자의 간병료 제2회분 이후 청구분. 다
   만, 해당 산재근로자의 상병상태가 변동되어 간병필요정도를
   달리 적용할 필요가 있는 경우에는 그러하지 아니하다.

2. 규칙 제15조제3호에 따른 이송비

3. 법 제90조에 따라 「국민건강보험법」에 따른 국민건강보험공단
   또는 「의료급여법」에 따른 시장·군수·구청장이 산재근로자에게
   요양급여를 우선 지급하고 공단에 청구하는 비용

4. 산재보험 요양급여기준에 따른 재활보조기구 구입 및 수리에
   소요된 비용. 다만, 상병상태로 보아 산재근로자가 구입한 재
   활보조기구가 적합하지 아니하다고 인정되어 달리 적용할 필요
   가 있는 경우에는 그러하지 아니하다.

5. 산재근로자가 법 제42조제2항에 따라 공단에 청구하는 비용

⑦ 소속기관장은 산재근로자가 영 제38조제3항에 따라 이송에 드는 비용을 미리 청구하는 때에는 별지 제11호의 이송비사전지급청구서를 제출하게 하여야 한다.

⑧ 소속기관장은 제7항에 따라 이송비의 사전지급 청구를 받은 때에는 지급 여부를 결정하여 별지 제12호 서식에 따라 통지하여야 한다.

제22조(국내요양 통보) <삭제> <개정 2015.12.29.>

제23조(간병인 전문교육과정의 인정기준) 규칙 제12조제1항제2호에 따른 "공단이 인정하는 간병교육을 받은 사람"이란 다음 각 호의 어느 하나에 해당하는 사람을 말한다.

1.「노인복지법」에 따른 요양보호사의 자격을 얻은 사람

2. 2008. 7. 1.이전에 종전의 규정(2008. 7. 1. 규정 제444호로 개정되기 전의 것을 말한다) 제29조의2에 따라 공단이 인정한 간병인 전문교육과정을 이수한 사람

제24조(요양급여 비용의 정산) ① 소속기관장은 법 제90조제1항에 따라 「국민건강보험법」에 따른 국민건강보험공단 또는 「의료급여법」에 따른 시장, 군수 또는 구청장(이하 "국민건강보험공단등"이라 한다)이 요양급여의 수급권자에게 건강보험 요양급여 등을 우선 지급하고 그 비용을 청구하려는 때에는 별지 제14호의 요양급여비용청구서에 비용명세서를 첨부하여 청구하게 하여야 한다.

② 소속기관장은 제1항에 따라 요양급여 비용의 청구를 받은 때에는 그 비용이 법에 따라 지급할 수 있는 요양급여에 상당한 비용에 해당하는지 여부를 심사하여 40일 이내에 지급하여야 한다.

③ 소속기관장은 제2항에 따른 심사결과 지급하지 아니하기로 결정하거나 청구한 비용을 삭감 또는 조정한 때에는 국민건강보험공단등에 문서로 그 내용을 통지하여야 한다. 이 경우 국민건강보험공단등이 이의가 있을 때에는 재청구하도록 알려야 한다.

④ 소속기관장은 국민건강보험공단등에 요양급여 비용을 지급하
는 때에는 「보험급여 및 반환금 지급업무처리규정」에서 정한 펌
뱅킹시스템을 이용하여 지급하여야 한다.

⑤ 소속기관장은 요양급여 비용의 지급을 위하여 관할 지역에 소
재하는 국민건강보험공단등의 분사무소마다 하나의 계좌를 공단
에 등록하게 하여야 한다. 이 경우 수급계좌의 등록 및 변경에
관하여는 「보험금 및 반환금 지급업무처리규정」에서 정한 바에
따른다.

⑥ 소속기관장은 수급권자에게 요양급여를 지급한 후 그 지급결
정이 취소되어 법 제90조제2항에 따라 국민건강보험공단등에 건
강보험 요양급여등에 해당하는 비용을 청구하는 때에는 별지 제
15호의 건강보험등 요양급여비용청구서에 따라 청구하여야 한다.
이 경우 요양급여의 지급 결정이 취소된 자의 요양을 담당하였던
산재보험 의료기관의 협조를 받아 국민건강보험공단등이 부담하
여야 하는 비용을 산정할 수 있다.

제6장 자문의사

제25조(위촉) ① 이사장은 영 제42조에 따라 예산의 범위 내에서
보험급여.진료비 또는 약제비 등의 지급 결정이나 그 밖에 업무
상 재해를 입은 근로자의 요양서비스 제공 등에 필요한 의학적
자문을 하기 위하여 자문의사를 위촉할 수 있다.

② 제1항에 따른 자문의사는 산재의료전문위원, 소속기관장이 정
기적.상시적으로 의학적 자문을 하기 위하여 위촉하는 자문의사
(이하 "상시자문의사"라 한다), 필요에 따라 수시로 자문을 하기
위하여 위촉하는 자문의사(이하 "수시자문의사"라 한다)로 구분
한다. 이 경우 산재의료전문위원은 상근으로 하고, 상시자문의사
와 수시자문의사는 비상근으로 한다.<신설 2011. 9. 1.>

③ 이사장은 소속기관장이 추천한 자, 총연합단체인 노동조합에서 추천한 자, 전국을 대표하는 사용자단체에서 추천한 자 중에서 소속기관의 상시자문의사 또는 수시자문의사를 위촉하여야 한다. 이 경우 소속기관장은 총연합단체인 노동조합 및 전국을 대표하는 사용자단체에 소속된 해당지역 단체로부터 추천을 받아 이사장에게 상시자문의사 또는 수시자문의사의 위촉을 요청하여야 한다.

④ 이사장은 제1항에 따른 자문의사를 위촉하는 때에는 한 명의 자문의사를 둘 이상의 소속기관(공단본부를 포함한다)의 자문의사로 중복하여 위촉할 수 없다.

제26조(임무) ① 자문의사는 이사장, 소속기관장이 다음 각 호의 어느 하나에 해당하는 사항에 관하여 의학적 자문을 구하는 때에는 이에 응하여야 한다. 이 경우 필요한 때에는 산재보험 의료기관을 방문하여 자문을 할 수 있다.

1. 산재근로자의 요양·장해 및 보험급여 전반에 관한 의학적 소견
2. 산재보험 의료기관 지도·점검에 관한 의학적 소견
3. 진료비·약제비 지급에 관한 의학적 소견
4. 심사청구 사건에 관한 의학적 소견
5. 후유증상진료 대상 결정 및 직업재활상담 등에 관한 의학적 소견
6. 그 밖에 이사장 또는 소속기관장이 필요하다고 인정되는 사항에 관한 의학적 소견

② 이사장 또는 소속기관장은 해당 산재근로자의 주치의사가 소속기관의 자문의사로 위촉되어 있는 때에는 그 자문의사에게 해당 산재근로자의 상병 상태나 요양서비스의 제공에 관한 의학적 자문을 하여서는 아니 된다.

③ 산재의료전문위원인 자문의사의 임무는 공단 이사장이 따로

정한다.

④ 소속기관장은 의학적 소견에 관한 자문이 필요한 때에는 소속기관의 자문의사 이외에 다른 소속기관의 자문의사 또는 공단본부의 자문의사(공단본부의 상시 자문의사를 제외한다)에게도 자문을 할 수 있다.

제27조(자격) 이사장은 「의료법」에 따른 의사, 치과의사, 한의사 중에서 산재근로자의 특성을 고려하여 다음 각 호의 어느 하나에 해당하는 자를 자문의사로 위촉할 수 있다.
1. 대학교수로서 임상에 종사 중인 자
2. 대학부속병원에 재직 중인 자
3. 국.공립의료기관에 재직 중인 자
4. 보험시설에 재직 중인 자
5. 해당 전문의 자격을 취득한 후 5년 이상 근무한 경력이 있는 자
6. 지역적 특수성으로 말미암아 제1호부터 제5호까지의 기준에 해당하는 자가 없는 경우에는 직업환경의학분야.사회보험분야 또는 한의학에 관한 학식과 경험이 풍부하다고 이사장 또는 소속기관장이 인정하는 자

제28조(위촉기간) 자문의사의 위촉기간은 3년으로 하되, 연임할 수 있다. 다만, 산재의료전문위원인 자문의사의 위촉기간은 공단 재직기간으로 한다.

제7장 자문의사회의

제29조(구성) ① 영 제43조제1항에 따른 자문의사회의의 위원은 제25조에 따른 자문의사로 구성한다.

② 자문의사회의에는 위원장 1명과 간사 1명을 둔다. 이 경우 간사는 소속기관의 보험급여 지급 업무를 담당하는 부서장으로 한다.

③ 자문의사회의의 위원장은 회의를 개최할 때마다 회의에 참석한 위원 중에서 호선한다.

④ 위원장은 자문의사회의의 회의에 관한 사항을 총괄하고, 심의 결과를 소속기관장에게 통보하여야 한다.

제30조(회의) ① 자문의사회의의 회의는 월 1회 이상 정기적으로 개최하되, 필요한 경우 수시로 회의를 개최할 수 있다.

② 자문의사회의는 회의를 개최할 때마다 위원장 1명을 포함하여 5명 이상 10명 이하의 위원으로 구성하되, 심의안건을 고려하여 해당 상병에 대한 진료과목의 전문의 자격을 가진 위원 3명 이상을 포함하여야 한다. 이 경우 총연합단체인 노동조합 및 전국을 대표하는 사용자 단체에서 추천한 위원은 같은 수가 되도록 하여야 한다.

③ 제2항에도 불구하고 총연합단체인 노동조합 및 전국을 대표하는 사용자단체가 추천한 위원이 없거나 참석할 수 없는 때에는 다른 위원만으로 자문의사회의를 개최할 수 있다.

④ 자문의사회의의 회의는 회의에 참석하기로 지정된 해당상병의 전문의 자격을 가진 위원의 과반수 출석을 포함하여 전체 구성위원의 과반수 출석으로 개회하고 출석위원 과반수 찬성으로 의학적 소견을 결정한다.

⑤ 자문의사회의는 필요하다고 인정하면 해당 근로자 및 그 근로자의 주치의사, 그 밖에 관련 전문가 등에게 회의에 참석하여 의견을 진술하게 할 수 있다. 다만, 의학적 소견의 결정 과정에 대하여는 그러하지 아니하다.

제31조(임무) 영 제43조제3항제5호에서 "공단 소속 기관의 장이 자문의사회의의 심의가 필요하다고 인정하는 사항"이란 다음 각 호의 어느 하나에 해당하는 경우를 말한다.

1. 규칙 제10조에 따른 산재보험 요양급여기준을 적용할 때에 전

문적인 의학적 소견이 필요한 사항

2. 제13조제3항에 해당하는 사항

3. 영 제53조에 따른 장해등급을 결정하는 경우로서 자문의사회
   의의 심의가 필요한 사항

4. 그 밖에 소속기관장이 자문의사회의의 심의가 필요하다고 인
   정하는 사항이나 자문의사가 자문의사회의의 심의를 요청하
   는 사항

제32조(해산) 자문의사회의는 심의 안건에 대하여 심의를 완료함과
동시에 해산된다.

제8장 진폐의 요양급여 신청 등

제33조(진폐의 요양급여 신청) 소속기관장은 근로자가 법 제91조의
5제1항에 따라 진폐에 대한 요양급여의 신청을 하려는 때에는
별지 제2호의 요양급여신청서에 규칙 제33조 각 호에서 정한 서
류를 첨부하여 신청하게 하여야 한다.

제34조(분진작업종사경력 확인) ① 규칙 제33조제1항제1호에 따른
분진작업종사경력 확인서는 별지 제16호 서식을 말한다.

② 규칙 제33조제1항제1호 단서에서 "공단이 정하는 서류"란 별
지 제17호의 분진작업종사 사실확인서를 말한다.

③ 소속기관장은 제1항 및 제2항에 따른 분진작업종사경력 등
사실 여부를 확인하여야 한다.

제35조(진폐진단의 실시 등) ① 소속기관장은 시행규칙 제34조에 따
라 요양급여 또는 진폐보상연금을 청구한 사람에게 진단일자, 건
강진단기관 등을 정하여 별지 제18호 서식으로 통지하여야 한다.

② 시행령 제83조의2제2항에 따른 심폐기능장해정도를 판정하기
곤란한 경우라 함은 다음 각호와 같다

1. 심폐기능검사가 곤란하다는 의학적 소견이 있는 경우

2. 치매, 기관지천식, 뇌·심혈관계 질환 등 기존질환으로 심폐기능
검사가 곤란하다는 의학적 소견이 있는 경우

3. 기타 진폐심사회의에서 심폐기능검사 결과로 진폐장해등급 판
정이 곤란하다는 의학적 소견이 있는 경우

③ 소속기관장은 법 91조의6제3항에 따라「진폐의 예방과 진폐근
로자의 보호 등에 관한 법률」(이하 "진폐근로자보호법"이라 한
다.) 제15조에 의한 건강진단기관이 근로자의 흉부엑스선사진 등
을 공단본부에 제출 시 같은법 시행규칙 제25조 관련 별지16호의
'진폐건강진단소견서'에 대하여는 근로자 소속 사업장을 관할하는
소속기관에도 동시에 제출하게 하여야 한다.

④ 제3항에 따른 진폐건강진단소견서를 통보받은 소속기관장은 법
제91조의5제1항 및 2항에 따른 요양급여를 청구한 것으로 본다.

제36조(진폐진단 추가검사 실시) ① 공단은 시행규칙 제34조제1항
에 따른 진폐진단결과에 대한 진폐심사회의에서 추가검사가 필요
하다고 인정되는 경우에는 필요한 검사를 실시한 후 진폐에 따른
보험급여 지급 여부를 판단하여야 한다.

② 소속기관장은 제1항에 따른 추가검사가 필요하다고 인정되는
경우에는 즉시 건강진단기관에 필요한 검사를 의뢰하고, 검사를
실시한 건강진단 기관은 그 결과를 법 제91조의7에 따른 진폐심
사회의에 통보하여야 한다.

제37조(응급진단 절차) 소속기관장은 근로자가 법 제91조의5제2항
단서에 따라 요양급여를 청구한 때에는 규칙 제34조에 따른 진
폐진단을 실시하여야 한다. 다만, 해당 근로자가 청구당시 진폐
근로자보호법에 따라 건강진단을 받고 있는 경우에는 규칙 제34
조에 따른 진폐진단을 실시한 것으로 본다.

제38조(진단수당 지급) ① 법 제91조의6제5항에 따른 진단수당을 지급받고자 하는 사람은 별지 제20호 진단수당청구서를 소속기관에 제출하여야 한다.

② 제1항에도 불구하고 소속기관장은 법 제91조의6제5항에 따른 진단수당을 받을 수 있는 모든 대상자에게 청구자격여부를 확인하여 진단수당을 지급하여야 한다.<개정 2011. 9. 1.>

③ 소속기관장은 진단수당을 지급할 때에는 건강진단기관에서 진단받은 기간 및 지급대상자의 계좌를 확인하여 지급하여야 한다.<신설 2011. 9. 1.>

제39조(진폐판정 및 결과통보 등) ① 진폐심사회의는 규칙 제35조에 따라 건강진단기관으로부터 진폐진단 결과를 통보 받으면 시행령 제83조의2 별표11의2 및 별표11의3에 따라 진폐병형, 진폐합병증, 심폐기능장해 정도에 대하여 심사 하여야 한다.

② 진폐심사회의 위원장은 제1항의 심사에 따른 진폐판정 결과를 이사장에게 보고하여야 하며, 이사장은 진폐판정 결과를 해당 소속기관장에게 통보하여야 한다.

③ 소속기관장은 제2항의 진폐판정결과를 통보받은 때에는 그 결과에 따라 보험급여의 지급 여부를 결정한 후 그 결과를 해당 근로자에게 통지하여야 한다.

제40조(요양급여 지급 대상자에 대한 요양) ①소속기관장은 요양급여의 지급 대상으로 결정된 자에 대하여는 규칙 제39조제1항 별표 2의2와 제2항 별표2의3에 따른 진폐요양 의료기관에서 요양을 하게 하여야 한다.

② 소속기관장은 규칙 제39조제2항 별표 2의3에 따른 요양대상 환자의 상병 상태에 맞는 해당등급 의료기관에서 요양을 하게 하여야 한다.

제41조(평가위원회의 구성 및 운영) ① 법 제91조의9 제4항에 따른 진폐요양의료기관평가위원회(이하 "평가위원회"라 한다)의 위원은 당연직 위원과 외부전문가 위원으로 구성한다.<개정 2015.5.1>.

② 제1항에 따른 당연직 위원은 다음 각 호의 어느 하나에 해당하는 사람으로 한다.

  1. 고용노동부의 진폐요양 의료기관 관련 업무를 담당하는 5급 이상 일반직 공무원

  2. 직업성폐질환연구소장

  3. 공단 본부의 진폐업무담당 부서 실· 국장

③ 제1항에 따른 외부전문가 위원은 다음 각 호의 어느 하나에 해당하는 사람 중에서 이사장이 위촉한다.

  1.「의료법」제2조제1항에 따른 의사 중 호흡기 분야 내과, 결핵과, 직업환경의학과, 영상의학과 전문의로서 진폐에 관한 학식과 경험이 풍부한 사람

  2. 그 밖에 진폐요양 및 의료기관 평가에 대한 경험과 지식이 풍부한 사람으로서 진폐요양 의료기관의 평가를 위하여 이사장이 필요하다고 인정하는 사람

④ 평가위원회에는 회의의 원활한 진행을 위하여 간사 1명을 두며, 간사는 공단본부의 진폐요양 의료기관 업무를 담당하는 부서장으로 한다.

제41조의2(위원 해촉) 위원이 다음 각 호의 어느 하나에 해당하게 된 때에는 이사장은 그 위원을 해촉할 수 있다.

1. 신체상 또는 정신상의 장애로 직무를 수행할 수 없다고 인정된 경우

2. 직무상의 의무를 위반하거나 직무에 태만한 경우

3. 그 밖에 이사장이 위원으로서 적합하지 아니하다고 인정하는 경우

제41조의3(위원의 제척.회피) ① 제41조에 따른 평가위원회 위원은 다음 각 호의 어느 하나에 해당하면 당해 회의에서 제척된다.<개정 2015.5.1>

　1. 위원 이 의료기관의 이해관계자와 「민법」 제777조에 따른 친족이거나 친족이었던 경우
2. 위원이 평가대상 의료기관에서 최근 3년 이내 재직하였거나 재직하고 있는 경우
3. 진폐요양 의료기관의 평가사항과 직접적인 이해관계에 있거나 불공정한 평가를 할 우려가 있다고 이사장이 인정한 경우
② 위원이 제1항의 사유에 해당하는 때에는 스스로 평가위원회의 회의에서 회피할 수 있다.

제41조의4(평가위원회의 회의) ①위원장은 진폐요양 의료기관 평가 업무에 대하여 회의가 필요한 경우에 평가위원회를 소집한다.
② 위원장은 평가위원회 회의의 의장이 되며, 회의를 소집하려는 때에는 회의개최 5일 전까지 회의개최 일시.장소 및 안건을 회의에 참석할 위원에게 서면으로 알려야 한다. 다만, 긴급하게 회의를 소집하여야 하는 때에는 회의 개최 전날까지 전화 또는 그 밖의 방법으로 알릴 수 있다.<개정 2015.5.1>
③ 평가위원회의 의결은 재적위원 과반수의 출석과 출석위원 과반수의 찬성으로 하되, 가부동수인 경우에는 위원장이 의결권을 갖는다.<개정 2015.5.1>

제41조의5(수당의 지급) 평가위원회의 회의에 참석한 위원에 대하여는 예산의 범위에서 수당을 지급할 수 있다. 이 경우 필요하면 수당 이외에 공단「여비규정」에 따른 여비를 지급할 수 있다.<개정 2015.5.1>

제41조의6(비밀의 준수) 평가위원회 위원 및 그 직에 있었던 자는

평가 및 회의와 관련하여 알게 된 직무상 비밀을 누설하여서는 아니 된다.<개정 2015.5.1>

제41조의7(진폐요양 의료기관 평가 결과 공개) ① 이사장은 공단 홈페이지 등에 진폐요양 의료기관 평가 결과를 공개할 수 있다. [본조신설 2010. 11.]

② 제1항에 따른 공개의 내용 및 절차 등에 관하여 필요한 사항은 평가위원회의 의결을 거쳐 이사장이 정한다.<개정 2015.5.1>

제42조(전신해부 시 분진사업장 종사 여부 확인) ① 소속기관장은 법 제91조의11제1항에 따라 전신해부를 의뢰받은 산재보험 의료기관장으로부터 별지 제22호 서식(분진직력 종사자 대상여부 확인의뢰서)의 요청을 받은 경우에는 사망근로자가 법 제91조의2 및 규칙 제32조에 해당하는지 여부를 확인하여 별지 제23호 서식(분진직력 종사자 대상.비대상 통지서)으로 알려주어야 한다.

② 소속기관장은 제1항에 따라 의료기관이 유선 등으로 확인을 요청 시에도 문서로 그 사실 여부를 확인해 주어야 한다.

제42조의2(전신해부에 따른 이송비 지급) ①규칙 제41조제1항제4호에 따른 해부를 위한 이송비용을 유족이 부담한 경우에는 요양비 청구서(별지 제10호 서식)에 영수증을 첨부하여 청구하여야 한다.<개정 2011. 9. 1.>

② 제1항에 따른 이송비의 지급은 규칙 제10조에 따른다.

제43조(이황화탄소중독증 판정절차 등) ① 소속기관장은 이황화탄소중독증에 대한 요양급여 신청을 받은 때에는 판정에 필요한 검사를 할수 있는 산재보험 의료기관에 정밀진단을 의뢰하여야 한다.
② 소속기관장은 제1항에 따른 정밀진단 결과를 통보 받으면 규칙 제43조에 따라 이황화탄소중독증에 걸렸는지 여부를 판정하여 판정결과 및 요양에 관한 결정 내용을 신청인, 보험가입자 및

산재보험 의료기관에 통지하여야 한다.

제9장 진폐심사회의 및 석면심사회의 <개정 2015.5.1>

제44조(진폐심사회의의 구성) <개정 2015.5.1>

① (삭제 2010. 11. 24.)

② (삭제 2010. 11. 24.)

③ 진폐심사회의에는 위원장 1명과 간사 1명을 둔다. 이 경우 간사는 진폐업무를 담당하는 부서장으로 한다.
④ 진폐심사회의의 위원장은 위원 중에서 이사장이 지명하는 자로 한다.
⑤ 위원장은 진폐심사회의의 회의에 관한 사항을 총괄하고, 심사 결과를 이사장에게 통보하여야 한다.

제45조(진폐심사회의의 회의) ① 진폐심사회의는 매월 1회 이상 정기적으로 개최하는 것을 원칙으로 하되, 이사장이 필요하다고 인정하는 경우에는 수시로 개최할 수 있다.<개정 2015.5.1.>
② 진폐심사회의는 회의를 개최할 때마다 위원장 1명을 포함하여 5명 이상 10명 이하의 위원으로 구성한다.
③ 진폐심사회의의 회의는 제2항에 따른 구성위원 과반수의 출석으로 개회하고, 출석위원 과반수의 찬성으로 의결한다.
④ 진폐심사회의의 결과는 별지 제24호 서식의 진폐심사회의 심의서에 기재하고 위원의 날인을 받아 보관하여야 한다.<신설 2015.5.1.>

제46조(임무) 규칙 제38조제4항제4호"그 밖에 진폐의 요양 및 장해 심사 등에 관한 사항"이란 다음 각 호와 같다.

1. (삭제 2010. 11. 24.)

2. (삭제 2010. 11. 24.)

3. (삭제 2010. 11. 24.)

4. (삭제 2015. 5. 1.)

5. 법 제91조의10에 따른 진폐에 따른 사망 여부 판단에 관한 사항

제46조의2(진폐에 따른 사망여부 판단 자문시 고려할 사항) ① 시행령 제83조의3에 따라 진폐에 따른 사망 여부를 판단하는데 고려하여야 할 사항은 다음 각 호와 같다.

1. 사망의 주요 원인이 진폐 및 그 합병증 등 진폐와 관련된 사유에 의한 것인지 여부

2. 진폐 및 그 합병증 외에 사망의 원인이 될 만한 다른 기존질환에 의한 사망여부

3. 진폐의 병형이 제1형 이상이고, 진폐합병증이 진단된 경우 합병증의 발병 시기, 치료 경과, 치료 기간 등을 고려하여 합병증과 사망과의 상당인과관계 여부

4. 진폐의 병형이 제1형 이상이고,폐기능에 영향을 미치는 다른 질병이 없는 상태에서 심폐기능이 중등도 장해(F2)이상인지 여부

5. 진폐의 병형이 제1형 이상이고,감염성 폐질환인 폐렴(박테리아, 바이러스, 진균 등) 및 폐농양으로 인한 사망여부

6. 진폐나 그 합병증과 사망과의 사이에 상당인과관계가 있음이 의학적으로 명백히 인정되는지는 여부

제46조의3(석면심사회의) 석면폐증에 걸렸는지 여부, 요양급여 지급 대상 여부 및 장해 정도를 평가하기 위하여 공단에 석면심사회의를 둔다.<신설 2015.5.1>

제46조의4(준용) 석면심사회의의 구성, 회의 등에 관한 사항은 제44조 및 제45조를 준용한다.이 경우 "진폐심사회의"는 "석면심사회

의”라 한다.<신설 2015.5.1>

제10장 요양업무처리의 관할

제47조(최초 요양급여 및 진폐의 판정 신청, 결정 등에 관한 업무① 최초의 요양급여 신청 및 진폐에 대한 요양급여 신청에 관한 업무는 근로자가 소속된 사업장을 관할하는 소속기관장(이하 “사업장 관할 소속기관장”이라 한다)이 처리한다.<개정 2015.5.1>
② 제10조의3제1항에 따라 근로자의 사업장 정보가 변경된 때에는 해당 최초요양급여 결정에 대한 심사청구, 행정소송 등 후속조치는 변경후 사업장 관할 소속기관장이 처리한다.<신설 2015.5.1>

제48조(진료계획의 제출 및 심사 등에 관한 업무) ① 법 제47조에 따른 진료계획에 관한 업무는 해당 산재근로자의 요양을 담당하고 있는 산재보험 의료기관의 소재지를 관할하는 소속기관장(이하 “의료기관 관할 소속기관장”이라 한다)이 처리한다.
② 제1항에도 불구하고 제17조제3항 단서에 따른 진료계획서는 병행진료를 결정한 소속기관장이 처리한다.

제49조(전원요양 신청 및 결정 등에 관한 업무) 전원요양 신청 및 결정 등에 관한 업무는 신청 당시의 의료기관 관할 소속기관장이 처리한다. 다만, 제17조제1항에 따른 병행진료의 경우에는 병행진료를 하게 한 소속기관장이 처리한다.

제50조(추가상병 요양급여의 신청 및 결정 등에 관한 업무) 추가상병 요양급여의 신청 및 결정 등에 관한 업무는 산재근로자가 추가상병 요양급여를 신청할 당시의 의료기관 관할 소속기관장이 처리한다. 다만, 법 제49조제1호로 말미암아 추가상병 요양급여를 신청한 때에는 의료기관 관할 소속기관장 또는 사업장 관할 소속기관장 중 접수받은 소속기관장이 처리한다.

제51조(재요양의 신청 및 결정 등에 관한 업무) 재요양의 신청(재요양을 하기 위한 추가상병 요양급여 신청을 포함한다)및 결정 등에 관한 업무는 산재근로자가 요양을 종결할 당시의 의료기관 관할 소속기관장 또는 사업장 관할 소속기관장 중에서 접수받은 소속기관장이 처리한다.

제52조(요양비의 청구 및 지급결정 등에 관한 업무) ① 제21조제4항제1호 및 제2호에 따른 요양비의 청구 및 지급 결정 등에 관한 업무는 해당 산재근로자의 사업장 관할 소속기관장 또는 요양비를 청구할 당시의 의료기관 관할 소속기관장 중에서 접수받은 소속기관장이 처리한다. 다만, 요양비의 지급 여부를 결정하기 위하여 업무상의 재해 여부에 대한 판단이 필요한 경우에는 사업장 관할 소속기관장이 처리한다.

② 제21조제4항제3호에 따른 요양비의 청구 및 지급결정에 관한 업무는 해당 산재근로자의 추가상병 요양급여 또는 재요양 급여의 지급을 결정한 소속기관장 또는 요양비를 청구할 당시의 의료기관 관할 소속기관장 중에서 접수받은 소속기관장이 처리한다.

③ 제21조제4항제4호에 해당하거나 제1항 및 제2항 이외의 요양비청구서는 요양비를 청구할 당시의 의료기관 관할 소속기관장이 처리한다. 다만, 산재근로자가 요양비를 부담한 의료기관 관할 소속기관장에게 그 요양비를 청구한 때에는 접수받은 소속기관장이 처리한다.

④ 제21조제3항에 따라 산재보험 의료기관이 아닌 의료기관에서 산재근로자가 부담한 요양비의 청구 및 지급결정에 관한 업무는 다음 각 호에서 정하는 바에 따라 처리한다.

1. 최초의 요양급여의 지급 결정 전에 근로자가 부담한 요양비의 지급 업무는 사업장 관할 소속기관장

2. 추가상병 요양급여 또는 재요양급여의 지급 결정 전에 근로자

가 부담한 요양비의 지급 업무는 추가상병 요양급여 또는 재
요양급여의 지급을 결정한 소속기관장

3. 제1호 및 제2호를 제외한 요양비의 지급 업무는 산재보험 의
   료기관이 아닌 의료기관에서 요양을 하게 한 소속기관장

제53조(요양급여의 지급결정 취소 에 관한 업무) 제55조에 따른 요
양급여(재요양, 추가상병 요양급여를 포함한다)의 지급 결정의 취
소에 관한 업무는 당초에 요양급여의 지급을 결정한 소속기관장
이 처리한다.

제54조(소속기관 간의 자료수집 협조) ① 소속기관장은 근로자의 요
양급여의 지급 결정에 필요한 자료를 수집하는 경우에 소속기관
간의 관할을 달리하면 자료수집 대상 지역을 관할하는 소속기관
장에게 자료의 수집을 요청할 수 있다.

② 제1항에 따라 자료 수집을 요청 받은 소속기관장은 필요한
자료를 수집하여 지체 없이 해당 소속기관장에게 보내야 한다.

③ 소속기관장은 요양급여 등 보험급여의 지급 결정을 위하여 수
집한 자료 중 다른 소속기관과 관련된 자료가 있으면 지체 없이
해당 소속기관장에게 그 자료를 보내야 한다.

제11장 보 칙

제55조(요양급여의 지급 결정 취소) ① 소속기관장은 다음 각 호의
어느 하나에 해당하면 요양급여의 지급 결정을 취소하여야 한다.

1. 산재근로자가 거짓이나 부정한 방법 또는 부당하게 요양급여
   를 받은 경우

2. 심사 결정.재심사 결정.소송결과에 따라 요양급여의 지급결정
   을 취소하여야 하는 경우

3. 국민권익위원회의 시정권고를 수용하기로 결정하여 요양급여

의 지급결정을 취소하여야 하는 경우

4. 감사원의 심사결정에 따라 요양급여의 지급결정을 취소하여야
   하는 경우

② 소속기관장은 제1항제1호에 따라 요양급여의 지급 결정을 취
소하려는 때에는 해당 근로자에게 다음 각 호의 사항을 미리 통
지하여야 한다. 이 경우 제4호에 따른 의견제출 기한은 5일 이상
주어야 한다.

1. 요양급여 지급 결정을 취소할 자의 성명 및 주소

2. 요양급여 지급 결정 취소의 원인이 되는 사실과 법적 근거

3. 제2호에 대하여 의견을 제출할 수 있다는 내용과 의견을 제출
   하지 아니하는 경우의 처리방법

4. 의견제출 기한

5. 그 밖에 요양급여의 지급 결정 취소에 관한 사항

③ 소속기관장은 요양급여의 지급 결정을 취소한 때에는 해당 근
로자의 요양급여의 지급 결정과 관련이 있는 소속기관장에게 그
사실을 통보하여 필요한 조치를 하도록 하여야 한다.

제56조(유관기관과의 협조) ① 이사장은 요양급여신청서 또는 유족
보상·장의비청구서가 접수되면 그 자료를 전자적 방법으로 고용
노동부장관에게 보내야 한다. 이 경우 보내는 자료에는 사업장
명,재해일자 및 상병명 등을 포함하여야 한다.<신설2015.12.29>

② 소속기관장은 지방고용노동관서장 또는 한국산업안전보건공단
이 산업재해 예방을 목적으로 요양급여신청서 등 필요한 자료를
적법하게 요청하는 경우에는 신속하게 자료를 제공하여야 한다.
<개정 2015.12.29.>

③ 소속기관장은 접수된 요양급여신청서 또는 유족보상·장의비청
구서상의 질병이 다음 각 호의 어느 하나에 해당하면 별지 제26
호서식의 유해물질 관련 급성 중독·직업병 사건 보고(통보)에 따

라 접수된 날의 다음날까지 이사장에게 보고하고, 관할 지방고용노동관서장 및 한국산업안전보건공단 소속기관장에게도 통보하여야 한다.<신설 2015.12.29.>

1. 산업재해보상보험법 시행령 제34조제3항 별표3의 제4호 가목.나목(1,2).다목.라목, 제5호 나목, 제6호 다목.라목.자목, 제8호 가목, 제11호, 제12호 마목의 질병 중 어느 하나에 해당하는 경우

2. 제1호에 해당하지 않는 경우라도 유해요인으로 인한 질병 중 급성 중독사건.직업병 또는 같은 사업장에서 1개월 이내에 같은 질병으로 2명 이상이 신청하는 경우. 다만 뇌혈관질병 또는 심장질병 및 근골격계질병은 제외한다.

④ 소속기관장은 제3항 각 호에 해당하지 않는 경우라도 신청인에게 요양급여신청서를 되돌려 보낸 때에는 그 날이 속하는 달의 다음달 10일까지, 유족보상.장의비청구서를 접수한 때에는 3일 이내에 그 서류의 사본을 지방고용노동관서장에게 보내야 한다. 이 경우 전자적 방법으로 자료를 보낸 경우에는 서류의 사본을 보내지 아니할 수 있다.<개정 2015.12.29.>

제57조(해촉) 제25조에 따른 자문의사 및 시행규칙 제38조에 따른 진폐심사회의 위원은 임기가 만료되면 당연히 해촉되며, 이사장은 자문의사 또는 진폐심사회의의 위원이 다음 각 호의 어느 하나에 해당하면 해촉하여야 한다.

1. 「의료법」등 그 밖의 관계 법령에 따라 면허자격 정지 또는 면허취소 처분을 받은 경우

2. 해당 임무를 성실하게 수행하지 아니한 경우

3. 그 밖에 개인사정 등으로 직무를 계속할 수 없는 경우

4. 의학적 자문 또는 심사과정에서 얻은 정보를 타인에게 제공 또는 누설하거나 목적 이외의 용도로 사용하는 경우

5. 그 밖에 이사장이 자문의사 또는 위원으로서 적합하지 아니하

　　다고 인정하는 경우

제58조(수당 지급) 이 규정에 따른 자문의사, 자문의사회의 및 진폐
　심사회의 위원 중 회의에 출석한 위원에 대하여는 예산의 범위
　내에서 수당과 여비를 지급할 수 있다.

제59조(요양급여 등의 지급 결정에 관한 기록의 관리 방법 등) 소속
　기관장은 법령등에 따라 요양급여 등 보험급여의 지급 결정에 관
　한 사항 등 기록.관리하여야 할 사항에 대하여는 서면 또는 공단
　의 보험급여의 지급업무를 처리하는 전산시스템으로 기록.관리하
　여야 한다.<개정 2015.5.1>

부 칙

제1조(시행일) 이 규정은 2015년 5월 1일부터 시행한다.

제2조(대리인 선임 등에 관한 적용례) 제7조의2 및 제7조의3 개정
　규정은 이 규정 시행일 이후 접수되는 요양급여신청부터 적용한
　다.

제3조(대리인에 관한 경과조치) 이 규정 시행 당시 신청인이 요양급
　여와 관련하여 적법하게 선임한 대리인은 이 규정에 따라 선임된
　것으로 본다.

부 칙

제1조(시행일) 이 규정은 2016년 1월 1일부터 시행한다.

◈ 편저 김 종 석 ◈
• 노동법률실무연구회(수석연구원)
• 노동복지신문 산재담당부장(前)
• 각 문화센터 노동법강사
• 저서 : 노동법 강의(공저)
　　　　노동법지식사전
　　　　근로기준법(법률용어사전)

산재의 실제와 해법

산업재해 이렇게 해결하라	定價 18,000원
2016年 10月 10日 인쇄 2016年 10月 15日 발행 　편 저 : 김 종 석 　발행인 : 김 현 호 　발행처 : 법문 북스 　공급처 : 법률미디어	

１５２-０５０
서울 구로구 경인로 54길4(구로동 636-62)
TEL : 2636-2911 ~ 3, FAX : 2636 ~ 3012
등록 : 1979년 8월 27일 제5-22호
Home : www.lawb.co.kr

❙ ISBN 978-89-7535-360-4 13360
❙ 이 도서의 국립중앙도서관 출판예정도서목록(CIP)은 서지정보유통지
　원시스템 홈페이지(http://seoji.nl.go.kr)와 국가자료공동목록시스템
　(http://www.nl.go.kr/kolisnet)에서 이용하실 수 있습니다.(CIP제어
　번호: CIP2016022965)
❙ 파본은 교환해 드립니다.
❙ 본서의 무단 전재·복제행위는 저작권법에 의거, 3년 이하의
　징역 또는 3,000만원 이하의 벌금에 처해집니다.

한 권으로 끝내는 보험 탈출 가이드

보험회사가 말해주지 않는 손해 최소화 전략

초 판 1쇄 2026년 02월 05일

지은이 차병규
펴낸이 류종렬

펴낸곳 미다스북스
본부장 임종익
편집장 이다경, 김가영
디자인 윤영빈, 윤가희, 임인영
책임진행 이예나, 안채원, 김은진, 국소리, 송가희, 이지영

등록 2001년 3월 21일 제2001-000040호
주소 서울시 마포구 양화로 133 서교타워 711호, 808호
전화 02) 322-7802~3
팩스 02) 6007-1845
블로그 http://blog.naver.com/midasbooks
전자주소 midasbooks@hanmail.net
페이스북 https://www.facebook.com/midasbooks425
인스타그램 https://www.instagram.com/midasbooks

© 차병규, 미다스북스 2026, *Printed in Korea*.

ISBN 979-11-7355-704-0 (03320)

값 19,000원

미다스북스는 다음세대에게 필요한 지혜와 교양을 생각합니다.

한 권으로 끝내는
보험 탈출 가이드

한 권으로 끝내는
보험 탈출 가이드

차병규 지음

✦ 보험 해지 필요성 진단표 ✦

번호	진단 항목	O/X	O를 선택했다면 반드시 읽어봐야 할 목차
1	주변에 보험 설계사 친구가 한 명 이상 있다		1-6, 3-4, PART 4 전체
2	친구를 통해 가입한 보험이 1개 이상 있다		1-3, 1-6, 4-7
3	거절하기 불편해서 어쩔 수 없이 보험에 가입한 적 있다		1-6, 1-5, 4-1
4	"나중에 해지하면 되지."라고 생각하고 보험에 가입했다		1-1, 2-1, 2-6
5	가입한 보험이 몇 개인지 잘 모른다		1-4, 1-7, 2-7
6	매월 납입하는 보험료가 얼마인지 잘 모른다		1-2, 1-8, 3-3
7	보험 해지를 자주 고민한다		PART 2 전체
8	해지하면 손해일 것 같아 해지를 미룬 적 있다		1-5, 2-9, 5-10
9	지금 가지고 있는 보험을 다시 가입하고 싶지 않다		2-9, PART 3 전체
10	보험료 때문에 저축이나 투자를 미룬 적 있다		1-2, 1-8, 3-3

목차

✦ PART 4. 이런 설계사, 이런 회사는 걸러내라 ✦

당신은 보험을 어떻게 끝낼 것인가

보험 설계사 일을 시작한 것은 2009년 1월이다. 그 당시만 해도 보험을 가입하는 주된 방법은 설계사를 통하는 것이었고, 지인을 통해 좋은 보험 설계사를 소개받는 것이 '좋은 보험'을 가입할 수 있는 최고의 행운이자 최선의 방법이었다. 그러나 시간이 지남에 따라 보험에 가입하는 방법은 다양해졌으며, 무엇보다 블로그, 인터넷 카페, 유튜브 등을 통해 보험 가입 요령 혹은 보험 가입 꿀팁 등이 널리 전파되면서 이제는 굳이 보험 설계사를 통하지 않더라도 본인에게 필요한 보험이 어떤 것인지 대충이라도 어느 정도의 윤곽은 잡을 수 있게 되었다.

보험 회사들도 이러한 추세를 반영하여 인터넷으로 간편하게 가입할 수 있도록 보험 가입 방법을 다양화해 왔으며, 이전보다 훨씬 간편하게 보험에 가입할 수 있도록 '간편심사보험' 등을 개발하여 판매에 열을 올리고 있다. '간편심사보험'은 보험 회사가 원하는 몇 가지 조건들, 예를 들면 3개월 이내 치료(입원, 수술) 또는 치료가 필요하다는 의사 소견이 없거나, 1년/2

년 이내 입원이나 수술받은 적이 없거나, 5년 이내 암과 같은 질병으로 진단받은 적이 없다면 별다른 가입심사나 복잡한 절차 없이 간편하게 가입이 가능토록, 심지어 스마트폰을 이용한 전자 서명으로 간편하게 가입할 수 있도록 개발된 보험 상품이다.

보험 가입 방법은 다양해졌고, 보험을 가입하는 방법이나 보험 가입 꿀팁 등도 쉽게 접할 수 있게 되었으며, 무엇보다 몇 가지 조건만 충족시킨다면 보험을 간편하게 가입할 수 있게 되었다. 보험을 가입하고자 하는 사람들에게는 희소식이자 확실한 장점이라고 생각한다. 그러나 보험 가입 절차와 방법이 간편해지고 간단해질수록 보험 가입 자체를 대수롭지 않다거나, 쉽게 생각하는 경우도 많아질 수 있고, 이로 인해 발생할 수 있는 피해 및 그에 대한 책임은 이전보다 더 크게 보험 가입자가 짊어지게 될 수밖에 없을 것이다. 예전이라면 보험 설계사가 잘못 설계한 보험이라고 보험 회사에 민원이라도 넣어볼 수 있는 '지푸라기' 같은 가능성이 있었을 테지만, 보험 가입자가 스스로 알아보고 직접 결정하여 가입한 보험으로 인하여 발생하는 문제에 대한 책임은 다른 누구도 아닌 가입자 본인에게 있다고 봐야 한다.

이제는 보험에 대한 노하우를 전달하는 내용의 책 역시 흐름을 달리해야 한다. 이미 세상에 널리 퍼지고 알려진 '보험 가입을 위한 꿀팁' 또는 '노하우'만을 전달하는 내용의 책이나 온라인 정보보다는, 보험을 잘못 해지할 경우 생길 수 있는 여러 가지 피해 및 손해를 최소화할 수 있는, 즉 '보험을 잘 해지하는 방법'에 대하여 지식을 전달할 필요가 있게 된 것이다. 그도 그럴 것이 누구라도 보험을 해지해야만 하는 상황에 쉽게 놓이게 될 수 있고, 심지어 보험 설계사들조차도 자신의 보험을 해지하고 새로 가입하는 경우도 많은데, 보험 설계사들이야 다양한 보험 상품들의 장점과 단점을 잘 알고 있기 때문에 보험을 해지하더라도 손해를 최소화하는 방법으로 보험을 해지할 수 있을 테지만, 보험 설계사가 아닌 일반인들의 경우 보험을 해지해야만 하는 상황이 발생하게 된다면 오로지 '금전적인 손해'만을 최우선적으로 생각하면서 울며 겨자 먹기로 보험을 해지할 수밖에 없을 것이다.

이 책을 집필하는 이유가 여기에 있다. 지금까지는 보험에 잘 가입하는 방법, 보험 설계사에게 안 당하면서 보험 가입하는 방법만이 주로 공유되었다면, 이제는 보험을 해지할 때 생각해 봐야 할 여러 가지 조건들, 이른바 '보험 해지 꿀팁'을 알려보고자 한다. 보험을 해지해야만 하는 상황이 발생하였을 때, 그래도 이 보험 하나만큼은 남겨두면 좋을, 최후의 보루와도 같은 보험이 있지 않을까? 여러 가지 보험들을 한 번에 해지하는 것보다 우선순위를 매겨 해지하는 것이 금전적으로나 심적으로나 손해를 줄일 수 있지 않을까?

이 책을 읽은 누군가, 또는 이 책의 내용이 궁금해 무심코 집어 든 당신이 보험을 해지해야 하는 상황이 생겼을 때 '보험 설계사'처럼 손해를 확실하게 줄이면서 해지할 수 있는 정보를 완벽하게 얻어갈 수는 없을 것이다. 그러나 최소한 아무것도 모르는 상태에서 보험을 무조건 해지하는 것보다는 최대한 손해를 줄일 수 있을 것이라고 나는 생각한다. 모르는 것이 약인 시대는 이미 오래전에 끝났다. 지금은 어느 때보다 아는 것이 힘이고, 알아야 안 당하고, 그리고 알면 손해를 줄일 수 있는 시대이다.

보험은 '잘' 가입하는 것만큼 '잘' 해지하는 것 역시 중요하다. 보험을 해지해야 할 상황이 발생하였는가? 아니면 가지고 있는 보험들을 정리하여 보험료를 낮추고 싶은데 어떤 보험 먼저 정리해야 할지 전혀 감이 안 잡히는가? 그렇다면 이 책을 정독해 보기 바란다. 그리고 혼자만 읽고 냄비 받침으로 쓰기보다는 주변 사람들과 널리 널리 돌려서 읽어보기를 바라는 바이다. 좋은 건 나눠야 기쁨이 배가 되는 법이니까!(연인의 집에 라면 얻어먹으러 갈 때 냄비 받침으로 들고 가도 좋을 것이다.)

PART 1.
당신은 왜 보험을 해지하는가?

누군가 이혼을 하기로 결심하였다면, 그동안 수많은 고민과 문제를 해결해 보고자 하는 노력을 하였다는 것을 의미한다. 그러므로 '이혼'은 '실패'가 아닌 '새로운 시작'이라고 많은 사람들은 생각한다.

보험을 주제로 하는 책인데 무슨 '이혼'을 운운하느냐고? 보험도 비슷하기 때문이다. 특히 보험을 해지해야 하는 이유는 사람들이 이혼을 결심하게 되는 이유와 크게 다르지 않다. 그리고 무엇보다 확실한 이유 또는 근거가 있어야만 보험 해지를 하더라도 속이 덜 상할 수 있고, 손해를 최소화할 수 있으며, 경우에 따라서는 더 나은 보험을 만날 수 있는 '좋은 경험'이자 '새로운 시작'이 되기도 한다.

한 페이지 탈출 노트 : PART I

　보험은 본래 목적과 달리 가입자에게 부담과 실망을 주는 순간, 해지는 자연스러운 선택이 된다. 그 사례는 다음과 같다.

1) **가입자보다 설계사와 보험 회사에 유리하게 설계된 보험** : 대표적으로 사망보험금이 과도하게 큰 종신보험은 실제 필요 이상으로 보험료 부담을 키워 결국 해지로 이어진다.

2) **갱신형 보험처럼 시간이 지날수록 보험료가 계속 인상되는 구조의 보험** : 초기에는 저렴하지만 나이가 들수록 부담이 커져 유지가 어려워지고, 충분한 설명 없이 가입했다면 배신감까지 더해진다.

3) **가입 목적에 맞지 않는 보험** : 저축이나 노후 대비를 원했지만 실제로는 종신보험에 가입한 경우처럼, 보험의 성격을 제대로 이해하지 못하면 해지 시 큰 손해를 체감하게 된다.

4) **보험을 많이 들수록 좋다는 '다다익선' 사고** : 보험료 총액이 소득 대비 과도해지면 현실적인 경제 상황 앞에서 하나씩 정리할 수밖에 없다.

5) **보험에 대한 과도한 기대와 신뢰** : 보험은 인생을 바꿔주는 수단이 아니라 위험을 완화하는 도구일 뿐인데, 이를 착각하면 보험금 지급 과정에서 큰 실망을 겪고 해지로 이어진다.

6) **정 때문에 가입한 보험처럼 심리적으로 불편한 보험** : 마음의 안심을 주지 못하고 오히려 스트레스와 후회를 낳는 보험은 유지할 이유가 없다.

7) **본인도 모르게 가입된 보험** : 존재조차 몰랐던 보험은 활용도 못 한 채 돈만 빠져나가 해지 대상이 된다.

8) **경제적 어려움** : 실직, 금리 인상, 경기 침체 등으로 생계가 우선될 때 보험 해지는 불가피한 선택이 될 수 있다.

결론적으로 보험은 '안심'을 위해 필요한 만큼만 가입해야 하며, 자신의 목적·경제력·이해 수준에 맞지 않는 보험이라면 과감한 정리 역시 현명한 판단임을 강조한다.

I. 보험 회사 주머니만 불리는 보험일 때

"주보험 가입금액이 크면 클수록 설계사에게 지급되는 판매수당이 크게
늘어나고, 보험 회사가 거두어들이는 보험료 역시 증가하게 된다."

보험은 누구를 위해 가입하는 것일까? 이러한 질문에 대한 답변은 참으
로 간단하다. 보험은 그 누구를 위해서 가입하는 것도 아니고 나 또는 내
가족을 위해 가입하는 것이다. 그런데, 가입 후 얼마 뒤에 알고 보니 '나'보
다는 보험 설계사 또는 보험 회사의 배만 불리는 보험이라는 것을 발견한
다면 어떻게 해야 할까? 어찌 보면 이해가 되지 않을 수 있다. 분명 내가
가입한 보험이고, 내가 피보험자이며, 보험료도 내가 내고 보험금을 지급
받을 은행 계좌도 내 계좌가 분명한데 보험 설계사 또는 보험 회사의 배만
불리는 보험이라니?

주계약/주보험 가입금액이 크게 잡혀있는 종신보험이 대표적이다.

종신보험은 '생명보험'의 한 종류이다. 이름에서도 알 수 있듯 사망보험
금이 종신토록 보장되는 보험을 뜻한다. 경우에 따라서는 다양한 건강보
장 특약(수술, 입원, 암/성인병 진단비 등)을 포함시킬 수도 있는데, 수술/입

원/암/성인병 등에 대한 보험금은 수술이나 입원을 할 일이 생기거나 암이나 성인병으로 진단받아야만 보험금이 지급되지만, 사망보험금은 사람으로 태어난 이상 언젠가는 죽을 수밖에 없다는 점에서 언젠가는 반드시 지급이 되는 보험금이기 때문에 다른 보험금에 비해서 보험료가 비쌀 수밖에 없고, 특히 사망보험금이 종신토록 보장된다는 점에서 종신보험의 보험료는 다른 보험에 비해 비쌀 수밖에 없다.

여기에서 주목해야 할 부분은 바로 '주보험(주계약)'이다. 보험을 가입하기 위해 반드시 설정되어야 하는 부분이라고 할 수 있는데 자동차 구입을 비유로 들어보자면 차를 사기 위해서는 먼저 차종을 골라야 하고, 본인에게 맞는 옵션을 포함시키듯, 보험 역시 주보험/주계약을 먼저 선택한 뒤 자신에게 맞는 다양한 특약들을 포함시켜 가입하는 것이다. 생명보험에서는 이를 주보험/주계약, 특약이라고 하며 손해보험/화재보험에서는 기본계약, 특약이라고 한다.

그런데, 종신보험의 경우 종종 설계사와 보험 회사의 배만 불리는 방식으로 설계가 되기도 한다. 만약 가입자가 죽을 때까지 1억 원의 사망보험금이 필요하여 종신보험의 주계약을 1억 원으로 설정한 뒤 종신보험을 가입하였다면 문제될 것이 없지만, 그렇지 않은 사람에게 "사망보험금은 최소 1억 원은 죽을 때까지 보장이 되어야 합니다."라고 강조하면서 가입시켰다면 그 보험은 보험 가입자보다는 설계사와 보험 회사의 배만 불리는 보험에 불과하다.

주보험 가입금액이 크면 클수록 설계사에게 지급되는 판매수당이 크게 늘어나고, 보험 회사가 거두어들이는 보험료 역시 증가하게 되며, 나중에 보험 가입자가 비싼 보험료가 부담되어 보험을 해지 또는 가입금액을 줄이는 '감액(부분해지)'을 하게 되면 보험 회사는 그동안 거두어들인 보험료로 가입자에게 지급할 해지환급금보다 더 큰 수익을 거두었다는 점에서 결과적으로 설계사와 보험 회사의 배만 불리는 보험이라고 할 수 있다.

만약 사망보험금 1억 원이 필요하다는 생각이 들었다면, 조금 더 깊이 생각을 해 볼 필요가 있다. 1억 원이라는 금액이 언제까지 필요한가? 무엇을 위해 필요한가? 만약 본인이 사망하였을 경우 남겨질 가족들, 그중에서도 미성년 자녀들의 생활비를 마련하기 위해 1억 원이 필요하다고 생각한다면 종신토록 1억 원이 보장되도록 비싸게 설계된 종신보험보다는, 자녀들이 성인이 될 시점까지만 1억 원이 보장되고 성인이 된 뒤부터는 장례비용 등의 사후정리자금 정도만 보장되도록 일종의 옵션을 설정하여 가입하는 것이 보험료를 최소 40~50% 이상 줄일 수도 있다는 점에서 가성비 좋은 선택이 될 수 있다.

어디 그뿐인가. 사망보험금이 보장되는 보험 중에는 '정기보험'이라는 상품도 있는데 이름 그대로 정해진 기간 동안만 보장되는 보험이기 때문에 종신보험보다 훨씬 저렴한 비용으로 필요한 시기까지만 사망보장을 받을 수 있다. 이러한 내용에 대해 가입자에게 충분히 설명하고 선택권을 제공한 뒤 주계약 1억 원 사망보험금 보장되는 종신보험을 판매하였다면 그 보

    한 권으로 끝내는 보험 탈출 가이드

험은 가입자/설계사/보험 회사 모두에게 이득이 되는 보험이라 할 수 있지만, 그렇지 않았다면 그저 설계사와 보험 회사의 주머니만 두둑하게 만드는 보험에 불과하므로 본인의 여러 상황을 고려해 보고 과감한 결단을 내릴 필요가 있다.

2. 유지할수록 부담이 커지는 보험일 때

"설계사에 대한 배신감에 치를 떨면서 보험을 울며 겨자 먹는 심정으로

뒤늦게 더 큰 손해를 본 뒤 해지를 하게 될 가능성이 상당히 높다."

이 세상을 둘로 나누는 여러 기준들 중 가장 확실하고 널리 알려진 것은 아마도 남성과 여성일 것이다. 물론, 나중에 본인의 선택 여하에 따라 의학의 도움을 통해 본인이 원하는 진정한 성별을 찾을 수 있겠지만, 태어남과 동시에 둘로 극명하게 나뉘는 기준은 성별 말고는 그 어디에도 없을 것이다. 그렇다면 보험을 정의함에 있어서 극명하게 나뉘는 기준은 무엇일까? 그것은 바로 '갱신형'과 '비갱신형'이다.

보험에 대해 약간의 관심이 있는 사람이라면 '갱신형'과 '비갱신형'의 의미에 대해 이해하고 있을 것이다. 쉬운 말로 '보험료가 갱신(변동)'된다는 것이다. 갱신주기가 지날 때마다 가입자의 나이, 전체 보험 가입자들의 보험금 청구 및 그로 인해 지급되는 보험금의 비중 등을 종합적으로 반영하여 보험회사의 손해율을 계산해 내고, 손해율이 높아질수록 보험료는 더 비싸게, 아주 드물게 손해율이 낮아질 경우에는 보험료를 인하해 주기도 한다.

이러한 갱신형 보험은 가입자의 나이가 어릴수록(단 미취학 아동 및 초등학생의 경우 사고 위험성이 높다는 점에서 반드시 그렇지는 않다) 가입 시 보험료가 저렴하게 책정이 되는 편인데, 60대 성인과 30대 성인을 놓고 비교하였을 때 어느 연령대가 질병의 위험에 더 노출되어 있는지를 생각해 보면 젊은 층의 보험료가 더 저렴하게 책정되는 것에 대해 고개를 끄덕이게 될 것이다.

그러나 가입 초기 저렴한 보험료는 그저 한순간일 뿐, 나이를 먹어가는 것도 서러워 죽을 지경인데 그것도 모자라 갱신형 보험, 그중에서 '질병'에 관련된 갱신형 보험의 보험료는 야속하게도 점점 더 크게 인상이 된다. 철저하게 이익을 추구해야만 하는 보험 회사 입장에서는 가입자의 나이가 증가한다는 것은 그만큼 보험금을 지급하게 될 가능성이 높아지는 것이고, 보험금 지출이 많으면 많을수록 보험 회사의 이득이 줄어들게 된다는 점(손해율이 커진다는 점)에서 보험 가입자에게 합법적으로 보험료 부담을 가중시키게 되는 보험이 바로 '갱신형 보험'인 것이다.

이러한 내용에 대해 보험 설계사는 보험 가입자에게 상담 초기부터 충분히 설명을 해야 하고, 보험을 가입하려는 사람은 갱신형과 비갱신형의 특징을 충분히 비교해 본 뒤 본인에게 더 맞는 유형의 보험을 선택해야만 중간에 해지하지 않고 오래 유지할 수 있는 '좋은 보험'에 가입할 수 있다. 하지만 안타깝게도 일부 보험 설계사들은 보험료가 저렴하다는 '갱신형 보험'의 극히 일부 장점만 강조하면서 보험을 쉽게 쉽게 판매하려는 행태를 보이고 있다. 그리고 보험 가입 희망자들도 시간을 들여가면서 상담을 받는 것 자체가 귀찮기도 하고, 설명을 들어도 무슨 말인지 도통 모르는 경우가 많아 설계사가 의도하는 대로 별생각 없이 가입하는 비중이 높은 편이다.

이런 식으로 가입된 보험은 결국에는 오래 유지할수록 보험료 부담이 커질 수밖에 없고, 보험료가 얼마 안 오를 것이라는 말만 듣고 가입한 사람들이라면 보험료 부담은 물론 보험에 가입시킨 설계사에 대한 배신감에 치를 떨면서 보험을 울며 겨자 먹기 심정으로 뒤늦게 더 큰 손해를 본 뒤 해지를 하게 될 가능성이 상당히 높다. 어떠한 질병이든 초기에 발견하여 치료를 일찍 시작해야만 완치 확률을 높일 수 있듯, 보험 역시 문제점을 최대한 빨리 파악해야만 더 큰 손해를 보기 전에 '해지' 또는 '리모델링'을 원활하고 수월하게 할 수 있다.

3. 알고 보니 가입 목적에 맞지 않는 보험일 때

"목적에 맞지 않는 보험에 가입한다는 것은 결혼 전 양가 부모님을 모시는
상견례를 편의점에서 컵라면과 삼각김밥을 세팅하고서
하는 것과 마찬가지이다."

보험에 가입하려는 목적은 사람들의 성격, 취향만큼이나 다양하다. 어떤 이는 젊을 때뿐만 아니라 나이 들어서 아무런 경제 활동을 하지 않을 시기에 발생할 수 있는 질병이나 사고에 대비하기 위해 보험을 가입하고, 또 다른 어떤 이는 질병이나 사고에 대한 대비보다는 연금 등의 노후자금을 마련하기 위해 연금보험에 가입하기도 하는데, 이처럼 본인이 생각한 목적에 맞는 보험을 가입한 사람들은 다른 사람들에 비해 보험을 해지할 가능성은 낮은 편이다.

그런데, 나중에 알고 보니 본인이 생각했던 보험 가입 목적에 맞지 않는 보험인 것을 발견하게 된다면 어떻게 될까? 대표적인 예로 '저해지환급형 종신보험'을 들 수 있다. 종신보험은 보험 가입자(피보험자)가 사망할 경우 사망보험금을 수익자에게 지급을 하고, 사망하는 나이가 90세이든 100세이든 상관하지 않고 종신토록 사망에 대한 보장을 하는 보험인데, 저해지환급형(또는 미해지환급형) 종신보험의 경우 납입기간 내에 해지할 경우 해지환급금을 일반 '해지환급형' 종신보험보다 적게 지급하는 대신, 매월 납입하는 보험료가 15~20% 이상 저렴한 편이다.

그리고 대부분의 보험들이 해지환급금을 적립하기 위해 '변동금리'가 적용된 공시이율을 적용하지만, 저해지환급형(또는 미해지환급형) 종신보험은 가입 시점의 '공시이율'을 '고정금리'로 적용하여 보험 회사의 공시이율이 내려간다 하여도 보험을 해지하지 않는 이상 처음 금리 그대로 적용받을 수 있고, 중도 해지만 하지 않는다면 납입기간이 종료된 뒤부터는 일반 해지환급형 종신보험과 비슷한 수준의 해지환급률이 적용되는 특징을 지니고 있다(납입기간 내 해지할 경우 0~30% 미만의 해지환급률을 적용받게 되지만 납입기간이 지난 뒤부터는 해지환급률이 적게는 50%에서 많게는 8·90% 이상으로 크게 높아지게 된다).

이러한 특징(고정금리, 납입완료 후 높아지는 해지환급률)으로 인해 일부 보험 설계사들은 보험으로 저축을 하려는 목적을 지닌 사람들에게 저축보험/연금보험이 아닌 '저해지환급형 종신보험'의 가입을 권장해 왔고, 고정금리가 어쩌고 저축이 어쩌고 하는 식의 설명만 듣고 가입한 사람들은 본인이 가입한 보험이 '종신보험'이라는 것은 꿈에도 모르고 있다가 언론이나 주변 사람들로부터 "네가 가입한 보험은 저축보험이 아니라 종신보험이야!"라는 말을 뒤늦게 들은 뒤, 해지 시 본인의 생각보다 터무니없이 적은 금액을 돌려받을 수 있다는 점을 확인하게 되면서 '당했다!!!'라는 탄식을 속으로 내뱉게 된다.

목적에 맞지 않는 보험에 가입한다는 것은 결혼 전 양가 부모님을 모시는 상견례를 편의점에서 컵라면과 삼각김밥을 세팅하고서 하는 것과 마찬가지이다. 절대로 끝이 좋을 리가 없다.

4. ‘다다익선’이 아닌 ‘과유불급’임을 깨달았을 때

아무리 좋은 보험, 필요에 의해 가입한 보험이라 하여도 보험을 유지할 수 있는 경제력과 굳은 심지가 뒷받침되지 않는 이상 중간에 해지하지 않고 오래 유지하게 될 가능성은 희박하다.

“누구나 그럴싸한 계획을 가지고 있다. 처맞기 전까지는.”

이른바 ‘마이크 타이슨의 명언’이라고 전해지는 문구이다. 그런데 사실 이 명언의 주인공은 19세기 프로이센 왕국의 군인이었던 몰트케 백작이라고 하는데, 그는 전쟁 환경 변화에 대처하는 실전 대응의 중요성을 강조하면서 다음과 같은 말을 남겼다고 한다.

“아무리 잘 짜인 전술, 작전상의 계획이라도 첫 총성이 울리는 순간 쓸모가 없어진다.”

개인적으로는 ‘처맞기 전까지’라는 표현으로 인해 후자보다는 마이크 타이슨의 말이 가슴에 더 확실하게 와닿는다. 이게 무슨 핵주먹 마이크 타이슨 손등 골절 보험금 청구하는 소리냐고? 보험을 해지하게 되는 이유와도 일맥상통하기 때문이다.

보험의 필요성에 대해 크게 공감하여 보험에 가입하는 사람들 중에는 '보험=다다익선'이라는 생각으로 새로운 보험이 출시될 때마다 앞뒤 재지 않고 가입하는 경우도 적지 않다. 보험에 가입하면 언젠가는 써먹을 수 있다는 생각으로 보험을 하나씩 추가하는 것인데, 보험이 늘어나는 만큼 증가하게 될 보험료 부담을 간과한 나머지 월 소득의 절반 가까이 되는 금액을 보험료로 지출하였던 사람들의 상담을 실제로도 수차례 진행한 적이 있다.

이들이 공통적으로 하던 얘기는 "보험료 낼 수 있을 줄 알았는데 아니더라고요…."였다. 특히 가족들 중 '암'으로 진단받은 뒤 큰 액수의 보험금을 받아 암 치료를 잘 마친 긍정적인 보험 사례를 경험한 사람들일수록 더더욱 '언젠가는 다 써먹을 테니 잘 유지할 수 있어.'라는 생각을 가지기 마련이다. 하지만 아무리 '암'이 유전적인 요인이 크게 작용하는 질병이라고는 하여도 가족이 암에 걸렸다고 해서 반드시 본인이 암에 걸리는 것은 아니라는 점에서 보험 가입할 때 하였던 굳은 다짐은 여러 가지 인생의 이벤트들을 만나게 될 때마다(이사, 차량 구입, 결혼 준비, 내 집 마련, 실직, 휴직 등등) 점차 희미해질 수밖에 없다.

아무리 좋은 보험, 필요에 의해 가입한 보험이라 하여도 보험을 유지할 수 있는 경제력과 굳은 심지가 뒷받침되지 않는 이상 중간에 해지하지 않고 오래 유지하게 될 가능성은 희박하다. 타이슨의 말처럼 처음에는 보험을 얼마든지 유지할 수 있다는 그럴싸한, 아니 원대한 계획을 가지고 다다익선의 정신을 몸소 실천하는 삶을 살 수는 있지만. 현실에 의해 처맞기 시작하게 되면 매월 통장에서 빠져나가는 보험료가 그렇게 아까울 수가 없고, 결국에는 보험에 많이 가입한 자신을 원망하면서 보험을 하나씩 정리(해지)하게 될 가능성이 상당히 높다.

보험에 있어서 만큼은 '다다익선'보다는 '과유불급'이라는 사자성어를 적용해야 하는 이유가 바로 여기에 있다. 그렇지 않으면 '믿는 도끼'에 발등 찍히게 되는 '겪지 않아도 될 아픔'을 몸소 겪게 될 것이다.

5. 보험에 대한 과도한 신뢰를 벗어던졌을 때

"보험은 어디까지나 혹시라도 발생할지 모를 질병이나 사고의
위험으로부터 도움을 받기 위해 가입을 하는 것일 뿐, 로또 1등 당첨과 같은
극적인 인생 역전을 이루기 위해 가입하는 것은 절대로 아니다."

요즘은 워낙에 드라마의 소재도 다양해졌고, 넷플릭스 등을 통해 수준 높은 드라마들을 쉽게 접하게 되면서 보는 사람들의 눈높이가 많이 높아졌기 때문에, 과거처럼 비슷한 내용이나 유사한 구성의 드라마는 많이 없어졌다고 생각한다. 예전에는 정말 그 드라마가 그 드라마인 것 같았고, 특히 아침드라마는 불륜 아니면 다룰 소재가 없는지 이 방송, 저 방송에서 불장난을 벌이는 통에 시청자들이 분통을 터뜨렸던 일을 나는 아직 기억하고 있다(너무 옛날 사람인가?).

예전 드라마에서 흔히 볼 수 있었던 소재는 부모와 자식의 갈등이다. 변변치 않은 살림에 아들 하나 잘 키워보겠다고 온갖 고생을 하며 대학까지 보내놨는데, 나중에 아들이 결혼하겠다고 데려온 여자가 하필이면 찢어지게 가난하면서 밝기만 한 여자라니! 당연히 부모 입장에서는 반대를 할 수밖에 없고, 자신의 행복한 결혼을 축복받기를 원했던 아들은 부모에게 반기를 들 수밖에 없고….

이때 어김없이 등장하던 명대사!

"내가 너를 어떻게 키웠는데, 어떻게 나한테 이럴 수 있어?!?!"

그렇다. 이 모든 일의 근본 원인은 자식에 대한 엄마의 지나친 기대감과 신뢰라고 할 수 있다. 기대가 크면 실망도 큰 법이고, 누군가를 철저하게 믿고 있었는데 배신이라도 당하게 되면 그 충격은 더 클 수밖에 없다. 이러한 점은 보험을 해지하게 만드는 주요 원인 중의 하나이기도 하다.

많은 사람들이 보험 하나 가입하면 모든 질병이나 사고로부터 충분한 보험금, 가정 형편이 크게 나아질 정도의 보험금을 받을 수 있을 것이라는 '위험한 착각'에 사로잡히게 된다. 물론 맞는 말이 될 수도 있다. 제대로 된 보험 상담을 통해 설계사와 충분한 피드백을 주고받으면서, '내 연봉이 얼마인데 암에 걸리면 연봉의 2배 정도는 받아야 된다.'라는 생각으로 암 보험에 가입했다면 암에 걸릴 경우 본인이 계획한 액수의 보험금을 지급받을 수 있으니까.

하지만, 보험 하나 가입한다고 해서 넉넉지 못했던 살림이 크게 펴질 리 없고, 자신의 운명이 바뀔 리 또한 만무하다. 보험은 어디까지나 혹시라도 발생할지 모를 질병이나 사고의 위험으로부터 도움을 받기 위해 가입을 하는 것일 뿐, 로또 1등 당첨과 같은 극적인 인생 역전을 이루기 위해 가입하는 것은 절대로 아니다.

당연한 얘기일 테지만 보험금을 반드시 받기 위해 보험에 가입하는 사람은 자해 공갈단 또는 보험 사기꾼 말고는 없다. 암 보험에 가입하는 이유가 암 보험금을 받기 위한 것이라면, 가입자는 암 보험 가입 이후에 암에 걸리기 위해 부단한 노력을 해야 할 것이며, 매월 납입하는 보험료 역시 암 보험 하나임에도 불구하고 수십만 원 이상을 납입해야 할 것이다. 그래야 더 큰, 인생 역전을 이룰 수 있을 정도의 보험금을 받을 수 있을 테니까.

암에 걸리기 위해 암 보험을 가입해야 할까? 암 보험 가입 이후에 암에 걸리기 위해 부단한 노력을 해야만 할까? 더 심한 예로 10억 원의 사망보험금이 지급되도록 설계한 종신보험에 가입한 사람은 반드시 죽어야만 할까? 죽어야만 지급되는 사망보험금을 받기 위해? 이 글을 읽는 당신이 자해 공갈단과 보험 사기꾼을 평생 직업으로 삼을 생각이라면 적극 권장하는 바이다.

기대가 크면 실망은 더 큰 법이다. 보험 하나 가입한다고 해서 나중에 인생 역전이 가능할 정도의 보험금은 절대 지급되지 않으며, 본인이 생각한 내용과 달리 보험금이 지급되지 않는 경우도 많이 있다. 특히 치과보험의 경우 가입자가 생각하는 보장내용과 실제 치과에서 실시하는 치료의 종류가 맞지 않는 경우도 많고, 면책기간 및 보장되지 않는 부분에 대한 설명 및 이해가 부족한 경우도 많기 때문에 생각한 만큼 보험금이 지급되지 않는 사례가 많이 발생하고 있다. 당연히 가입자는 실망을 하게 될 것이고, 비싸게 가입했던 보험을 씩씩거리며 해지할 수밖에 없을 것이다. 뼈저린 배신감을 느끼면서….

보험은 로또처럼 당신의 인생을 바꿔주지 않는다. 그저 생활이 팍팍해지지 않을 정도의 보험료를 들여가면서, 도움이 필요할 때 적당한 도움(보험금)만 받을 생각으로 가입해야 정신적으로나 육체적으로나 안정적이고 편안한 삶을 살아갈 수 있다. 보험에 대한 과도한 신뢰감? 보험을 해지하게 만드는 주된 원인일 뿐이다.

6. 이래저래 불편한 마음만으로 유지할 때

"보험을 해지하자니 친구 녀석에게 미안한 마음이 든다."

보험이 보험 가입자들에게 전해주고자 하는 가장 핵심적인 가치는 바로 '안심'이다. 썰어 먹고 쌈 싸먹는 고기가 아니라 보험 가입으로 인해 큰 질병, 큰 사고 등으로 인해 발생할 수 있는 치료비 부담 등으로부터 안심해도 좋다는 점에서 보험 회사가 가장 신경 쓰는 가치는 '안심'이라고 할 수 있다.

그런데 보험 가입으로 오히려 마음이 불편하고, 꿈에서도 보험 때문에 스트레스를 받게 되는, '안심'은커녕 '부속 고기'만도 못한 경우가 있다. 특히 평소에는 보험에 전혀 관심이 없었는데 어느 날 근 100년 만에 연락을 한 후 찾아온 친구 또는 지인의 간곡한 부탁으로 인해 어쩔 수 없이 보험에 가입하였다면 십중팔구 보험 때문에 마음이 불편하고, 돈이 아깝다는 생각을 떨쳐버릴 수가 없을 것이다.

이미 비슷한 보험에 가입이 되어 있었지만 그놈의 '정'이란 게 무엇인지 친구의 간곡한 부탁을 거절하지 못하고 일단 보험에 가입했다. 가입하긴

했지만, 투자 중인 펀드 및 주식 수익률은 한 번 떨어지더니 회복할 조짐을 보이지 않고, 있는 돈 없는 돈 긁어모아 대출을 끼고 구입한 아파트의 대출 이자는 하늘 높은 줄 모르고 오르게 된다면 가장 먼저 '지출을 줄이자.'라는 생각을 하게 될 것이다. 그리고 그때 가장 먼저 머릿속에 떠오르는 것은 바로 친구를 통해 가입한 '보험'이다.

하지만 보험을 해지하자니 친구 녀석에게 미안한 마음이 들고, 친구 녀석 모르게 보험 회사 고객센터에 전화하여 "지금 해지하면 얼마 돌려받을 수 있나요?"라고 물어보니 "네 고객님. 가입하신 보험은 납입기간 내에 해지하시면 해지환급금이 지급되지 않는 '미해지환급형' 상품이라서 지금 해지하셔도 받으실 수 있는 해지환급금은 없습니다."라는 어이없는 답변이 돌아온다.

그제야 보험에 가입할 때의 기억을 하나둘씩 곱씹어 보니 해지환급금이 지급되지 않는 대신 보험료가 더 저렴하다는 설명을 들은 것 같기도 하다. 이건 뭐 친구 녀석이 일부러 거짓말하면서 가입시킨 건 아니니 전적으로 본인의 책임이긴 한데, 그럼에도 불구하고 해지하면 돈을 한 푼도 못 받는다고 하니 지난 1년여 동안 납입한 보험료가 눈앞에 아른거린다. 그 돈이면 다음 달 아파트 대출 이자도 해결할 수 있을 것이고, 그 돈이면 사랑하는 사람에게 명품 선물도 해 줄 수 있었을텐데….

보험을 가입하는 것은 '안심'하기 위해서이고, 친구 또는 지인을 위해 가입하는 것이 아니라 나 또는 내 가족을 위해 가입하는 것이 '보험'이다. 그리고 본인이 판단하기에 해지가 필요한 상황이라면 일말의 불편함 없이 해지할 수 있어야 하는 것이 '보험'이다. 보험에 가입한 뒤로 보험료가 계속해서 아깝다는 생각이 들거나, 그로 인해 실제 생활이 궁핍해졌다면 과감한 결단을 통해 마땅히 보험을 해지해야 한다. 내가 안심하기 위해 가입하는 것이 보험인가, 아니면 내 친구를 안심시키기 위해 가입하는 것이 보험인가를 생각해 본다면 답은 분명하다.

7. 나도 모르게 가입된 보험을 발견했을 때

보험이 필요하여 직접 가입하는 사람이 있는 반면, 보험에 대해 별 관심이 없는데 알고 보니 여러 가지 보험에 자신도 모르게 가입되어(가입당한) 있는 사람도 상당히 많은 편이다. 전자의 경우 최소한 어떤 보험에 가입되어 있는지 정도는 알고 있기 때문에 보험금이 필요한 상황이 발생하게 되어도 보험 설계사나 보험 회사 고객센터에 문의하여 어떤 식으로 보험금 청구를 해야 하는지 안내를 받을 수 있겠지만, 후자의 경우는 보험금을 받을 수 있는 상황이었음에도 불구하고 보험에 가입된 것 자체를 몰라 보험금 청구 시효인 '3년'을 넘겨 보험금을 못 받게 되는 일도 부지기수이다.

후자처럼 본인도 모르는 보험에 가입되어 있다는 것은 대부분 부모님께서 자식이 어릴 때 가입시켜 주신 보험이거나, 바쁘게 일하는 와중에 전화가 걸려 와서 받아보니 상해가 어쩌고 입원비가 어쩌고 하는 말만 반복하길래 돈도 얼마 안 나가는 듯하고 입원비가 나오는 보험 어쩌고 하는 걸로 보아선 '언젠가는 도움이 되겠지.'라는 생각이 들어 전화로 보험에 가입한 뒤 바쁜 업무로 인해 보험에 가입했다는 것 자체를 망각하게 되는 경우라고 할 수 있다.

그러고는 매월 적은 액수의 돈이 자동이체되고 있음에도 불구하고 이를 눈치채지 못하게 된다. 이런 식으로 알게 모르게 보험에 하나둘씩 가입하는 혹은 가입당하는 것을 반복하다가 나중이 되어서야 매달 통장에서 야금야금, 시나브로 빠져나가고 있는 여러 항목의 돈을 발견, 아무 의미 없이 돈만 나가고 있었다는 것을 깨닫게 되고는 부랴부랴 보험을 해지하기 위해 보험 회사에 전화를 걸기 시작한다.

누군가가 나를 생각하여 보험에 가입시켜 주었고, 보험료까지 대신 납입해 준다면 그것보다 감사한 일은 없을 것이다. 하지만 구슬이 서 말이라도 꿰어야 보물이라는 점에서 아무리 많은 보험에 가입되어 있다 하더라도 어떤 보험인지 알지 못하여 써먹어야 할 때를 놓치고 만다면 그것은 그저 돈 먹는 하마, 아니 돈 빼가는 날강도에 불과하다. 지금이라도 자신도 모르게 가입되어 있는 보험이 있는지를 확인해 봐야 하고, 유지할 만한 가치가 있는 보험인지도 파악해야 한다. 유지할 만한 가치가 없는 보험이라고? 그럼 당연히 해지해야 한다!

8. 경제적 어려움으로 납입이 어려울 때

보험을 해지하게 되는 또 다른 이유는 '경제적 어려움'이다. 경제적 상황이 좋을 때는 상관없겠으나, 그 반대의 경우에는 불필요한 지출을 조금이라도 더 줄여 주머니 사정이 덜 나빠지도록 하기 위해 보험 해지에 대한 생각을 갖기 마련이다. 여기에서 말하는 경제적 상황은 코로나19 팬데믹처럼 전 세계적인 상황이 될 수도 있고, 실직처럼 개인적인 상황이 될 수도 있으며, 보험 회사 부도 또는 보험 회사 매각 및 인수 합병, 대출 금리 인상 등과 같이 국내적인 상황이 될 수도 있다.

그런데 보험 회사 매각 및 인수 합병 등의 상황은 보험을 해지해야 하는 이유로서는 어딘가 부족하다. 기존 보험 회사가 없어진다 해도 새로 인수/합병을 한 회사가 기존 보험 회사의 보험 계약들을 모두 인수하여 이전과 동일한 보험 혜택을 적용하기 때문이다. 내가 가입한 보험 회사의 이름이 없어지게 된다는 점에서 찜찜한 점은 분명 있을 테지만, 이것이 보험을 해지해야 하는 주된 이유는 절대 아니다(그럼에도 불구하고 보험 회사가 없어지는 경우에도 보험을 해지하는 사람, 해지해야겠다고 생각하는 사람이 상당하다).

그렇다면 다른 상황은 어떠할까? 코로나19의 전 세계적인 팬데믹이 시작되었던 2020년 중반부터 보험을 해지하는 비중이 전년 대비 2.3배 이상 증가하였던 적이 있고, 은행 대출 금리가 수직 상승하기 시작한 2022년 중후반기 이후부터도 은행 대출 이자에 대한 부담이 크게 증가한 만큼 보험을 해약하여 해지환급금을 빚을 갚는 데 사용하거나, 유지 중이던 보험을 해지하여 보험료로 나가던 돈을 은행 대출 이자를 갚는 데에 사용하는 비중이 크게 증가하였다.

보험을 해지함에 있어서는 신중해야 하고 또 신중해야 하며, 반드시 해지하면 안 되는 보험 정도는 그대로 유지할 필요가 있지만, 개인의 힘으로는 어쩔 수 없는 경제적 상황이 발생하게 된다면 당장의 생계를 유지하는 데에 어떤 결정이 더 필요할지 고민해 봐야 하고, 당장 생활이 어려워지지 않는 결정을 내려야 한다.

이 밖에도 보험을 해지해야 하는 이유는 사람들의 성향이나 성격만큼 다양하고 무궁무진하다. 그러나 중요한 것은 '보험'에 대해서 본인이 가지고 있는 생각이다. 아무리 생각해 봐도 보험 하나 정도는 반드시 필요하다면 가입되어 있는 보험들의 내용을 면밀히 분석하고 파악하여 남길 만한 보험을 찾아내야 하고, 보험을 유지하는 것보다 차라리 저축이나 투자를 하는 게 더 낫겠다는 결론에 이르게 된다면 보험을 해지하되 최대한 손해를 줄일 수 있는 방법을 찾아봐야 한다.

PART 2.
한 방에 제대로 끝내는
보험 해지의 기술

보험 가입에 관련된 노하우를 공유하는 책이나 인터넷 정보는 차고 넘치지만, 보험 해지에 대해서는 그렇지 못하다. 보험 해지를 잘못할 경우 즉각적이며 직접적인 손해가 발생한다는 점에서 보험 해지 역시 보험 가입 만큼 중요하다 할 수 있다. 그러므로 보험 설계사 또는 보험 회사 직원 정도로 보험에 대해서 확실한 전문가가 될 정도는 아니더라도, 무분별한 보험 해지로 발생할 수 있는 손해를 줄일 수 있을 정도의 '기술'은 필요하다.

보험 해지에 있어서는 '모르는 게 약'이 아니라 '아는 것이 힘'이라는 말이 더 적당하고 알맞은 표현이다.

한 페이지 탈출 노트 : PART 2

보험 해지를 단순한 '포기'가 아니라 손해를 최소화하며 전략적으로 정리하는 과정으로 바라보고, 그 구체적인 방법들을 단계별로 제시한다.

1) 즉시 해지하기보다 최대 2개월의 유예기간을 활용하라 : 보험료 자동이체를 해지하면 두 달간 보험료를 내지 않아도 보장은 유지되므로, 이 기간을 활용해 냉정하게 판단하거나 혜택을 최대한 활용할 수 있다.

2) 해지 전 '울돌목', 즉 최소한의 안전장치를 확인하라 : 암과 주요 성인병 진단비처럼 생명과 직결된 핵심 보장이 남아 있는지 확인해야 하며, 이를 위해 보험증서 재발행이나 보험 조회를 적극 활용해야 한다.

3) 보험 해지 전에는 자신의 과거 이력을 돌아보라 : 가족력, 최근 치료력, 남은 납입기간을 고려하지 않고 해지하면 향후 재가입이 어렵거나 더 큰 손해로 이어질 수 있다.

4) **보험의 숨은 기능을 알아야 한다** : 계약대출, 중도인출, 보험료 납입 일시정지, 그리고 가입 30일 이내 활용 가능한 청약철회 제도는 해지 없이도 자금 문제를 해결할 수 있는 현실적인 대안이 될 수 있다.

5) **보험은 전체 해지뿐 아니라 부분해지(감액)도 가능하다** : 기본계약은 유지하되 중복되거나 효율이 낮은 특약부터 줄이는 것이 바람직하다.

6) **해지는 직접 진행하는 것이 가장 깔끔하다** : 설계사와의 관계를 이유로 주저할 필요는 없으며, 고객센터나 지점 방문, 전화만으로도 충분히 가능하다.

7) **해지에도 우선순위가 있다** : 저축성 보험, 자잘한 '미끼 보험', 필요성이 낮은 보험부터 정리하는 것이 합리적이다.

8) **절대 해지하면 안 되는 보험들, 유지보다 해지가 정답인 보험들도 존재한다.**

보험 해지는 감정이 아닌 정보와 전략의 문제이며, 충분히 이해하고 준비할수록 손해는 줄고 선택은 현명해진다.

I. 2개월까지는 시간을 벌어라

"보험 가입자들에게는 경제적으로 어려울 때는 잠시 쉬어갈 수 있는 '여유'가 되기도 하며, 보험을 해지하려는 사람들에게는 2개월 동안 공짜로 보험 혜택을 받을 수 있는 일종의 '이득'으로 작용할 수도 있다."

사람들은 자신이 가입한 보험에 문제가 있다고 생각하거나, 보험으로 인해 마음이 편치 않거나, 당장 입에 풀칠하기도 어렵게 되었거나 등 다양한 원인으로 인해 보험을 해지하게 된다. '해지'라 함은 보험 회사와의 연결 고리를 완전히 끊어버리는 것으로서, '해지 처리'가 완료된 이후에는 그 어떤 보험 혜택이나 보험 회사의 간섭을 받지 못하게 된다. 완전히! 깔끔하게 갈라서게 되는 것이다.

'보험금 받을 일도 없는데 보험 괜히 가입했어!'라는 식의 불평불만을 안 그래도 가지고 있었을 텐데, 순순히 보험을 해지한다면 너무 억울하지 않을까? 최소한 뭐라도 해 보고 보험을 해지해야 속이 덜 쓰리지 않을까? 이럴 때 사용할 수 있는 좋은 방법이 있다. 바로 시간을 버는 것이다. 그런데 왜 하필 '2개월'일까?

많은 사람들이 보험료를 단 한 달만 연체해도 보험 혜택을 못 받게 되는 거 아닌가 하는 걱정들을 하는데, 보험은 보험료를 2개월째까지 납입하지 않아도 정상적으로 유지할 수 있다. 보험 설계사에게 '보험료 연체'란 보험 계약이 해지되지 않을까 생각하게 되는 '전조 증상'일지 모르겠으나, 보험 가입자들에게는 경제적으로 어려울 때는 잠시 쉬어갈 수 있는 '여유'가 되기도 하며, 보험을 해지하려는 사람들에게는 2개월 동안 공짜로 보험 혜택을 받을 수 있는 일종의 '이득'으로 작용할 수도 있다.

그렇다면 어떻게 2개월이라는 시간을 벌 수 있을까? 방법은 간단하다. 보험 해지를 결정하였다면 바로 하지는 말고, 해당 보험 회사의 고객센터로 전화를 걸어 상담원이 연결되면 "보험료 자동이체 해지 신청하려고요."라는 말만 하면 된다. 말 한마디에 천 냥 빚도 갚을 수 있듯, 어렵지 않은 몇 마디 말로 보험 혜택을 2개월 동안 거의 공짜로 받을 수 있다. 보험 회사에 따라서는 사용하는 용어가 다를 수도 있지만, 일반적으로 '자동이체 해지 신청'이라고 하면 대부분 무엇을 원하는지 잘 알고 있으며, 그럼에도 불구하고 상담원이 잘 알아듣지를 못한다면 '보험료 지로납 신청'하고 싶다고 얘기하면 된다.

일단 '자동이체 해지' 신청이 완료된 이후에는 집으로 발송되어 온 '우편물'을 확인 후 보험료를 납부하지 않는 이상은 보험 회사가 당신의 소중한 돈을 탈취해 가는 일은 절대 일어나지 않는다. 보험 해지는 2개월 연체 기간이 지난 뒤 언제든지, 원하는 때에 신청하면 된다.

반드시 기억하자. 2개월 동안 거의 공짜로 보험 혜택을 받을 수 있는 방법이 있다는 것을!

2. 나만의 울돌목을 확인하라

"보험을 해지한 이후에도 질병 또는 사고의 위험에 대한 최소한의 의료비

보장이 가능한지를 우선 파악해야 한다."

대한민국의 역사 인물들 중 영웅을 뛰어넘어 성웅(聖雄)으로까지 칭송받는 인물은 '이순신'이다. 그의 일대기에 관련된 책이나 일화를 단 한 번도 들어보지 않은 사람은 아마 없을 것이며, 그의 전술과 능력에 대한 칭송은 한국에만 국한되지 않고 당시 적국이었던 일본, 그리고 세계 수군 역사에서 최고라 일컬음을 받았던 영국으로부터도 인정을 받을 정도라고 한다.

이순신 장군의 일대기 중 가장 클라이맥스라고 할 수 있는 '명량대첩'은 2014년에 영화 〈명량〉으로 제작되어 총관객 수 1,700만 명 이상을 기록하였으며, 이 기록은 아직도 한국 영화 관객 수 상위권에 굳건히 자리 잡고 있다. 무엇이 이 영화를 이토록 뜨겁게 만들었을까? 당연히 이순신의 결의에 찬 대사가 큰 몫을 했다고 봐야 한다.

"신에게는 아직 12척의 배가 남아 있사옵니다…."

단 12척에 불과한 배로 수십 배에 달하는 왜놈들의 배를 수장시키고 해전을 승리로 이끌 수 있었던 것은 단순히 이순신의 결의 때문만은 아니었다. 그에게는 무언가 믿는 최후의 보루가 남아 있었기 때문에 죽을 각오로 전쟁에 임하였을 것이며, 그 확실한 대비책으로 인해 왜군과의 임진왜란 전쟁 중 가장 극적인 승리를 거둘 수 있었다. 그 확실한 대비책, 최후의 보루는 바로 '울돌목'이다. 그곳의 거칠고 예측할 수 없는 흐름을 믿고 있었기 때문에 임진왜란의 전세를 뒤집을 수 있었다!

보험을 해지함에 있어서도 '울돌목'과 같은 확실한 대비책이 있는지를 우선 확인해야 한다. 울돌목이 없었다면 명량해전의 승리도 장담하지 못했을 터, 문제가 있는 보험을 해지한 이후에도 질병 또는 사고의 위험에 대한 최소한의 의료비 보장이 가능한지를 우선 파악해야 한다. 아주 전문적인 내용까지 다 세세히 파악할 필요는 없다. 상품의 이름과, 가입된 내용 정도만 확인할 수 있으면 그것으로 충분하다.

본인이 가입하고 있는 다양한 보험들의 내용을 확인하기 위해선 '보험증서'가 필수이던 시기가 있었다. 과거에는 보험증서를 분실한 경우에는 보험 회사 고객센터에 전화를 걸어 보험증서(또는 보험증권) 재발행 신청을 해야 했었지만. 지금은 다양한 보험 관련 앱이나 사이트를 통해 본인이 가입하고 있는 보험들의 내용을 간단하게 조회해 볼 수 있다. 하지만 보험증서를 통해 확인하는 것만큼 세부적인 항목들까지는 정확하게 조회되지 않으므로 보험증서 재발행 신청을 먼저 해 보기 바란다.

내 보험 내용 조회 또는 보험증서 재발행을 통해 내가 가입된 보험들의 내용을 확인할 수 있게 되었다면 우선 암 진단비와 주요 성인병(뇌출혈, 뇌졸중, 뇌혈관질환, 급성심근경색, 허혈성심장질환 등)진단비가 포함되어 있는지를 확인해 보자. 보험에 가입하는 이유는 질병 또는 사고에 대한 치료를 받을 경우 들게 되는 각종 수술비나 입원비를 지급받기 위함이기도 하지만, 보장금액이나 활용도만 놓고 보자면 암 진단비와 주요 성인병 진단비가 더 중하다고 할 수 있기 때문이다. 보장금액이 얼마나 확보되어 있어야 하는지는 중요하지 않다. 어디까지나 최후의 보루로 삼을 수 있는 보장인지, 내 보험에 '울돌목'이 있는지 정도만 확인하면 그것으로 충분하다. 특히 대한민국 사망 원인 1~5위에는 암과 성인질환(뇌, 심장질환)이 모두 포함되어 있다는 점에서 '진단비' 정도는 반드시 최후의 보루로 남겨두어야 한다.

그다음으로 확인해 볼 필요가 있는 것은 부모님께서 가입시켜 주신 보험의 유무(有無)이다. '자식에 대한 부모님의 한계가 없는 위대한 사랑'으로 인해 우리는 알게 모르게 부모님께서 대신 가입시켜 주신 보험을 의외로 많이 가지고 있다. 심지어 부모님조차도 그러한 보험이 있었는지, 어떤 보험인지 잊어버리고 계신 경우도 허다하다. 흔히 말하는 '엄마의 보험 하는 친구분'을 통해 가입된 보험, 간단하게 정의 내리자면 '엄.친.보(**엄**마 **친**구 통해 가입된 **보**험)'라 할 수 있는 보험이 충분히 존재할 수도 있는 것이다. 설계 방법에 따라 30세 또는 55세, 60세를 넘어 80세까지도 충분한 보장이 가능할 수도 있으므로 반드시 '엄.친.보'의 존재 여부를 확인해 보아야 한다.

만약 보험증서를 모두 분실하였다면? 해당 보험 회사의 고객센터에 전화하면 보험증서는 얼마든지 재발급받을 수 있고, 보험 관련 앱이나 사이트를 통해 조회해 볼 수도 있다.

유비무환(有備無患)이고, 지피지기 백전불태(知彼知己, 百戰不殆), 즉 미리 준비하면 근심과 환란이 없을 것이고, 상대를 알고 나를 알면 백번을 싸워도 위태롭지 않다고 하였다. 보험을 해지하려는 자여! 나를 위한 '울돌목'이 있는지부터 반드시 확인하자!

3. 나의 과거를 돌아보라

"보험을 해지하기 전 나와 내 보험들에 대해 확실한 이해가 필요하며,

충분히 돌아보아야만 손해를 줄이면서 보험을 해지할 수 있다."

누구나 연말이 되면 지난 한 해를 돌아보며 계획대로 잘 살아왔는지 돌아보게 된다. 그러면서 잘한 것은 스스로 칭찬해 주고, 부족했던 부분에 대해서는 반성을 하며 내년에는 다른 사람이 되어보리라 굳은 다짐을 하곤 한다.

보험을 해지함에 있어서도 '과거'를 돌아보는 시간이 반드시 필요하다. 보험을 해지하는데 과거가 무슨 상관이냐고? 여기에서 말하는 '과거를 돌아보라'고 하는 것은 지난 1년 동안의 나를 돌아보라는 것은 아니며, '내가 왜 이런 보험을 가입했지…?'라고 반성을 하라는 것 역시 아니다. 보험을 해지하기 전에 내 보험에 관계된 것들, 예를 들면 납입기간, 가족력, 본인의 직업, 치료력 등 '나'에 관계된 것들을 돌아보라는 것이다.

a. 나의 가족력을 확인하라

　보험이라는 것은 유사시 보험금을 받기 위해 가입하는 것으로, 일부러 사고를 내거나 질병에 걸릴 필요는 없으나, 유전적인 요인이 큰 질병들의 경우 가족력을 먼저 살펴보면 어떻게 가입하면 좋을지, 어떤 보험은 남겨둬야 할지 정도는 충분히 파악할 수 있다. 즉, 가족력을 살펴봄으로써 보험금을 받을 확률이 높은 보험, 앞으로 나에게도 발생할 수 있는 질병에 관련된 보험 등을 아무 생각 없이 해지하는 것을 막을 수 있다.

　가장 쉬운 예로 암 보험을 들 수 있다. 통계청에 의하면 지난 수십 년간 대한민국 사망 원인 1위는 바로 암이었을 정도로 암 발생률은 다른 질병에 비해 상당히 높은 편이다. 특히 건강검진의 보편화로 인해 일반적인 암은 물론, 유사암에 해당하는 갑상선암, 경계성종양, 상피내암 등을 조기에 발견할 확률도 높아지고 있으므로, 보험을 해지함에 있어서 우선 본인의 가족력을 확인해 볼 필요가 있다.

　이 책을 읽고 있는 당신의 가족(친가, 외가)들 중 암으로 치료받은 적 있는 사람이 있거나 있었다면, 당연히 당신은 암에 대한 유전적 요인을 지니고 있으므로 그렇지 않은 사람들에 비해 좀 더 신중을 기해야 한다. 그러므로 보험을 가입함에 있어서도 암에 대한 가족력이 없는 사람들보다 암 진단보험금이나 암수술비, 암입원비 등의 가입금액을 신경을 써서 가입해야 하며, 보험을 해지 함에 있어서도 다른 보험들과 비교하여 암 보험 만큼은 가급적 유지를 해야 한다. 특히, 암 보험의 경우 다른 보험들보다 시간이 흐를수록 보장내용이 축소되는 경향이 있고, 암 발생률이 높은 연령대로 접어들수록 보험료가 더 비싸지는 편도 반드시 기억해야 한다.

b. 나의 치료력을 확인하라

보험 회사는 보험 가입자로부터 보험료를 받고 그에 상응하는 대가로 보험금을 지급할 준비 및 보험금 지급이 필요한 상황이 발생하면 보험금을 지급해야 한다. 전체 보험 가입자를 10명으로 가정을 했을 때, 10명의 가입자가 암 보험 가입 후 2년 뒤 동시에 암에 걸려 모두 암 진단금을 청구한다면 보험 회사는 크게 흔들리며 결국에는 망할 수밖에 없다. 특히 일부 상품의 경우 유사암을 제외한 암(일반암, 고액암)으로 진단을 받게 되면 더 이상 보험료를 납입하지 않아도 보험 혜택은 보험 계약 내용대로 80세/100세까지 받을 수 있는 '보험료 납입면제' 기능이 있기도 하다.

보험 회사들은 '자신들의 암울한 미래(보험금 과다 지출로 인한 파산)'를 막기 위해 어떻게든 아플 가능성이 높은 사람들에 대해서는 보험 가입을 까다롭게 진행하고 있으며, 경우에 따라서는 다른 건강한 사람들보다 비싼 보험료로만 가입을 허락하는 아량을 베풀기도 한다. 그리고 보험 가입 이전에 어떤 질병이나 사고 관련하여 수술, 입원, 통원 치료를 받은 적이 있다면 새로운 보험을 가입할 때 해당 치료력에 대해서는 일정 기간 보장을 하지 않거나, 관련된 보장내용을 아예 삭제하여야만 보험 가입을 허락하기도 한다.

따라서 내 보험을 해지하기 전 5년 이내에 치료(입원, 수술, 통원 등)를 받은 신체 부위나 질병이 있거나, 현재도 계속 치료 중이며 앞으로도 꾸준한 치료가 필요한 상황이라면 해당 질병/사고/신체에 관련된 보험은 가급적 해지보다는 유지해야 하며, 완전 해지보다는 가입금액 일부를 줄이는 '부분해지'를 우선 고려해야 한다.

c. 남아 있는 납입기간을 확인하라

마라톤 풀코스 42.195km 중 40km까지 잘 달려왔는데 갑자기 다리가 무거워지고, 정신이 혼미해진다고 생각해 보자. 당신이라면 2km만 더 가면 완주할 수 있는 상황에서 포기할 것인가? 나라면 못 할 것 같다. 잠시 앉아서 쉰 뒤 다시 출발하거나, 기어가는 한이 있더라도 남은 2km를 어떻게든 완주하기 위해 노력할 것이다.

보험도 마찬가지이다. 20년 동안 납입하는 보험을 지난 18년간 잘 유지해 왔는데 갑자기 정리해야 하는 상황이 발생하였다면 쉽게 해지를 결정할 수 있을까? 앞으로 2년만 더 납입하면 80세/100세까지 보험 혜택을 받을 일만 남았을 텐데? 물론 오래 유지하였기 때문에 해지 시 받을 수 있는 환급금 역시 더 크겠으나, 과거 상품이기 때문에 보장내용 면에서는 그 이후에 가입한 보험들보다 월등히 뛰어난 보험일 수도 있으므로 절대로 쉽게 해지를 결정하면 안 된다.

이런 보험들보다는 가입한 지 얼마 되지 않는, 납입기간이 아직 많이 남은 보험들을 우선 해지해야 한다. 그렇다고 하여 보장내용을 확인해 보지도 않은 채, 무조건 오래된 보험만 남기고 나머지는 모두 해지하라는 것은 아니다. 앞서 공개한 '보험 해지의 기술' 내용처럼 기존 보험들의 보장내용에 대한 이해가 우선시 되어야 하고, 만약 오래 유지하고 있는 보험들이 다수이고, 보장내용도 모두 뛰어나다면, 그중에서 보장금액과 보장범위가 가장 뛰어난 보험만 남기고 나머지를 정리해야 한다.

'모르는 게 약이다.'라는 말이 있다. 그러나 보험을 해지함에 있어서는 '모르는 게 손해이다.'라고 해야 할 것이다. 그만큼 보험을 해지하기 전 나와 내 보험들에 대해 확실한 이해가 필요하며, 충분히 돌아보아야만 손해를 줄이면서 보험을 해지할 수 있다는 뜻이다. 꼭 명심하자!

4. 보험의 숨겨진 기능을 활용하라

처음 스마트폰을 접하였던 2009년에도, 그리고 지금도 여전히 스마트폰의 모든 기능을 완벽하게 사용하고 있다고는 생각지 않는다. 너무도 다양한 기능이 포함되어 있고, 새로운 제품이 출시될 때마다 더욱 새로운 기능이 추가됨에 따라 나중에 가서야 '세상에나! 이런 기능도 있었단 말이야?!?'라며 놀라움을 금치 못하는 경우가 너무나도 많다.

보험도 가입자들이 모르는 '숨겨진 기능'들이 의외로 많다. 특히 일시적인 경제적 문제로 인해 보험 해지를 생각하게 된 사람들이 만약 보험의 숨겨진 기능에 대해서 미리 알았다면 해지를 하지 않아도 되었을 법한 경우도 많다. 싸우지 않고도 이기는 것이 가장 좋은 전술이듯, 보험을 해지해야하는 상황에서 보험을 해지하지 않고도 급한 문제를 해결할 수 있는 방법이 있다면 당연히 확인해야 한다.

a. 계약대출 및 중도인출

인출과 대출이라는 단어는 별다른 설명이 없어도 누구나 쉽게 이해할 수 있다. 말 그대로 '돈을 뽑는 것'과, '돈을 빌리는 것'이기 때문이다. 그러나 단어 앞에 중도, 계약이라는 말이 붙게 되면 어떤 기능을 뜻하는 것인지 어렵게만 느껴지는데 기본만 알고 있으면 절대로 어려운 기능이 아니다.

우선, 계약대출은 쉽게 설명하자면 내가 가입한 보험 상품(보험 계약)을 담보로 하여 보험 회사로부터 돈을 빌려 사용하는 것으로, 최대한도는 내 보험의 해지환급금 정도라고 생각하면 된다. 해지환급금을 담보로 보험 회사로부터 돈을 빌리는 것이므로 매월 일정 금액의 이자 수수료를 내야 하지만, 시중 은행에서 돈을 빌리는 것보다 낮은 이율이 적용되므로 급하게 목돈이 필요할 때 요긴하게 사용할 수 있는 기능이라 할 수 있다.

다음으로 중도인출이라는 기능을 쉽게 설명하자면 '적립금의 일부를 중도(중간)에 뽑아서 쓰는 것'이라고 할 수 있다. 보험사는 고객으로부터 받은 보험료 중 일정 비율의 사업비(회사운용비용, 보험금 지급여력 마련 비용 등)를 제한 뒤 가입자의 해지환급금을 적립하고, 매월 공시이율, 또는 변액보험과 같은 상품은 변액펀드 수익률을 적용하여 해지환급금을 불려 나가게 된다. 중도인출은 그동안 적립된 해지환급금의 60% 내에서 필요한 만큼 적립금을 뽑아서 사용할 수 있는 기능이며, '대출'이 아닌 '인출'이기 때문에 보험 회사에 이자 수수료를 낼 필요가 없다. 하지만 해지환급금이 줄어들기 때문에 똑같은 이율이 적용된다 하더라도 환급금은 덜 늘어나게 되는데, 1,000만 원에 5% 이자가 적용될 때와 500만 원에 5% 이자가 적용될 때의 차이라고 생각하면 쉽게 이해할 수 있을 것이다.

b. 보험료 납입 일시정지

만약 보험의 이름에 '유니버셜(또는 유니버설)'이라는 단어가 포함되어 있는 생명보험 회사의 종신보험이나 기타 보험 상품을 2년 이상 유지하고 있다면, 보험료를 일정 기간 납입하지 않아도 보험 혜택은 그대로 유지가 되는 '보험료 납입 일시정지' 기능을 활용할 수 있다.

유니버셜 보험의 경우 가입자가 납입한 보험료에서 사업비 이외에도 별도의 최소 계약유지비용을 따로 모아놓게 되는데, 가입일로부터 2년이 지난 후에 가입자가 보험료를 2개월 이상 납입하지 않거나, 가입자가 일정 기간 납입을 원치 않을 경우 보험료를 납입하지 않아도 그 동안 따로 모아놓은 '최소한의 계약유지비용'을 사용하여 보험 계약을 유지하게 된다. 단, '최소한의 계약유지비용'이 모두 소진된 이후부터는 다시 보험료를 납입해야만 보험 계약을 정상적으로 유지할 수 있다.

이러한 납입 일시정지 기능은 상품별 및 보험 회사별, 가입 시기별로 충족시켜야 하는 조건이 다를 수 있다. 그러므로 우선은 내 보험 상품의 이름에 '유니버셜'이라는 단어가 포함되어 있는지, 가입한 지 2년이 지났는지를 먼저 살핀 뒤에 해당 보험 회사의 고객센터로 전화하여 정확하게 확인을 할 필요가 있다.

잘못 가입한 보험으로 인해 그동안 엄청난 스트레스에 시달려 왔다면 유지보다는 해지가 당연한 정답이다. 하지만, 유지하고 싶은데 어쩔 수 없는 사정으로 인해 울며 겨자 먹기로 보험을 해지해야 하는 상황이라면 위에 언급한 '보험의 숨겨진 기능'이 포함되어 있는지를 먼저 살펴보고, 만약 가능하다면 그 기능들을 적극 활용하기를 바란다. 그러면 굳이 울면서까지 겨자를 억지로 먹을 필요는 없을 것이다.

c. 나에게 주어진 소중한 '30일'

문제가 있는 상품을 구입하였거나, 집에 와서 입어 보니 너무나도 안 어울리는 옷을 샀을 경우에는 한 달 이내라면 충분히 환불이 가능하듯, 보험도 가입일로부터 30일 이내에는 이미 납입한 보험료를 돌려받으면서 보험 계약 취소가 가능하다. 이를 '청약철회'라고 한다. 보험 회사 약관에 명시되어 있는 정확한 '청약철회' 규정은 다음과 같다.

보험 회사는 1회 보험료를 받은 날로부터 15일 이내에 보험 가입을 증명할 수 있는 '보험증권'을 발송해야 하며, 가입자가 보험증권을 받은 날부터 15일 이내까지는 '청약철회'가 가능하다. 즉, 보험증권 발송과 보험증권 수령은 보통 30일 이내에 모두 완료가 되기 때문에 '청약철회' 기간은 가입일로부터 30일 이내까지 라고 기억하면 된다.

그리고 추가로 65세 이상의 고령자들이 전화를 통해 보험 가입을 했을 경우 '청약철회' 기간은 30일 이내가 아니라 45일 이내로 적용되는데, 아무래도 젊은 연령의 가입자들보다 청약철회 기간을 기억하기에 무리가 있을 수도 있고, 전화를 통해 자잘한 보험을 여러 개 가입하는 경우 어떤 보험에 가입했는지조차 기억 못 하는 경우도 많으므로, 고령(高齡)에 따른 핸디캡을 따로 적용하고 있는 것이다.

이러한 청약철회 기간(30일 이내)이 지나게 되면 '철회'가 아닌 '해지'만 가능하므로 이미 납입한 1회차 보험료는 돌려받을 수 없고, 보험 설계사 입장에서도 '계약유지율'이 대폭 낮아지는 부작용이 있으므로 가입자와 보험 설계사 모두에게 피해가 발생하게 된다. 가뜩이나 보험 설계사에게 미안해서 보험 해지를 주저하는 사람이 많은 것이 대한민국 보험 가입자들의 현실인데, 내가 낸 돈도 돌려받고, 보험 설계사에게도 피해가 없다면 이것이야말로 금상첨화(錦上添花) 아니겠는가!

청약철회는 해당 보험 회사 '고객센터'와의 전화 한 통만으로 간단하게 진행할 수 있다. 상담원이 연결되면 "내 돈 내놔!"라고 말하고 싶은 감정을 억누르면서 차분한 톤으로 "최근 가입한 보험 청약철회 하고 싶은데요."라고 말하면 된다. 간단한 본인 확인 절차(생년월일, 전화번호 확인 및 자동이체 은행명 확인 등)만 통과하면 내가 낸 보험료 돌려받으면서 보험 계약은 정상적으로 취소할 수 있다.

30일이라는 '청약철회' 가능 기간은 절대로 충분히 긴 시간은 아니다. 사회생활, 개인 생활에 눈코 뜰 새 없이 바쁘게 살아가면서 바쁨을 핑계로 '아직 20일 남았네. 다음 주에 하지 뭐.'라는 식으로 차일피일 미루다 보면 30일은 훌쩍 지난다. 그나마 고객센터에 전화라도 하면 다행이지만 '퇴근하고서 하지 뭐.'라고 생각하여 또다시 미루게 되면 보험 회사 고객센터 직원들도 퇴근 시간 이후로는 업무를 보지 않으므로 전화를 통한 청약철회는 불가능해진다.

평소 운동 부족이라 생각하여 본인 스스로 가까운 보험 회사 고객센터 지점을 직접 방문하거나, 보험 회사 홈페이지에 접속하여 회원가입 후 공

인인증서를 등록하는 등의 번거로운 절차를 거치면서 '청약철회'를 하고 싶
은 게 아니라면 '청약철회' 가능 기간 30일을 반드시 기억하도록 하자!

5. 전체가 아닌 부분해지도 가능하다

"기본적인 조건만 알고 있으면 본인에게 필요한 부분만큼은 남기면서

보험을 부분적으로 해지할 수 있다."

자동차 중고 거래를 해 본 적이 있는가? 본인의 차를 중고차 딜러나 차량 구매자에게 넘기기 전에 한 번쯤은 따로 챙기게 되는 부품이 있는데 그것은 바로 블랙박스와 하이패스 단말기이다. 왜냐고? 돈을 아낄 수 있으니까! 특히 자신의 돈을 들여 장착한 블랙박스나 하이패스 단말기의 경우 더더욱 따로 챙기는 편이다(물론 돈이 충분하다면 굳이 하지 않아도 될 일이다)

보험을 해지(정리)함에 있어서도 이와 비슷하다. 보험을 해지를 결정하는 이유는 개개인별로 다양할테지만, 가장 큰 이유는 바로 '돈' 이 필요하기 때문일 것이고, 해지하면 받을 해지환급금은 경제적으로 '급한 불' 을 끄거나, 다른 소기의 목적을 위해 사용하게 된다. 그러나 해지환급금은 보험 계약을 해지하기 전에는 절대로 받을 수 없다. 일부 보험 상품(유니버셜 보험)의 경우 해지환급금의 일부를 은행 통장에서 돈 뽑아 쓰듯 중간에 인출하여 사용할 수 있는 기능이 포함되어 있긴 하지만, 대부분의 보험은 환급금을 받기 위해서는 보험을 해지해야만 한다.

자동차를 중고 거래할 때 앞으로도 계속 쓸 수 있는 블랙박스나 하이패스 단말기를 따로 남기고 차를 넘기는 것처럼, 보험을 해지할 때에도 필요한 보장내용을 남기는 것이 가능하다. 정해진 전문 용어는 아니지만 보험 업계에서는 이를 '부분해지' 또는 '부분해약/부분감액' 등으로 부르고 있다.

많은 사람들이 보험을 해지하는 방법은 오로지 보험 계약 전체를 없애는 잔인한 방법만 있다고 생각하는데, 보험 역시 기본적인 조건만 알고 있으면 본인에게 필요한 부분만큼은 남기면서 보험을 부분적으로 해지할 수 있다. 이를 위해 필요한 기본조건들은 다음과 같다.

a. 기본계약/주계약은 반드시 남아 있어야 한다

자동차의 존재 이유를 결정짓는 가장 중요한 부품은 엔진(전기 자동차의 경우 모터)이다. 엔진이나 모터가 없는 자동차나 전기 자동차는 절대로 움직일 수 없으며, 엔진이나 모터가 빠져 있는 차량을 구입할 이유도 없다. 보험에 있어서도 보험 상품이 존재할 수 있게 만들어 주는 가장 기본이 되는 부분은 바로 '기본계약(손해보험/화재보험에서 사용하는 용어)' 및 '주계약(생명보험에서 사용하는 용어)'이다.

보험을 부분해약할 수 있다 하더라도 기본계약이나 주계약은 절대로 뺄 수가 없으며, 주계약/기본계약이 없는 보험은 절대로 존재할 수 없다. 그리고 부가적으로 선택하여 가입하는 '특약' 역시 주계약/기본계약이 없으면 스스로 존재할 수 없다.

이러한 기본계약/주계약은 해지가 불가한 대신에 가입금액을 최대한 줄일 수는 있다. 상품별로 반드시 설정해야 하는 최저 가입금액(또는 기본보험료를 맞추기 위한 가입금액)까지 '감액'이 가능하며, '감액' 역시 주계약/기본계약의 일부를 부분적으로 '해지'하는 것이므로 감액한 만큼에 해당하는 '부분 해약환급금'이 지급된다.

b. 수술비/입원비보다는 진단보험금을 줄이면 더 큰 해약환급금을 받을 수 있다

보험은 기본계약/주계약을 바탕으로 다양한 특약을 추가하여 본인에게 맞는 보장내용을 구성할 수 있으며, 추가할 수 있는 특약은 수술비, 입원비, 암이나 성인병 진단비, 특정 질병에 대한 수술비 및 후유장해 보험금 등 그 종류도 너무 많아 일일이 나열하기 힘들 정도이다.

보험을 전체 해지가 아닌 부분해지를 할 때 조금이라도 더 많은 해약환급금을 받는 것을 우선 생각한다면 수술비나 입원비보다는 진단보험금(진단비) 특약을 줄이거나 삭제하는 방법이 더 효율적이다. 기본적으로 '수술비/입원비 특약'보다 '진단비 특약'의 보험료가 훨씬 비싼 편이기 때문에 해지환급금으로 적립되는 비율도 더 높고, 그에 따라 더 많은 해지환급금을 받을 수 있다.

단, 본인의 가족이나 친척들 중 암이나 중풍, 협심증 등의 뇌질환 및 심장질환으로 치료받은 '가족력'이 있다면 진단비 특약을 모두 해지하기보다는 이 역시 최소한의 금액 정도는 남기고 부분해약 하는 것을 생각해야 한다. 나중에 다시 가입하려면 보험료가 더 비싸기도 하거니와, 무엇보다 보장내용이 점점 나빠지고 있기 때문이기도 하다.

c. 중복되는 부분을 우선 해지하라

하나의 보험 상품에는 이름은 약간 다르지만, 내용 면에선 비슷한 보장을 받을 수 있는 특약이 다수 포함되어 있다. 알게 모르게 중복보장 되는 부분들이므로 보험을 부분해약 할 때는 중복되는 특약을 우선 선택하여 해지해야 한다.

담보사항

구분		가입담보	가입금액	보험료(원)	납기/만기
입원일당	408	간병인사용 질병입원일당(plus)(1일이상 180일한도)(요양병원제외)(통합간편가입)	10만원	7,940	20년/90세
	409	간병인사용 질병입원일당(plus)(181일이상)(요양,정신,한방병원제외)(통합간편가입)	10만원	68	20년/90세
	413	간병인사용 일반상해입원일당(1일이상 180일한도)(요양병원)(통합간편가입)	3만원	186	20년/90세
	417	간병인사용 질병입원일당(1일이상 180일한도)(요양병원)(통합간편가입)	3만원	2,493	20년/90세
②	53	암수술비(유사암제외)(통합간편가입)	2백만원	2,506	20년/90세
	55	유사암수술비(통합간편가입)	2백만원	1,308	20년/90세
수술	311	수술비(1~7종, 연간3회한)[상해1~3종](통합간편가입)	세부보장 참조	1,355	20년/90세
	312	┗ 수술비[상해1종]	20만원		
	313	┗ 수술비[상해2종]	20만원		
	314	┗ 수술비[상해3종]	30만원		
	315	수술비(1~7종, 연간3회한)[상해4~7종](통합간편가입)	세부보장 참조	793	20년/90세
	316	┗ 수술비[상해4종]	1백만원		
	317	┗ 수술비[상해5종]	2백만원		
	318	┗ 수술비[상해6종]	4백만원		
	319	┗ 수술비[상해7종]	5백만원		
①	320	수술비(1~7종, 연간3회한)[질병1~3종](통합간편가입)	세부보장 참조	9,825	20년/90세
	321	┗ 수술비[질병1종]	20만원		
	322	┗ 수술비[질병2종]	20만원		
	323	┗ 수술비[질병3종]	30만원		
	324	수술비(1~7종, 연간3회한)[질병4~7종](통합간편가입)	세부보장 참조	13,700	20년/90세
	325	┗ 수술비[질병4종]	1백만원		
	326	┗ 수술비[질병5종]	2백만원		
	327	┗ 수술비[질병6종]	4백만원		
	328	┗ 수술비[질병7종]	5백만원		

위의 '가입 담보 리스트'를 보면 ①번과 ②번은 '수술비'에 해당한다. 차이를 알아보자면 ①번은 모든 종류의 질병수술(수술비 약관에서 정하고 있는 1~7종에 해당하는 모든 질병에 대한 수술)에 대해 수술보험금이 각각 지급되는 것이지만, ②번은 '암'이라고 하는 특정 질병에 대해서만 암수술보험금이 지급된다는 점이다. 따라서 ①번과 ②번은 '암'에 대해서만큼은 수술비가 중복되는 부분이며, ①번 안에 ②번 '암'에 대한 수술비도 포함되어 있으므로 둘 중 하나를 부분해지 해야 한다면 ②번을 우선적으로 고려해야 한다.

그리고 '1~5종 수술비 특약'의 약관을 살펴보면 항암방사선치료는 '3종 수술'에 해당함을 알 수 있다(단, 항암방사선의 경우 5,000Rad 이상 수치가 되어야 함). 앞으로 새로 개발될 최신 수술 방법들도 '안정성과 치료 효과를 인정받은 수술 기법'일 경우에는 수술비 보장이 가능하므로 '암수술비 특약'과 '항암방사선 치료 특약'은 삭제하여도 큰 지장이 없다.

보장내용을 아무리 점검해 보아도 '쓰레기'처럼 느껴지는 보험이거나, 정말로 큰 경제적 문제로 인해 단 한 푼이라도 더 끌어모아야 하는 절박한 경우라면 보험을 완전히 해지하는 것이 맞겠으나 그 정도는 아니라면 본인에게 우선 필요한 보장이 무엇인지, 같은 보험 안에서도 중복으로 보장되는 부분이 있는지 만이라도 확인하고 '부분해지(부분해약)'하는 방법을 선택하도록 하자. 전체 해지는 그다음 생각해도 충분하니까.

6. 직접 하는 게 제일 깔끔하다

"보험 설계사에게 미안해서, 관계가 틀어질까 봐 보험 해지를
주저할 필요는 절대 없다."

보험 해지가 필요하다고 생각은 하는데 막상 실천에 옮기지 못하는 사람들이 있다. 돈이 아까워서 일 수도 있지만 상당수는 본인이 보험을 해지하게 되면 보험 가입을 권해준 보험 설계사 지인 또는 친구와의 관계가 틀어지지는 않을까 하는 쓸데없는 노파심 때문이라고 생각한다. 심지어는 내가 보험을 해지하게 되면 나에게 보험 설계사를 소개해 준 친구와 보험 설계사의 관계가 틀어지는 것은 아닐지 걱정도 된다고 하니 우리나라는 정말로 보험 설계사들이 높은 보험 계약유지율을 기록하기 좋은 시장임은 물론, 우리나라 사람들처럼 착한 사람도 없을 것이다.

그러나 보험 설계사에게 미안해서, 관계가 틀어질까 봐 보험 해지를 주저할 필요는 절대 없다. 똥이 마려운데 참고 있으면 본인만 힘들 뿐이며, 결국에는 바지에 지렸다는 찜찜함을 느끼면서 바지 빨래를 할 수밖에 없듯, 보험 역시 절대로 구질구질하게 보험 해지를 주저할 필요는 없다.

그리고 반드시 보험 설계사를 만나야만 보험 해지가 가능하다고 생각하는 사람들이 많은데 절대 그렇지 않다. 보험 설계사를 만나지 않아도 얼마든지 가능하며, 심지어 더욱 간편하기까지 하다. 그동안 보험을 꾸역꾸역 유지한 것도 억울한데 보험 해지까지 까다롭다면? 정말이지 속은 속대로 터지고 혈압은 혈압대로 고점을 찍게 될 것이다.

보험을 해지하는 방법은 크게 3가지로 구분이 된다.

a. 보험 설계사를 통한 해지

보험 해지를 가장 주저하게 만드는 방법임은 분명하다, 특히 보험 설계사와 전화를 해야 하거나, 대면을 해야 할 경우 상당한 부담감과 미안함에 더더욱 보험 해지를 주저하게 될 수 있다. 물론 해당 보험 상품에 대해 가장 정확히 알고 있는 사람이 바로 보험 설계사이므로 혹시라도 보험 해지를 하지 않고도 경제적인 문제를 해결할 수 있는 방법에 대해 설명을 들어볼 수 있다는 장점도 있지만, 이 모든 과정은 '미안함(느끼지 않아도 되는 미안함)'이라는 큰 고비를 넘겨야 가능하다는 점에서 마냥 깔끔하기만 한 해지 방법은 아니다.

b. 고객센터 또는 가까운 지점에 직접 방문

조금은 수고롭고 피곤하지만 가장 신속 정확하고 깔끔하게 보험을 해지할 수 있는 방법이다. 준비할 것이라고는 본인의 신분증이면 충분하며, 보험 회사에 따라서는 통장 사본 지참을 요구하는 경우도 있으므로 방문하기 전 해당 보험 회사의 고객센터에 미리 전화로 확인해 볼 필요가 있다. 근처에 고객센터 또는 고객프라자가 없을 경우, 가까운 지점이 어디인지 보험 회사 홈페이지를 통해 확인 가능하며, 고객센터 상담 전화를 통해서도 안내를 받을 수 있다. 물론 지참해야 하는 준비물은 동일하다.

c. 고객센터와의 전화 통화

편리성 면에서는 가장 확실한 방법이라 할 수 있다. 고객센터나 가까운 지점을 직접 찾아가지 않아도 되고, 상담원이나 설계사의 얼굴을 마주할 필요도 없기 때문이다. 대신에 보험 회사별로 고객센터와의 통화로는 보험 전체해지만 가능할 수도 있으므로 경우에 따라서는 부득이하게 고객센터 또는 가까운 지점을 방문하여 부분해지 또는 감액을 진행해야 할 수도 있다.

그리고 또 하나 더! 고객센터 상담 직원들의 주된 업무는 가입자나 일반인들이 문의하는 사항에 대한 정확하고 친절한 안내이지만, 보험 해지를 문의하는 가입자들에 대해서는 '보험 해지 회유'를 하는 것도 중요한 업무 중 하나이기도 하므로 힘들게 결정을 내린 사람들의 마음이 다시 요동치게 될 수도 있다. 그럴 때는 과감하게 "아니요, 괜찮습니다. 해지해 주세요."라고 단호히 대답하기를 바란다.

이미 무수히 많은 영화나 드라마를 통해 제3자 또는 대리인이 문제를 제대로 해결하기는커녕, 오히려 엉망으로 만드는 사례를 충분히 보았을 것이다. 오죽했으면 마블(Marvel) 영화 〈어벤져스〉에서 타노스가 몸소 인피니티 스톤을 하나하나 찾아다녔겠는가. 무엇이든지 본인이 직접 해결하는 것이 가장 확실하고 깔끔한 방법이다. 보험 해지는 결코 어렵지 않다. 직접 해 보자!

7. 보험 해지에도 우선순위가 있다

당장 다음 주가 아주 중요한 시험일인데 지금까지 공부를 제대로 못 했다면 어떻게 해야 할까? 모든 시험 범위를 처음부터 들여다보기보다는 중요하다고 판단되는 것들에 대한 우선순위를 매겨 공부를 시작해야만 낙제는 면할 수 있을 것이다.

보험을 해지함에 있어서도 우선순위를 파악할 필요가 있다.

a. '보장성'보다는 '저축성' 먼저

보험을 해지하게 되면 그동안 유지하였던 시간, 납입한 보험료 등에 있어서 손해가 발생할 수밖에 없는데, 납입했던 보험료를 대부분 날리게 될 수 있다는 점에서 경제적 손해가 더 큰 편이라고 할 수 있다. 해지를 하였을 때 그동안 납입한 보험료 대비 몇 %를 돌려받을 수 있느냐에 따라 보험을 당장 해지할지 나중에 해지할지를 정할 수가 있는데, 이럴 때는 보장성 보험보다는 저축성 보험을 먼저 해지하는 편이 낫다.

그 이유는 해지환급금이 크게 차이 나기 때문이다. 보장성 보험이라 함은 질병/사고 등의 종합적인 위험으로부터 '보장'을 받기 위해 가입하는 보험으로 저축을 목적으로 가입하는 보험과는 성격부터 다르다. 보장성 보험의 대표 격인 종신보험을 예로 들면 모든 종류의 사망에 대한 보장을 받기 위해 가입하는 보험으로 '종신토록 보장되는 사망보험금'이 기본이 되는 보험이다.

사람으로 태어난 이상 누구나 언젠가는 죽게 마련이기 때문에 모든 종류의 보장성 보험 중에서 가장 확실하게 보험금 지급이 되는 보험이 바로 '종신보험'이고, 사망의 위험은 언제나 도처에 널려 있으므로, 보험 회사는 종신보험 가입자가 언제 어떻게 죽을지 모르기 때문에 항상 사망보험금을 지급하기 위한 대기를 하고 있다. 보험 회사가 사망보험금을 지급하기 위한 대기를 하는 데에 드는 비용(계약유지비용, 보험 회사 운영비용, 보험금 지급여력 마련 등)을 사업비라고 하고, 이러한 종신보험은 다른 보험, 특히 저축/연금 목적의 보험에 비해 사업비가 높은 편으로서 가입자가 매월 납입하는 보험료에서 상당 부분을 사업비로 차감하고 남은 금액을 '해지환급금'이라는 명목으로 적립하게 된다.

사망보험금 3,500만 원이 종신토록 보장되는 매달 약 20만 원(20년 납입기간)짜리 종신보험의 해지환급표를 보면 가입 후 1년 동안 약 244만 원의 보험료를 납입했어도 해지 시 받을 수 있는 환급금은 0원임을 알 수 있고, 2025년 12월 기준 이율을 적용할 경우 최소 22년째가 되어 총 4,800만 원

가량을 납입한 뒤 해지해야만 100% 환급금을 받을 수 있다.

보험금 및 해약환급금 예시

[단위: 만원]

경과 기간	나이 (세)	납입 보험료 누계	최저해약환급금			평균공시이율과 2025년 12월 현재 공시이율 중 낮은이율(2.0%) 가정 (최저해약환급금으로 최저보증)			2025년 12월 현재 공시이율(2.0%) 가정 (최저해약환급금으로 최저보증)			간편 연장 정기
			사망보험금	해약환급금 (A)	환급률	사망보험금	해약환급금 (B)	환급률	사망보험금	해약환급금 (C)	환급률	
3개월	36	61	8,000	0	0.0%	8,000	0	0.0%	8,000	0	0.0%	
6개월	36	122	8,000	0	0.0%	8,000	0	0.0%	8,000	0	0.0%	
9개월	36	183	8,000	0	0.0%	8,000	0	0.0%	8,000	0	0.0%	
1년	37	244	8,000	0	0.0%	8,000	0	0.0%	8,000	0	0.0%	
2년	38	489	8,000	169	34.6%	8,000	169	34.6%	8,000	169	34.6%	
3년	39	734	8,000	380	51.8%	8,000	380	51.8%	8,000	380	51.8%	32년
4년	40	979	8,000	595	60.8%	8,000	595	60.8%	8,000	595	60.8%	36년
5년	41	1,224	8,000	814	66.6%	8,000	814	66.6%	8,000	814	66.6%	38년
6년	42	1,469	8,000	1,038	70.7%	8,000	1,038	70.7%	8,000	1,038	70.7%	40년
7년	43	1,714	8,000	1,267	73.9%	8,000	1,267	73.9%	8,000	1,267	73.9%	41년
8년	44	1,959	8,000	1,465	74.8%	8,000	1,465	74.8%	8,000	1,465	74.8%	41년
9년	45	2,204	8,000	1,669	75.7%	8,000	1,669	75.7%	8,000	1,669	75.7%	41년
10년	46	2,448	8,000	1,877	76.7%	8,000	1,877	76.7%	8,000	1,877	76.7%	42년

반면에 연금 및 저축 목적으로 가입하는 '연금저축' 보험 상품의 해지환급률은 종신보험의 그것과는 크게 다르다. 2025년 12월 기준 이율을 적용할 경우 매달 20만 원씩 1년간 총 240만 원의 보험료를 납입 후 해지하여도 최소 80% 이상 돌려받을 수 있으며, 10년 뒤에는 최소 100% 이상을 해지 시 환급금으로 받을 수 있다. 최소 20년 이상 유지해야 해지환급률 80~100%가 되는 종신보험과 비교하면 차이점이 확 와닿을 것이다.

1회차보험료(할인후)	200,000 원		보장보험료	0 원
			적립보험료	200,000 원
2회차이후보험료	200,000 원		할인보험료	0원

해약환급금 예시표 (단위 : 천원)

경과 기간	납입 보험료	최저보증이율		적용이율 1.95%		평균공시이율 1.95%		중도인출 예상가능금액
		환급금	환급율	환급금	환급율	환급금	환급율	
3개월	600	277	46.2%	277	46.3%	277	46.3%	-
6개월	1,200	849	70.7%	851	70.9%	851	70.9%	-
9개월	1,800	1,423	79.0%	1,428	79.3%	1,428	79.3%	-
1년(37세)	2,400	1,998	83.2%	2,007	83.6%	2,007	83.6%	-
3년(39세)	7,200	6,667	92.5%	6,740	93.6%	6,740	93.6%	-
5년(41세)	12,000	11,450	95.4%	11,657	97.1%	11,657	97.1%	-
7년(43세)	16,800	16,282	96.9%	16,764	99.7%	16,764	99.7%	-
10년(46세)	24,000	23,722	98.8%	24,813	103.3%	24,813	103.3%	-
15년(51세)	36,000	36,798	102.2%	39,484	109.6%	39,484	109.6%	-
20년(56세)	48,000	49,007	102.0%	55,638	115.9%	55,638	115.9%	-
25년(61세)	48,000	49,565	103.2%	61,090	127.2%	61,090	127.2%	-
연금개시	48,000	49,681	103.5%	62,248	129.6%	62,248	129.6%	-

확인!
- 위 표의 예상해약환급금은 중도인출을 받지 않았다는 가정하에 예상한 금액입니다. 중도인출을 받은경우 예상환급금은 현저하게 감소하며, 저축성 상품의 경우 원금손실이 발생할 수 있습니다.
- 위 해약환급금 예시표는 가입시점을 기준으로 예상한 금액으로, 갱신 담보가 있을 경우 갱신 이후 환급금은 줄어들 수 있습니다.

종신보험과 연금저축 보험 상품의 해지환급률이 이렇게 크게 차이가 나는 이유는 역시 사업비의 차이라고 할 수 있다. 사망보험금을 반드시 지급해야 하는 '종신보험'과 달리, 연금저축 또는 저축보험 상품은 사망보험금이 보장되지 않기 때문에 종신보험에 비해 사업비가 현저히 낮은 편이고, 이에 따라 납입보험료의 상당 부분이 바로 해지환급금으로 적립이 되므로 가입일로부터 1년 이내 해지한다 하여도 종신보험보다 훨씬 높은 해지환급금을 받을 수 있다.

이는 비단 종신보험과 저축보험 상품에만 적용되는 것은 아니다. 수술비와 입원비, 암과 성인병 등이 보장되는 건강보험도 저축보험이나 연금보험에 비해 사업비가 높은 편이며, 사망보험금 말고도 수술비, 입원비 등이 보장되도록 설계한 종합보험 성격의 '종신보험' 역시 사업비가 높은 편이므로 단기간 내 해지 시 환급금은 없거나 상당히 낮은 편이다.

그리고 저축성 보험 상품을 먼저 해지하면 좋은 또 다른 이유는 '저축보험'이나 '연금보험'은 해지 후 나중에 다시 가입하여도 상품이 크게 달라지지 않고, 가입에도 특별한 제한 사항이 없기 때문이다. 올해 가입하건 나중에 가입하건 상품의 내용은 크게 달라지지 않는다. 그러나 보장성 보험은 시간이 지날수록 보장내용이 달리지는 편이며(대부분 보장이 축소되는 편), 나이가 늘어남에 따라 보험료도 비싸지는 것은 물론, 건강 상태에 따라 가입 자체가 어려워질 수도 있다는 점을 알아두어야 한다.

만약 당신이 보험을 해지해야 하는데 어떻게든 손해를 줄이고 싶다면? 우선 해지를 고려하고 있는 보험이 보장성 보험인지, 저축성 보험인지를 확인해 보고, 해지환급률/해지환급금 액수를 비교해 본 후 조금이라도 더 높은 쪽을 선택하여 해지하기를 바란다. 물론, 나중에 재가입이 수월한지를 충분히 고려하는 것도 잊지 말자!

b. 자잘한 보험들 먼저

과거 은행에서 하는 업무라고는 예금 및 적금 관련 업무, 대출 업무 등이었으나, 2000년대 들어서면서 은행에서 전통적인 은행 취급 상품 이외에도 보험과 펀드 등도 함께 다룰 수 있게 되면서 금융 기관 간의 경계가 모호해졌다. 하지만 은행에서 보험 상품을 취급하게 되면서 발생하는 순기능도 분명하다. 여러 곳을 돌아다니지 않고도, 여러 사람을 만나지 않고도 은행이라는 한 장소에서 보험 업무까지 볼 수 있다면 바쁜 사람들에게는 분명 도움이 될 수도 있다. 그러나 조금만 들여다보면 순기능 외에도 분명한 역기능이 존재하고 있으며, 보험을 해지하는 데에 있어서도 반드시 살펴볼 필요가 있다.

은행 직원들이 보험 상품을 취급하기 위해서는 보험 설계사 자격증을 취득해야 하는 것은 기본이다. 그러나 은행 직원들은 어디까지나 은행 직원일 뿐이며, 보험 설계사처럼 영업직도 아니다. 오전 9시부터 시작되는 은행 업무를 처리하기에도 정신이 없으며, 매일 은행 업무가 종료된 후에는 그날 하루를 결산하는 데에도 상당한 시간이 소요된다.

보험 설계사들이야 보험을 판매하고 보험 가입자를 유치하는 것이 가장 우선시 되는 업무이기 때문에 상품 관련 지식을 꾸준히 습득하고, 보험 가입자들에 대한 보험 계약관리 등에 상당한 시간을 할애할 테지만, 은행 직원들은 은행 본연의 일을 처리하는 것만으로도 벅찰 수 있으므로 상품 관련 지식이나 판매 스킬 등이 아무래도 보험 설계사에 비해 조금은 부족할 수밖에 없다(어디까지나 내 생각일 뿐이지만).

보험 상품을 판매함에 있어서도 보장성 보험보다는, 적금이나 예금이 만기가 된 은행 고객에게 '재테크' 수단이라면서 보험사의 저축보험이나 연금 보험을 권한다거나, 은행 대출 관련 상담을 해 주면서 '보험 상품 하나 가입하시면 우대금리를 드려요.'라는 식의 '미끼 상품'을 권하는 방식을 사용하고 있다.

이러한 '미끼 상품'은 대부분 보험기간이 상당히 짧은 편이며(10년 만기, 20년 만기 등) 그에 따라 보험료도 1만 원, 2만 원 등으로 우리가 흔히 생각하는 보험료라는 기준에 비추어 보면 상대적으로 저렴하게 느껴진다. 그러나 악마는 디테일에 있다고 했던가? 조금 자세히 들여다보고 생각해 보면 이러한 '미끼 상품'들의 보장내용은 '있어도 그만, 없어도 그만'인 경우가 대부분이며, 보험기간도 짧은 편이기 때문에 장기적으로 유지해도 가입자 본인에게 크게 득이 될 건 없다는 것을 알 수 있다. 이 중 가장 흔하게 가입을 권하는 '미끼 상품'은 '상해보험'이다. 상해보험은 쉽게 말해서 '사고'가 발생하였을 때 보장을 받을 수 있는 보험이며, 좀 더 자세하게 그 내용을 들여다보자면 다음과 같다.

㉠ 상해 : 보험기간 중에 발생한 급격하고도 우연한 외래의 사고로 신체(의수, 의족, 의안, 의치 등 신체보조 장구는 제외하나, 인공장기나 부분 의치 등 신체에 이식되어 그 기능을 대신할 경우는 포함합니다)에 입은 상해를 말합니다.

우리가 나쁜 목적을 가지고 치밀하게 계획하지 않은 이상 길을 가다가 넘어지는 것과 차를 타고 가다가 교통사고가 나는 것은 모두 갑작스럽고 우연하게 발생하는 것으로 모두 '상해사고'에 해당한다. 상해보험은 이러한

'상해사고'가 발생하였을 때 가입된 내용에 따라 다양한 종류의 '상해보험금'을 지급하는 보험이다. 그러나 대한민국 사망 원인이나 보험금 지급 통계를 보면 '상해'보다는 '질병'에 관련된 비중이 월등히 높은 편이므로 '상해'만 보장되는 보험은 효율적이라기보다는 비효율적인 보험에 해당된다고 봐야 한다.

보험은 일종의 '도박성'을 띠고 있는데, 확률적인 측면에서 '상해보험'은 '질병'에 비해 발생 확률이 크게 낮은 편이고, 그에 따라 보험사 입장에서는 큰 액수의 상해보험금을 보장하겠다고 얘기하여도 실제 보험금 지급으로 이어지는 경우는 '질병'에 비해 낮은 편이기 때문에 보험료는 '질병' 관련 보험보다 훨씬 저렴할 수밖에 없다. 즉, 막노동과 같은 위험한 현장 업무를 주로 보는 사람이 아니라면 크게 득이 되는 보험이 아니다.

실제로 어떤 생명보험 회사에서 판매하였던 '상해보험'의 보장내용을 보자면, 보장금액이 큰 부분은 실제 발생 확률이 현저하게 낮은 대중교통재해사망, 대중교통재해 후유장해 등이며, 그나마 발생 확률이 높다 할 수 있는 '재해 수술, 재해 입원, 재해 통원비' 등은 가입금액이 30만 원이 채 되지 않는다. 한 달에 2만 원의 보험료를 20년간 납입한다고 가정할 때 그나마 '상해보험' 혜택을 제대로 받기 위해서는 보험기간 내에 재해(사고) 수술을 최소한 16번 이상 받아야 하며, 통원 치료는 최소 480번 이상 받아야 한다.

이런 점을 은행 직원들도 알고 있기 때문에 "6개월 정도만 유지하시다가 해지하셔도 됩니다.”라는 식으로 얘기하는 직원들도 있다. 티끌 모아 태산, 적은 돈이라도 저축해서 자산을 늘리라고 강조하는 은행이, 자잘한 보험료로 지극히 제한적인 보장만 받을 수 있는 ‘상해보험’을 가입시켜 은행 고객으로 하여금 티끌조차 끌어모으지 못하게 하고 있는 것이다! 차라리 매월 2만 원씩 책을 사서 읽어보자. 최소한 ‘지식’ 습득은 가능할 테니 말이다.

이 밖에도 은행에서는 다양한 종류의 자잘한 ‘미끼 보험 상품’ 가입을 권유하고 있는데, 본인이 이미 다른 보험에 가입이 되어 있다면 이러한 ‘미끼 보험 상품’은 굳이 일부러 가입할 필요는 없다. 그리고 내가 가지고 있는 보험을 해지해야겠다고 마음먹고 보험의 우선순위를 따져봐야겠다는 생각이 들었다면 이처럼 자잘한 ‘미끼 보험 상품’들을 우선적으로 해지하기를 바란다. 그래야만 전체 보험을 한 번에 해지하고 난 뒤 혹시라도 보험금 청구가 필요한 일이 생긴다 하더라도 나머지 보험으로 충분한 보험 혜택을 받을 수 있다.

티끌 모아 태산? 분명히 만들 수 있다. 그러나 티끌 보험은 아무리 긁어모아 가입해봤자 우리 삶을 크게 윤택하게 만들지는 못한다. 오히려 알게 모르게 가입된 자잘한 보험들의 보험료가 매월 야금야금 빠져나갈 뿐이다. 티끌 보험을 끌어모으는 데 굳이 자잘한 보험료를 낭비할 필요는 절대 없다는 것을 기억하기를 바란다!

c. 필요성이 떨어지는 보험들 먼저

한국인에게 있어서 '김치'는 그야말로 소울푸드라 할 수 있다. 특히 유럽이나 서양권 나라로 여행을 가서는 어떤 음식을 먹던 '김치' 생각이 간절하게 날만큼 한국인에게 있어서 김치만큼 '필요성'이 넘치는 음식은 없을 것이다.

보험을 해지함에 있어서, 특히 보험 해지를 위한 우선순위를 파악하는데에 있어서도 이 '필요성'이라는 것은 상당히 중요하다. 무수히 많은 보험이 존재하지만 모든 보험이 '필요성'이 뛰어난 것은 아니며, 개중에는 언론이나 광고를 통해 필요성이 과하게 부풀려져서 '나도 가입해 볼까?'라는 생각으로 가입하게 된 보험들도 상당한 편이므로 보험을 해지할 때에는 필요성이 떨어지는 보험들 먼저 선별하여 해지해야 한다. 대표적인 보험들은 다음과 같다.

■ 운전자보험

TV 채널을 돌리다 보면 '운전자보험은 필수!'라고 소리 지르는 광고를 쉽게 접할 수 있다. 한두 번이라면 그냥 감흥 없이 넘어가겠으나 계속 반복적으로 듣다 보면 운전자보험 없으면 자동차 운전 자체를 아예 못 할 것 같은 생각이 들기도 하고, 운전자보험도 자동차보험처럼 필수 보험이 아닌가 하는 생각으로 가입하는 경우도 의외로 많다.

　정확하게 말하자면 운전자보험은 반드시 가입해야만 하는 필수 보험은 아니다. 자동차보험은 나의 과실로 인해 상대방의 신체 및 재산상에 심각한 손해를 끼칠 수 있으므로 ‘자동차손해배상보장법’을 만들어 자동차 운전자 또는 소유자로 하여금 의무적으로 가입해야 하는 ‘책임보험’ 항목을 필수로 지정해 놓은 보험이고, 이러한 ‘책임보험’을 가입하지 않거나 늦게 가입할 경우에는 행정 관청으로부터 과태료가 부과되므로 자동차를 운전함에 있어서 ‘김치’와도 같은 존재라고 할 수 있다.

　그렇지만 운전자보험은 가입하지 않았다고 해서 과태료가 부과되거나 운전을 못 하게 되는 것은 아니다. 운전자보험은 자동차보험이 해결할 수 없는 사고처리비용(형사합의금, 변호사선임비용, 교통사고 지원금) 등의 특약을 통해 민사적인 책임을 보장하는 보험으로 의무가입보험이 아닌 민간보험에 지나지 않는다. 운전자보험을 가지고 있다면 사고 시 보험금을 추가로 받을 수 있다 뿐이지 운전자보험이 없는 상태에서 사고가 난다고 해서 바로 쇠고랑을 차는 일은 절대 발생하지 않는다.

■ 주택화재보험

　주택화재보험 역시 의무적으로 가입해야 하는 보험은 아니다. 어디까지나 내가 사는 집에 불이 날 경우를 대비하여, 혹시나 하는 생각으로 가입하는 보험일 뿐, 화재보험이 없다고 하여 불이 더 나는 것도 아니고 화재보험에 가입한다고 하여 불이 나지 않는 것도 아니다.

2009년 이후 개정된 법으로 인해 실화로 인한 화재에도 벌금이 부과되므로 이를 지원받고자 하는 사람이라면 주택화재보험이 필요할 수는 있다. 그러나 주택화재보험에 가입하지 않은 상황에서 화재가 발생하여 벌금을 내게 되었다고 하여 '이게 다 주택화재보험 가입 안 해서 생긴 일이야!'라고 신세 한탄을 하는 사람은 없을 것이다. 주택화재보험은 선택이지 필수는 절대 아니다.

■ 치아보험

개인적으로 가장 필요성이 떨어지는 보험이라고 생각되는 것이 바로 '치아보험'이다. 암이나 뇌혈관질환, 심장질환 등은 유전적인 요인으로 인해 발병률이 높아지는 질환이며, 발병 시 한 개인의 가정에 심각한 경제적 손해를 유발할 수 있으므로 보험으로 대비를 해야 할 필요성이 충분하지만, 치아보험은 평소 치아 관리, 최소한 밥 먹은 뒤 20분 내에 양치질하고, 단 음식을 멀리하면 충분히 치아 건강을 유지할 수 있다면 굳이 가입할 필요는 없다.

무엇보다 치아보험에 가입해야겠다고 생각하는 사람들은 치과 치료를 받은 직후이거나, 치과 치료를 앞두고 있는 경우가 많은데, 치아보험은 가입일 이후 최소 90일의 면책기간이 있고, 이미 치아에 충전이나 크라운 치료 등의 보존 치료를 받은 경우에도 3개월(90일) 면책, 그리고 이미 발치된 부위에 필요한 임플란트 시술은 치아보험 적용이 되지 않기 때문에 가입을 했다 하더라도 혜택을 받지 못할 수가 있다. 그리고 가입 후 1~2년 이내에 보철 치료를 받을 경우 50%만 지급되는 감액기간도 적용된다.

치과 치료의 경우 건강보험이 적용되지 않는 치료가 대부분이기 때문에 많은 치료비가 드는 것은 사실이지만, 치과 치료를 위해 치아보험에 가입했어도 막상 혜택을 받지 못하는 경우 역시 상당하다는 점에서 치아보험 가입에 매달릴 필요는 절대 없다. 보험 해지 우선순위를 정할 때도 1순위로 두어도 무관한 보험이다.

무슨 반찬을 곁들여 밥을 먹어야 하나 생각하기 귀찮을 때 김치를 꺼내 그대로 먹거나, 볶음 또는 찌개로 끓이기만 해도 훌륭한 한 끼를 위한 멋진 반찬이 된다. 보험을 유지함에 있어서도, 해지함에 있어서도 '김치'와 같은 필요성이 있는지 없는지를 먼저 생각해 보고 우선순위를 정한다면 효율적이면서도 계획적인 보험 해지가 가능할 것이다.

"지금은 절대 가입할 수 없는 보험을 유지 중이라면 그 보험들만큼은

보장금액을 줄이는 한이 있더라도 유지하는 게 좋다."

보험들 중에는 돈 주고도 절대 가입하지 못하는 보험들이 있다. 대부분 과거의 보험 상품들이며, 보험료를 떠나서 보장내용과 보장범위 등 보험에 있어서 가장 중요하다고 할 수 있는 부분들이 현재 판매되고 있는 보험들보다 월등히 뛰어나기 때문이다. 이러한 보험들을 유지하고 있다면? 다른 보험은 다 해지하더라도 이 보험들만은 반드시 유지하는 게 좋다.

a. 2007년 이전에 가입한 암 보험

대한민국의 사망 원인 1위는 '암'이다. 최근 이야기가 아니라 수십 년간 부동의 사망 원인 1위를 차지하고 있을 정도로 '암'에 대한 경각심은 다른 질병에 비해 월등하다 할 수 있다. 각 보험사들은 높은 암 발생률과 사망 원인 1위는 암이라는 점을 마케팅 포인트로 삼아 일찍부터 암 보험과 건강보험(암보장이 포함), 종신보험(암보장 포함) 등을 판매해 왔으며, 암에 대한 국민적(?) 인기로 인해 '다른 보험은 몰라도 암 보험 하나 정도는 있어야 한다.'라고 할 정도로 가입자 수도 많은 편이다.

그렇지만 모든 암 보험이 같은 암 보험은 아니다. 과거에 가입한 암 보험일수록 보장범위/보장내용 면에서 더 뛰어난 편인데, 2007년 이전의 암 보험과 2007년 이후의 암 보험을 놓고 보자면 2007년 이전에 가입한 암 보험이 월등히 뛰어나다.

그 이유는 바로 '갑상선암(C73)'이 일반암으로 보장되기 때문이다. 건강검진이 보편화되지 않았던(혹은 검진 기술이 뛰어나지 않았던) 시기에는 지금과 달리 암을 조기에 발견하지 못하는 경우가 많았으며 그에 따라 '갑상선암'도 과거에는 무시무시한 암에 속했다. 그렇기에 2007년 이전에 판매된 암 보험들은 이러한 '갑상선암(C73)'을 지금과 달리 일반암에 포함시켜 일반암과 동일한 진단비를 보장하였으며, 이것이 당시로서는 보통의 암 보험이었다.

한국표준질병사인분류에 있어서 악성신생물로 분류되는 질병은 제4차 한국표준질병사인분류(KCD : 통계청 고시 제2002-1호, 2003.1.1시행)중 다음에 적은 질병을 말합니다.

대 상 질 병	분류번호
1. 입술, 구강 및 인두의 악성 신생물	C00~C14
2. 소화기관의 악성 신생물	C15~C26
3. 호흡기 및 흉곽내 장기의 악성 신생물	C30~C39
4. 뼈 및 관절연골의 악성 신생물	C40~C41
5. 흑색종 및 피부의 기타 악성 신생물	C43~C44
6. 중피성 및 연조직의 악성 신생물	C45~C49
7. 유방의 악성 신생물	C50
8. 여성 생식기관의 악성 신생물	C51~C58
9. 남성 생식기관의 악성 신생물	C60~C63
10. 요로의 악성 신생물	C64~C68
11. 눈, 뇌 및 중추신경계의 기타 부위의 악성 신생물	C69~C72
12. 갑상샘 및 기타 내분비샘의 악성 신생물	C73~C75
13. 불명확한, 속발성 및 상세불명부위의 악성 신생물	C76~C80
14. 림프, 조혈 및 관련조직의 악성 신생물	C81~C96
15. 독립된(원발성) 다발성 부위의 악성 신생물	C97

2006년 이전에 판매된 암 보험의 암 분류표 :
갑상선암(C73)도 일반암 분류표에 포함되어 일반암 보장이 가능

보험 회사는 어떻게든 보험금을 더 적게 지급할수록 이익이 커지게 마련이다. 그렇기 때문에 발생률이 높아지고 있는 갑상선암에 대해서 일반암보다 적은 진단금이 지급되도록 상품과 약관을 개정하였으며, 2007년 이후부터는 '갑상선암(C73)'은 별도의 암으로 분류하여 일반암보다 적은 보험금을 지급해 오고 있다.

b. 2007년 이전에 가입한 생명보험(1~3종 수술 특약)

치아보험의 인기는 상당하다. 이미 치료받은 치아에 대해서는 보장이 제대로 되지 않고, 면책 조건이 상당함에도 불구하고 '임플란트'가 보장된다는 점에서 치아보험 가입을 고려하는 사람이 상당히 많다. 그러나 2007년 이전에 생명보험(종신보험이나 건강보험)을 가입한 사람은 치아보험에 가입하지 않았음에도 불구하고 '임플란트'가 보장된다고 할 수 있다.

보통 임플란트를 박기 전에 잇몸뼈를 보강하기 위한 '치조골 이식술'을 많이 받게 되는데, 2007년 이전에 판매된 생명보험(특히 외국계 생명보험 회사 상품)의 '1~3종 수술 특약'은 이러한 치조골이식수술도 보장이 되고, 그것도 수술 1회당 가입 금액별로 최소 50~100만 원이 지급될 수 있으므로 '임플란트'가 보장된다고 볼 수 있는 것이다.

수 술 분 류 표

수 술 명		수술종류 분류 (종)
피부(皮膚), 유방(乳房)의 수술(手術)		
1.	식피술(植皮術) [25cm² 미만은 제외함]	2
2.	유방(乳房) 절단술(切斷術)	2
근골(筋骨)의 수술[발정술(拔釘術)은 제외함]		
3.	골(骨) 이식술(移植術)	2
4.	골수염(骨髓炎), 골결핵(骨結核) 수술[농양(膿瘍)의 단순한 절개는 제외함]	2
5.	두개골(頭蓋骨) 관혈수술(觀血手術)[비골(鼻骨), 비중격(鼻中隔)은 제외함]	2
6.	비골(鼻骨) 관혈수술[비중격만곡증(鼻中隔灣曲症) 수술은 제외함]	1
7.	상악골(上顎骨), 하악골(下顎骨), 악관절(顎關節) 관혈수술[치(齒), 치육(齒肉)의 처치에 수반하는 것은 제외함]	2
8.	척추(脊椎), 골반(骨盤) 관혈수술	2
9.	쇄골(鎖骨), 견갑골(肩胛骨), 늑골(肋骨), 흉골(胸骨) 관혈수술	1
10.	사지(四肢) 절단술[손가락, 발가락은 제외함]	2
11.	절단사지(切斷四肢) 재접합술(再接合術)[골(骨), 관절(關節)의 이단(離斷)에 수반하는 것]	2
12.	사지골(四肢骨), 사지관절(四肢關節) 관혈수술[손가락, 발가락은 제외함]	1
13.	근(筋), 건(腱), 인대(靭帶) 관혈수술[손가락, 발가락은 제외함. 근염(筋炎), 결절종(結節腫), 점액종(粘液腫) 수술은 제외함]	1

2008년 이전 수술약관

    2008년 이전(2008년 4월 이전) 약관에는 별다른 문구가 포함되어 있지 않기 때문에 '골 이식술(2종)'으로 치조골이식술도 보장이 가능하지만, 2008년 이후 개정된 수술약관에는 '치근, 치조골, 치과 처치 및 수술에 수반하는 것은 제외함'이라고 기재되어 있으며, 회사별로 약간의 차이는 있을 수 있지만 현재는 모든 보험사에서 수술 특약으로는 '치조골이식수술'은 보장하지 않는다.

Ⅰ. 일반 질병 및 재해치료 목적의 수술

구분	수술명	수술종류
피부, 유방의 수술	1. 피부이식수술(25cm²이상인 경우), 피판수술(피판분리수술, Z flap, W flap 제외)	3
	2. 피부이식수술(25cm²미만인 경우)	1
	3. 유방(乳房)절단수술(切斷手術, Mastectomy)	3
	4. 기타 유방수술(농양의 절개 및 배액은 제외)	1
	[단, 치료목적의 Mammotomy는 수술개시일부터 60일 이내 2회 이상의 수술은 1회의 수술로 간주하여 1회의 수술보험금을 지급하며 이후 동일한 기준으로 반복 지급이 가능합니다.]	
근골(筋骨)의 수술 [발정술(拔釘術) 등 내고정물 제거술은 제외함] [치(齒)·치은·치근(齒根)·치조골(齒槽骨)의 처치, 임플란트(Implant) 등 치과 처치 및 수술에 수반하는 것은 제외함]	5. 골(骨) 이식수술	2
	6. 두개골(頭蓋骨, cranium) 관혈수술 [비골(鼻骨,코뼈)·비중격(鼻中隔)·상악골(上顎骨,위턱뼈)·하악골(下顎骨,아래턱뼈)·악관절(顎關節)은 제외함]	3
	7. 비골(鼻骨,코뼈) 수술 [비중격 만곡증(彎曲症) 수술, 수면중 무호흡 수술은 제외]	1
	8. 상악골(上顎骨,위턱뼈), 하악골(下顎骨,아래턱뼈), 악관절(顎關節) 관혈수술	2
	9. 척추골(脊椎骨), 골반골(骨盤骨), 추간판(椎間板) 관혈수술	3
	10. 쇄골(鎖骨,빗장뼈), 견갑골(肩胛骨,어깨뼈), 늑골(肋骨,갈비뼈), 흉골(胸骨,복장뼈) 관혈수술	2
	11. 사지(四肢) 절단수술(다지증에 대한 절단수술은 제외함)	
	11-1. 손가락, 발가락 절단수술 [골, 관절의 이단(離斷)에 수반하는 것]	1
	11-2. 기타 사지(四肢)절단수술	3
	12. 절단(切斷)된 사지(四肢)재접합수술(再接合手術) [골, 관절의 이단(離斷)에 수반하는 것]	3
	13. 사지골(四肢骨,팔다리뼈), 사지관절(四肢關節) 관혈수술	

2008년 이후 수술약관

c. 2013년 4월 이전에 가입한 실비보험

제2의 국민건강보험이라고 불리는 실손의료비(실비)보험도 시간이 흐름에 따라 보장이 좋아지기도 하였지만 대체적으로 나빠지고 있다고 봐야 한다. 갱신주기가 점점 짧아졌으며, 이후는 도수 치료 및 주사 치료 등과 같은 인기 좋은 비급여 치료 및 MRI 검사 등은 한도가 200만 원~350만 원으로 정해져 과도한 보험금 청구를 막도록 개정되었으며, 이후 또다시 개정을 거쳐 현재는 '4세대 실손의료비보험'이 판매되고 있다.

그중 2013년 4월을 기준으로 이전과 이후의 실비보험은 가장 큰 변화를 겪게 된다. 이전에는 단순히 보험료만 5년/3년 주기로 갱신이 되었다면, 2013년 4월 이후부터는 보장내용도 15년 단위로 갱신되도록 변경되었기 때문이다.

2013년 이전에 판매된 실비보험은 보험료는 5년, 3년마다 갱신되더라도, 보장내용은 갱신보험료를 계속 납입한다면 100세까지 동일한 실비보험을 가입할 수 있었다. 하지만 2013년 이후에 판매된 실비보험은 보험료(1년 갱신)뿐만 아니라 보장내용(15년 만기/15년 갱신)도 갱신되도록 조정되었다.

보험 회사는 보험금 지출을 줄여야 한다. 그래야만 이득이기 때문이다. 실비보험 가입자가 많아지면서 실비보험금 지출이 늘어나게 되어 보험사들의 단기/장기적 손해율이 크게 증가하게 되었기 때문에 어떻게든 보장을 줄여야 할 수밖에 없었고, 보험 회사들은 엘리트 직원들의 짱구를 열심히 굴려서 약관에 '교묘한 한 문장'을 추가하여 15년마다 보장내용을 변경할 수 있게 만들었다. 당연히 보험 회사에 유리하게 변경할 것임은 분명하다.

그리고 15년마다 실비보험의 재가입 여부를 가입자가 결정해야 하는데, 이때 재가입 가능한 실비보험의 내용은 아래 보험 약관의 내용처럼 이전과 달라질 수 있으며, 보험 회사가 보장을 축소한 실비보험만 판매하고 있다면 가입자는 그 상품으로의 재가입 여부만 결정할 수 있지, 본인이 지난 15년간 유지해 온 실비보험으로는 재가입이 불가능하다.

그나마 다행인 점은 15년 이내 치료받은 이력으로 인해 재가입이 안 되는 것은 아니라는 점이다. 하지만 특정 치료 관련한 보험금이 과도하게 지급되어 보험사가 더 이상 보장해 주길 원치 않을 때는 보험 회사가 15년 단위로 보장내용을 변경할 수 있다는 점에서 실비보험 가입자에게는 불행이라고 해야 할 것이다.

몇 해 전부터 레트로, 복고 감성이 유행하기 시작하면서 과거에 판매되었던 특정 상품을 한시적으로 다시 판매하기도 하였다. 돈만 있으면 얼마든지 추억을 돈으로 살 수 있게 된 것이다. 그러나, 이전에 판매된 '보험의 좋은 추억'은 돈으로는 절대 살 수 없다. 아무리 먹고 살기 팍팍하다 하여도 보험을 해지하는 데에는 신중해야 하며, 지금은 절대 가입할 수 없는 보험을 유지 중이라면 그 보험들 만큼은 보장금액을 줄이는 한이 있더라도 유지하는 게 좋다.

9. 유지보다 해지가 정답인 보험들

"종신보험을 저축이라는 목적으로 가입하는 사람들에게는 드라마가 아닌 다큐멘터리로 다가오게 될 것이다."

모든 보험은 제각각 나름대로 기능을 가지고 있으며, 본인의 여러 상황에 맞추어 보면 해지보다는 그 보험의 기능을 최대한 살리는 쪽으로 조정하는 것이 더 나은 경우도 분명히 있다. 이런 이유로 인해 누군가 "보험 해지하는 게 나을까?"라고 물어보면 먼저 어떤 보험인지를 살펴보고 결정하리고 얘기를 하는 편이다. 하지만 일부 보험들에 대해서는 유지보다 해지를 우선 고려하라고 말을 하는 편이다. 그 일부 보험들이란 다음과 같다.

a. 겉보기에만 그럴싸한 CI보험

CI보험을 유지보다는 반드시 해지해야 하는 첫 번째 이유는 바로 보험금을 제대로 지급받기 까다롭고 어려운 보험이기 때문이다.

CI보험은 Critical Illness(치명적인, 중대한 질병)이나 중대한 수술 등에 해당될 경우 종신토록 보장되는 사망보험금의 50~80%를 먼저 지급해 주면서 보험료 납입이 면제되는 보험이다. 기능만 놓고 보자면 나쁠 것 없는, 그럴싸해 보이는 보험이지만, 보험료 자체가 일반적인 종신보험이나 건강보험에 비해 비싸고, CI보험금을 지급받기 위한 조건 자체가 지나치게 까다롭다는 분명한 단점을 지니고 있다.

암에 걸려서 암 진단을 받았다고 가정해 보자. 암 진단 특약이 포함되어 있는 일반적인 종신보험이나 건강보험의 경우 보험금청구서(공통 서류)와 병원에서 발급받은 진단서, 조직검사 결과지가 포함된 병원 서류(의무기록 사본 등)을 보험 회사에 제출하면 지급 심사를 거쳐 늦어도 일주일 내로 암 진단금이 지급된다.

하지만 CI보험의 경우 위에 언급된 암 진단금 청구용 서류 외에도 CI보험 약관에서 정해 놓은 '중대한 암'의 조건에 맞아야만 CI보험금이 지급되는데, 단순히 악성종양세포가 존재하는 것(암 진단)으로 조건이 충족되지 않고 주변 조직으로 침윤파괴적 증식(전이)까지 일어나야만 '중대한 암'으로 인정을 받을 수 있다. 2018년 어느 보험 가입자가 보험 회사를 상대로 지난한 법정 다툼을 벌인 끝에 '전이가 되지 않은 암'도 중대한 암으로 인정해야한다는 판례를 이끌어내어 CI보험금 지급을 받아내기 전까지는 이러한 까다로운 중대한 암 조건에 맞지 않을 경우 암 진단을 받아도 CI보험금은 지급이 되지 않았다.

그러나 이러한 판례가 있다고 하여 보험 회사가 '알겠습니다~' 하고 전이가 일어나지 않은 암에 대해서도 CI보험금을 재깍재깍 신속하게 지급할 거라는 생각은 버려야 한다. 어떻게든 보험금 지급을 하지 않으려는 꼼수를 부릴 것이며, 환자가 진단받은 병원의 진단서와 검사 결과를 부정하기 위해 제3의 의료 기관(보험사와 연결되어 있는 병원)에서 재검을 받도록 종용하기도 할 것이다. 이렇게 되면 다른 건강보험이나 종신보험으로는 일주일 내로 지급받을 수 있는 암 진단금을 수개월이 지나서 지급받게 될 수도 있다.

그나마 '중대한 암'에 대해서는 위에서 언급한 2018년 지급 판례 이후 이전보다는 암 진단금 지급이 된다는 인식이 퍼지고 있지만 '중대한 뇌졸중'이나 '중대한 급성심근경색증' 등은 여전히 까다롭고 아주 심각한 정도의 진단을 받아야만 CI보험금을 지급받을 수 있다는 점은 CI보험이 가지고 있는 고질적인 문제점이다.

뇌졸중을 예로 들어보자. 개인적으로 2019년에 뇌졸중에 해당하는 뇌경색으로 진단을 받은 적이 있다. 갑자기 한쪽 눈이 잘 안 보이고 한쪽 팔과 다리가 심하게 저리는 증상이 나타나 병원에 입원하여 검사를 받은 결과 뇌경색으로 확인되었다.

진 단 서

등 록 번 호	██████		
연 번 호	201905███████		

환자의 성명	차병규	환자의 주민등록번호	████████
환자의 주소	████████████████		

병 명 [ ] 임상적 추정 [✔] 최종진단	주상병	상세불명의 뇌경색증, 우측	분류번호	I639
	부상병		분류번호	

발병 연월일	2019-05-12	진단 연월일	2019-05-13

치료내용 / 향후 치료에 대한 소견	상기인은 2019년 5월 12일 발생한 좌측 이상감각을 주소로 신경과 외래 방문하였으며, 상기 진단하에 입원치료 받았습니다. 향후 지속적인 약물치료 및 외래추적 관찰이 필요합니다.

입원.퇴원 연월일	입원일 : 2019-05-13 부터	퇴원일 : 2019-05-18
용 도	보험회사 ▽	
비 고	단, 신경과적 영역에 한함.	

「의료법」 제17조 및 같은 법 시행규칙 제9조에 따라 위와 같이 진단합니다.

발행일 2019-05-17

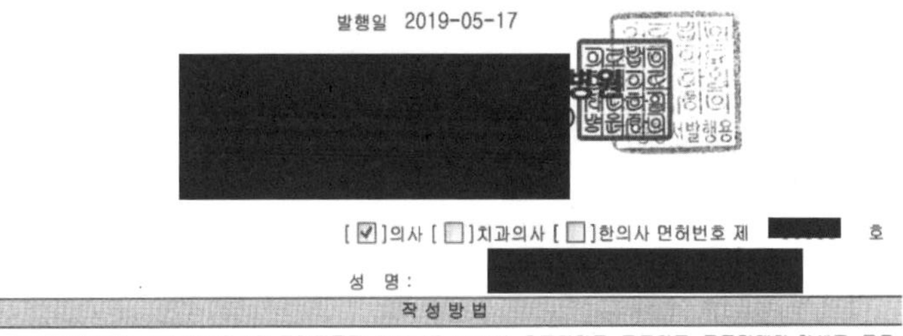

[✔]의사 [ ]치과의사 [ ]한의사 면허번호 제 ██████ 호

성 명 : ████████

작 성 방 법

1. 환자의 인적사항은 진찰한 의사가 주민등록증, 기간만료 전 여권, 운전면허증, 공무원증, 국공립대학 학생증, 군무원증, 의료보험증, 외국인등록증 등 국가공인 신분증(환자가 미성년자인 경우에는 주민등록등본, 초본, 학생증 등으로 대체 가능)과 대조하여 확인하고 서명 또는 날인합니다.
2. "병명" 란에는 "임상적 추정" 과 "최종진단" 중 택일하여 [ ] 에 체크(√) 표시를 하고, 질병명은 한글로 적되, 영어로 적을 경우에는 한글을 함께 적으며, 한국표준질병 분류번호를 기입합니다.

2019년 뇌경색 진단 시 받은 진단서

천만다행으로 심한 정도는 아니어서 수술이나 시술은 필요 없었고, 5일 정도 입원하였다가 퇴원한 뒤로는 꾸준히 약을 복용하면서 잘 관리하고 있으며, 가입해 두었던 건강보험에 '뇌졸중 진단비 특약'이 포함되어 있었기 때문에 병원으로부터 진단서와 검사기록 확인 가능한 서류, 검사 CD를 발급받아 보험 회사에 제출하여 뇌졸중/뇌혈관질환 진단비를 받을 수 있었다. 보험금을 받기 위해 가입자가 추가적으로 증명을 해야 한다거나, 보험금 지급에 필요한 서류 외에 다른 추가적인 서류를 보험사가 요구하지도 않았다.

하지만, CI보험이라면 얘기가 달라진다. CI보험의 약관에 따르면 CI보험금 지급 대상 중 하나인 '중대한 뇌졸중'은 뇌졸중(뇌경색)으로 진단받은 것 외에도 '뇌졸중의 결과로 인한 영구적인 신경학적 결손이 나타나는 질병'이라고 정의하고 있다. 그리고 일시적인 뇌경색 증상이 나타나는 '일과성허혈발작'과 초기에 발견한 뇌졸중은 치료만 적절하게 시작한다면 약물로도 충분히 회복 가능하고 정상적인 생활도 얼마든지 가능한데, CI보험 약관대로라면 주변인의 도움 없이는 생활이 불가능할 정도의 '영구적인 신경학적 결손'이 남아야만 CI보험금을 지급받을 수 있는 것이다.

Ⅲ. 중대한 뇌졸중

① "중대한 뇌졸중"이라 함은 뇌경색증, 뇌출혈, 지주막하 출혈이 발생하여 뇌혈액순환의 급격한 차단이 생겨서 그 결과 영구적인 신경학적결손이 나타나는 질병을 말합니다.

② 제 1 항의 뇌혈액순환의 급격한 차단은 의사가 작성한 진료기록부상의 전형적인 병력을 기초로 하여야 하며, 영구적인 신경학적 결손이란 주관적인 자각증상(symptom)이 아니라 신경학적검사를 기초로 한 객관적인 신경학적 증후(sign)로 나타난 장애로서 장해분류표(별표 3 참조)에서 정한 "신경계에 장해가 남아 일상생활 기본동작에 제한을 남긴 때"의 지급률이 25% 이상인 장해상태를 말합니다.

③ "중대한 뇌졸중"의 진단 확정은 뇌전산화단층촬영(Brain CT Scan), 자기공명영상(MRI), 뇌혈관조영술, 양전자방출단층술(PET scan), 단일광자전산화단층술(SPECT), 뇌척수액검사를 기초로 영구적인 신경학적 결손에 일치되게 "중대한 뇌졸중"에 특징적인 소견이 발병 당시 새롭게 출현함을 근거로 하여야 합니다.

④ 일과성허혈발작(transcient ischemic attack)은 보장에서 제외합니다. 또한, 다음과 같은 뇌출혈, 뇌경색은 보장에서 제외합니다

CI보험 약관의 '중대한 뇌졸중' 조건

만약 내가 가입했던 보험이 일반적인 건강보험이 아니라 CI보험이었다면 어떻게 되었을까? 당연히 보험금 지급은 거절되었을 것이며, CI보험금을 지급받기 위해 약 복용 중단은 물론, 영구적인 신경학적 결손이 발생할 수 있도록, 그리하여 뇌경색이 뇌출혈이 될 수 있도록 잘 키웠어야만 CI보험의 '중대한 뇌졸중'으로 인정받고 CI보험금을 지급받을 수 있었을 것이다. 생각만 해도 답답하고 갑갑하기 그지없다. 그러나 이러한 일을 당하는 사람이 의외로 많다. 가입 당시 설계사의 잘못된 설명만 믿고 가입했다가 정작 나중에 CI보험금 지급 조건에 맞지 않아 보험금을 제대로 지급 못 받게 되는 것이다.

보험에 가입하는 이유는 보험금이 필요할 때 제대로, 신속하게, 그리고 어렵지 않게 지급받아 치료비 또는 생활비 등으로 사용하기 위함이다. 그러나 CI보험은 어떻게든 보험금을 지급하지 않으려는 보험 회사의 꼼수가 총 망라된 보험이며, 일반적인 보험(건강보험, 종신보험)에 비해 보험금 지급받기가 까다로운 보험임에 틀림없다. 그러면서 보험료는 다른 보험보다 월

등히 비싸기까지 하다. 이러한 보험은 유지하기보다는 반드시 해지해야 하며, 보장내용을 살펴보고 보완이 가능한 경우, 그리고 다른 보장들이 충분히 확보되어 있는데 '중대한 질병'에 대한 추가적인 보장이 필요하여 가입하였을 경우에만 유지해야 한다.

CI보험을 유지보다는 반드시 해지해야 하는 두 번째 이유는 보험금 자체가 선착순으로 지급된다는 점이다.

군대를 다녀온 사람들이라면 누구나 '선착순'의 추억을 갖고 있을 것이다. 유격 훈련의 하이라이트라 할 수 있는 PT 체조(말은 체조라고 하지만 우리가 생각하는 체조가 아니라는 것은 잘 알 것이다)를 받는 도중 실수를 하게 되어 열외당하게 되면 조교로부터 "저기 보이는 축구 골대 찍고 선착순 5명!"이라는 윽박지름을 듣는 동시에 오로지 살기 위해서 이를 악물고 선착순 5명 안에 들려고 애썼던 적 분명 있을 것이다.

전혀 의외라 생각될지 모르지만, CI보험도 '선착순'과 깊은 연관성을 지니고 있다. CI보험금은 선착순으로 1회만 지급되는 게 원칙이기 때문이다. 이전에 소개하였듯이 CI보험은 약관에서 정해 놓은 '중대한 질병'에 걸리거나 '중대한 수술' 또는 LTC(Long Term Care)라고 하는 '장기요양 2등급 이상' 상태가 될 경우 사망보험금의 50~80%를 미리 지급하면서 보험료 납입면제가 적용되는 상품이지만, 약관에서 정해 놓은 여러 중대한 질병들 중 먼저 걸리게 되는 '중대한 질병'으로만 CI보험금이 1회 지급되고, 그 이후에 다른

'중대한 질병'으로 진단받는다 하더라도 더 이상 CI보험금은 지급이 되지 않는다. 이것이 일반적이면서 보편적인 CI보험의 특징이라 할 수 있다.

CI보험 약관 : 보험금 지급 기준표

쉬운 이해를 돕기 위해 세상에서 가장 불운한 사람을 예로 들어보자. 하루하루 힘겹게 일을 하면서 살아가는 40대 남성이 어느 날 덜컥 '암'으로 진단을 받았다. 그것도 이미 주변 조직으로 전이까지 된 '중대한 암'이다. 그런데 1년 뒤 갑자기 한쪽 팔과 다리가 심하게 마비되는 '뇌졸중'으로 인해 주변인의 도움 없이는 먹고, 마시고, 싸지도 못 하는 상태가 되었고, 또다시 1년 뒤에는 심한 가슴 통증(흉통)을 동반한 '급성심근경색증'까지 생겼다. 말 그대로 몸 전체가 아비규환, 임오군란과 같은 상황이라 할 수 있을 것이다.

만약 이 불운한 사람이 CI보험을 가입해 놓았다면 어떤 식으로 보상을 받을 수 있을까? 우선 주변 조직으로 전이가 된 '중대한 암'이 최초 발생하였기 때문에 다행히 CI보험금을 지급받을 수 있다. 이 돈으로 치료비와 일정 기간 생활비는 어느 정도 해결할 수 있을 것이다. 그러나 문제는 다음부터이다. 이미 '중대한 암'으로 CI보험금이 지급되었기 때문에 1년 뒤에 발생한 '중대한 뇌졸중'과 그다음 발생한 '급성심근경색'으로는 CI보험금 지급이 되지 않는다. CI보험금은 선착순으로 먼저 발생한 '중대한 질병'이나 '중대한 수술' 또는 '장기요양 2등급 이상 상태'에 한하여 지급되기 때문이다.

군대에서 받았던 '선착순'과 같은 경우라면 기를 쓰고 어떻게든 선착순 5명 안에 들고자 하겠지만, CI보험금을 먼저 받으려고 중대한 암이나 중대한 뇌졸중에 먼저 걸리기 위한 노력을 할 수는 없는 법이다.

따라서 가급적이면 CI보험은 가입하지 말아야 하고, 뭣도 모르고 가입했다면 유지보다는 해지를 해야 하며, 이러한 모든 악조건을 충분히 이해한 뒤에도 가입을 꼭 해야겠다면 반드시 '두 번째 CI 보장'이라는 특약 선택이 가능한지를 먼저 확인해야 한다. 말 그대로 첫 번째 CI보험금이 지급되었다 하더라도, 전혀 다른 그룹의 '중대한 질병'으로 진단받거나, 첫 번째 CI보험금을 '중대한 암'으로 받았는데 3년 뒤 다른 종류의 '중대한 암'으로 재진단을 받는다면 CI보험금을 다시 지급받을 수 있기 때문이다.

그러나 이는 어디까지나 이론에 불과할 뿐, 일반적으로 CI보험금을 한 번 더 받을 정도로 '중대한 질병'이 연달아 발생하는 비율은 엄청나게 낮을 것이다. CI보험금을 받는다는 거 자체가 이미 '사망'에 근접하였다고 봐도 무방할 정도로 심각한 상태이기 때문이다.

CI보험과 달리 일반적인 종합보험/통합보험/종신보험에 암과 성인병 진단비 보장이 포함되어 있는 종신보험에 가입하였다면 암 진단을 받은 뒤 뇌졸중 진단과 급성심근경색 진단을 받아도 각각의 진단비 1회씩 지급받을 수 있으며, CI보험처럼 '중대한' 조건을 충족시키지 않아도 진단비를 받을 수 있다.

그렇기에 다시 한번 강조한다. 가급적 CI보험은 가입하지 말아야 하고, 뭣도 모르고 가입했다면 유지보다는 해지를 해야 하며, 이러한 모든 악조건을 충분히 이해하면서까지 가입을 꼭 해야겠다면 반드시 '두 번째 CI 보장'이라는 특약 선택이 가능한지를 먼저 확인해야 한다. 그렇지만 CI보험보다는 일반적인 보험에 가입하는 게 보험료도 더 저렴하면서 보험금을 받기도 훨씬 수월하다는 점을 알아주었으면 한다.

b. 적금으로 생각한 종신보험

보험이라는 말을 들으면 가족들 중 보험으로 큰 도움을 받은 사람이 있지 않은 이상 누구라도 거부감을 갖게 된다. 하도 주변에서 보험 괜히 들었네, 보험 비싸기만 하도 보험금 받을 일도 안 생기네 등등의 넋두리만 듣다 보면 보험 설계사인 나조차도 '보험'이라는 말에 불편함을 느끼게 되었을 테니까. 그런데 '저축'이라는 말이 끼어들게 되면 상황은 달라진다.

바쁘게 일하고 있는 어느 날, 처음 보는 사람들 2~3명이 돌아다니면서

'저축'을 운운하면서 설명 들어보라고 하거나, 직장인 필수 이수 교육이라고 하여 회의실에 모였는데 필수 교육은 10분, 20분 정도만 하고는 나머지 시간 동안 금리가 고정이라느니, 종신보험으로 저축할 수 있다는 식의 설명만 듣게 되는 상황. 직장인이라면 최소 1번 이상은 경험하였을 장면이다.

위의 2가지 상황의 공통점은 결국에는 '종신보험'에 가입하게 된다는 것이다. 안 그래도 보험도 필요한 거 같았고 저축도 해야 한다고 생각하던 차에 확정금리가 적용되는 종신보험 가입하면 저축도 할 수 있고, 죽으면 사망보험금도 나온다고 하니 그동안 보험에 대하여 가지고 있던 높은 허들은 어느새인가 유치원생도 쉽게 넘을 수 있을 정도로 낮아져 그들이 유도하는 대로 설계서(청약서)에 서명을 하게 되는 모습. 혹시 이 글을 읽고 있는 당신의 모습은 아닌가?

보험이라는 것이 본인이 상품의 내용/특징에 대해 충분히 이해한 뒤 필요하다고 판단하여 가입한다면 보험 회사, 상품의 종류 등을 막론하고 언젠가는 본인이 잘 사용할 수 있을 테지만, 아무 생각 없이, 또는 충분한 설명이 제공되지 않은 상태에서 섣불리 가입하게 되면 괜히 시간과 돈만 버리는 최악의 결과를 초래하게 될 수 있으므로 보험에 가입함에 있어서는 신중, 또 신중할 필요가 있다.

만약 '저축'이 가능하다는 그들의 말만 믿고 '종신보험'에 별 생각없이 가입하게 되면 어떤 경험을 하게 될까? 한 편의 슬픈 시나리오를 소개하려 한다.

지극히 평범한 삶을 살고 있는 A씨. 어느 날 저축과 보장이라는 두 마리 토끼를 잡을 수 있다는 말만 듣고 종신보험에 가입하고 마는데. 시간이 지날수록 정작 머리에는 종신보험이 아니라 '저축/연금보험'이라는 왜곡된 기억이 남게 된다. 10년 정도 뒤에는 큰 목돈이 되어 있을 것이라는 기대를 가진 채 '저축'이 잘 되고 있겠지라는 생각을 하면서 그저 시간을 보내고 만다.

그러다가 갑자기 목돈이 필요한 상황이 생기게 된다. 미루고 미루던 신차 구입의 시기가 도래하게 된 것이다. 여기저기 모아두었던 돈들을 끌어모아야 하는 상황인지라 이전에 '저축/연금' 목적으로 가입한 종신보험을 정리하면 큰돈이 될 것이라고 생각한 뒤 보험 회사 고객센터에 전화를 건다.

"해지하면 돈 얼마 받을 수 있나요?"
"네 고객님. 조회해 본 결과 오늘 날짜 기준으로 그동안 납입하신 보험료의 70%에 해당하는 환급금을 받으실 수 있습니다."

순간 귀를 의심하고 말았다. 매월 20만 원을 5년 동안 납입해 왔고, 확정금리(2% 중반 이자)가 적용된다고 하였기 때문에 최소한 그동안 납입한 원금 이상으로 돈이 저축되어 있어야 할 텐데 70%만 돌려받을 수 있다니? 상담원에게 2번, 3번 물어볼 것이고, 돌아오는 대답은 다음과 같았다.

"고객님께서 가입하신 상품은 확정금리가 최저 보증되는 종신보험 상품이기 때문에 매월 납입보험료에서 사업비가 차감된 후 환급금 명목으로 적립이 되고, 단기간 내 해지할 경우 원금 손실이 발생할 수 있습니다."

아무리 다시 확인하고 확인해 봐도 같은 답변만 반복된다. 당시 보험에 가입시켰던 설계사의 번호를 어렵게 찾아 연락해 봤지만 이미 보험 일을 그만두었으니 보험 회사에 문의하라는 말을 듣게 되거나, 전혀 다른 사람이 연결되어 "잘못 거셨습니다."라며 불쾌하게 전화를 끊을 뿐이다.

분명 저축이 된다고 하여 가입했던 상품인데 결과는 30% 손해를 보게 되다니. 하지만 목돈이 급하여 어쩔 수 없이 30% 손해를 보고 보험을 해지하여 환급금을 받게 된다. 성격이 예민하여 위염이 생기고, 밤에 자려고 누우면 원금 생각만 난다. 그러나 방법이 없다. 여기저기 수소문해 보니 서명을 직접 하지 않았으면 구제받을 가능성이 있다고는 하는데 분명 내가 직접 서명하고 가입한 보험이고, 5년 전에 받았던 보험 서류들은 어디에 갔는지 아무리 찾아보아도 발견할 수가 없다. 그냥 쓰린 속을 부여잡고 '내 두 번 다시 보험 가입하나 봐라!'라는 다짐을 하게 될 뿐이다.

종신보험을 저축이라는 목적으로 가입하는 사람들에게는 드라마가 아닌 다큐멘터리로 다가오게 될 것이다. 심지어 상품설명서의 맨 처음 페이지에는 '저축 목적에는 적합하지 않다'는 문구도 포함되어 있었지만, 저축의 꿈에 부풀어 있었을 당시에는 그러한 경고 문구에는 눈길조차 주지 않았을 것이다.

유사 상품과 구별되는 특징

- 해당 종신보험은 피보험자의 사망을 보장하는 보장성보험으로 저축(연금) 목적에는 적합하지 않습니다.
- 보장성 보험은 저축성 보험과 달리 만기 시 환급액이 없거나 납입한 보험료보다 적고 저축성보험 보다 높은 사업비가 부과됩니다.

구분	저축성 보험	보장성 보험
만기 환급금	만기환급금(大) > 총 납입보험료	만기환급금(小) ≤ 총 납입보험료
세제 혜택	보험차익 이자소득 비과세	세액공제(13.2%, 年100만원 內)
특징	'저축기능' 강화	'위험보장' 중점

경고 문구가 포함된 종신보험의 상품설명서 표지

보험 회사에 하소연을 하면 문제가 해결될 수 있을까? 전혀 그렇지 않다. 해당 설계사가 계약자 몰래 서명을 대신하였거나, 상품설명서의 해지 환급금 페이지에 밑줄을 그어가면서 반드시 이 금액을 받을 수 있다는 식으로 설명을 한 증거가 남아 있지 않은 이상은 손해를 안 보고 보험을 해지할 가능성이 상당히 낮은 편이다.

보험 가입은 신중해야 하고 또 신중해야 한다. 아무리 신중을 기해도 결코 과하지 않다. 저축을 하고 싶다면 '보험'이 아니라 은행 예금/적금에 가입해야 하고, 투자를 하고 싶다면 증권사의 펀드나 주식투자를 하는 것이 더 나을 것이다. 보험은 어디까지나 사망/질병/사고에 대한 보장을 준비하려는 목적을 가지고 가입해야 하며, '연금'을 목적으로 '연금보험 또는 저축보험' 등에 가입하였다면 최소 20년 이상 유지한 뒤 연금 개시하기 전까지 가만히 놔둬야 최대한의 '복리 효과'를 누린 연금 재원을 마련할 수 있을 것이다.

그러므로 종신보험을 적금으로 생각하고 가입하였다면 유지보다는 해지가 필요할 수 있고, 지금까지 들어간 돈이 너무 커서 해지하기 어렵다는 생각이 든다면 '그래, 사망보험금도 필요하니까 참고 유지하자.'라는 자기 위로 및 수차례의 굳은 다짐을 해야만 중간에 해지하지 않고 그나마 오래 유지할 수 있을 것이다.

하지만 종신보험으로 저축을 한다는 것은 방한복이 아닌 수영복을 입고 남극 탐험을 떠난다는 것과 마찬가지이다. 그러므로 유지보다는 해지가 정답이 되는 경우가 더 많은 편이다.

10. 돌다리도 두들겨 봐야 한다

"보험 해지는 신중에 신중을 기해야 하고, 어쩔 수 없이 선택해야 하는
마지막 방법이어야 한다."

돌다리도 두들겨 보고 건너야 하듯, 보험 역시 수차례 두들겨 보고 진행해야 한다. 가입된 보험이 많건 적건, 유지해 온 기간이 길건 짧건 간에 보험 해지는 가입자에게 금전적/시간적인 손해를 끼칠 수밖에 없다. 보험 해지로 인해 얻게 될 미래의 이득이 그로 인해 발생하는 '손해'보다 더 크다고 판단될 경우에만 보험과 헤어질 결심을 하는 것이 좋을 것이며, 그럴 때 사용하라는 뜻으로 그 어디에서도 얻을 수 없는, 보험 회사와 설계사들은 절대 알려주지 않을 '보험 해지의 기술'을 소개하였다.

하지만 실상은 돌다리를 두들기기는커녕 돌다리 자체를 쳐다보지도 않고, 잘 알지도 못하는 보험 설계사의 말만 듣고는, 마치 누군가에게 협박당해온 듯 서둘러 보험을 해지하게 되면서 많은 피해가 발생하고 있다. 앞서 소개하였듯 보험 상품은 일반 상품과 달리 해지 후 재가입이 어려울 수 있고, 건강 상태에 따라서는 아예 가입이 안 될 수도 있다. 돈 주고 얼마든지 쉽게 살 수 있는 물건들은 싫증 나면 중고로 팔고 나중에 더 좋은 상품이 나오거나 필요하다고 판단되면 쉽게 재구매 할 수 있을 테지만 보험은 그렇지 않다.

따라서 보험 해지는 신중해야 하고 또 신중해야 한다. 주변 사람의 말에 휘둘리거나, 보험금 받을 일이 안 생기는데 보험 괜히 가입하였다는 생각으로 쉽게 결정해서는 안 된다. 보험을 해지해야겠다는 생각이 들었다면 그런 생각이 왜 들게 되었는지를 먼저 떠올려 보고, 그 이유가 타당하다면 이 책에서 소개한 '보험 해지의 기술'에 그 이유 및 상황을 하나하나 대입시켜 본 뒤 최대한 돌다리를 두들겨 가면서 보험을 해지해야 한다.

보험은 백해무익이기 때문에 해지하라는 뜻으로 이 책을 지은 것은 절대 아니다. 보험을 해지해야 하는 경우에 해당되는 지를 우선적으로 파악하여 그로 인한 손해를 최소화시키기 위해서 지은 책이다. 혹자는 이 책을 지은 저자를 두고 '보험 해지시키는 나쁜 설계사'라고 비판할 수도 있다. 다시 한번 강조한다. 보험 해지는 신중에 신중을 기해야 하고, 어쩔 수 없이 선택해야 하는 마지막 방법이어야 하며, 그럴 때 도움을 주기 위해 이 책을 지은 것이다.

PART 3.
해지 후 당신이 알아야 할
11가지 원칙

지금까지 보험을 해지해야만 하는 이유와 해지가 필요한 상황, 그리고 보험을 해지함에 있어서 손해를 최소화할 수 있는 '보험 해지의 기술'에 대해 살펴보았고, 이를 통해 보험을 해지하더라도 '잘' 해지할 수 있는 방법에 대해 알 수 있게 되었을 것이다. 그리고 보험에 대한 환멸을 느껴 두 번 다시는 보험 가입 안 하기로 다짐한 사람이 아니라면 기존에 했던 실수를 반복하지 않으면서 이전보다 더 나은 보험, 나에게 꼭 필요한 보험을 무리하지 않는 선에서 가입하고자 할 것이다.

이번 장에서는 100점까지는 아니더라도 최소한 90점 이상 되는 보험에 가입할 수 있는 방법을 살펴보도록 하자.

한 페이지 탈출 노트 : PART 3

보험 해지 이후 다시 보험을 선택해야 할 상황에서
실수를 반복하지 않기 위한 핵심 원칙들

1) **니즈(Needs)를 파악** : 보험 목적은 크게 사망보장, 건강보장, 노후자금 마련으로 나뉘며, 사망보장이 목적이라면 종신보험을, 질병·사고 대비가 우선이라면 손해보험 중심의 건강보험을, 노후자금이 목적이라면 보험 외 금융 상품까지 함께 고려해야 한다.

2) **가족력 확인은 필수** : 암·뇌·심장질환은 유전적 요인의 영향이 크므로 가족력이 있다면 해당 진단비를 강화하되, 과도한 고액 진단비로 보험료 부담을 키울 필요는 없다.

3) **보험료는 부담되지 않는 수준으로** : 예산이 적다면 우선순위를 정해 핵심 보장부터 확보하고, 갱신형 보험은 장기적으로 보험료가 급증할 수 있음을 반드시 인식해야 한다.

4) 지인을 통한 보험 가입은 최소 1년은 기다리는 것이 안전 : 보험 설계사
의 초기 이직률이 매우 높아 관계와 보험 모두를 잃을 수 있다.

5) 보험은 보험상령일(생일+6개월) 이전에 가입하는 것이 유리 : 상령일이
지나면 보험료가 평균 3~8% 인상되므로, 숫자 '6'을 기억하는 것만으
로도 불필요한 비용을 줄일 수 있다.

6) 무조건 100세 만기가 정답은 아니다 : 암 진단비는 90세 만기가 효율적
일 수 있으며, 사망보험금 역시 자녀가 독립하는 시점까지만 크게 설정
하고 이후에는 최소한의 사후정리자금만 남겨 보험료를 줄일 수 있다.

7) '지름신'을 경계하라 : 충동적으로 불필요한 보험에 추가 가입하면 손해
로 이어질 가능성이 크다.

8) '확정금리'에 연연하지 마라 : 확정금리 종신보험은 저축 상품이 아니라
보장성 보험이므로 사업비가 크고, 중도 해지 시 손실이 크다.

9) '갱신형 보험' 선택 원칙 : 갱신주기는 최대한 길게, 갱신 시 보험료 부
담이 커지면 과감히 정리해야 한다.

10) 한 보험 회사만 고집할 필요는 없다. 보장별로 유리한 회사를 나눠 가입
하면 보험료와 보장 효율을 동시에 높일 수 있다.

11) 모든 병원에서 지급되는 입원일당이 필요한지, 종합병원 · 상급종합병원
기준으로도 충분한지 따져보는 것 또한 보험료 절감의 핵심이다.

Ⅰ. 니즈(Needs)를 먼저 파악하라

"사망보장에 가장 큰 니즈를 갖고 있는 사람이라면 생명보험의 종신보험
가입을 최우선으로 고려해 볼 수 있다."

먼저 보험에 다시 가입해야겠다는 생각이 왜 들었는지를 생각해 보자. 질병이나 사고로 죽을지도 모르기 때문에 가족들에게 사망보험금을 남겨 주기 위해서인가? 아니면 평균 수명/기대 수명이 꾸준히 늘어감에 따라 질병이나 사고 위험에 노출된 채 살아가는 시간이 늘어가는 것이 걱정되기 때문인가? 또는 국민연금만으로는 부족할 수 있는 '노후자금'이 걱정되어서인가? 다양한 필요성이 있을 테지만 주된 니즈는 사망보장/건강보장(수술, 입원, 진단비 등)/노후자금보장(연금 등)으로 구분할 수 있다.

■ 사망보장이 필요한 사람이라면?

생명보험 상품을, 그중에서도 '전쟁, 사형집행' 이외의 모든 사망(질병, 사고, 질병 및 사고 이외의 사망)에 대해 사망보험금이 보장되는 종신보험 상품 가입을 고려해 볼 수 있다. 화재보험/손해보험은 오로지 질병 또는 사고(상해)에 대해서만 사망보험금을 보장하고, 질병 사망의 경우 최대 80세까지만 보장되지만, 생명보험의 사망은 '전쟁, 사형집행'을 제외한 모든 종류의 사망에 대해 종신토록 사망보험금을 보장하기 때문이다.

그러나 적용되는 사망의 종류가 많고, 보장하는 기간이 길기 때문에 '기본보험료'는 화재/손해보험보다 생명보험이 비쌀 수밖에 없다. 화재/손해보험의 기본보험료(가입하기 위해 반드시 설정되어야 하는 보험료)가 상품 및 가입 조건에 따라 다르긴 하지만 보통 1~3만 원대라고 한다면, 생명보험(종신보험)은 최소 3만 원을 넘기는 경우가 많다. 하지만 모든 종류, 심지어 가입일로부터 2년이 지난 뒤부터는 '자살'에 대해서도 사망보험금이 지급되고, 죽을 때까지 사망보장이 가능하다는 점에서 사망보장에 가장 큰 니즈를 갖고 있는 사람이라면 생명보험의 '종신보험' 상품 가입을 최우선으로 고려해 볼 수 있다.

■ 사망보다는 질병이나 사고에 대한 보장이 더 중요하다고 생각되는 사람이라면?

생명보험보다는 화재/손해보험의 건강보험 상품 가입을 고려해 볼 수 있다. 사고(상해)로 인한 사망 또는 후유장해가 기본계약(기본보험)이기 때문에, '모든 종류의 사망'에 대한 보장이 주가 되는 생명보험(종신보험)보다는 기본보험료가 저렴한 편이고, 진단비의 경우 보장되는 범위가 더 넓은 편이기 때문이다. 예를 들어 대부분의 생명보험 상품(건강보험, 종신보험)에서는 유방암/남녀생식기암을 '일반암' 진단비의 50% 정도 금액으로만 진단비를 보장하는 경우가 많은 편인데, 대부분의 화재/손해보험의 상품은 일반 암과 동일한 금액으로 진단비 보장이 가능하다.

그리고 생명보험은 '뇌질환' 관련된 진단비를 뇌출혈이나 급성 뇌경색, 특정 뇌졸중 등과 같이 '특정이나 급성' 등의 조건을 충족하는 뇌졸중/뇌혈관질환/뇌경색 등에 대해서만 보장하는 경우가 많지만, 화재/손해보험에서는 뇌출혈/뇌경색을 모두 포함하는 '뇌졸중', 그리고 뇌졸중보다 더 폭넓게 보장되는 '뇌혈관질환 진단비'로도 보장이 가능하고, 심장질환에 대해서도 허혈성심장질환은 물론 회사에 따라 심장질환 1, 2등으로 보다 세분화된 심장질환 진단비를 보장받을수도 있다.

■ 노후자금(연금)을 마련하는 것이 가장 큰 목적이라면?

다른 목적에 비해 선택의 폭이 넓은 편이다. 우선 무조건 보험 회사 상품만 고려할 필요는 없다. 보험 회사에서 판매하는 모든 상품은 기본적으로 '장기 투자'에 중점을 둔 '장기 상품'이기 때문에 가입 후 단기간에 해지할 경우 원금 손실이 발생할 가능성이 매우 높다. 그러나 보험 회사 이외의 금융 기관(증권사, 은행)에서 판매하는 상품은 단기간 내 해지하더라도 원금 손실이 없거나(은행), 투자수익률에 따라 적거나 오히려 수익이 붙는 경우(증권사)도 있다. 따라서 본인의 투자성향을 먼저 생각해 보고 성향에 맞는 금융 기관을 선택하면 된다.

일부 보험 설계사는 '연금/적금이 되는 종신보험'이라는 식으로 설명하면서 종신보험 가입을 권유하기도 한다(이 부분에 대해서는 '보험 해지의 기술'을 통해 이미 알린 바 있다). 그러나 종신보험은 기본적으로 '사망보장'이 주가 되는 보험이므로 연금/저축 상품에 비해 사업비가 많이 차감되는 편이고, 납입기간 내에 해지할 경우 원금 손실이 클 수밖에 없기 때문에 종신보험과 같은 '보장성 보험'을 연금/적금 등의 투자 목적으로 판매하는 것은 가입자보다는 설계사 본인의 판매수당만을 생각하는 판매 방법, 꼼수에 불과하다. 더욱 조심해야 한다.

2. 가족력은 반드시 확인하라

어떤 보험이 나에게 필요할지에 대한 니즈(needs)를 파악했다면 이제 다음은 본인의 가족력을 확인할 차례다. 내 보험을 가입하는 것인데 무슨 가족력? 이라고 생각할 수도 있겠으나, 암이나 성인질환(뇌질환, 심장질환 등)은 후천적인 영향보다는 선천적인, 즉 유전적인 요인이 발병에 큰 영향을 끼치는 질병이기 때문에 '내 보험'을 가입하는 거라 하더라도 가족력(친가/외가)을 반드시 확인하는 것이 좋다.

만약 본인 기준 친가/외가 어른들 중에 암이나 뇌질환, 심장질환 등으로 치료받은 분이 계시다면 그렇지 않은 사람들보다 암/뇌질환/심장질환에 걸릴 가능성이 좀 더 높다고 봐야 하며, 암 보험이나 건강보험을 가입할 때에 암/뇌질환/심장질환에 대한 보장(진단비, 수술비 등)을 좀 더 신경 쓸 필요가 있다. 반대의 경우라면 굳이 무리해서 큰 금액의 진단비를 포함시켜 보험료를 비싸게 가입하기보다 암 이외의 질병/사고에 대한 종합적인 보장이 가능토록 설계하여 보험 가입을 하는 것이 좋다.

그리고 암이나 뇌질환/심장질환에 대한 가족력이 있는 경우라 하더라도 반드시 암/뇌질환/심장질환에 100% 걸린다는 것은 아니므로 역시 무리해서 비싸게 보험에 가입할 필요는 없다. 보험 설계사나 보험 광고에서 주장하는 대로 암 진단금 1억 원이 지급되는 보험에 비싸게 가입했는데 만약 암에 걸리지 않는다면? 오래 유지하면 유지할수록 보험료가 아깝다는 생각이 들 수밖에 없을 것이다.

특히 암 진단비의 경우 다른 보장(질병/사고 등)에 비해 보험료가 월등히 비싼 편이라는 점에서 무리해서 가입할 경우 유지할수록 보험료에 대한 부담이 증가, 중간에 해지하게 될 가능성도 높은 편이다. 따라서 암에 대한 가족력이 있을 경우 '일반암' 기준 진단비 3~5,000만 원 정도가 적당하며, 가족력이 없는 경우라면 2~3,000만 원만 포함시켜 가입해도 암 진단 시 국가에서 제공하는 혜택(산정특례 등)을 감안한다면 치료비가 없어서 치료를 못 하는 상황은 발생하지 않는다.

실제로 코미디언 유상무의 경우 대장암 치료에 들었던 비용을 본인의 유튜브를 통해 공개한 적이 있는데, 수술비와 10일간의 입원비, 항암치료비를 모두 다 합쳐 2,155만 6,133원이 들었다고 한다. 물론 추가 수술이 없었고 폐암 등에 비해 치료 비용이 덜 드는 대장암이었다는 특수성이 있긴 했지만, 암 치료비가 얼마나 들지 궁금한 사람, 평균적인 치료 비용에 맞추어 암 보험에 가입하고자 하는 사람들에게는 가늠해 볼 수 있는 좋은 지표가 되었다고 본다.

물론 본인이 생각하기에 암 진단비가 최소 5천만 원 이상, 또는 1억 원이 필요하다면 그렇게 가입해도 상관은 없다. 선택에 대한 책임은 오롯이 본인이 지는 것이니까. 그러나 암에 대한 가족력이 있다 하더라도 반드시 암에 걸리는 것은 아니라는 점, 암 이외의 질병에 걸리거나 큰 사고를 당할 가능성도 생각한다면 암에 대해서만 큰 보장이 가능한 보험에 비싸게 가입하기보다는, 보장 비율을 적절히 조절하여 암뿐만 아니라 다른 질병/사고에 대한 보장도 어느 정도 되는 보험에 가입하는 것이 보다 효율적이라고 할 수 있을 것이다.

만약 당신의 인생 최대 목표가 암에 걸리는 것이라면 암 진단비 1억 원 가입은 선택이 아닌 필수이다. 그리고 가입으로 그치는 것이 아니라 암에 걸리기 위해, 그것도 최대한 빨리 걸리기 위한 부단한 노력을 멈추지 말아야 할 것이다.

만일 그런 사람이 진정 있다면 멀리서나마 응원을 보내는 바이다.

3. 보험료는 부담되지 않게

“보험 가입은 절대 필수가 아닌 선택일 뿐이다. 보험료 내느라 삶이
팍팍해져선 안 된다.”

보험도 ‘상품’이기 때문에 대가를 지불해야만 혜택(보험금 지급 등)을 받을
수 있다. 여기서 말하는 대가란 ‘보험료’를 뜻하는데, 개중에는 보험료가 부
담스러워 보험을 중간에 해지하는 경우도 종종 있는 편이다.

그렇기 때문에 보험료는 보험에 가입하려는 생각이 들었을 때에 반드시
생각해야 하는 중요한 요소이며, 여러 상황들을 충분히 고려하여 본인이
생각하기에 ‘이 정도 금액이면 부담 없겠어.’라고 느껴질 정도의 액수로 보
험에 가입하는 게 좋다. 재무설계 관점에서 ‘보장성 보험의 보험료는 본인
월 소득의 8~10%가 적당하다.’라고 하지만, 이 또한 본인이 아닌 ‘재무설
계관점’에서 정해 놓은 일종의 기준이기 때문에 반드시 지켜야 하는 것은
아니므로 ‘8~10%만 초과하지 않으면 된다.’라고 생각해도 좋을 것이다.

그런데 본인이 생각하기에 부담되지 않는 보험료가 매월 5만 원 정도인
데, 가입하고 싶은/확보하고 싶은 보험 혜택은 암 진단비, 성인병 진단비,

수술비 및 입원비 등으로 다양하다면 과연 5만 원으로 이 모든 보장이 포함된 보험에 가입하는 것이 가능할까? 가능은 하다. 단지 예산(보험료)이 한정되어 있기 때문에 보장금액이 작아질 뿐이다. 이럴 경우에는 먼저 파악해 놓은 가족력을 기준으로 하여 암이나 성인병 관련 가족력이 있을 경우 진단비를 확보하는 데에 다른 보장(수술/입원비 등)보다 많은 보험료를 할당하거나, 진단비 위주로 보장되는 보험에 먼저 가입한 후, 소득이 증가하게 되면 나머지 필요한 보장들만 포함시킨 보험에 추가로 가입하면 된다.

그리고 보험료 부담이 걱정되어 보험 가입을 꺼리거나 주저하는 사람들에게 일부 보험 설계사들이 보험료가 저렴하다는 점을 강조하면서 '갱신형 보험' 가입을 권유하는 경우도 많은데 이는 반드시 조심해야 한다. 갱신형 보험의 경우 가입 초기/나이가 어릴수록 보험료는 저렴하고 보장금액은 보험료에 비해 크다는 장점을 지니고 있지만 이는 어디까지나 '갱신'되기 전까지/나이가 어릴 때까지/질병 발병 위험률이 낮은 연령대일 때만 적용되는 장점이며, 가입자의 나이가 증가함에 따라 질병 발생 위험률이 증가하게 되면 갱신 시 더 높은 위험률 및 보험료 인상률을 적용하게 되므로 오래 유지할수록 보험료가 더 크게 증가할 수밖에 없다.

경과기간별 갱신담보 예상보험료   (단위 : 원)

피보험자명	고객님(36세)					생년월일	여, **년 **월 **일	
갱신형 특약	가입시점	10년경과	20년경과	30년경과	40년경과	50년경과	96세(60년경과)	
갱신형 보험료납입지원(유사암진단)(2종) (10년만기, 갱신종료:100세)	542	529	420	277	239	205	81	
증가율	0.00	-2.40	-20.60	-34.05	-13.72	-14.23	-60.49	
갱신형 암종별(30종)통합암진단비(전이포함)(유사암제외)[기본계약] (10년만기, 갱신종료:100세)	26,790	38,250	50,525	65,205	85,925	103,180	103,430	
증가율	0.00	42.78	32.09	29.05	31.78	20.08	0.24	
갱신형 유사암진단비 (10년만기, 갱신종료:100세)	5,200	5,270	4,010	2,850	2,550	2,270	2,160	
증가율	0.00	1.35	-23.91	-28.93	-10.53	-10.98	-4.85	

※ 위 예시는 최초 가입시점의 적용 요율을 기준으로 연령의 증가만을 고려한 보험료로써, 향후 자동갱신시 손해율, 의료수가 상승등에 해당 보험료는 크게 달라질 수 있습니다.

※ 보험료가 갱신됨에 따라 고령시점에 부담하는 보험료가 큰 폭으로 인상될 수 있습니다.

가입 이후 갱신보험료 예시 표 :
암 발생률이 높은 연령대일수록 갱신 시 보험료가 크게 인상될 수 있다.

보험 회사는 보험금 지급이 적을수록 이득을 보는 '이익 집단'이므로 질병 발생 위험률이 낮은 어린 연령층에게는 보험료가 저렴한 '갱신형 보험'을 판매해도 당장의 손해는 적기 마련이다. 그리고 갱신형 보험 가입자의 연령이 증가하게 되면 갱신 때마다 보험료를 더 비싸게 인상시켜 손해를 줄일 수 있고, 보험 혜택이 절실한 60대 보험 가입자들이 몇 년마다 크게 증가되는 보험료가 부담스러워 보험을 해지하게 되면 보험 회사는 더 이상 보험금 지급을 하기 위해 마음 졸일 필요가 없어지게 되기 때문에 더더욱 이득을 보게 된다. 게다가 갱신형 보험은 해지 시 지급되는 해지환급금이 거의 없거나 아예 없는 상품이 다수이므로, 결과적으로는 보험 회사가 마지막 승자가 될 수밖에 없다.

따라서 보험에 가입하고 싶기는 한데 보험료가 부담되거나, 현재로서는 5~6만 원 정도밖에 여력이 없을 경우에는 본인의 가족력에 맞게 가입할 수 있는/확보할 수 있는 보장 위주로 먼저 보험에 가입하고, 소득이 증가하여 조금이라도 여유가 생겼을 때 나머지 필요한 보장들만 선택하여 보험을 가입하는 게 좋다. 보험료가 저렴하다는 설계사의 말만 듣고 갱신형 보험 가입했다가는 오히려 보험료는 평생 납입해야 하고, 보험을 유지하는 동안에는 보험료가 계속 인상되어 결국에는 보험을 해지하게 되는 곤란하고 비참한 상황에 처할 수도 있다.

　　보험 가입은 필수가 아닌 선택일 뿐이다. 보험료 내느라 삶이 팍팍해져선 안 된다. 누가 등 떠밀면서 무리해서라도 보험 가입하라고 시키는 게 아닌 이상, 본인이 생각하기에 부담되지 않는 선에서 보험료를 책정하고, 그에 맞게 가입할 필요가 있다.

　　한 권으로 끝내는 보험 탈출 가이드

4. 지인 부탁은 최소 1년 뒤부터

"처음 보험 일을 시작한 친구를 도와주는 것은 좋은 일이다. 하지만 1년 뒤에 친구와의 관계가 서먹서먹해진다면 그것보다 나쁜 일이 또 있을까?"

숨 돌릴 틈 없이 바쁜 현대사회를 살아가는 사람들은 보험 외에도 너무나도 신경 쓸 일이 많아 보험을 하나하나 알아볼 시간은커녕, 보험 설계사를 대면하여 상담을 진행하는 것에도 많은 심적, 시간적 부담을 느낄 수밖에 없다. 이러한 점을 고려하여 일부 보험 회사들은 설계사를 대면하지 않아도 직접 보험 설계는 물론, 보험 가입까지도 인터넷으로 할 수 있는 상품을 판매하고 있으나, 이 역시 보험에 가입하려는 사람이 다양한 부분에 대해 신경을 쓸 수밖에 없다는 점에서 그리 효과적이진 않다.

이럴 때 누군가 믿을 만한 사람이 '나'를 위한 보험을, '나'의 입장에서 충분히 심사숙고하여 보험을 권해준다면, 바쁜 와중에 보험으로 혼자 끙끙대는 것보다는 오히려 훨씬 시간적, 심적으로 효율적인 방법이 될 수도 있다. 이럴 때 필요한 것, 그리고 생각나는 사람은 바로 보험 회사에 다니는 '친한 지인'이다.

전혀 생판 모르는 사람을 만나야 하는 부담감도 가질 필요 없고, 누구보다도 나의 상황에 대해 맘 편히 터놓을 수 있으므로 믿고 맡겨도 될 '친한 지인'이 보험 회사에 들어갔다? 누군가는 마음이 편해질 수도 있지만 누군가는 '좋지 않았던 기억'이 다시 떠올라 꺼리게 될 수도 있다. 전자의 경우 지인을 통한 보험 가입의 가장 좋은 사례이고 후자는 지인을 통한 보험 가입으로 인해 손해를 본 사람들일 것이다,

친한 지인을 믿고 자신의 보험을 맡겼는데 왜 손해를 보았다는 사람이 그리도 많을까? 간단히 정리하자면 '아직 덜 익은 컵라면 뚜껑'을 열었기 때문이다. 일반적으로 어느 한 분야의 '전문가'라는 소리를 들을 정도가 되려면 최소 10년의 시간이 필요하다고들 하는데, 그렇다고 지인이 보험 일을 최소 10년 동안 할 때까지 기다려야 한다는 말은 절대 아니다.

보험 설계사로 일을 시작하는 것은 필수 자격증(생명보험/손해보험 설계사 자격증) 정도만 취득하면 될 정도로 보험 회사(보험 설계사/보험영업직)의 진입 장벽은 타업종에 비해 낮은 편이고, 본인의 적성에 맞고 부단한 노력을 한다면 그 어떤 직종보다 자유롭고 여유롭게 일을 할 수도 있다는 점에서 매력을 느끼는 사람들이 많다. 그러나 안타깝게도 보험 설계사의 '2년 이내 이직률'이 다른 업종에 비해 상당히 높은 편이다.

금융감독원이 발표한 자료에 따르면 2024년 7월~2025년 6월까지의 '13차월 보험 설계사 평균 정착률'은 생명보험과 손해보험 각각 48.1%, 55.9%

를 기록했으며, 생명보험/손해보험을 아우른 평균 정착률은 53%에 불과하다. 이는 설계사 2명 중 1명꼴로 1년 안에 일을 그만두거나 다른 보험 회사 또는 다른 직종으로의 이탈이 많다는 뜻이다. 아래의 QR코드를 스캔하면 금융감독원이 공시하는 '13차월 설계사 정착률'을 직접 확인해 볼 수 있으며, 각 회사별 정착률도 비교해 볼 수 있다.

13차월 설계사 정착률 조회

당신의 지인이 어느 날 찾아와 보험 회사에 입사했다고 하면서 열정적으로 보험에 대해 설파하고, '나'에게 딱 맞는 보험이란 점을 강조하길래 믿고 가입하였는데, 그렇게 열정적이며 보험 일을 계속 할 것만 같았던 지인은 얼마 지나지 않아 연락은커녕 문자 한 통 남기지 않고 보험 일을 그만두게 되었다는 사실을 알게 된다면 그때 느끼게 되는 분노, 배신감은 이루 말할 수 없을 것이다. 이러한 일들은 너무나도 자주 반복되는 편이며, 그럴 때마다 보험 가입자는 '사기'를 당했다는 생각이 들어 지인과의 좋았던 관계가 오히려 망가지는 경우를 너무나도 많이 봐왔다.

이러한 점을 방지하기 위해서는 '최소 1년'의 시간을 지인에게 줄 필요가 있다. 지인이 찾아와 보험 얘기를 늘어놓는다면 충분히 경청한 뒤 "그래,

그런데 내년 이맘때쯤 다시 생각해 보면 안 될까?"라는 말을 해 보자. 물론 이 말을 들은 지인은 또 다른 논리를 펼치며 설득하려 들 테지만 그 고비만 넘기면 서로 간에 기분 상하지 않게 '1년'이라는 시간을 벌 수가 있다.

이 1년이라는 시간 동안 지인은 본인의 적성에 보험 일이 맞는지 안 맞는지를 파악할 수 있을 것이고, 1년이라는 시간 동안 본인이 꾸준히 노력한다면 보험 관련 지식은 물론 영업 스킬과 보험 계약 관리 능력도 발전시킬 수 있으므로 결과적으로 소중한 사람들에게 더 좋은 보험을 권해줄 수 있는 경력을 쌓을 수 있다. 물론 1년이라는 시간도 경력을 충분히 쌓기에는 참으로 짧은 시간임에는 분명하다. 최소 5년 이상 한 보험 회사에서 진득하게 일을 해야만 어느 정도 '보험전문가'라는 명함을 내밀 수 있을 것이다.

그렇지만 5년이라는 시간 동안 지인을 계속 기다릴 수민은 없는 노릇이고, 일반적으로 1년 정도면 보험 일을 계속 해야 할지 말아야 할지를 선택해야 하는 큰 고비가 찾아오는 편이므로, 지인 또는 친구가 그 고비를 견디어 낸다면 그래도 보험 일을 가볍게 생각하고 시작한 것은 아니라는 것이 어느 정도는 검증이 되었다고 생각해도 될 것이다.

처음 보험 일을 시작한 친구를 도와주는 것은 좋은 일이다. 하지만 1년 뒤에 친구와의 관계가 서먹서먹해진다면 그것보다 나쁜 일이 또 있을까? 보험은 본인의 건강 상태가 양호하다면 언제든지 가입할 수 있지만, 친한 친구는 언제든지 쉽게 만들수는 없는 노릇이다. 보험을 잃고 친구까지 잃는 일만큼은 없어야 하지 않을까? 긴 시간도 아니다. 1년. 더도 말고 덜도 말고 최소 1년만 시간을 두고 기다려 보자.

5. 보험상령일이 되기 전에 가입하라

"보험상령일이 도래하게 되면 전체적인 보험료가 평균 3~8% 내외로
인상이 되는 편이다."

인간이 신이 아닌 이상 그 누구도 미래에 대해 확신을 가질 수 없으며, 그러한 불확실성을 해소하기 위해 용하다고 소문난 점집이나 타로점을 보러 가더라도 "밥 많이 먹지 마! 안 그러면 살쪄!!", "동쪽으로 가지 마. 집에서 멀어지니까!", "아무것도 하지 마. 그래야 안 힘들어."라는 식의 당연한 소리만 듣게 될 뿐 100% 미래에 대한 정답을 제시하지는 않는다. 그러나 보험에 있어서는 사람이라도 자신의 미래에 대해 1가지 정도는 확실하게 알 수 있는데, 그것은 바로 본인이 가입할 보험의 보험료가 인상되는 날짜이다. 년과 월은 물론 정확한 날짜까지 알 수 있다. 점집, 타로집에 갈 필요 없이 간단한 숫자 '6'만 기억하면 된다.

도대체 숫자 '6'이 무엇이길래 기억해야 한다는 것일까? 그 의미를 알아보기에 앞서 우선 보험료가 인상되는 3가지 요인을 먼저 살펴볼 필요가 있다.

① 상품 개정(보험 회사의 손해율 증가)

보험 상품은 과거로부터 지금까지 완전히 동일한 내용으로 판매되지는 않으며, 설령 같은 이름의 보험 상품이라 하더라도 이름 뒤에 붙어 있는 숫자를 증가시키면서 상품의 내용을 조금씩 바꾸면서 상품을 개정해 왔다. 보험 회사가 이렇게 보험 상품의 이름을 조금씩 바꾸어 가면서 상품을 개정하는 이유는 무엇일까? 더 좋은 보장내용을 포함시켰기 때문에? 아니면 보험 판매 상품 개수를 증가시켜 더욱 다양한 보험 상품을 고객에게 소개하기 위해?

위에 언급한 이유도 완전히 틀린 것은 아니지만 '보험 회사의 손해율 증가'가 가장 주된 이유일 것이다. A라고 하는 보험 상품을 많이 판매하면 할수록 가입자들에게 지급해야 할 보험금도 늘어나게 됨에 따라 보험 회사의 부담감(손해율) 역시 증가하게 된다. 따라서 너무 좋은 조건의 상품을 계속해서 판매하기보다는 어느 정도 할당량을 채웠다 싶을 때까지만 판매하고, 그 이후부터는 상품의 내용을 조금 개정하여 비슷한 이름으로 판매하고 있다고 봐야 한다. 당연히 상품이 개정됨에 따라 보험 회사가 정해 놓은 조건(기본보험료, 가입 연계 조건 등)도 달라질 수 있으며, 일반적으로 상품이 개정되게 되면 보험료는 조금씩 인상되는 편이다.

② 경험생명표 변동

생명보험 상품은 기본적으로(건강보험 제외) '종신토록 보장되는 사망보험금'을 주계약으로 하고 있으므로 '경험생명표'라는 것을 기준으로 삼아 보험료를 정하게 된다. 보험개발원이 보험 가입자들의 성별, 연령별 사망률과 잔여 수명 등을 예측해 만드는 것으로, 보험에 가입하려는 사람만을 대상으로 적용되는 기준이라고 보면 된다.

평균 수명/기대 수명 등이 증가함에 따라 경험생명표도 달라질 수 있는데, 사망보험금이 포함된 보험 상품의 경우 경험생명표가 변경될 때마다 사망보장에 대한 보험료는 조금씩 낮아지는 편이다. 아무래도 사망 시기가 점차 늦춰짐에 따라 보험 회사는 사망보험금 지급에 대한 부담을 조금씩 낮출 수 있을 것이고, 이것이 반영되어 '종신 보장 주계약 사망보험금'의 보험료는 조금씩 낮아지는 것이다. 그러나, 이는 어디까지나 사망보험금에만 적용된다고 봐야 하며, 평균 수명/기대 수명이 늘어남에 따라 질병에 걸릴 수 있는 기간도 늘어나게 되므로 질병 관련된 보험료는 주로 인상이 되는 편이다.

③ 보험상령일의 도래

이 글을 쓰는 가장 주된 목적, 그리고 숫자 6은 바로 보험상령일에 관련된 것으로 보험상령일을 알아야 보험료가 인상되기 전에 보험에 가입할 수 있으므로 상당히 중요하다. 앞서 언급한 대로 보험상령일은 본인이 신이 아니더라도 알 수 있다. 자신의 생일로부터 6개월이 되는 시점이 '보험상령일'이며, 보험상령일이 도래하게 되면 전체적인 보험료가(보장내용 구성에 따라 달라지지만) 평균 3~8% 내외로 인상이 되는 편이다.

내 생일이 11월 1일이라면 보험 나이가 증가하는 '보험상령일'은 11월 1일이 아닌 6개월 뒤인 그다음 해 5월 1일이 된다. 따라서 5월 1일 전날까지는 보험 가입이 완료되어야 보험료가 인상되기 전 조건으로 보험에 가입할 수 있으며, 보험상령일이 주말인 경우에는 주말 전까지는 '1회 보험료'라도 납부가 되어야 보험상령일이 적용되지 않은 조건으로 보험 가입이 가능하다.

한 달이 31일일 수도 있고, 30일 일수도 있고, 2월은 28일로 되어 있는데 6개월을 어떻게 정확하게 계산이 되는지 궁금해하는 사람도 분명 있을 것이다. 그러나 일수로 계산하는 게 아니라 그냥 본인의 생일의 '월'에 해당하는 숫자에 6만 더하면 된다. 단 양력 기준이며 음력은 해당되지 않는다.

①번과 ②번의 경우에도 변동되기 전 조건으로 상품을 판매하기 위해 최소 2~3개월 전부터 이른바 '절판 마케팅'이 시행되므로 보험에 가입하려는 사람이라면 어렵지 않게 그 소식을 접할 수 있다. 그러나 ③번 만큼 간단하고도 정확하게 본인의 보험료가 언제 오를 것인지 알 수 있는 방법은 없다. 더도 말고 덜도 말고 숫자 6만 기억하면 된다. 보험 가입을 차일피일 미루면서 여러 상품을 비교해 보는 것은 분명 필요하지만, 최소한 본인의 보험상령일을 넘기지는 말자.

6. '100세 만기'가 정답은 아니다

보험에 관련된 일을 하는 사람이 아닌 이상 보험 용어의 100%를 정확히 이해하고 사용하는 것은 어려울 수밖에 없다. 설계사들 중에도 정확한 의미를 제대로 알지 못한 채 보험 용어를 사용하는 경우도 있으니 일반 사람들이라면 오죽 하겠는가! 특히 '보험기간'과 '납입기간'을 혼용하는 경우가 많은데, 아무래도 '기간'이라는 단어가 공통적으로 들어가 있기도 히기니와, 보험을 유지하기 위해 보험료를 납입하는 기간을 '보험기간'이라고 충분히 생각할 수도 있기 때문이다.

'보험기간'은 보험 가입 후 보험 혜택을 받을 수 있는 기간(보험 가입일~보험 만기일)이며, '납입기간'은 보험을 유지하기 위해 보험료를 납입해야 하는 기간이라고 이해하면 된다. 전자는 보험 혜택을 받을 수 있는 기간, 후자는 보험 혜택을 받기 위해 보험료를 내야 하는 기간이라는 점에서 보험 가입을 위해서는 반드시 설정해야 한다.

그런데 과거보다 사람들의 평균 수명이 늘어났고, 앞으로의 기대수명도 꾸준히 증가할 수밖에 없다는 점에서 '보험기간'을 어떻게 설정해야 할지 고민하는 경우가 많다. 매년 새해가 되면 어른들께 '새해 복 많이 받으시고 오래오래 사세요.'라는 인사를 하듯, 사람이라면 누구나 오래 살고 싶은 욕구가 있으며, 오래 사는 동안 아프거나 사고 발생하게 될 경우를 대비하여 보험에 가입하는 것이므로 보험 회사는 이러한 사람들의 심리, 욕구를 충족시키기 위하여 2008년/2009년 전후부터 '100세 만기' 보험 상품이 판매되고 있다(2008년 이전에 판매된 보험들의 보험기간은 대부분 80세 만기, 그보다 훨씬 이전 보험들은 65세/70세 만기가 대부분이었다).

그러나 '100세 만기가 좋습니다.'라고 하는 설계사의 말만 들으면서 무조건 '100세 만기'로 가입하지는 말고, 여러 가지를 잘 따져봐야 보험료를 줄이면서 본인에게 맞는 보험에 가입할 수 있다. 보험은 보험금이 지급되어야 할 상황(질병 진단, 수술, 입원, 사고 등)이 발생되어야만 보험 혜택을 받을 수 있다는 점에서 '도박의 성격'을 지니고 있다고도 할 수 있는데, '사기도박'이 아니라면 당연히 확률이 높은 곳에 돈을 걸어야만 돈을 딸 가능성이 높다는 것은 누구나 아는 사실이다. 따라서 '도박의 성격'을 지니고 있는 보험이라는 '상품' 역시 '확률'이라는 개념을 놓고 보험기간을 설정한다면 보험료는 줄이면서 필요한 보험 혜택은 충분히 받을 수 있는 '효율적인 보험'에 얼마든지 가입할 수 있다.

① 암 진단금은 90세 만기로 가입하는 게 효율적이다

'암' 관련된 보장내용 중 큰 금액이 지급되는 '암 진단금'의 보험료는 다른 질병/사고 고 관련 보험에 비해 보험료가 크게 비싼 편이다. 100세 만기로 가입하여도 보험료 부담이 되지 않는다면 상관없겠지만, 조금이라도 보험료를 줄이고 싶은 사람이라면 90세 만기로 가입하는 방법도 고려해 볼 만하다.

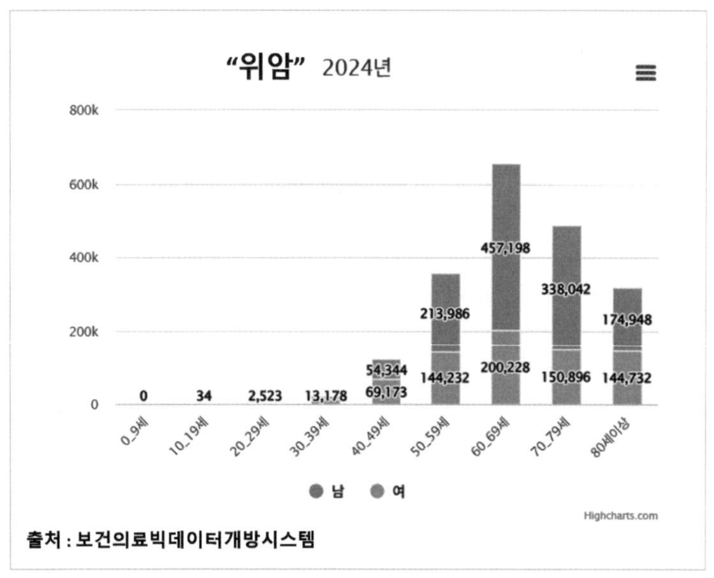

연령대별 위암 치료 일수, 건강보험심사평가원 통계 자료

건강보험심사평가원(심평원)에서 발표한 '연령별 위암 치료 일수 현황'을

보면 70대까지는 암 치료 일수가 상당히 많은 편이지만, 70, 80대 이후부터는 감소하는 편이라는 것을 확인할 수 있다. 이는 80대 중반이 되기 전에 건강검진이나 기타 검진 등을 통하여 암을 발견하는 비중이 높아졌다는 뜻으로 이해할 필요가 있다. 아무래도 40대부터는 본인의 건강에 관심이 많아질 수밖에 없고, 경제적으로 은퇴를 할 시기라고 할 수 있는 60대부터는 이전보다 병원에 가는 확률도 높아짐에 따라 암과 같은 질병을 발견하게 되는 비중도 높아졌다고 볼 수 있다는 뜻이다.

물론, 80대까지 건강하다가 80대 중반 이후에 암에 걸리는 경우도 있을 테지만, '확률과 통계'라는 숫자를 놓고 보면 80대 중반 이후 암을 발견하는 비중보다는 그 전에 발견하는 비중이 더 높다고 봐야 한다. 따라서 암 진단금을 굳이 '100세 만기'로 하여 보험료를 몇천 원 더 내는 것보다는, '90세 만기'로 설정하여 보험료를 조금이라도 저렴하게 가입하는 것을 고려해볼 필요가 있다. 월 4,000원~5,000원 정도의 보험료가 얼마 되지는 않겠지만 이를 총납입기간 20년으로 계산한다면 최소 100만 원 정도 되는 적지 않은 금액을 아낄 수 있다.

② 사망보험금은 언제까지 필요한지 생각해 볼 것

다른 글에서도 소개한 바 있지만 사망보험금의 보험료, 그중에서 '질병'에 관련된 사망보험금의 보험료는 사고(상해 또는 재해) 관련 사망보험금의 보험료보다 비싼 편이다. 하지만 '죽어야만 지급되는 보험금'이라는 점에서 그 활용도가 상당히 낮을 수밖에 없으므로 사망보험금이 언제까지 필요할지를 우선 생각해 보고 적정 금액으로 가입하는 것이 좋다.

　사망보험금에 가입하는 목적은 다양하겠으나, 본인(피보험자) 사망 시 남겨질 가족들, 그중에서도 자녀들의 양육비와 생활비를 마련하기 위해 가입하는 경우가 대부분이라고 할 수 있으므로 '자녀들이 성인이 될 때까지'만 충분히 보장되고 그 이후(자녀들이 성인이 된 후)부터는 '사후정리자금'에 해당하는 3,000만 원 정도만 보장되도록 가입하여도 보험 가입 목적은 충분히 달성된다고 볼 수 있다.

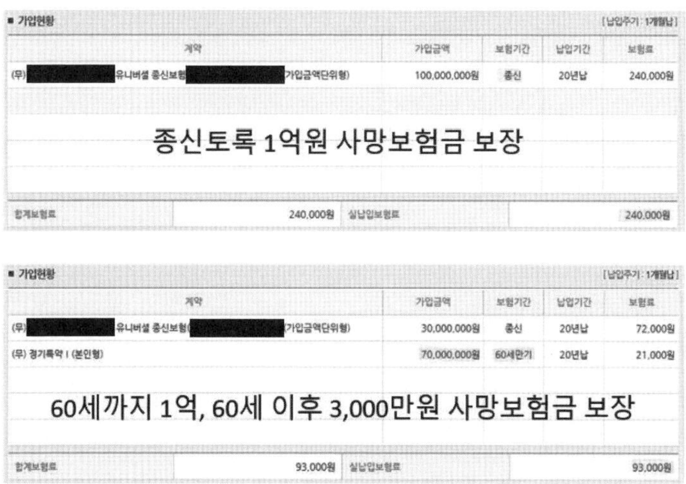

종신토록 1억 원 보장되는 종신보험과 60세까지 1억 원/60세 이후는 3,000만 원만 보장되는 종신보험의 보험료 차이는 생각보다 큰 편이다.

　현재 미혼이고 앞으로도 그러할 계획이라면 사후정리자금 정도만 설정해서 가입할 수도 있고, 자녀가 있거나 자녀 계획을 갖고 있는 사람이라면 60세까지는 충분히 보장, 그 이후부터는 3,000만 원 정도만 보장되도록 사망보험금의 보험기간을 설정한다면 '100세 만기/종신' 보장되는 보험보다 보험료를 크게 줄이면서 보험 가입이 가능하다. 그러므로 무조건 '종신', '100세 만기'를 고집하지는 말자.

7. '지름신'은 단호히 돌려보내라

자동차에 관심 있는 사람들이라면 신차가 출시되었거나, 기존 모델의 아쉬웠던 부분들을 과감하게 '페이스리프트'라는 방법으로 변경 출시된다면 하루에도 몇 차례 중고차 앱에 접속하여 본인의 차량 중고 시세가 얼마인지 체크해 볼 것이다. 명품에 관심 있는 사람들 역시 무슨 무슨 신상 백이 나왔네, 가격이 얼마나 오른다네리는 소문을 듣게 되면 '사야 하지 않을까?'라는 식의 내적 갈등을 겪게 될 것이고, 스마트폰이 새로 출시되면 2년이 채 되지 않은 폰이라 하더라도 새 폰으로 바꾸고자 하는 욕구에 사로잡힐 것이다.

우리는 이러한 순간을 흔히 '지름신이 강림했다.'라는 표현을 쓴다. 따지고 보면 당장 차가 없어서 이동을 못 하는 것도 아니고, 들고 나갈 명품 가방이 없어서 편의점 비닐 봉지에 소지품을 넣고 다니는 상황도 아닌데, 지름신이 찾아오시게 되면 지갑을 열고자 하는 욕구가 폭포수처럼 쏟아지게 되는 것은 '인간'인 이상 어쩔 수 없이 겪게 되는 일이다. 조금만 침착하게,

다시 한번 본인의 자동차와 명품 백들을 쳐다보면서 마음을 진정시킨다면 얼마든지 지름신을 돌려보낼 수 있다.

보험도 '지름신'이 강림하는 경우가 많다. 특히 집에서 아무 생각 없이 TV 리모컨으로 채널을 돌리고 있자면 무슨 무슨 암 보험, 운전자보험, 화재보험 등등의 광고를 엄청나게 자주 접하게 되고, 홈쇼핑 채널에서는 유명인이 나와서 본인의 경험과 사례들을 들어가면서까지 보험 광고를 하고 있는데, 이런 광고와 홈쇼핑을 보다 보면 '내 보험은 부족한 거 아닌가?', '암 보험 하나 더 들어야 겠네….'라는 생각이 들기 마련이다.

아무런 보험이 없는 사람이 차일피일 보험 가입을 미루고 있었는데 마침 TV에서 하는 보험 광고를 보고 보험에 가입할 때가 되었다고 생각하여 보험 가입을 알아보는 것이라면 '지름신' 이 강림했다기보다 그동안 미루고 있던 숙제를 마친 것과 같다고 볼 수 있겠지만, 이미 여러 개의 보험에 가입되어 있고, 심지어 한 달 전에는 '보험 리모델링 상담'을 통해 본인의 보험들의 문제점과 부족한 점을 파악하여 보험을 추가 가입하였음에도 불구하고 보험 광고에 마음이 흔들린다면, 이는 지름신이 강림한 거 외에는 달리 설명할 수 없는 방법이 없을 것이다.

어디까지나 위험에 대비하기 위해 미리 가입하는 것이 보험이다. 그리고 본인의 가족력과 경제적인 상황 등을 충분히 고려하여 가입하였다면 그것만으로 이미 충분하며, 상황이 여의찮아 우선 적게나마 보험에 가입하였다면 상황이 나아졌을 때에 기존 보험의 부족한 부분을 파악하여 필요한 만큼의 보험만 추가하는 것이 가장 효율적인 보험 가입 방법이다. 보험 광고 또는 홈쇼핑, 그 외의 여러 가지 소문에 현혹되어 굳이 추가하지 않아도 될 보험에 가입할 필요는 절대 없다.

자동차나 명품 백이야 사용하다가 싫증이 나거나 필요 없다고 생각되면 되팔 수 있고, 구입한 지 얼마 되지 않은 시점에 되팔 경우 더 많은 돈을 손에 쥘 수 있지만, 보험은 되판다는 행위 자체가 성립되지 않고, 가입한 지 얼마 되지 않은 시점에 해지한다면 해지환급금이 아예 없거나 적을 수밖에 없으며, 설령 보험을 해지하여 해지환급금을 받은 뒤에 '나중에 다시 필요한 보험 가입하면 되겠지.'라는 생각을 가지고 있어도 그 나중 시점의 본인 건강 상태에 따라 보험 가입이 제한될 수도 있으므로 자동차나 명품 백보다 특히 '지름신'에 당히지 않도록 조심해야 한다.

소비를 함에 있어서 무계획보다는 계획적인 소비를 하는 것이 중요하다. 보험은 어디까지나 '위험에 대비하기 위한 수단'일 뿐, 자동차나 명품처럼 지름신의 영역에는 해당하지 않는다는 것을 꼭 생각해야 한다. TV 채널 돌리다가 보험 광고/보험 홈쇼핑을 본다면? 그냥 다른 채널로 넘기고 그 시간에 〈무한도전〉 재방송이나 한 번 더 보는 게 훨씬 도움이 될 것이다.

8. '확정금리'에 연연하지 마라

2010년 초중반부터 보험 설계사, 보험 회사들의 보험 상품 판매 전략이 대폭 수정되었다. 그 이전까지는 변액보험, 저축보험 상품의 판매 비중이 다른 보장성 보험(종신보험, 건강보험 등)에 비해 크게 낮지 않았고, 오히려 주식 시장이 호황일 때에는 변액보험 판매 비중이 월등히 높았을 때도 있었으며, 이에 따라 보험 회사들은(특히 생명보험 회사들은) 변액보험의 판매를 더욱 장려하기 위해 높은 판매 수수료를 지급하였던 적이 있었다.

그러나 제대로 된 판매인 교육이 이루어지지 않았던 상황에서 충분한 설명이 제공되지 않은 채 대충 판매된 변액보험과 저축보험, 설계사들의 지식 부족, 계약관리 부실이라는 '쓰리 쿠션'으로 인하여 해당 보험에 가입한 사람들의 경제적, 정신적 손해가 커질 수밖에 없었고, 이로 인해 2010년 초중반 금융위원회에서 '저축보험의 2년 이내 해지환급금을 그동안 납입한 보험료의 최소 80% 이상 되도록 할 것'이라는 내용의 지시를 내리게 되었다.

이후 보험 회사들은 해지환급률을 높이기 위해 보험 설계사에게 지급되던 변액보험 및 저축보험 판매 수수료를 대폭 삭감하게 된다. 2010년 이전까지는 변액보험 10만 원을 판매할 경우 최소 30~50만 원 이상의 판매수당이 지급되었다라고 가정한다면, 2010년 초중반 이후부터는 변액보험뿐만 아니라 저축보험의 판매수당은 10만 원당 6~7만 원까지 떨어지게 되었다. 매월 반복해서 판매수당이 지급되는 게 아니라 최초 1회만 지급되고, 이마저도 가입일로부터 6~12개월 이내에 해지가 될 경우 지급받은 수당은 '환수 처리'가 되기 때문에 설계사들 입장에서는 들어가는 노력에 비해 수당이 현저하게 낮은 상품이라고 느낄 수밖에 없었다.

보험 회사는 변액보험의 판매가 저조해짐에 따라 자연스레 낮아지는 판매 수익을 올리기 위해 또 다른 당근을 투척하게 되는데 연금 기능이 있는 '확정금리 종신보험'이 바로 그것이다. 말 그대로 해지환급금을 적립하는 이자율을 가입 당시의 이자율 그대로 확정하여 보장해 주면서, 보험을 유지하는 동안 사망하게 될 경우 사망보험금을 지급함은 물론, 보험료 납입이 완료된 후(45세 이후)부터는 그동안 확정금리를 적용하여 적립해 놓은 해지환급금을 '연금'으로 전환하여 사용할 수 있는 기능을 탑재한 상품이다.

보험 설계사에게 지급되는 판매수당은 이전부터 '종신보험'을 따라갈 만한 상품이 없었기 때문에 저축/투자형 보험 상품의 판매수당이 현저하게 줄어들어 앞으로 손가락만 빨게 될 상황에 놓였던 보험 설계사들은 보험사들이 던진 당근이라는 미끼를 덥썩 물어 판매에 열을 올리기 시작한다. 무엇보다 '확정금리'라는 달콤한 단어를 마음껏 사용할 수 있었기 때문에 가뜩이나 은행 금리가 0%에 가까워져 마땅한 투자처를 찾지 못하고 있었던 사람들에게 강하게 어필할 수 있는 상품이 분명하였다.

이러한 경향은 지금까지도 이어지고 있다. 변액보험 및 저축보험, 연금보험 상품의 판매수당은 여전히 보장성 보험(종신보험, 건강보험, 암 보험 등)에 비해 여전히 낮은 편이고, 앞으로도 그러할 것이므로 '돈벌이에 급급한 일부 보험 설계사'들은 '종신보험'이 아니라 '확정금리로 저축이 가능한 보험'이라는 점만 강조하면서 보험을 가입하려는 사람들을 현혹시키고 있다.

이러한 식으로 '종신보험'에 가입한 사람들은 최소 1년이 지난 이후부터 본인의 생각만큼 수익(적립금)이 높지 않다는 점을 발견하게 되어 보험 설계사나 보험 회사에 컴플레인을 하게 되는데, 돌아오는 대답은 "저축 상품이 아닌 보장성 상품이기 때문에 해지환급률이 낮을 수밖에 없습니다."일 뿐이다.

뭐지? 내가 잘 못 들었나? 분명 확정금리가 적용된다고 하여 안심하고 가입했는데, 해지환급률이 50%가 채 되지 않고, 이마저도 최소한 납입기간(20년) 동안 꾸준히 보험료를 내야 겨우 90~100% 초반 환급금을 받을 수 있다고?

이는 엄연한 사실이다.

'확정금리형 종신보험'은 보험 계약자가 납입하는 보험료에서 사업비를 차감한 나머지 금액을 보험 가입 당시 적용되었던 금리를 '확정'하여 해지환급금을 적립하기 때문이다. 그러나, '종신보험'은 저축 목적이 아닌 '보장'의 목적으로 가입하는 보험이므로 사망 또는 기타 사유(질병/사고 발생하여 수술/입원, 암이나 성인병 진단 등의 특약 포함하여 가입하였을 경우) 발생 시 보험 회사는 가입자에게 보험금을 지급하도록 되어 있으며, 이러한 보험금을 지급해야 하는 '준비'를 하기 위해 매월 납입하는 보험료의 상당 부분을 '사업비'라는 명목으로 차감한 뒤에서야 나머지 금액을 '확정금리'를 적용하여 적립하게 된다.

고객님께서는 상품 가입 전 아래 사항을 반드시 숙지하시기 바랍니다.

유사 상품과 구별되는 특징

- 해당 종신보험은 피보험자의 사망을 보장하는 보장성보험으로 저축(연금) 목적에는 적합하지 않습니다.
- 보장성 보험은 저축성 보험과 달리 만기 시 환급액이 없거나 납입한 보험료보다 적고 저축성보험 보다 높은 사업비가 부과됩니다.

구분	저축성 보험	보장성 보험
만기 환급금	만기환급금(大) > 총 납입보험료	만기환급금(小) ≤ 총 납입보험료
세제 혜택	보험차익 이자소득 비과세	세액공제(13.2%, 年100만원 內)
특징	'저축기능' 강화	'위험보장' 중점

종신보험 상품 설명서에 포함된 경고 문구

저축/연금 목적의 보험 상품이라면 사망보험금 자체가 보장이 안 되거나, 최소 금액(1,000만 원 미만)만 보장이 가능하기 때문에 자연스레 사업비는 적게 차감이 되고, 더 많은 금액이 해지환급금 명목으로 적립되므로 2년 이내 해지해도 최소 80~90% 이상의 해지환급금을 받을 수 있다. 이러한 차이점에 대해서 충분한 설명이 이루어져야 하지만, 보험을 단지 돈벌이 수단으로만 가볍게 생각하는 일부 보험 설계사들로 인해 불완전판매로 인한 피해는 여전히 발생하고 있다.

따라서 이러한 아픔을 또다시 겪지 않기 위해서는 '확정금리'라는 단어에 연연하지 말아야 한다. 보험은 어디까지나 보험일 뿐, 보험 그 이상의 수익을 올리기 위한 수단이 아니라는 것을 반드시 기억해야 한다. 충분히 다른 금융 상품과 비교해 본 결과 사망보장도 되고, 최소 20~30년 이후부터는 연금으로도 사용할 수 있다는 점에 더 큰 매력을 느꼈다면 중간에 해지하지 않겠다는 굳은 다짐 정도는 해야만 '손해'를 최소화할 수 있고, 같은 실패를 반복하지 않게 될 것이다.

9. 갱신주기는 길면 길수록 좋다

"갱신주기가 30년인 경우, 최초 가입 시 결정된 보험료는 '30년' 동안
변동되지 않고 보험 혜택은 그대로 받을 수 있기 때문이다."

보험료가 부담스러운 사람들에게 있어서 '갱신형 보험'은 상대적으로 저렴한 보험료 동일한 보험 혜택을 받을 수 있기 때문에 분명 무시할 수 없는, 끊임없는 고민거리를 안겨주는 보험일 수밖에 없다. 아무리 좋은 보험이라 하더라도 보험료가 부담된다면 가입 자체를 꺼릴 수도 있기에 갱신형 보험의 '저렴한 보험료'는 확실한 장점으로 작용할 것이다. 그러나 이는 어디까지나 보험료가 인상되기 전까지만 작용하는 장점일 뿐, 보험금을 청구할 가능성이 높은 연령대로 접어들게 되거나, 질병 발생률이 높은 연령대로 접어들게 될수록 갱신 시 보험료는 더욱 크게 인상될 수 있다.

그럼에도 불구하고 어쩔 수 없이 갱신형 보험을 가입할 수밖에 없는 상황이면서, 다른 선택의 여지가 전혀 없을 경우에는 갱신주기가 최대한 긴 보험 상품으로 가입하는 것이 좋다.

'갱신형 보험'은 일정 납입기간 동안 동일한 보험료를 내는 '비갱신형 보험'과 달리 갱신주기가 거듭될수록 보험료는 변동(인상 또는 인하)하게 되며, 질병에 관련된 갱신형 보험의 경우 주로 보험료가 인상되는 편이다. 갱신 주기는 상품에 따라 다르지만 일반적으로 1년/3년/5년/10년/20년/30년 등 이며, 회사에 따라서도 갱신주기는 다르게 적용된다.

일반적인 '갱신형 건강보험'의 경우 '3년 갱신형'이 가장 흔하고, '갱신형 실손의료비보험(실비보험)'은 현재 모든 보험사가 '1년 갱신형'으로만 판매하 고 있으며, 암이나 성인병 진단비 관련된 보장이 가능한 보험(암 보험, 건강보 험 등)은 보험 회사에 따라 10년/20년/30년 갱신형으로도 가입이 가능하다.

이 중에서 갱신형 보험으로의 가입을 가장 많이 고려하는 상품은 '암 보 험'이라고 할 수 있다. 아무래도 다른 질병보다 사람들에게 널리 알려진(?) 질병이 '암'이다 보니 암 보험에 가입하려는 니즈가 다른 보험보다 높은 편 이고, 보험 회사 입장에서는 암 진단 시 큰 액수의 보험금을 지급해야 하기 때문에 다른 보험 상품에 비해 보험료를 비싸게 책정하는 편이다. 따라서 비싼 보험료가 부담되어 암 보험 가입을 꺼리는 사람들에게 '저렴한 보험 료'를 어필하면서 가입을 시킬 수 있다는 점에서는 '갱신형 암 보험'은 보험 회사와 가입자 모두에게 이득이 될 수도 있다.

그러나, 대한민국의 사망 원인 상위권(1~5위)의 대부분이 '암'이기 때문에 다른 질병/사고가 보장되는 보험보다 높은 '위험률'이 적용되어 갱신 시 보 험료가 더 크게 오를 수 있는 상품이 '갱신형 암 보험'이다. 보험 회사 입장에서도 암 발생률이 낮은 연령대의 가입자에게는 보험료를 저렴하게 책정하여 판매하여도 손해가 적고, 오래 유지하면서 암 발생률이 높아지는 나이대가 되었을 때에는 보다 높은 위험률을 적용하여 보험료를 더 받아낼 수 있으며, 보험을 유지하는 동안에는 그것이 20년이건 30년이건 40년이건 보험료를 계속 거둬들일 수 있다는 점에서 보험 회사는 절대 손해를 보지 않는다. 갱신형 암 보험을 오래 유지할수록 부담이 커지는 쪽은 '보험 가입자'일 뿐이다.

그러므로 어쩔 수 없이 '갱신형 보험'에 가입해야만 한다면 '갱신주기'를 최대한 길게 설정하는 것이 좋다. 갱신주기가 30년인 경우, 최초 가입 시 결정된 보험료는 30년 동안은 변동되지 않고 보험 혜택은 그대로 받을 수 있기 때문이다.

(1) 30년 갱신형 암보험(36세, 남성)

가입담보			가입금액	보험료(원)	납기/만기
보장보험료 합계				39,080 원	
기본계약	32	갱신형 암종별(30종)통합암진단비(전이포함)(유사암제외)[기본계약]	세부보장 참조	37,800	30년 / 30년 갱신종료 : 100세
3대진단	63	갱신형 보험료납입지원(유사암진단)(2종)	안내참조	260	30년 / 30년 갱신종료 : 100세
	64	갱신형 유사암진단비	1천만원	1,020	30년 / 30년 갱신종료 : 100세

(2) 20년납 90세 만기 비갱신형 암보험(36세, 남성)

가입담보			가입금액	보험료(원)	납기/만기
보장보험료 합계				100,855 원	
기본계약	32	암종별(30종)통합암진단비(전이포함)(유사암제외)[기본계약]	세부보장 참조	99,235	20년 / 90세
3대진단	64	유사암진단비	1천만원	1,620	20년 / 90세

※ 암종별(30종)통합암진단비(유사암제외), 암종별(30종)통합암진단비(전이포함)(유사암제외), 26종 항암방사선및약물치료비(전이포함)(유사암제외), 통합포인트 대상 질병진단비 보장에 가입하신 경우 가입제안서, 상품설명서를 통하여 세부보장내용을 필히 꼭 확인하시기 바랍니다.

30년 갱신형과 20년 납/90세 만기 비갱신형 암 보험의 보험료 비교

암 보험을 36세 남성을 기준으로 하여 동일한 보장(암 진단비 5,000만 원)

으로 30년 갱신형, 20년 납 90세 만기 비갱신형으로 설계하여 직접 비교해 보면 보험료 차이가 크게 나는 것을 확인할 수 있다. 30년 갱신형이 최소 7만 원가량 보험료를 저렴하게 가입할 수 있으며, 보험료는 30년간 변동되지 않는다. 그러나 이는 어디까지나 암 발생률이 아직은 그렇게 높지 않은 30대 후반~40대 초반을 기준으로 책정된 보험료일 뿐, 갱신을 거듭할수록(암 발생률이 높은 연령대로 접어들수록) 보험료는 더욱 크게 인상이 될 수밖에 없다. 특히 36세 가입일로부터 30년 뒤는 암 발생률이 가장 높은 60대 중반에 속하게 되고, 이때 보험료는 지금은 상상할 수 없을 정도로 비싸게 인상이 될 수도 있다.

따라서 갱신형 암 보험을 가입해야겠다면 최대한 '갱신주기를 길게' 설정하여 가입하되, 갱신 시점이 도래하였을 때 보험료 부담이 지나치게 증가하였다면, 계속 유지하는 것보다는 과감하게 해지할 수 있는 결단력이 필요하다.

만약 누군가 "나는 5년 안에 암에 걸릴 자신이 있어.", "5년 내에 암에 걸릴 것 같으니까 암 진단비는 5년만 보장되면 될 것 같아."라는 생각을 가지고 있다면 굳이 '30년 갱신형'까지 생각할 필요 없이 '5년/10년 갱신형' 암 보험으로 더 저렴하게 가입하는 것도 상관은 없다. 3년, 5년 내로 암 진단만 받으면 해피엔딩이 될 테니까. 하지만 그 누구도 '암'에 걸리기를 바라는 사람은 없을 것이며, 설령 그러한 생각을 가지고 암에 걸리기 위해 온갖 노력을 다하는 사람이라 하여도 정상적인 인간관계를 유지해 온 사람이라면 주변에서 뜯어말릴 것이 분명하다.

따라서 암 보험을 비롯한 보험에 가입해야겠다는 생각이 들었다면 본인의 가족력, 적정 수준 보험료 등을 종합적으로 고려하여 갱신주기가 긴 '갱신형 보험'에 가입할지, 당장의 보험료 부담은 좀 커지더라도 보험료 변동 없이 일정 기간만 보험료 납입만 하면 보험 혜택은 길게 받을 수 있는 '비갱신형 보험'을 가입할지를 충분히 고민해 보고 결정해야 한다. 보험 설계사나 기타 보험전문가들의 조언도 들을 필요는 있지만, 어디까지나 결정은 보험에 가입하는 본인이 내리는 것이 좋다. 당신 보험이니까!

10. 비교 견적은 최소 2개 이상

"비슷한 보장의 보험 상품이라 하더라도 회사별로 보험료가 다르다."

온라인을 통한 보험 가입, 보험 설계사를 통한 보험 가입 중 본인에게 더 적합한 가입 방법을 생각했다면 다음은 보험 회사와 보험 상품을 선택해야 한다. 보험에 대한 아무런 관심, 지식이 없었던 사람이라면 어떤 보험이 더 좋고 나쁜지에 대한 판단이 어려울 수밖에 없으므로 자연히 '보험 광고'를 많이 접했던 보험 회사를 우선적으로 생각하게 될 것이다.

그러나 보험 광고를 많이 하는 규모가 큰 보험 회사라고 하여 무조건 좋은 것은 아니며, 오히려 일부 국내 굴지의 보험 회사들의 경우에는 광고만 보면 정말로 좋은 이웃, 친절한 이웃인 것 같지만, 보험금 지급을 제대로 하지 않아 많은 민원이 제기되어 온 곳도 있기 때문에 '보험 광고'만 믿고서 특정 보험 회사만 고집할 필요는 절대 없다.

그리고 비슷한 보장의 보험 상품이라 하더라도 회사별로 보험료가 다르기 때문에 최소 2~3개의 보험 회사 상품을 동일한 조건으로 설계하거나 보험 설계사를 통해 견적을 받아보고 직접적인 비교를 해 보아야 한다. 예를 들어 A라는 보험 회사의 일반암 진단비 1,000만 원(20년 납입/90세 만기)에 대한 보험료는 다른 보험 회사(B)보다 몇천 원 저렴한데, 성인병 진단비에 해당하는 뇌혈관질환 및 허혈성심장질환 진단비는 B 회사가 A 회사보다 저렴한 경우도 많다. 그리고 보다 세부적으로 들어가면 A 회사는 암 입원비가 일반암/유사암 구분 없이 동일한 금액이 보장되지만, B 회사는 유사암으로 인한 입원비는 일반암 입원비의 20% 금액만 지급하기도 한다.

따라서 위의 경우에는 각 보험 상품의 최저 보험료(가입하기 위해 최소한 얼마 이상 되어야 하는 보험료/기본보험료)가 얼마인지 확인 후, 암 진단비 및 암보장은 A회사로, 그 외의 보장(성인병 보장 등)은 B 회사로 나누어 가입한다면 '저렴한 보험료'와 '좋은 보장'이라는 두 마리 토끼를 한 번에 잡으면서 보험에 가입할 수 있게 된다. 물론 보험 초보가 스스로 이 모든 것을 비교해 가면서 온라인 보험에 가입하기란 어려울 수밖에 없다. 그러므로 보험 초보에게는 '보험 설계사'를 통해 보험에 가입하는 방법이 보다 수월하고 안전한 편이라고 할 수 있다.

물론 위의 예가 항상 일어나는 것은 아니고, 일부 특약/보장의 보험료가 저렴하다 하더라도 두 개로 나누어 가입하는 것보다 하나의 상품으로 가입하는 것이 활용도 면에서 더 뛰어난 경우도 많으므로 여러 가능성 및 경우의 수를 염두에 두고 비교해 보아야 한다.

　그런데 보험 설계사 입장에서는 분명 하나의 보험 상품으로 가입할 수 있는 보험을 2개, 3개로 나누어 각 특징을 비교하여 플랜을 구성하는 게 시간도 오래 걸리고 귀찮게 느껴질 수도 있다. 특히 각 보험사별로 매월 일정 금액 이상 누적 보험료를 달성하면 추가 시책금이 주어지는데 이를 따내려고 노력하는 보험 설계사들은 더더욱 그러한 '보험 초보' 고객의 요구가 귀찮게 느껴질 수도 있다. 하지만 보험 가입의 주체이자 보험 혜택을 받을 사람, 그리고 보험을 계속 유지해야 하는 것은 '보험 설계사'가 아닌 '보험 가입자'이므로 요구할 수 있는 것은 당당히 요구해야 한다. 보험료 대납, 금품 등의 무리한 요구는 해선 안 되겠지만, 보험료와 보장내용을 비교해서 플랜을 구성해 달라고 하는 것은 절대 '무리한 요구'가 아니다.

11. 입원보험금의 종류를 확인하라

놀이공원에 입장하기 위해선 당연히 입장권이 필요하고, 놀이공원 내의 모든 놀이기구를 탈 수 있는 '자유이용권'의 가격이 월등히 비싸다는 것은 누구나 알고 있는 사실이다.

하지만, 자유이용권을 구입하더라도 모든 놀이기구를 전부 탑승하는 것은 아니다. 개인적으로는 전체 놀이기구 중 재미있는 것 위주로, 또는 개인적 취향에 따라 같은 놀이기구만 수차례 반복해서 타다 보니, 전체 놀이기구 20가지 중 10개 이상 타 본 적은 없었던 것 같다. 그리고 개중에는 완전 아이들만 타는 놀이기구도 포함되어 있었으므로 그러한 놀이기구가 있는 쪽으로는 발걸음을 아예 옮기지도 않았다.

그러다가 돌아가는 시간이 되면 '이럴 줄 알았으면 자유이용권 말고 빅 7 이용권 살 걸 그랬네.'라는 후회를 자주 했는데, 내 기억으로는 비용 면에서 자유이용권이 최소 1만 원 이상 비쌌던 것 같다. 지금은 어떤 요금 체계가 적용되는지 잘 모르겠지만, 90년대 중후반까지는 그러했던 것 같다.

보험에 가입함에 있어서도 이와 비슷한 방식으로 보험료가 차이 나는 특약이 있는데 바로 '입원비(입원일당)' 특약이다. 주로 화재보험/손해보험 가입 시 선택할 수 있으며 입원비 적용을 받을 수 있는 범위에 따라 보험료가 달라지게 된다. 쉽게 말해서 자유이용권처럼 병원 규모에 상관없이 입원 하루당 보험금을 받을 수 있기도 하고, 빅3 또는 빅7 이용권처럼 일정 규모 이상의 조건에 맞는 병원에 입원할 때만 입원보험금이 지급된다고 보면 된다.

자유이용권에 해당하는 입원일당 특약은 '질병입원일당/상해입원일당 특약'이고, 빅3나 빅7에 해당하는 입원 특약은 '종합병원/상급종합병원 입원일당 특약'이라고 할 수 있다. 당연히 보험료는 자유이용권에 해당하는 '질병입원일당/상해입원일당' 특약이 가장 비싼 편이며, 그다음으로는 종합병원입원일당, 상급종합병원입원일당 순서이다.

입원일당 특약별 이름을 살펴보면 질병입원일당의 경우 '병원'이라는 단어가 표기되어 있지 않지만, 종합병원입원일당과 상급종합병원입원일당은 각각 '종합병원, 상급종합병원'이라는 단어가 포함되어 있기 때문에 '종합병원입원일당'은 종합병원급 이상의 병원에 입원을 해야만 입원보험금이 지급되고, '상급종합병원입원일당'은 종합병원급 이상 병원 중에서도 추가적인 조건이 충족된 '상급종합병원'에 입원할 경우에만 입원보험금이 지급된다.

새로 지정된 '제5기 상급종합병원 지정 현황(2024~2026년)에 따르면 서울권에는 총 14개, 경기권에는 9개, 그 밖의 지방에도 2~3개 이상의 병원들이 '상급종합병원'으로 지정되어 있고, 이러한 '상급종합병원'들은 중증질환에 대해 난도가 높은 의료 행위를 전문으로 하는 '종합병원'이라고 보면 된다. 내가 다니고 있는 병원이 어느 의료 기관에 속하는지 알고 싶다면 해당 병원에 문의해 보거나, 병원비 영수증 하단부 '요양기관 종류'가 어느 의료 기관(의원급/병원급/종합병원/상급종합병원)에 체크가 되어 있는지를 보면 알 수 있다.

건강검진료						신용
예약진찰료						가맹점번호
부가세						승인번호
국민건강보험법 제5조의4에 따른 요양급여비선급여제						카드번호
65세 이상 등 정액						카드금액
정액수가(요양병원)						카드종류
정액수가(완화의료)						유효기간
포괄수가진료비						할부기간 0
합계	① 98,920	② 98,920	③	④	⑤	선택진료 신청 [ ] 유 [√] 무
상한액 초과금	⑥					
요양기관 종류		[ ] 의원급 · 보건기관	[ ] 병원급	[√] 종합병원	[ ] 상급종합병원	
사업자등록번호		상 호			전화번호	
사업장소재지				대 표 자		
	2025 년	12 월	19 일	11:51		

병원비 영수증으로 의료 기관 종류 확인하는 법

그렇지만 입원비일당이 보장되는 보험에 가입한다 하더라도 실제 입원이 필요한 상황이 발생하지 않는 이상 보험금을 받을 수 없고, 발생 빈도가 높은 사소한 질병이나 사고 치료의 경우 대부분 통원 치료로 끝나는 경우도 많다. 그리고 입원 치료가 필요할 정도의 질병일 경우 대부분 종합병원급 또는 상급종합병원급 의료 기관에서 치료를 받고 싶어 하는 사람들이 대부분이며, 설령 동네 병원에서 진료를 시작한다 하더라도 보다 확실한 치료가 필요할 경우에는 "더 큰 병원에 가서 치료받으셔야 합니다."라는 의

사 소견을 받고 큰 병원으로 옮겨가기도 한다.

이러한 점들을 고려한다면 굳이 보험료가 비싼 입원일당 특약을 선택하는 것보다는 보험료가 몇천 원 이상 더 저렴한 종합병원 또는 상급종합병원 입원 특약을 선택하여 가입하는 것이 보험료를 줄이면서 입원비 특약의 활용도를 높일 수 있는 효율적인 방법이라 할 수 있다.

한 가지 더, 국민건강보험공단에서 발표한 통계에 따르면 2024년 한 해 대한민국 국민 1인당 입원 일수는 2.64일로 3일이 채 되지 않는다고 한다. 의료기술이 발달함에 따라 입원 기간이 짧아진 영향도 있을 것이고, 병원들이 입원실 회전수를 높이기 위해 빨리 퇴원시키는 영향도 분명 있을 것이다. 그러므로 단 하루를 입원해도 입원비를 받을 수 있는 '입원일당 특약(1일 이상)'인지 확인 후 가입하는 것이 좋다.

1인당 연간 내원일수

[단위 : 일/명]

	2015	2016	2017	2018	2019	2020	2021	2022	2023	2024
1인당 연간 내원일수	19.63	20.16	20.29	20.61	21.19	18.71	18.61	20.57	21.24	21.12
1인당 연간 외래일수	16.95	17.36	17.51	17.72	18.28	18.23	18.22	17.93	18.54	18.48
1인당 연간 입원일수	2.65	2.80	2.78	2.89	2.91	2.91	2.90	2.64	2.70	2.64

▸ **출처:** 국민건강보험공단, 「건강보험통계」

국민 1인당 연간 의료 기관 방문 횟수 통계

PART 4.
이런 설계사, 이런 회사는 걸러내라

지금까지 손해를 줄이며 보험을 해지하는 기술, 실패 없는 보험 가입을 위해 알아두어야 할 항목들을 살펴보았다면, 이제는 보험 설계사와 보험 회사를 걸러내는 노하우를 확인해 볼 필요가 있다. 그 어떤 설계사도 본인의 얼굴이나 명함에 "나에게 판매수당이 더 많이 지급되는 보험 위주로만 판매합니다."라고 써 붙이지 않으며, 그 어느 보험 회사도 "우리는 당신에게 보험금 지급하는 것을 꺼려합니다."라는 내용으로 광고를 하지는 않는다.

열 길 물속은 알아도 한 길 사람 속은 모른다고 했다. 우리가 스스로 대비하고 걸러내는 수밖에 없다.

한 페이지 탈출 노트 : PART 4

보험에서 손해를 키우는 주범은 '사람'과 '영업 방식'이다.
그들의 말에 현혹되지 말자.

1) **"일단 2년만 버텨보세요."** : 설계사가 계약유지수당과 잔여수당을 받기 위해 최소 유지 기간을 넘기려는 전형적인 영업 멘트. 부담스러운 보험료는 시간이 지나도 부담스러우며, 결국 중도 해지로 이어져 가입자만 손해를 본다.

2) **"갱신형 실비보험 하나면 충분합니다."** : 실비보험은 고령이 될수록 보험료가 급격히 오르기 때문에 실비보험만 믿고 있다가 유지하지 못하면 의료 보장이 한순간에 사라질 수 있다,

3) **"갱신형 보험이 최고죠."** : 새로운 보험이 나올 때마다 갈아타면 된다는 말은 현실적으로 불가능하며, 건강 상태나 사고 이력에 따라 재가입이 막힐 수 있다.

4) "이번 주 지나면 보험료 오릅니다." : 이렇게 말하며 가입을 재촉하는 경우다. 보험료 인상은 대부분 사전 예고된다. 근거를 명확히 설명하지 못하고 압박만 가한다면 걸러야 한다.

5) "지금 가입하시면 보험료 대신 내드립니다." : 명백한 불법이자 편법이며, 가입자가 장기간 할부로 비용을 부담하는 구조다. 이런 설계사들은 이직률이 높아 계약이 '고아 계약'이 될 가능성도 크다.

6) "확실한 재테크 방법 알려드립니다." : 상품명을 흐리고 종신보험을 저축처럼 설명하며, 가입 후 유지율이 극히 낮은 것이 특징이다.

7) "기존 보험은 무조건 해지하세요." : 보험 리모델링의 목적은 보험료 절감과 보장 보완이지, 전면 해지가 아니다. 분석 없이 해지를 권하는 것은 수당 중심의 영업일 가능성이 높다.

8) "사망보험금은 최소 1억 원 이상." : 부양가족이 없는 사람에게 과도한 사망보장은 보험료만 갉아먹는다. 사망보장은 필요 시기만 집중하고, 그 외에는 질병 · 사고 대비가 우선이다.

9) 광고가 많은 대형 보험사만 고집할 필요 없다. 광고비는 결국 사업비로 보험료에 반영되며, 대형사일수록 갱신형 비중이 높고 보험금 분쟁 이슈도 적지 않다.

10) SNS에서 명품 · 외제 차를 과시하는 설계사를 맹신하지 말아야 한다. 단기간 고수당 상품 위주의 영업은 유지율 붕괴로 이어지고, 결국 고객에게 피해를 남긴다. 좋은 설계사는 화려함이 아니라 책임감과 지속성으로 판단해야 한다.

1. "일단 2년만 버텨보세요."

월 보험료는 보험 가입을 고려할 때 가장 신경 쓰이는 부분이다. 가입자의 입장에서는 보험 가입을 주저하게 되는 가장 큰 이유라고 할 수 있는데 너무 저렴하거나, 너무 비싸다고 무조건 좋은 보험인 것은 아니다. 어디까지나 '내가 부담 없이 낼 수 있을 정도'여야 하며, 재무설계 관점에서의 '보상성 보험(수술, 입원, 진단비, 사망보험금 등)'의 보험료는 본인 월 소득 대비 8~9%가 적당하다는 식의 설명을 하고 있다.

그렇지만 제아무리 본인 스스로 적정 수준의 보험료에 대해 확실한 기준을 가지고 있다 하더라도 보험 설계사, 특히 친한 지인이 비싼 보험을 들이밀게 되면 보험료가 부담스럽긴 하지만 그렇다고 요청을 거절하자니 지인과의 관계가 틀어질 것 같고, 그렇다고 수십만 원짜리를 당장 이번 달부터 가입하려 하니 큰 부담이 될 수밖에 없다는 생각에 이러지도 저러지도 못하는 곤란한 상황에 빠지게 될 수도 있다.

가입을 주저하는 계약자를 본 설계사는 다음과 같은 해결책을 제시하게 된다.

"보험료가 부담되실 수도 있습니다. 하지만, 시작하지 않으면 아무것도 안 된다는 거 아시죠? 우선 가입 후 2년이라는 시간 동안 보험을 유지하는 습관을 들여보세요. 2년 뒤에도 보험료가 비싸다고 느껴지시면 그때 가서 보험료를 줄이실 수 있습니다."

위와 같은 설명은 얼핏 들으면 의지가 약한 가입자를 응원하는 듯한 뉘앙스로 들릴 수 있지만, 실상은 설계사 본인에게 지급되는 '계약유지율 보너스', '잔여수당' 등을 받기 위한 꼼수에 지나지 않는다. 보험 회사별로 기간의 차이는 있을 수 있지만 보통 '하나의 보험 계약 체결'로 인해 지급되는 여러 가지 명목의 수당 중 일정 기간 이상 계약이 유지되어야만 지급되는 '계약유지수당'이라는 것이 있는데, 어떤 회사는 최장 3년까지 계약유지수당이 지급되기도 하고, 어떤 회사는 2년까지만 지급되기도 하는 등 약간의 차이는 있을지언정, 대부분 2년 동안 계약유지수당 또는 잔여수당을 지급하고 있다.

설계사 입장에서는 하나의 보험 상품 판매로 끝나는 게 아니라 최소 2년은 유지가 되어야만 해당 상품을 판매함으로 발생하는 수당을 모두 받을 수 있다는 점에서 '2년'을 강조하면서 "유지할 수 있어! 내가 옆에서 잘 도와줄게!"라는 식의 응원을 보내는 것이다.

그리고 변액보험 상품을 판매하는 설계사들은 다음과 같이 애기하면서 가입자의 마음을 돌리려는 수를 쓰기도 한다.

"○○아. 일단 2년만 유지해 보자. 의무납입기간인 2년만 지나고 나면 자유납부를 할 수도 있고, 그동안 적립된 금액을 뽑아서 쓸 수도 있거든. 눈 딱 감고 2년만 유지해 보자."

변액보험 상품의 경우 의무납입기간인 2년(또는 3년)이 지난 뒤부터는 보험료를 내지 않아도 보험 계약이 유지되는 기능이 있기는 하다. 매월 납입하는 보험료의 일부를 '계약유지비용'이라는 명목으로 따로 떼어 보관하게 되고, 의무납입기간이라고 하는 기간이 지난 뒤 보험 계약자가 보험료를 내지 않을 경우, 그동안 따로 떼어 적립해 놓은 '계약유지비용'을 활용하여 최소한의 '위험보험료'와 '펀드 운용비용' 등을 충당하면서 보험 계약을 유지할 수는 있다.

그러나 이는 어디까지나 계약유지비용 명목으로 적립된 금액이 남아 있을 때까지만 적용되는 것이고, 소진되면 보험료를 다시 내야만 보험 계약을 유지할 수 있다. 그리고 적립금의 일부를 뽑아서 사용할 수 있다는 '중도인출' 기능 역시 적립금(해지환급금)이 충분히 쌓여 있어야만 가능한 이야기이고, 무엇보다 적립금을 인출하여 사용하게 되면 수익이 붙게 될 '씨드머니'가 줄어들게 되므로, 같은 펀드 수익률이 적용되더라도 원금 회복 속도, 수익 발생 속도가 크게 줄어들게 될 수밖에 없다.

이런 식으로 가입된 보험은 결코 오래 유지될 수 없다. 언 발에 오줌을 누면 당장은 따뜻하다고 느껴질지 모르지만, 시간이 지나면 동상에 걸리고 발가락을 잘라내야 할 수도 있다. 보험 역시 설계사 입장에서는 일단 보험 가입을 시킴으로 인해 다음 달 통장 잔고가 행복해질 수는 있지만, 2년이 안 되어 보험 계약이 해지되면 계약유지율이 떨어질 수밖에 없고, 가입자 입장에서는 일단 2년만 버텨보자는 생각으로 가입했어도, 지금 부담스러운 돈이 몇 개월 뒤부터는 부담스럽지 않게 될 리는 없으므로 결국에는 보험을 해지하게 되고, 그로 인한 금전적인 손해를 입게 될 것이다.

따라서 보험 설계사가 권하는 보험 상품의 보험료가 크게 부담이 된다면 설계사가 권하는 대로 가입할 필요는 없다. 보험에 가입하는 주체, 그리고 보험 혜택을 받는 피보험자/수익자가 느끼기에 부담스럽지 않을 보험료로 보험에 가입해야 한다. 그래야만 중간에 해지하지 않고 오래 유지할 수 있으며, 그래야만 보험 해지 후 다시 가입하는 악순환을 끊을 수 있다.

'2년'이라는 기간을 강조하는 보험 설계사는 반드시 의심해 보자. 그리고 2년의 기간 동안 본인이 매달 수십만 원의 보험료를 기꺼이 낼 수 있을지 생각해 보고, 어려울 것 같으면 아예 시작하지 말거나, 본인이 생각하기에 부담이 적은 보험료에 맞추어 보험 상품을 구성해 오라고 강하게 얘기하자. 보험 가입의 주체는 바로 '당신'이니까!

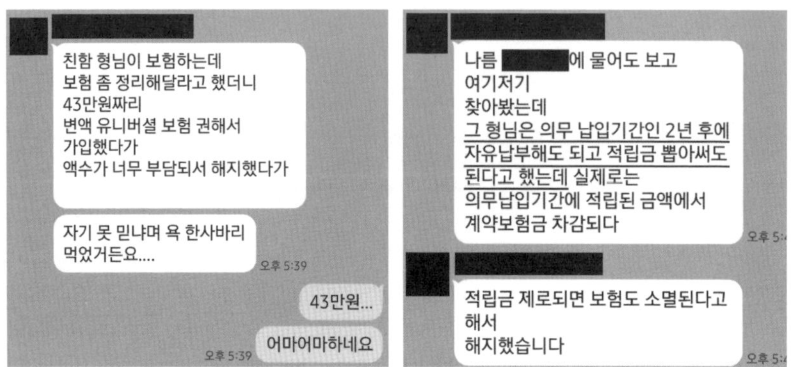

'2년'을 유독 강조하는 친했던 형님과의 문자.
친하다는 이유로 비싼 보험료 부담을 감수해 가면서까지 보험 가입할 필요는 없다

2. "갱신형 실비보험 하나면 충분합니다."

"나중에 갱신되는 보험료가 부담되어 더 이상 유지하지 못하게 되었을 경우 발생할 수 있는 피해는 고스란히 가입자가 짊어지게 될 수밖에 없다."

코로나19 사태를 겪으면서 '대한민국처럼 의료 체계가 잘 갖추어진 나라가 없다.'라는 생각을 다시금 하게 되었다. 미국에서는 코로나19 검사를 받는 비용도 비용이거니와, 확진되어 치료까지 들어가게 되면 치료비로만 수천만 원 이상 든다고 하니, 의심 증상이 있거나 확진자가 다녀간 장소에 단 1분이라도 머물렀던 사람들은 무료로 검사를 받을 수 있는 대한민국, 정말 대단하고 아름다운 나라임이 틀림없다.

국민건강보험은 또 어떤가? 매월 월급에서 자동으로 차감되기 때문에 아깝다는 생각이 들다가도 병원에 갈 일이 생기거나, 주변에서 나이 들어서 병원 신세를 많이 지는 분들을 보게 되면 '나도 언젠가는 저렇게 될 수 있겠지.'라고 생각하며 '필수 비용'으로 기꺼이 납부를 하게 될 정도로 대한민국의 국민건강보험(의료보험)은 국민들에게 이득이 되는 제도이다.

그런데 국민들 사이에서 '제2의 국민건강보험'이라고 불리며 엄청나게 많은 사람들이 가입한 '보험'이 있다. 그것은 바로 '실손의료비(실비)보험'이다. 실비보험이 어떤 보험인지에 대해서는 굳이 설명하지 않아도 '병원비 돌려받는 보험'이라고 잘 알고 있을 것이다. 그래도 좀 더 쉽게 설명하자면 실제 병원에서 지출한 치료비를 돌려받을 수 있는 보험이라고 할 수 있다. 치료 목적이라면 모든 질병/사고로 인한 실비보험금 청구가 가능하지만, 치료 목적 이외(미용 목적 등)의 단순 비급여 시술/치료 등은 보장에서 제외된다.

이처럼 '갱신형 실비보험'은 실제로 도움이 많이 되는 보험이긴 하지만, 일부 꼼수를 부리는 설계사들은 가입자로 하여금 '실비보험 하나면 다른 보험 필요 없다'는 식으로 강조하면서 수술비나 입원비 특약들은 빼고 보험료가 더 비싼 진단비나 '해지환급금을 더 많이 쌓을 수 있다'고 강조하면서 불필요한 적립금을 추가시키면서 더 비싼 보험으로 만들어 판매하기 위한 '꼼수'를 부리고 있으므로 반드시 주의해야 한다.

물론 '실비보험 하나면 다른 보험 필요 없다'는 말이 절대 틀린 말은 아니다. 하나의 조건만 확실하게 충족할 수 있다면 실비보험은 정말로 절대 무적의 필수 보험이라 할 수 있다.

그 조건은 바로 '갱신보험료 평생 납입'이다. 그냥 납입도 아니고 무려 '평생 납입'이다.

실비보험은 대표적인 '갱신형 보험'으로, 단순히 일정 기간마다 보험료가 갱신(주로 인상)되는 것 뿐만 아니라, 실비보험의 혜택을 계속해서 받기 위해서는 꾸준히 갱신(현재 실비보험은 1년마다 갱신)되는 보험료를 유지하는 동안에는 계속해서 납입을 해야하는 보험이다.

갱신형 보험이라는 게 가입자의 연령과 연령대의 위험률을 1년 혹은 3년 (또는 5년/10년, 20년 등) 단위로 반영하여 최적의 보험료를 갱신 시 적용토록 되어 있으므로, 병원에 갈 확률이 낮은 젊은 나이대(20~40대)까지는 보험료가 상당히 저렴하고 갱신되어도 보험료가 크게 오르지 않는 편이다. 그러나, 보험이 절실해지는 나이대(50대 중후반 이후)로 접어들게 될수록 갱신 시 더 높은 위험률이 적용되므로 갱신보험료 역시 더욱 비싸질 수밖에 없다.

다음 사진은 65세 여성 가입자에게 보험 회사가 발송한 '갱신보험료 안내장'의 일부이다. 5년마다 갱신되는 '의료실비 특약'이 포함된 보험을 유지 중이었는데, 2022년 2월부터는 보험료가 최소 10만 원 이상 인상된다는 내용이며, 인상되는 보험료를 납입해야만 보험 혜택을 받을 수 있다는 식의 '안내를 가장한 협박'의 내용이 포함된 편지라고 봐야 할 것이다. 갱신되는 다른 부분들도 포함한다면 2022년 2월부터 매월 27만 원을 납입해야 하는 것인데, 아무런 경제 활동을 하지 않을 나이대가 되었을 때 한 달에 27만 원 이상 보험료를 부담 없이 낼 수 있을까?

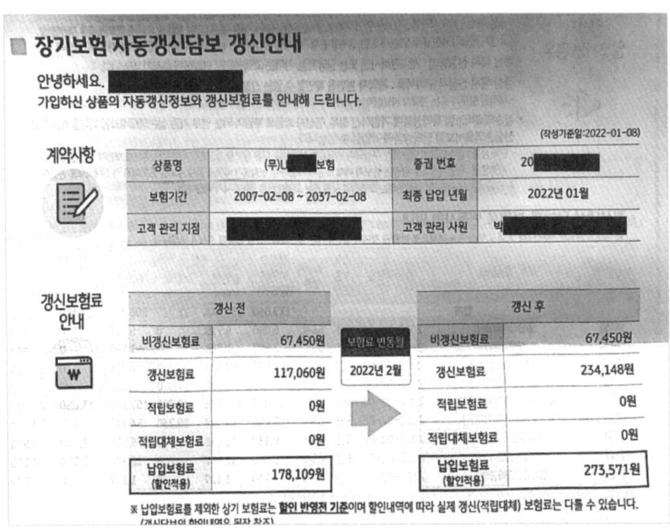

장기보험 자동갱신담보 갱신안내

안녕하세요. ██████████
가입하신 상품의 자동갱신정보와 갱신보험료를 안내해 드립니다.

(작성기준일:2022-01-08)

계약사항

상품명	(무)L███보험	증권 번호	20████
보험기간	2007-02-08 ~ 2037-02-08	최종 납입 년월	2022년 01월
고객 관리 지점	████████	고객 관리 사원	박████

갱신보험료 안내

	갱신 전	보험료 변동월		갱신 후
비갱신보험료	67,450원		비갱신보험료	67,450원
갱신보험료	117,060원	2022년 2월	갱신보험료	234,148원
적립보험료	0원		적립보험료	0원
적립대체보험료	0원		적립대체보험료	0원
납입보험료 (할인적용)	178,109원		납입보험료 (할인적용)	273,571원

※ 납입보험료를 제외한 상기 보험료는 **할인 반영전 기준**이며 할인내역에 따라 실제 갱신(적립대체) 보험료는 다를 수 있습니다.
(갱신담보의 할인내역은 뒷장 참조)

● 갱신대상 담보별 보험료 변동사항 안내

※ 갱신보험료는 해마다의 보험료 인상이 누적적으로 반영된 것이며 갱신주기는 갱신보험기간을 참고해 주시기 바랍니다.

(단위 : 원)

피보험자	갱신담보명	갱신예정일	갱신보험기간	갱신시연령	갱신전보험료(할인전)	갱신 후 보험료 할인전보험료	갱신 후 보험료 보험료할인액	갱신 후 보험료 할인후최종보험료	갱신보험료 차액 연령상승분	갱신보험료 차액 연령외상승분
	합계				117,060	234,148	28,027	206,121	21,410	95,678
	일반상해의료비	2022-02-08	5년	65세	6,090	9,738	0	9,738	150	3,498
	상해입원비	2022-02-08	5년	65세	2,580	1,728	0	1,728	0	-852
	상해골절진단위로금	2022-02-08	5년	65세	1,900	2,425	0	2,425	0	525
	화상진단비	2022-02-08	5년	65세	80	82	0	82	0	2
	질병입원의료비Ⅱ:3천만원	2022-02-08	5년	65세	64,010	125,076	17,797	107,279	13,050	48,016
	질병통원의료비Ⅱ:10만원	2022-02-08	5년	65세	27,190	64,344	10,230	54,114	2,330	34,824
	질병입원일당(1일이상)	2022-02-08	5년	65세	9,180	16,638	0	16,638	2,880	4,578
	질병간병비	2022-02-08	5년	65세	5,800	12,990	0	12,990	3,000	4,190
	일상생활중배상책임	2022-02-08	5년	65세	230	1,127	0	1,127	0	897

갱신 후 보험료는 손해율 증가 외 연령 자연증가에 따른 보험료 조정효과도 반영된 보험료입니다.
갱신 전·후 보험료 차이는 연령 상승분과 연령 외 상승분으로 구분됩니다.
- 연령 상승분 : 일반적으로 연령이 증가할수록 질병 발생 및 사고 발생 확률이 높아 갱신보험료가 증가합니다.
- 연령 외 상승분 : 손해율, 의료수가 등에 따라 갱신시점에 보험료가 조정됩니다.

65세 여성에게 발송된 '갱신보험료 안내장'

그렇기에 '실비보험 하나면 다른 보험이나 수술비 특약, 입원비 특약은 필요 없습니다.'라는 꼼수 보험 설계사의 설명은 상당히 위험하며, 나중에 갱신되는 보험료가 부담되어 더 이상 유지하지 못하게 되었을 경우 발생할 수 있는 피해는 고스란히 가입자가 짊어지게 될 수밖에 없다는 점에서 상당히 무책임하다고밖에는 할 수 없다. 보험 설계사는 어디까지나 보험을 설계하여 가입을 권유해 주는 사람일 뿐, 갱신되는 보험료를 대신 납입해 주는 사람은 절대 아니므로 수십 년 뒤 갱신보험료가 너무 비싸다고 전화로 따져도 아무런 소용이 없다.

이 세상에 완벽한 보험은 없다. 아무리 좋은 보험이라고 여겨지는 '실비보험'이라 하더라도 '갱신보험료 평생 납부'라는 치명적인 단점을 가지고 있으므로, 이에 대한 대비책으로써 보험료가 갱신되지 않고 일정 기간만 납입하면 90세/100세까지 보험 혜택을 받을 수 있는 '비갱신형 수술비 특약, 비갱신형 입원비 특약'은 함께 가입하는 게 좋다. 입원비 특약의 경우 아주 중한 질병이나 큰 사고가 아닌 이상 일주일 이상 입원하는 경우는 별로 없으므로 '비용 대비 효율성'이 떨어지는 면이 있기 때문에 가입을 고민한다 치더라도, 모든 종류의 질병이나 사고로 인한 수술보험금은 가급적이면 최소 90세까지 보장되도록 설정하여 실비보험과 함께 가입해야 한다.

그래야만 나중에 가서 실비보험을 유지하지 못하게 되어도 최소한의 의료비(수술비) 혜택을 이어 나갈 수 있으며, 돈 때문에 병원 가는 것을 꺼리게 되는 안타까운 상황을 초래하지 않을 수 있을 것이다. 갱신형 실비보험만 믿어선 안 된다. 그리고 갱신형 실비보험의 장점만 강조하면서 그 외의 보장(수술비, 입원비 등)을 등한시하는 설계사 역시 믿어선 안 된다. 보험은 어느 하나의 보장만 뛰어나기보다는 모든 질병이나 사고, 그리고 입원/수술/진단비 등이 고르게 보장되는 보험이 좋은 보험이라 할 수 있다.

"가입자 본인의 상황을 충분히 살핀 뒤 갱신형이 유리하면 갱신형에,

비갱신형이 유리하다면 비갱신형 보험에 가입해야 한다."

〈꼼수 보험 파헤치기〉 상담을 진행하다 보면 다음과 같은 메시지를 자주 받게 된다.

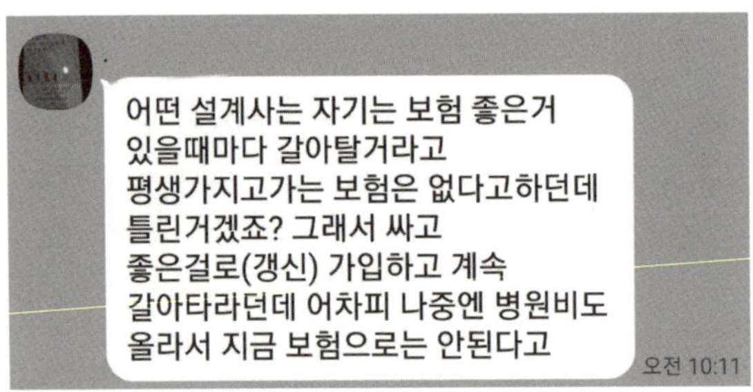

갱신형 위주의 보험에 가입되어 있던 분인데 본인 스스로 보기에도 앞으로 갱신보험료 폭탄 맞을까 염려되어 상담을 요청해 주셨다.

18년째(2026년 1월 기준) 보험 일을 해 오면서 무수히 많은 설계사들의 작업 멘트와 그들의 수법 등을 접하고 파헤쳐 왔지만, 이런 메시지를 볼 때마다 '과연 무슨 생각으로 저런 말을 할까?' 하는 생각이 든다. 그리고 진정 물어보고 싶다. 그렇게 말하는 당신의 보험은 갱신형인지 비갱신형인지 말이다. 위와 같이 얘기하는 설계사의 논리가 성립되려면 여러 가지 조건이 맞아떨어져야 한다.

a. 좋은 보험 나올 때마다 갈아탈 것이다?

시대의 상황, 그리고 변화와 니즈에 따라 보험 상품은 새로 개발되거나 개량이 되기도 하므로 보험을 갈아탈지 말지는 어디까지나 개인의 선택 사항이다. 그 누구도 강제로 보험을 갈아타게 할 수는 없다. 그러나 보험을 갈아탐에 있어서 가장 중요한 것은 건강 상태. 만약 보험을 갈아타기 이전 최소 2년 이내에 입원 또는 수술을 받았거나, 1년 이내에 보험금을 청구한 적이 있다면 새로운 보험 가입은 어려워진다. '간편심사보험'의 경우 일정 조건(3개월 이내 입원/수술/추가 검사 소견, 2년 이내 입원/수술, 5년 이내 암 진단 등)에만 해당하지 않을 경우 간편하게 가입이 가능하지만, 일반 심사 건강보험보다 보험료가 최소 1~2만 원 이상 비싸고, 일부 가입 담보에 대해서는 일반 상품보다 적은 한도가 적용되기도 하다.

그러므로 새로운 보험이 나올 때마다 갈아타기 위해서는 평소 본인의 건강 관리를 위해 매일 새벽 일찍 일어나 미지근한 물 한 잔으로 내부 장기를 깨운 다음, 근처 산으로 조깅을 하러 나가거나, 평소에 술과 담배를 일절 입에 대지 말고, 삼시 세끼 모두 튀기거나 기름에 볶지 않은 건강식을 먹는 생활을 반복해야 할 것이다. 그렇게 심혈을 기울여 건강 관리를 하다가 이전보다 더 좋다고 광고하는 보험이 나오면 가입을 하고, 그 이후에 또 부단히 건강 관리를 하며 살아가다가 더 좋은 보험이 또 나왔다고 하면 다시 갈아타고… 그러다 보면 건강 관리를 하는 게 보험을 갈아타기 위함인지 본인을 위함인지, 더 나아가 내가 살아가는 이유가 보험에 가입하기 위해서인지 혼란스러워질 것이다.

건강 관리야 그렇다 쳐도, 급격하고 우발적인 사고를 당해 수술 또는 입원을 하게 되거나, 치료 종결 후 후유증이 남는 경우에는 보험 가입 자체가 어려워질 수밖에 없으므로, 역시 더 좋은 보험으로 갈아탈 것을 고려한다면 안전하다고 여겨지는 집에서 단 한 발짝도 나오지 말아야 할 것이다.

만약 보험 설계사가 위와 같은 삶을 살고 있다면 그 사람의 말을 전적으로 믿어도 좋다. 대신에 그와 같이 건강 관리에 유념하는 삶을 살기 위해 평생 노력해야 할 것이다.

b. 평생 가지고 가는 보험은 없다?

평생 가지고 갈 수 있는, 그리고 평생 가지고 가는 보험은 얼마든지 있다. 보험기간이 '종신'으로 표시되어 있거나, '100세 만기'로 표시되어 있는 보험이라면 '평균 수명'을 고려할 경우 얼마든지 평생 동안 가지고 갈 수 있는 보험이다. 하지만 보장내용이 엉망이거나, 가입자의 니즈에 맞지 않게 설계되어 있거나, 보험 설계사가 자신의 수당만 생각하면서 판매한 보험인 경우에는 얘기가 달라진다. 절대로 평생 가지고 갈 수 없으며, 평생 가지고 가면 안 되는 '꼼수 보험'이다.

"평생 가지고 가는 보험은 없습니다. 싸고 좋은 보험으로 계속 갈아타야죠."라고 얘기하는 설계사는 본인 스스로 "나는 오래 유지할 수 있는 보험을 판매하지 않습니다. 나는 당신의 보험을 새로운 보험으로 계속 갈아태우면서 평생 보험료를 내도록 만들 것입니다."라고 고백하는 것과 다르지 않다.

c. 어차피 병원비도 계속 올라서 지금 보험으로는 부족하다?

지금 보험으로는 안 될 게 분명하다면 이 설계사는 어떠한 보험 상품도 지금 판매해서는 안 된다. 아무런 보험을 판매하지 않고 더 좋은 보험이 나올 때까지 기다리고 또 기다려야 하며, 보험 일이 아닌 다른 일을 하다가 나중에 병원비를 확실하게 감당할 수 있는 '완벽한 보험'이 출시되면 그때 가서 보험 일을 다시 시작해야 할 것이다.

보험에 가입하는 이유는 나중을 위해서이기도 하지만 지금을 위해서이기도 하고, 보험 하나 가입한다고 하여 나의 미래 의료비가 완벽하게 보장될 거라는 생각으로 가입하는 사람은 없을 것이다(아니면 아주 적을 것이다). 아직 일어나지 않은, 하지만 일어날 경우 도움이 필요한 경우를 대비하여 적정 수준으로 가입해야 하며, 보험료를 평생 납입하기보다는 경제 활동을 하는 동안(평균 20년)에만 적정 수준(월 소득의 8~9% 이내)으로 가입하는 게 좋다.

보험 회사들은 단기/장기/미래 손해율이 점차 높아짐에 따라 보험료를 계속해서 받을 수 있는 '갱신형 보험' 판매를 장려하고 있고, 갱신형 보험을 판매할 경우 조금이라도 더 높은 수당을 지급하려 하고 있으며, 상품 판매 교육을 통해서도 갱신형 보험을 쉽게 팔 수 있는 내용, 즉 '일단 팔고 보라'는 식의 교육을 하는 곳도 적지 않다. 이러한 갱신형 보험 판매 위주의 교육으로 인한 피해는 고스란히 가입자들에게 돌아갈 수밖에 없다.

갱신형 보험은 필수가 아닌 선택일 뿐, 가입자 본인의 상황을 충분히 살핀 뒤 갱신형이 유리하면 갱신형을, 비갱신형이 유리하다면 비갱신형 보험에 가입해야 한다. 그러므로 갱신형 보험의 장점만 강조하면서 갱신형 보험으로 계속 갈아태우려는 설계사는 반드시 거르고 또 걸러내야 한다.

　한 권으로 끝내는 보험 탈출 가이드

4. "이번 주 지나면 보험료가 오릅니다."

"상품 판매가 종료되는 것은 보통 '월' 단위로 이루어지기 때문에 월말까지 가입하면 개정되기 전 보험료로 충분히 가입할 수 있다."

보험 상담을 마친 뒤 보험 설계사는 고객의 반응에 집중하게 된다. 그 반응에 따라 계약이 바로 체결될 수도, 시간이 좀 걸릴 수도, 또는 아예 안 이루어질 수도 있기 때문이다. 고객의 반응을 유도해 내는 것이 보험 설계사가 갖추어야 할 필수적인 능력이긴 하지만 간혹가다 거짓말을 섞어가며 빨리 계약부터 체결시키고 보자는 식의 영업을 하는 설계사들이 있다. 그것도 상담 시에는 별 언급이 없다가 고객이 가입을 머뭇거리며 시간을 끌 때 아래와 같이 얘기하게 된다.

"이번 주가 지나면 보험료가 오를 예정이라서요. 금요일, 늦어도 일요일까지는 결정해야 보험료 오르기 전에 가입할 수 있습니다."

이 멘트가 진실인지 아닌지 판단하려면 보험료가 언제 어떤 식으로 오르게 되는지를 먼저 이해할 필요가 있다. 보험 회사 입장에서 보험은 하나의 '상품'일 뿐이고, 상품을 많이, 빨리 판매해야 또 다른 영업 기회가 열리기 때문에 모든 보험사는 어떻게든 보험료를 올리고 싶어 안달이 나 있을 것이다. 하지만, 막무가내로 보험료를 올린다면 여러 가지 철퇴를 맞을 수밖에 없기 때문에 보험 회사는 다음의 몇 가지 경우에 한해서만 보험료를 인상시키게 된다.

a. 보험상령일 도래

'보험상령일'은 가입 대상자의 보험 나이가 한 살 증가하는 날이다. 보통 생일이 지나면 한 살이 늘어나는 게 우리의 '나이' 개념이지만 보험에서는 생일로부터 6개월이 지나야 '보험 나이'가 한 살 늘어나게 된다.

보통 보험상령일이 지나게 되면 보험 상품의 종류에 따라 다를 순 있지만 평균적으로 3~8% 내외로 보험료가 인상된다고 생각하면 된다. 월 보험료가 2,000원 차이라고 하면 당장은 큰 차이가 아닌 듯 보일 수 있지만, 20년 동안 매월 2,000원씩 더 낸다고 생각하면 20년 동안 가만히 앉아서 48만 원을 더 내는 셈이 되므로 결코 적은 금액은 아니다. 따라서 본인의 보험상령일 정도는 알고 있어야 똑같은 보험을 조금이라도 더 저렴하게 가입할 수 있다.

b. 예정이율 인하

보험 회사는 보험 가입자들에 대한 1가지 책임을 지게 된다. 바로 가입자들이 아프거나 다쳐서 보험금을 청구할 경우 보험금을 지급해야 하는 것이다. 이를 위해 보험사는 일정 비율 이상의 보험금을 '지급여력비율'이라는 명목으로 반드시 유지해야 하며, 지급여력비율이 높은 회사일수록 보험금이 한 번에 많이 지출(지급)되어도 흔들리지 않고 정상적으로 운영될 수 있다.

이와 같은 일정 비율 이상의 보험금을 유지하기 위해 적용되는 것이 바로 '예정이율'이다. 예정이율이 높으면 높을수록 더 많은 수익을 쌓아 놓을 수 있기 때문에 보험금 지급에 대한 보험 회사의 부담은 줄어들게 되지만, 반대로 낮아지게 된다면 수익이 더 적게 나게 되므로 보험금 지급에 대한 보험 회사의 부담은 늘어날 수밖에 없다. 은행에서 예금이나 적금을 가입했는데 매년 이자율이 떨어진다고 가정해 본다면 쉽게 이해할 수 있을 것이다. 보험 회사는 이처럼 예정이율 인하로 인해 발생한 손해를 만회해야 하기 때문에 보험료를 올릴 수밖에 없는 것이다.

그렇다고 해서 모든 보험 가입자(계약자)의 보험료가 인상되는 것은 아니다. 어디까지나 새로 가입하는 계약자들, 그리고 갱신 시 보험료가 인상 또는 인하될 수 있는 '갱신형 보험'에 가입한 고객들이 주로 영향을 받게 된다. 이러한 예정이율 인하는 바로바로 즉흥적으로 결정되는 것은 아니고 1~2개월 전에 미리 예고가 되기 때문에 언론(뉴스, 인터넷 뉴스 등)을 통해 어렵지 않게 확인할 수 있다.

c. 보험 상품 개정

보험 회사들은 과거에 많이 판매된 특정 상품의 보험금 청구가 많아질 경우 현재 판매되는 보험의 보장내용을 개정한 뒤 새로운 상품으로 만들어 재판매하는 일을 많이 하는 편이며, 단순히 보장내용만 변경하는 것이 아니라 물가 인상, 위험률 인상 등의 핑계를 대가면서 기본보험료(최저 보험료)를 인상시키는 꼼수를 부리기도 한다. 개정 전에는 기본적으로 설정해야 하는 사망보험금이 2,000만 원이었는데 개정 후에는 3,000만 원으로 1,000만 원 증가한다든지, 최저 보험료를 3만 원에서 4만 원으로 인상시킨다든지 등의 방법이 대표적인 예라고 할 수 있다.

상품 개정 또한 수개월 전부터 예고가 되는 편이고, 상품이 개정되기 전에 최대한 많이 판매하려는 '절판 마케팅'을 성행하게 된다. 그리고 상품 판매가 종료되는 것은 보통 '월' 단위로 이루어지기 때문에 월말까지만 가입하면 개정되기 전 보험료를 적용받으면서 가입이 가능하다. 그러므로 이번 주가 지나면 보험료가 인상된다는 설계사의 말 때문에 굳이 무리해서, 서둘러서 '이번 주'까지 가입할 필요는 없다. 보험 가입은 신중해야 하고 또 신중해야 하니까.

위에 언급한 3가지 경우가 보험 회사가 보험료를 올리는 방법에 해당한다.

만약 보험 설계사가 '보험료가 오르기 때문에 빨리 서둘러야 합니다.'라고 말하며 가입을 재촉한다면 위 3가지 경우 중 어떤 경우인지 잊지 말고 물어보자. 만약 이상한 핑계를 대면서 답변을 얼버무리려 하는 설계사라면 반드시 걸러낼 필요가 있다.

주의 : 일부 설계사의 경우 매주 일정 건수 이상의 계약을 연속으로 체결하는 '본인과의 약속'을 실천하기 위해 빠른 계약 체결을 요구하는 경우도 많다. 지금까지 이 책을 통해 확인한 여러 기술에 비추어 보았을 때 믿을 수 있는 설계사라는 강한 확신이 든다면, 계약 체결을 위해 너무 뜸을 들이지는 말고 신속한 결정을 통해 설계사에게 힘을 실어 줄 수 있는 여유도 가끔은 필요하다.

5. "지금 가입하시면 보험료 대신 내드립니다."

"고가의 사은품은 보험 가입자가 240개월(20년 납입의 경우) 할부로
구매하는 것이나 마찬가지이다."

보험 설계사는 고객과 보험 가입을 전제로 거래(딜)를 할 수 없고 해서도 안 된다. 발각 시에는 영업 정지 또는 설계사 자격 박탈이 될 수 있는 '중범죄'이기 때문이다. 보험 가입자 입장에서는 '보험료 1개월 치 받고 보험 가입하면 나한테 더 좋은 거 아니야?'라고 생각할 수도 있겠지만 절대 그렇지 않다. 오히려 득보다는 실이 많은 것이 바로 '보험료 대납'이다.

모든 설계사들이 그런 것은 아니지만, 일부 꼼수 부리는 설계사들은 판매 건수를 올리기 위해, 그리고 본인한테 수당이 더 많이 지급되는 상품을 판매하기 위해 무리해서 신규 가입 고객들을 유치하려고 한다. 만약, 제대로 설계된 보험(여기서 말하는 제대로 된 보험은 충분한 상담을 통해 가입 희망자 본인의 상황에 맞는 보험)을 보험료 대납을 조건으로 제시하면서 가입을 권유한다면(보험업계의 정의를 위해서는 그래선 안 되겠지만) 가입자 입장에서는 반드시 나쁘다고는 할 수 없다.

하지만, 꼼수 부리는 설계사들은 절대 손해를 보려 하지 않는다. 1개월 치 보험료를 대납해 줘도 부족함이 없을 정도의 수당이 지급되도록 설계하여 고객에게 '보험료 대납'을 미끼로 보험 가입을 권유하는 경우가 대부분이고, 이런 식으로 '보험료 대납'을 조건으로 내거는 설계사들은 결코 오래 일하지 못하고 보험 회사를 이리저리 옮겨 다니는 '철새 설계사'가 되거나, 2년도 안 되어서 보험 일을 그만두고 다른 일을 하는 경우가 허다하다. 당연히 고객 관리가 제대로 될 리 없고, 이로 인하여 수많은 보험 가입자들의 보험이 관리해 줄 담당 설계사가 없는 '고아 계약'으로 전락하게 된다.

이러한 보험료 대납이나 고가의 사은품 제공이 가장 많이 이루어지는 것은 '태아보험'이다. 임신·출산 관련 인터넷 카페에서 태아보험이나 어린이 보험을 가입했더니 카시트를 주었네, 1개월 치 보험료를 대신 내주었네, 캐시백을 받았네 등의 무용담을 어렵지 않게 접할 수 있고, 언제부터인가 이러한 것이 '보험에 가입하면 반드시 제공되는 서비스'인 것처럼 여기는 사람들도 많아졌다.

하지만 보험 가입에 대한 감사 표시로 금품이나 고가의 사은품을 제공하는 것은 보험업법으로 금지하고 있으며, 적발될 경우 보험 설계사는 물론이고 금품/고가의 사은품을 받은 가입자도 처벌 되기도 하므로 주의해야 한다. 보험업법에서 대통령령으로 정해 놓은 기준(3만 원과 연간 총 납입보험료의 10% 중 작은 금액)을 넘지 않는 선에서 제공되는 사은품은 문제가 되지 않으므로 보험 가입 후 받을 수 있는 사은품은 '3만 원'이 최대이다.

보험에 가입만 해 주면 사은품을 뭐를 주겠네, 캐시백을 얼마 주겠네 하는 식으로 꼬시는(?) 설계사들은 대부분 본인에게 수당이 더 많이 지급되는 보험 상품이나 수당 지급률이 높게 상품을 설계하는 경우가 대부분이다. 그래야만 고가의 사은품이나 캐시백을 제공하더라도 판매수당을 넉넉히 남길 수 있기 때문이다. 즉, 고가의 사은품은 보험 가입자가 240개월(20년 납입의 경우) 할부로 구매하는 것이나 마찬가지이다. 이 세상에 공짜는 없다. 보험에 있어서는 더더욱 그러하다는 점을 명심하자.

6. "확실한 재테크 방법 알려드립니다."

사무실에서 일을 하는 사람이라면 누구나 한 번 이상은 '브리핑 보험 영업'을 경험하였을 것이다. 열심히 일을 하고 있는데 처음 보는 얼굴의 사람들이 '삼삼오오' 몰려다니면서 은행 금리가 낮으니 보험으로 재테크를 하라는 식의 말을 한다거나, 직장인 필수 교육이 있으니 회의실로 모이라고 하여 참석했더니 필수 교육은 잠깐만 하고 나머지 대부분의 시간은 저축보험이나 연금보험 상품의 중요성을 강조하는 설명으로 때우는 식의 경험….

조심해야 할 브리핑 보험 영업

이러한 '브리핑 보험 영업'은 이전부터 있어 왔지만 은행 금리가 '마이너스 금리'라고 불렸을 정도로 낮아지게 되면서 더욱 기승을 부리게 되었는데, 아무래도 은행 금리가 올라가게 되면 그렇지 않았을 때보다는 사람들의 관심이 사그라들기 마련이다.

하지만 아무리 은행 금리가 올라간다 해도 '보험 브리핑 영업'이 완전히 사라질 가능성은 높지 않다. 이런 식의 영업을 하는 설계사들에게는 크게 노력을 들이지 않아도 적게는 10여 명, 많게는 수십 명을 한자리에 모아놓고 상품 판매 홍보를 할 수 있는 '절대 놓치고 싶지 않은' 기회이기 때문에 어떻게 해서든 연줄을 동원하여 계속 이어 나가려 할 것이기 때문이다.

이러한 '브리핑 보험 영업'에 당하지 않기 위한 별다른 방법은 없다. 그러나 가장 확실한 방법은 있다. 그들이 어떤 식으로 영업을 하고, 그들은 어떤 설계사들인지 정도만 알고 있으면 된다. 대표적인 브리핑 보험 영업의 특징들은 다음과 같다.

a. 설명하는 보험 상품의 이름을 확실하게 강조하지 않는다

브리핑 보험 영업을 통해 홍보하는 보험 상품은 별다른 '전문지식'이 없이 그저 생명보험이나 손해보험/화재보험 설계사 자격증 정도만 가지고 있으면 누구나 1~2일 정도 교육만 받을 경우 쉽게 판매할 수 있다. 그리고 보험 상품의 이름을 명확하게 알리거나 강조하지 않고 그저 "안정적으로 은행보다 높은 수익을 올릴 수 있는 상품입니다." 정도로만 설명을 하기 일쑤이다.

이러한 설명, 아니 감언이설에 홀려 나도 모르게 스르륵 서명 및 보험료 출금 신청까지 하고 나서 나중에 정신이 들어 가입한 상품이 무엇인지 상담 자료를 들여다보면 '저축, 투자' 등의 이름은 온데간데없고 '무슨 무슨 종신보험/무슨 무슨 유니버셜 종신보험' 등의 단어로 가득 찬 상품 이름을 목격하게 된다.

해당 상품은 애초에 저축/투자 목적으로 가입하기엔 적합하지 않은 '종신보험'이다. 그러나 판매하는 설계사는 설명하는 상품의 이름과 특징을 명확히 알리지 않는다. 그렇게 할 경우 설명을 듣는 사람들이 '뭐야, 죽어야 보험금 나오는 종신보험이잖아.'라는 생각을 하고는 자리를 박차고 나갈 수 있기 때문이다.

b. 전문적인 관리가 필요없는 보험 상품이 대부분

생명보험 회사에서 판매하는 보험 상품들 중에는 전문적인 지식과 관리가 곁들여진다면 만족할 만한 장기 수익률을 올릴 수 있는 '변액보험'과 같은 '장기 투자형 보험 상품'도 분명 존재한다. 해당 상품을 판매하는 설계사는 생명보험 설계사 자격증 외에도 '변액보험 판매 자격증'도 취득을 해야 하는데 생명보험 설계사 자격 시험보다 난도가 월등히 높기 때문에 한 번에 취득하지 못하는 사람들도 상당히 많은 편이다.

그러나 '돈'에 관련된 상품이고, 관리 여하에 따라 수익률이 높아지기도 낮아지기도 하는 특징을 지니고 있기 때문에 당연히 전문적인 지식을 지닌 설계사들만 판매해야 한다. 그리고 단순히 가입으로 끝나는 게 아니라 틈틈이 펀드 변경/투입 비율 변경 등의 '관리'가 되어야만 주식 시장이 하락장이 되어도 손해를 줄일 수 있고, 상승장에서는 더 높은 수익을 올릴 수 있기 때문에 설계사 및 보험 가입자 모두 많은 신경을 써야 하는 상품이다.

하지만 브리핑 보험 영업으로는 이러한 '변액보험'은 판매하지 않는다. 주어진 시간이 짧기도 하거니와, 설령 가입을 이끌어 낸다 하더라도 꾸준한 관리를 약속할 수 없기 때문이다. 반면 종신보험(저해지환급형 종신보험)의 경우 명목상으로는 '고정금리'가 적용되는 상품이고, 별다른 관리가 없어도 되는 상품이기 때문에 브리핑 영업을 통해 주로 판매되고 있다.

c. 설계사들의 이직률이 높은 편이다

브리핑보험 영업을 하는 설계사들은 유독 보험 회사/보험대리점을 자주 옮겨 다니는 편이다. 짧게는 1년, 길게는 2~3년 단위로 회사를 이리저리 옮겨 다니는 편이다. 왜 그럴까? 바로 '돈' 때문이다. 설계사가 한 회사에서 3~5년 이상 오래 근무하기 위한 가장 필수 조건은 물론 '신규 계약 창출'이겠지만, '계약유지율'도 무시 못 할 정도로 중요한 조건이다.

'계약유지율'이란 신규 고객 유지로 창출해 낸 보험 계약이 1년/2년 이상 유지되는 비율이라고 할 수 있는데, 가입한 지 1~2년 이내에 가입자가 보험 계약을 해지하게 되면 설계사의 계약유지율은 떨어지게 되고, 보험 계약이 유지된 기간을 계산하여 수당이 환수되며, 계약유지수당(잔여수당 등) 역시 줄어들게 된다. 즉, 계약유지율이 떨어지면 단기적인 수당 환수는 물론, 잔여수당까지도 줄어들게 되므로 보험 설계사의 금전적인 손실이 커질 수밖에 없다.

그런데 회사 자주 옮기는 것과 계약유지율, 그리고 '브리핑 보험 영업'이랑 무슨 관련이 있는 것일까? '브리핑 보험 영업'으로 판매하는 보험 상품들은 위에서 언급한 대로 별다른 전문 지식이 없어도 판매 가능한 상품이고, 대부분 가입 목적에 맞지 않는, 예를 들어 저축 상품이라고 설명 듣고 가입하였는데 막상 가입하고 보니 사망보험금 1억이 종신토록 보장되고 중간에 해지하면 손해가 큰 '종신보험'과 같은 경우가 대부분이기 때문에 오래 유지되기보다는 단기간(짧게는 1~2개월, 길게는 1년/2년) 내 해지하게 되는 비중이 상당히 높은 편이다.

아래의 사진은 브리핑 보험 영업을 위주로 하던 어느 설계사의 '13차월 계약유지율'을 조회한 내용이다. 재테크 상품이라며 주로 판매하는 '종신보험'은 생명보험(생보) 상품이며, 13차월의 계약유지율은 70%, 25차월은 고작 23%밖에 되지 않는다. 브리핑 영업으로 가입시킨 고객의 10명 중 3명은 1년 이내 해지, 10명 중 8명은 2년 이내 해지한다는 것을 의미한다.

✓ **보험계약유지율**

보험계약유지율이란 최초 체결된 보험계약이 일정기간이 경과된 후에도 유지되는 비율을 의미합니다.

대상월	13차월(%)		25차월(%)	
	생보	손보	생보	손보
2022.합계	70.98	80.67	23.41	99.51
2022.7월	0.00	100.00	0.00	100.00
2022.6월	0.00	100.00	0.00	98.70
2022.5월	0.00	100.00	100.00	0.00

브리핑 보험 영업 위주 어느 설계사의 '2022년 13차월 계약유지율' 조회 내용

단기간에 보험 계약이 해지되면 설계사의 계약유지율이 낮아지고, 판매 수당 일부가 환수되며, 가입 후 해지가 빠르면 빠를수록 설계사가 뱉어내게 되는 수당 액수는 커질 수밖에 없기 때문에 해당 설계사는 무너진 유지율을 초기화하여 다시 시작하겠다는 일념으로 보험 회사를 옮기게 되는 것이다.

개중에는 능력(보험 계약 창출해 내는 능력)이 출중하여 다른 곳에서 정착금 및 다양한 혜택을 제공하면서 스카우트 제안을 받는 설계사들도 있을 것이다. 그러나 이는 극히 일부에 해당되며, 짧은 기간(여기서 말하는 짧은 기간은 3년 미만) 내에 보험 회사를 최소 1회 이상 옮기는 설계사들은 대부분 '돈'과 관련되어 있다고 봐야 한다.

그렇다면 어떻게 해야 '브리핑 보험 영업'에 코를 안 꿰일 수 있을까?

방법은 간단하다. 반드시 들어야 하는 '직장 내 ○○ 교육'만 듣고 재테크나 보험 이야기가 나올 것 같으면 급히 처리해야 할 업무를 핑계로 빠져나

오면 된다. 그리고 만약 짬이 되지 않아서 어쩔 수 없이 자리를 지켜야 하는 입장이라면 학창 시절 교장 선생님 훈화 말씀(너무 옛날 사람 티를 내는 것인가?) 시간에 자주 하였던 '한 쪽 귀로 듣고 한 쪽 귀로 흘리는' 방법을 사용하면 된다.

그럼에도 불구하고 하필이면 브리핑 보험 영업 설계사가 과장님/부장님의 인맥으로 얽혀 있어서 자리를 빠져나가지도, 한 쪽 귀로 말을 흘리기도 어려운 난처함 때문에 어쩔 수 없이 가입을 진행하였다면 어떻게 해야 할까? 걱정할 필요 없다. 우리에게는 '청약철회'라는 한 줄기 빛과 같은 제도가 있으니까.

'청약철회'는 보험 계약이 체결된 순간부터 30일 이내에 신청만 하면 이미 납입된 보험료를 돌려받으면서 보험 계약을 없던 일로 할 수 있는 제도이다. 30일이 지나게 되면 '청약철회'가 아니라 '보험 계약 해지'만 가능하며, 이미 납입된 보험료는 돌려받을 수 없게 되므로 30일 이내에 반드시 신청해야 한다. 그리고 설계사에게 판매수당이 지급되기 전이므로 혹여 '청약철회하면 부장님 지인인 보험 설계사에게 피해가 생기지 않을까?' 하는 생각도 할 필요가 없다.

보험은 많이 가입한다고 좋은 것도 아니고, 적게 가입한다고 좋은 것도 아니며, 목적에 맞지 않는 상품을 가입하게 되면 혜택보다는 손해가 커질 수밖에 없다. 따라서 신중에 신중을 기해야 하고, 해당 설계사가 어떤 식으

로 보험 일을 해 왔는지도 한 번 정도는 들여다볼 필요가 있다. 방법은 간
단하다. 설계사의 이름과 '설계사 고유 번호'만 알면 '이클린 보험서비스'에
서 조회할 수 있다. 그리고 '설계사 고유 번호'는 해당 설계사가 제공한(제공
해야만 하는) 상품설명서나 보험증권에 기재되어 있으므로 쉽게 확인할 수
있다.

7. "기존 보험은 무조건 해지하세요."

"설계사 입장에서는 모든 보험을 해지시켜야만 더 큰 금액의 보험을 판매할 수 있고, 더 많은 판매수당을 받을 수 있다."

보험을 신규 가입하는 것만큼이나 기존 보험을 '리모델링'하는 비중도 상당히 높은 편이다. 본인이 유지 중인 보험들의 내용을 자세히 분석하여 좋고 나쁨을 확인한 뒤, 효율성이 떨어지거나 보험료 대비 가성비가 떨어지는 보험이라고 판단된다면 과감히 해지 또는 조정을 해야 하고, 부족한 보장에 대해서만 신규 보험 가입으로 보완을 하는 것이 일반적으로 알려진 보험 리모델링인데, 일부 설계사들의 경우 무조건 기존 보험의 해지를 권하기도 하므로 주의할 필요가 있다.

모든 보험은 장점과 단점을 지니고 있으며, 장점이 단점보다 클 경우에는 장점을 살리면서 단점을 보완할 수 있도록 '보험 리모델링'을 해야만 가입자 본인에게 유리한 보험을 큰 비용 들이지 않으면서 가입할 수 있다. 그러나 설계사 입장에서는 모든 보험을 해지시켜야만 더 큰 금액의 보험을 판매할 수 있고, 더 많은 판매수당을 받을 수 있으며, 무엇보다 기존 보험의 내용을 분석하고 해결안을 마련하는 데에 긴 시간을 할애하지 않아도 되기 때문에 기존 보험 해지를 우선적으로 권하게 되는 것이다.

물론 모든 보험 설계사들이 그렇다는 것은 아니다. 극히 일부 '양의 탈을 쓴 늑대'와도 같은 설계사들이 그럴 뿐이라는 것이다. 보험을 해지하는 것은 섣불리 결정해서는 안 된다. 장점과 단점, 그리고 해결 방안까지 모두 확인한 뒤에 신중하게 결정해야 손해를 최대한 줄이면서 보험을 해지할 수 있다. 이 책을 통해 알리고자 하는 것도 바로 그것이다. 그러나 일부 사악한 늑대와도 같은 설계사들은 그런 거에는 쥐뿔도 관심이 없다. 그저 판매 수당만 많이 챙기면 그만이니까!

지금부터라도 기존 보험은 무조건 해지하라고 하는 설계사는 걸러내도록 하자.

 한 권으로 끝내는 보험 탈출 가이드

8. "사망보험금은 최소 1억 이상 필요합니다."

"설계사들은 판매수당에 민감할 수밖에 없는데, 여러 보험들 중
사망보험금이 종신토록 보장되는 '종신보험'의 판매수당이 가장 큰 편이다."

사망보험금은 죽어야만 받을 수 있는 보험금이며, 인간이라면 태어난 이상 언젠가는 죽을 운명이기 때문에 가입하면 반드시 받을 수 있는 보험금이라고 할 수 있다. 질병이나 사고가 발생해야만 받을 수 있는 진단금이나 수술/입원보험금과 달리 해지만 하지 않는다면 반드시 받을 수 있기에 보험료는 다른 보험보다 비싼 편이고, 특히 사망보험금이 종신토록 보장되는 '종신보험'의 보험료는 좀 더 비싼 편이다.

이러한 사망보험금은 분명 누군가에게는 큰 도움이 될 수 있지만, 그렇지 않은 사람에게는 그저 보험료만 비싸게 나가는 보험에 불과할 것이다. 한 가정의 생계를 책임지고 있는 가장이 전자의 대표적인 예라고 한다면, 부양가족이 전혀 없고 당장 먹고살기 바쁜 20, 30대 청년들, 결혼 계획 또는 자녀 계획이 전혀 없는 사람들은 후자라고 할 수 있다.

그런데 일부 보험 설계사들은 이러한 점은 무시한 채 그저 "사망보험금 1

억 원은 기본입니다."라고 말하며 상담을 진행하기도 한다. 배우자나 자녀가 없더라도 그동안 키워주신 부모님에 대한 보은의 의미로 사망보험금이 필요하고, 본인 연봉의 최소 2~3배 정도 되는 금액으로 사망보장을 준비해야 남겨진 가족들의 생활비 마련이 가능하다는 식으로 설명한다.

어떠한 종류의 보험(건강보험, 암 보험, 종신보험, 통합보험, 종합보험 등)이든지 간에 국민건강보험/고용보험이 아닌 이상 반드시 가입해야 하는 것은 아니며 가입자의 상황에 맞게 선택하고 설계하여 가입할 수 있다. 따라서 사망보험금 1억 원이 기본이라는 설계사를 만나게 된다면 우선 의심을 해 보아야 한다. 이 사람이 진정 나를 생각해서 그러는 것인지, 아니면 다른 꿍꿍이가 있는 것인지.

설계사들은 판매수당에 민감할 수밖에 없는데, 여러 보험들 중 사망보험금이 종신토록 보장되는 '종신보험'의 판매수당이 가장 큰 편이다. 위에서 언급한 대로 가입만 하면 언젠가는 사망보험금이 지급되기 때문에 다른 보험에 비해 보험료가 비싼 편이고, 보험료가 비싼 만큼 설계사에게 지급되는 판매수당 역시 더 많을 수밖에 없다.

본인이 생각하는 월 보험료 수준이 10만 원 정도인데, 사망보험금 1억 원을 강조하는 설계사의 플랜대로라면 최소 7~8만 원을 사망보험금을 보장받는 데에 사용해야 하고, 나머지 2~3만 원으로 암이나 성인병 진단비, 질병 및 사고 수술비와 입원비를 빈약하게 보장받을 수 있을 것이다. 이러한 보험을 원하는 것인가?

　이보다는 사망보험금이 필요한 시기까지는 충분한 사망보장을, 그 시기 이후에는 사후정리자금 정도만 보장되도록 옵션을 설정한다면 똑같은 1억 원 사망보장이라 하더라도 보험료를 크게 낮출 수 있다. 그리고 사망보장에 대한 보험료가 낮아진 만큼, 본인에게 필요한 질병/사고 의료비와 암/성인병 진단비에 조금 더 신경을 써서 가입할 수도 있다. 물론 설계사에게 지급되는 판매수당은 줄어들겠지만 말이다.

　이제부터라도 보험 설계사를 통해 상담을 진행할 때 '사망보험금'만을 강조하는지 아니면 사망보다는 오래 살아가면서 생길 수 있는 질병/사고 등에 대한 대비를 강조하는지 등을 따져보고, 본인이 생각하는 보험과 잘 맞는지를 비교해 보도록 하자.

9. TV만 틀면 광고 나오는 보험 회사

"아무리 보험 회사가 이미지 좋아 보이는 광고를 내보낸다 하여도 이미지는 이미지일 뿐이다. 그들은 이익을 크게 내야만 하는 '이익 집단'에 불과하다."

우리나라에서 가장 크고, 광고 가장 많이 하는 보험 회사는 어디일까? 여러 보험 회사들이 있지만 S 회사가 규모나 보험 광고를 접하게 되는 비율 면에서는 최고라는 것에 누구든 동의할 것이다. 광고의 경우 보험 상품을 직접적으로 홍보하는 광고뿐만 아니라, 틈나는 대로 사람들에게 S 생명, S 화재라는 기업의 좋은 이미지를 전달하기 위한 광고도 제작하여 다양한 매체를 통해 뿌려대고 있다.

청년의 미래를 응원하고, 내 소중한 가족들의 안녕을 기원해 주는 이러한 광고에 자주 노출되는 사람들은 알게 모르게 삼○이라는 보험 회사에 대해 따뜻하고, 왠지 모르게 든든하고, "보험 가입=S 생명, S 화재"라는 인식을 가지게 될 수밖에 없다. 이런 식의 인식은 보험 일을 처음 시작하려는 설계사들에게도 영향을 끼치게 되는데, 나조차도 17년 전 보험 일을 시작해야겠다고 결심한 뒤 그러한 이미지 광고에 세뇌되어 S 생명의 설계사 면접을 보았던 적이 있다(물론 S 생명에 입사는 하지 않았다).

광고는 광고일 뿐이다. 광고를 많이 하는 제품의 가격이 비슷한 기능/성능/인지도를 지닌 다른 제품보다 비싸듯, 보험 역시 비싼 광고를 만드는 데드는 비용의 일정 부분은 사람들이 매월 납입하는 보험료에서 차감한 '사업비'를 사용한다는 점에서 광고비 부담을 가입자가 짊어지게 된다고 봐야한다. 그리고 무엇보다 광고를 많이 한다고 해서 좋은 보험 회사는 절대 아니라는 근거를 들어보자면 다음과 같다.

a. 갱신형 보험 상품의 비중이 높다

매월 정해진 보험료를 정해진 납입기간 동안 거두어들인 뒤, 고객이 보험을 해지하게 되면 해지환급금을 지급해야 하는 '비갱신형 보험'보다는, 일정 기간이 경과할 때마다 꾸준히 인상되는 보험료를 정해진 납입기간 없이 보험을 유지하는 동안 계속 내야하고, 고객이 중도 해지할 경우 지급해야 할 해지환급금이 거의 없거나 아예 없는 '갱신형 보험'이 보험 회사 입장에서는 더 이득이라 할 수 있다. 특히 고객이 나이가 들수록 질병 발생 위험이 높아짐에 따라 점점 더 높은 위험률을 적용하여 보험료를 크게 인상시키기 때문에 고객이 보험을 오래 유지할수록 보험 회사는 더 큰 이득을 챙길 수 있다.

특히 S 생명, S 화재가 일종의 총대를 메고 '갱신형 보험' 판매 비중을 가장 먼저 높여온 보험 회사이다. 몸집이 큰 보험 회사가 먼저 변경을 하면 눈치를 보던 나머지 보험 회사들도 따라서 갱신형 비중을 높이기 시작할 수밖에 없고, 실제로도 과거에는 비갱신형 보험만 판매했던 보험 회사들이 지금은 너나 할 것 없이 갱신형 보험 상품을 판매 목록에 끼워 놓고 있으며, 보험료가 갱신되지 않는 비갱신형 상품의 비중은 알게 모르게 줄어들고 있다.

b. 잦은 보험금 지급 관련 이슈

과거 언론에서 크게 보도하였던 이른바 '암 보험의 배신'이라는 보험금 지급 관련 이슈가 있다. S 회사의 보험을 가입한 가입자가 암 진단 이후 요양 병원에 입원한 적이 있어서 보험금 청구를 하였는데, 보험 약관의 내용 중 '암의 직접 치료'라는 기준에 '요양'을 위해 입원한 요양 병원은 포함되지 않는다면서 보험금 지급을 거절한 사건이다.

약관에 명시되지 않았다면 당연히 보험금 지급이 거절될 수 있다. 그러나 내용을 들여다보면 보험 회사는 가입 당시 약관에는 없던 내용(암의 직접 치료를 목적으로 입원할 경우에만 지급)을 약관에 교묘하게 포함시킨 뒤 보험금을 주지 않으려 하였고, 이를 발견한 가입자가 소송을 걸어 기나긴 법정 다툼을 벌이게 된 것이다. 실제 가입자는 해당 보험 회사 앞에서 긴 시간 동안 시위를 하였고, 결국에는 대법원이 가입자의 손을 들어주면서 다툼은 일단락이 되었다.

아무리 보험 회사가 이미지 좋아 보이는 광고를 내보낸다 하여도 이미지는 이미지일 뿐이다. 그들은 이익을 크게 내야만 하는 '이익 집단'에 불과하다. 돈 앞에 장사 없다는 말처럼 광고를 통해 아무리 '사랑'을 강조한다고 하여도 보험금을 지급해야 하는 상황이 발생하면 어떻게든 보험금을 적게, 또는 아예 지급하지 않기 위한 부단한 노력을 해 오고 있다. 만약 광고의 내용대로 보험 회사들이 행동한다면 우리나라에서 살아남을 수 있는 보험 회사는 없을 것이라 장담한다.

보험 회사의 규모, 광고 등이 보험 가입의 중요한 기준이 되어서는 안 된다. 그보다는 보험료, 보장내용, 갱신형과 비갱신형의 비중 등을 꼼꼼히 비교해 보아야 한다. 그럼 광고는? 그저 유명인 보는 재미로만 삼으면 그걸로 족하다.

10. SNS에 명품과 외제 차 자랑하는 설계사들

보험 일을 시작한 순간부터 지금까지 계속해서 나 자신에게 던지는 질문이 있다. "과연 나는 좋은 보험 설계사인가?" 보험 설계사를 평가하는 기준은 개인별로 다를 수 있다. 어떤 이는 좋은 차/비싼 명품 가방으로 치장하고 다니는 설계사가 그만큼 성공했다는 것을 의미하므로 '좋은 보험 설계사'라 생각할 수도 있고, 어떤 이는 보험 회사를 이리저리 옮기지 않고 끈기 있게 일하는 설계사가 '좋은 보험 설계사'라고 생각할 수도 있다.

개인적으로는 후자와 같은 생각을 지니고 있다. 아무리 큰 업적을 올려 많은 수당을 받는 '성공한 듯 보이는' 보험 설계사들이라 하더라도 보험 영업 초기 1~2년이 지나면 없어지는 경우를 많이 경험하였으며, 큰돈을 벌고 있는 설계사들 중에는 가입자에게 유리한 보험 상품이라기보다는 보험 회사 측에서 판매를 장려하는, 설계사 본인에게 수당이 많이 지급되는(종신 보장되는 사망보험금이 과하게 포함된) 보험 상품 위주로 판매하는 사람들도 꽤 많기 때문이다.

한때 같은 지점에서 근무하였던 부부 설계사가 있었다. 다른 지점에 있다가 해당 지점이 공중분해 되면서 우리 지점으로 들어와 일을 시작하게 되었는데, 그들이 주로 판매하던 상품은 사망보험금이 종신토록 보장되는 '종신보험'이었다. 사람은 언젠가는 죽을 수밖에 없으므로 사망 시 남겨진 가족들을 위한 생활비나 기타 자금을 준비하고자 하는 목적이라면 얼마든지 가입할 수 있으며, 제대로만 설계하면 사망보장은 물론 수술/입원/진단비 등도 보장되는 '종합보험'이 될 수도 있으므로 종신보험 역시 목적에 따라서는 좋은 보험이 될 수도 있다.

그러나 그들이 판매하는 종신보험의 콘셉트는 조금 달랐다. 부모가 사망할 경우를 대비하여 부모를 피보험자로 설정하고 보험료는 자식이 내며, 보험금을 지급받는 수익자는 '자녀'로 설정하는 콘셉트의 종신보험만 주구장창 판매하였다. 피보험자로 설정된 부모가 사망하게 될 경우 최소 5~10억의 사망보험금이 자녀(수익자)에게 지급되도록 설계를 하는 방식이었는데, 사망보험금 외에는 다른 보장(수술, 입원 등)은 전혀 포함되어 있지 않았기 때문에 보험업계에서는 '알종신보험'이라고 불렀다.

이런 식의 종신보험 판매가 잘못되었다는 것은 결코 아니다. 누군가에게는 고액 자산가 부모가 사망 시 발생하게 될 상속세 등을 내기 위한 방법으로 '종신보험'이 필요할 수도 있고, 늦은 나이에 자녀를 본 가장이 혹시라도 자신이 일찍 사망하게 될 경우 미성년자일 수 있는 자녀들의 생활비와 양육비를 마련하기 위해 큰 마음먹고 얼마든지 가입할 수도 있기 때문이다.

그러나 그 부부 설계사들은 다양한 상황 등은 전혀 고려하지 않은 채 만나게 되는 모든 고객에게 "한 달에 50만 원씩 10년만 내면 부모님 사망하게 될 경우 최소 10억 원 받을 수 있습니다. 6,000만 원 투자해서 10억 원 받는다고 생각해 보세요."라는 말만 되풀이하면서, 부모를 위한 보험은 다른 거 필요 없고 종신보험만 있으면 된다는 식으로 고객을 현혹시켜 한 건당 30~50만 원 이상 되는 종신보험을 주로 판매하였다.

보험 설계사에게 가장 많은 수당이 지급되는 보험이 '종신보험'이고, 주계약(종신보장 사망보험금)의 가입금액이 크면 클수록 더욱 많은 수당이 지급되는 특성상 이 부부 설계사들은 지점을 옮긴 다음 달부터 우리 지점의 1등 보험 설계사로 등극하게 되었고, 지점장의 입은 귀에 걸려 매월 업적 결산할 때마다 부부 설계사를 앞에 세워 강연을 하도록 하였다.

그러나 이들의 업적은 1년이 채 되기도 전에 곤두박질치게 되었다. 자신이 가입한 보험이 사망보험금 외에는 아무런 도움이 되지 않는 보험이라는 걸 알게 된 고객들, 나중에 부모가 사망할 경우 10억 원을 세금 안 떼이고 받을 수 있으므로 월 50만 원 정도는 충분히 낼 수 있겠지라고 생각했지만, 막상 시작하고 보니 매달 50만 원을 납입하기가 결코 쉬운 일이 아니라는 점을 알게 된 고객들이 6개월도 채 안 되어 보험을 해지하기 시작하면서 그들(부부 설계사)의 계약유지율 및 불완전판매율은 크게 악화되었고, 이들로 인해 지점 전체의 불완전판매율도 급증하게 되었다.

결국 이들은 1년을 채우지 못하고 보험 회사를 옮기게 되었고, 지점 유지율이 박살 난 우리 지점은 사람들이 하나둘씩 떠나게 되면서 40명 이상 되었던 인원이 20여 명으로 크게 줄어 본사에서 주는 여러 혜택을 더 이상 받을 수 없게 되었다. 알고 보니 이들은 이전 지점에서도 이런 상품만 판매하여 초반에만 반짝 업적을 올린 뒤 수당만 챙겨서 지점을 옮기거나 보험 회사를 옮겨 다니면서 초기 정착금만 받아 챙기던 철새 설계사들이었다(당시만 해도 보험 회사를 자주 옮겨 다녀도 불이익이 없었다).

보험 설계사가 '돈벌이'에만 급급하게 된다면 이들처럼 될 수밖에 없다. 책임감, 끈기라고는 찾아볼 수도 없으며, 그저 월급만 많이 받을 수 있다면 그만이라는 생각을 가지고 있는 설계사들이 잘못 판매한 보험으로 인해 누군가는 금전/정신적인 피해를 입을 수밖에 없다. 그리고 더 나아가 보험에 대한 안 좋은 인식이 팽배해져 다수의 선량한 설계사가 보험 일을 하는 데에 악영향을 끼치게 될 수밖에 없다.

따라서 좋은 보험 설계사는 이러한 '책임'의 무게를 아는 사람이어야 한다. 보험 상품을 판매함에 있어 '돈/수당'에 집중하기보다는 이 보험이 가입자에게 도움이 될 만한 상품인지, 오래 유지하면서 보험이 필요할 때 제대로 된 도움을 줄 수 있는 상품인지 등을 종합적으로 판단하여 고객에게 권해야 한다. '돈'도 물론 중요하다. 그러나 보험 일을 하는 이유가 오로지 '돈'이 최우선시되어서는 안 된다.

PART 5.
가입 이후 손해 최소화
11가지 체크리스트

지금까지 손해를 최소화하면서 보험을 해지하는 방법, 보험 해지 이후 본인에게 필요한 보험을 자기 주체적으로 가입하기 위해 알아야 할 항목들, 그리고 보험 설계사와 보험 회사를 걸러내는 방법들에 대해 소개하였다. 더 이상 제공할 꿀팁은 없다(가지고 있는 밑천을 탈탈 털었다). 이번 장에서는 보험을 유지함에 있어서 알아두면 좋을법한 내용들에 대해 알리면서 이 책을 읽는 사람들이 자신의 보험을 제대로 활용하기를 바랄 뿐이다.

한 페이지 탈출 노트 : PART 5

보험은 가입보다 관리가 더 중요하다. 그래야만 보험 가입 이후에
발생할 수 있는 불필요한 손해를 줄일 수 있다.

1) **회사 단체보험은 재직 중에만 유효하다** : 재직 중에는 훌륭한 보장이지
   만, 퇴사와 동시에 종료되며 이후에는 나이 · 병력 때문에 개인 보험
   가입이 어렵거나 비싸질 수 있다.

2) **보험료 연체는 2개월까지는 문제없다** : 실효 상태로 전환되기 전까지 1
   개월 치라도 납부하면 보장은 그대로 유지되므로 과도한 불안은 금물
   이다.

3) **보험증권 분실은 전혀 문제가 되지 않는다** : 보험증권은 언제든 무료 재
   발행이 가능하며, 다양한 방법을 통해 보험 현황 확인과 보험금 청구
   가 가능하다.

4) **계약 후 보험 회사에 알릴 것들도 많다** : 주소 변경, 직업 변경, 보험금 청구는 반드시 보험 회사에 알려야 한다. 그래야 손해 보지 않는다.

5) **담당 보험 설계사 변경도 가능하다** : 설계사가 마음에 들지 않거나 퇴사했다면 계약을 해지할 필요 없이 고객센터를 통해 담당자만 바꾸면 된다.

6) **보험료는 자동이체만이 답이 아니다** : 자동이체 할인은 거의 사라졌고, 신용카드 납부는 실적 충족·할인 혜택·연체 방지 측면에서 오히려 유리할 수 있다.

7) **보험금 지급 결과는 반드시 확인해야 한다** : AI 자동 심사나 담당자의 실수, 혹은 고의적인 축소 지급으로 보험금이 누락되는 사례가 존재한다.

8) **부담보 조건은 무조건 나쁜 것이 아니다** : 전기간 부담보도 5년간 추가 치료가 없으면 해제 가능하다. 가입 거절보다는 부담보 조건 가입이 장기적으로 유리한 경우가 많다.

9) **치아보험 가입이 필수는 아니다** : 갱신형이며 보험료 인상 폭이 크고, 치료 목적이 명확할 때만 가입해야 한다. 그리고 효율을 따져 유지 여부를 결정하는 것이 바람직하다.

10) **보험금 받을 일이 없는 것이 가장 좋다** : 보험은 '본전'을 뽑기 위한 상품이 아니라, 필요할 때 받을 수 있는 권리를 확보하는 수단이다.

11) **보험 가입이 필수는 아니다** : 자동차 책임보험을 제외한 대부분의 보험은 선택 사항이며, 중요한 것은 가족력과 재정 상황에 맞게 부담 없는 수준으로 필요한 보장만 준비하는 것이다.

I. '회사 단체보험'은 영원하지 않다

"무턱대고 회사 단체보험만 믿고 살아가기엔 너무나도 많은 변수가 발생할 수 있으므로 주의가 필요하다."

제아무리 포인트를 많이 적립해 주고 할인을 많이 해 주는 신용카드라 하더라도 이 세상 최고의 카드로 여겨지는 "엄카(엄마 카드)", 또는 "아카(아빠 카드)"에는 명함도 못 내밀 것이 분명하듯, 사람들에게는 최고의 보험이라고 여겨지는 보험이 하나 있다. 그것은 바로 '회사 단체보험'이다.

모든 회사가 그런 것은 아니지만 어느 정도 규모가 있는 회사라면 직원들의 복지 혜택 차원에서 '단체보험'에 가입시켜 보험료를 대신 내주고 있을 것이다. 보장금액이 아주 큰 것은 아닐지라도 진단비, 수술비, 입원비는 물론, 의료실비보험까지 제공해 주는 회사를 보게 될 때면, 회사로부터 아무런 복지혜택을 받지 못하는 '보험 설계사'로서는 그저 부러울 따름이다.

얼마나 좋은가! 내가 따로 돈을 내지 않아도 보험 혜택을 받을 수 있으니 말이다. 그러다 보니 일부 사람들은 "회사 단체보험 있으니 보험 따로 가입할 필요 없지!"라는 생각을 갖고 있기도 하다. 하지만 무턱대고 회사 단체보험만 믿고 살아가기엔 너무나도 많은 변수가 발생할 수 있으므로 주의가 필요하다.

a. 회사를 다니는 동안은 든든하다

회사 단체보험에 가입되어 있다면 질병이나 사고로 인하여 수술 또는 입원 시 수술비와 입원비를 받을 수 있고, 내가 병원에서 사용한 치료비의 80~90%(또는 70~80%)를 의료실비보험으로 청구하여 돌려받을 수도 있다. 이 모든 혜택은 고맙게도 회사가 대신 가입시켜 준 보험으로 받게 된 것이므로 더 열심히 내가 하는 일을 사랑하면서 애사심을 갖고 일해야지라는 생각을 누군가는 갖게 될지도 모르는 일이다.

2022년 단체보험 보장내용 (계속)

■ 보장내역 요약 (계속)

보장항목	지급사유	가입금액	대상자
2대 특정질병 진단	보험기간 중 **뇌졸중** 또는 **급성심근경색증**으로 진단 확정된 경우 (각 최초 1회 한)	2천만원	
암진단	보험기간 중 암으로 진단 확정된 경우 (최초 1회 한) • 갑상선암, 경계성종양, 제자리암, 기타피부암 : 가입금액의 20% • 재발암 및 전이암 제외	2천만원	임직원
간호비	보험기간 중 **질병, 재해** 또는 출산으로 입원하여 국민건강보험법에 정한 요양급여 또는 의료급여법에서 정한 의료급여가 발생하였을 때 입원 1 일당 가입금액 지급 • 자동차사고 및 산업재해로 인한 입원 제외	1일 당 3만원	임직원 배우자 자녀

회사 단체보험으로 임직원뿐만 아니라 배우자, 부모 등의 의료비 보장도 가능

회사 입장에서는 "당신은 열심히 일만 하면 됩니다. 뒷일은 우리가 책임질 테니."라고 어필하면서 생색낼 수 있을 것이고, 직원 입장에서는 개인적으로 보험에 지출했어야 할 비용이 굳었기 때문에 더더욱 열심히 저축에 매진할 수 있을 것이므로 서로에게 이득이 되는 상황이 아닐 수 없다.

b. 회사를 그만두게 된다면?

하지만, 이 모든 혜택은 '회사 재직 중'이라는 필수 조건이 따라붙는다. 이직하거나 퇴직 또는 이직을 하게되면? 당연히 보험 혜택도 종료가 되면서 진정한 각자도생의 시기가 시작된다. 보험이 필요하다고 생각되면 스스로 알아서 보험에 가입해야 하고, 보험료도 매월 자동이체 또는 신용카드를 이용하여 납부해야만 보험 혜택을 받을 수 있다.

그런데 보험에 가입하고 싶어도 가입할 수 없는 상황이 생길 수도 있고, 가입이 된다 하여도 일부 보장이 제한되거나 기존에 치료받았던 신체 부위에 대해서는 보험 혜택을 못 받는 부담보가 설정되는 조건으로 보험에 가입될 수도 있다. 그리고 혹시라도 보험 가입일로부터 5년 이내에 암이나 뇌질환, 심장질환 등으로 진단받기라도 했었다면 보험 가입 자체가 거절되거나, 된다 하여도 대부분의 보장이 삭제된 반쪽짜리 보험으로만 가입 가능한 굴욕을 당할 수도 있다.

'단체 실비보험'의 경우에는 퇴사 이후에 개인 실비로 전환하여 계속 이어갈 수도 있겠지만, 퇴사 이후 개인 실비로 전환하는 시점에 판매 중인 실비보험으로만 전환이 가능하다는 점은 단점이 될 수 있으며, 무엇보다 일정 조건들을 충족해야만 전환 심사를 받을 수 있으므로 무조건 개인 실비보험으로 전환할 수 있는 것은 아니다. 그 조건들은 다음과 같다.

① 퇴직 이전 최소 5년 이상 단체 실손에 가입되어 있어야 한다.

② 65세 이하만 전환 가능하다.

③ 퇴사 직전 5년간 단체 실비보험으로 수령한 보험금이 200만 원 이하
여야 한다.

④ 10대 중대질병(암/백혈병/고혈압/협심증/심근경색/심장판막증/간경화증/
뇌졸중/당뇨병/에이즈) 이력이 없어야 무심사로 전환 가능(있을 경우 심
사 결과에 따라 거절 가능성 높음).

실비보험에 대한 보험 회사들의 손해율이 급증해 오면서 상품 개정을 빌
미로 보장내용을 축소하고 있고, 이는 시간이 지날수록 더더욱 교묘하게
실행될 꼼수이기 때문에 지금 현재 판매 중인 실비보험보다 나중의 실비보
험이 보장내용 및 활용도 면에서 더 떨어질 것은 분명하다. 그리고 무엇보
다 전환 심사를 더더욱 까다롭게 진행할 수도 있다.

c. 문제는 보험료

회사를 그만두게 되는 나이는 개인별로 다양하다. 그런데 정년을 채우
고 퇴사하는 사람이라면 최소 50대 후반 이상은 되어 있을 것인데, 퇴사 후
보험에 가입하기 위해서는 젊은 사람들보다 상당히 높은 보험료가 책정될
수밖에 없다. 그도 그럴 것이 50대는 대한민국 사망 원인 1위 질병인 '암'이
가장 많이 발생하기 시작하는 연령대에 속하기 때문에 보험 회사 입장에선
'언제 터질지 모를(암으로 진단받을지 모를) 시한폭탄'이라고 생각하여 보험
료를 비싸게 책정할 수밖에 없다. 그래야만 보험 회사의 손해를 줄일 수 있

을 테니.

아무런 경제 활동을 하지 않게 된 상황에서 한 푼이라도 아껴야 돈 걱정을 덜 하는 노후 생활을 영위할 수 있을 것인데, 누군가는 이미 납입을 끝내고 보험 혜택만 90세, 100세까지 받고 있는 상황에서 정작 본인은 매달 10만 원 이상 되는 보험료를 기꺼이 납입할 수 있을까? 가능하다 하더라도 결코 기분 좋은 일은 아닐 것이며, 몇 해 납입하다가 해지할 가능성 역시 높다고 예상하는 바이다.

게다가 만약 '갱신형 보험'으로 가입했다면? 나이가 들어감에 따라 질병 발생 위험률도 높아질 수밖에 없기 때문에 보험료 역시 그에 상응하는 수준으로 꾸준히 인상될 수밖에 없다. 그리고 오래 살면 살수록 보험료 부담은 더욱 크게 느껴질 것이다.

'회사 단체보험'은 회사를 다니는 동안에는 그 어떤 보험보다 좋은 보험임에는 분명하다. 하지만 회사 창업주의 가족이나 재벌 집 막내아들이어서 해당 회사를 물려받지 않는 이상 영원히 재직할 수는 없다. 퇴사 이후의 삶을 위해서라도 회사 단체보험만 고집하기보다는 보험료가 부담되지 않는 선에서 본인의 가족력에 맞추어 비갱신형 건강보험(진단비, 수술비, 입원비 정도 포함된 건강보험) 정도는 미리 가입하여 퇴사할 때 즈음 납입을 끝내 놓을 수만 있다면, 퇴사 이후부터는 회사 단체보험이 없다 하더라도 이미 납입을 끝내 놓은 보험의 보험 혜택을 길게 받으면서 치료비 걱정 없는 노후 생활을 누릴 수 있을 것이다.

2. 보험료 연체되면 큰일?

보험 혜택을 받기 위한 필수 조건이 있다. 바로 보험료를 납부하는 것이다. 내가 필요로 하는 물건이 있어서 손에 넣고자 한다면 물건에 대한 대가(비용)를 지불하는 것이 당연하듯, 보험 혜택 역시 보험료를 납부해야만 받을 수 있다는 점 정도는 누구나 알고 있을 것이라 감히 생각해 본다.

그런데 만약 보험료를 미처 납부하지 못하여 연체가 된다면 보험 혜택을 못 받게 되는 것은 아닐까? 월급날이 되면 아주 찰나의 순간이긴 하지만 통장 잔고가 보기에 흡족할 만한 숫자로 표기가 되는 편이다. 그러나 행복은 아주 잠시일 뿐, 기막히게 돈 들어온 것을 알아차린 카드회사, 은행 등등이 돈을 빼가고 나면 남는 것은 적은 자릿수의 금액이요, 나오는 것은 한숨뿐이다.

그리고 내가 한숨을 쉴 때 다른 회사들(은행, 카드회사 등)보다 한발 늦게 내 통장에 접근한 '보험 회사'는 보험료를 빼갈 정도의 돈이 없다는 것을 확인하면 발길을 돌려 돌아가게 되고, 내 보험은 '보험료 연체'라는 딱지가 붙게 된다. 이러한 일은 직장 생활을 하는 사람들이라면 누구나 한 번 이상은 경험하였을 것이며, 이런 일이 생기게 되면 '보험료 못 냈는데 보험 혜택 정지되는 거 아닌가?!!' 하는 불안감이 엄습하게 된다.

그러나 '보험료 1개월 연체'로 큰일이 나는 것은 절대 아니므로 불안해할 필요가 없다. 기본적으로 '2개월 연체'까지는 보험 혜택을 받는 데에 아무런 영향이 없다. 암 보험 가입자가 잔고 부족으로 1개월을 넘어 2개월째 보험료를 연체하고 있는데 암으로 진단을 받게 된다 하여도 아무 이상 없이 보험금(암 진단금, 암수술비 등)을 지급받을 수 있으며, 심지어 '납입면제 기능'이 있는 암 보험이라면 남은 납입기간 동안 보험료를 내지 않아도 보험 혜택은 '보험 만기' 때까지 그대로 받을 수 있다.

단, 2개월 연체를 지나 '3개월째'가 되면 보험 효력이 사라지는 '실효 상태'로 전환된다는 점은 유의해야 한다. 실효 상태로 전환되기 전 발생한 질병/상해(재해) 보험금 지급 상황에 대해서는 실효 상태로 전환된 후에도 보험금 지급이 가능하지만, 실효 상태로 전환된 후에 발생한 보험금 지급 사유에 대해서는 아무런 보험 혜택을 받을 수 없으므로 3개월째로 접어들기 전 최소한 1개월 치 보험료라도 납부해야 한다. 이는 암 보험뿐만 아니라 건강보험, 종신보험 등 보험료를 매월 납입하는 보험들에 공통적으로 적용되는 특징이다.

하늘이 무너져도 솟아날 구멍은 있다고 하지 않는가! 하늘이 무너지는 큰 사고에 비하면 '잔고 부족'으로 인한 보험료 연체는 아무 일도 아니다. 보험료를 납입하지 않은 지 3개월째가 되기 전까지만 보험료를 1개월 치라도 납부를 한다면 보험 혜택을 정상적으로 받을 수 있으므로 절대 불안해하거나 전전긍긍할 필요 절대 없다. 3개월째 되기 전까지만 보험 회사 고객센터로 전화하여 "보험료 1개월 치 납부하려고요~"라는 말만 하면 된다!

3. 보험증권 재발행은 얼마든지 가능하다

"보험 가입자들이 보험증서를 분실하였다 하더라도 우편이나 팩스를 통한
보험증서 재발행은 얼마든지 가능하다."

주택을 구입하여 소유자가 본인임을 확정받을 수 있는 문서는 '등기권리
증'이며 흔히 등기필증 또는 집문서라고 불리기도 한다. 부동산의 권리에
대한 사항을 기재되어 있는, 그리고 국가기관인 등기관이 법정 절차에 따
라서 증명해 주는 자료이기 때문에 부동산 거래 시 필수인 서류이며, 재발
급이 불가능하기 때문에 예로부터 우리 선조들은 형제간의 재산 다툼이 있
을 경우 야밤에 집문서를 훔쳐 몰래 달아나는 아름다운 미풍양속(?)을 지니
고 있었다.

하지만 현재는 등기권리증을 분실하였다 하더라도 법무사 사무실에 방
문하면 소정의 수수료를 지불하고 '확인서면'을 발급받아 사용할 수 있으므
로 예전처럼 등기권리증을 분실하였다고 하여 큰 사단이 발생하지는 않는
다. 역시 수수료(돈)이면 다 되는 세상인가 보다.

보험도 가입을 증명하는 서류인 '보험증서' 또는 '보험증권'을 발급받게

되는데, 이전에는 주로 우편을 통해 보험증서를 받아왔지만, 현재는 스마트폰을 이용한 전자 서명 방식으로 보험 가입이 가능해짐에 따라 보험증서(보험증권)도 '모바일 증권'의 형식으로 스마트폰이나 이메일을 통해 받아볼 수 있다.

그런데 개중에는 보험증서를 분실하면 나중에 보험금 청구를 못 하는 거 아니냐는 생각을 가지고 있는 사람들이 있다. 보험에 가입되어 있다는 것을 증명하는 서류가 '보험증서'이고, 보험금을 청구해야 하는 일이 생겨서 친히 노비를 대동하여 가마를 타고 보험 회사에 방문하였을 때 "내가 이 보험에 가입되어 있으니 보험금을 내놓으시오!"라고 들이밀어야만 별다른 의심 없이 보험금을 현찰로 내어줄 테니 보험증서는 절대 분실되어서는 아니 되는 서류라고 생각하는 것이다.

조선 시대였다면 당연히 가능한 이야기이지만 지금은 스마트폰으로 대부분의 금융 업무를 할 수 있고, 번거로운 절차를 하나라도 더 줄이고 있는 세상이므로 보험증서를 분실하였어도 아무런 문제가 되지 않는다. 그리고 보험증서 재발행은 이전부터 가능하였으며, 세상이 변화함에 따라 과거에는 우편이나 팩스로만 재발행이 가능하였던 '보험증서'를 쿨하게 이메일로 받아볼 수도 있고, 각 보험 회사의 스마트폰 앱을 이용하면 현재 어떤 보험에 본인이 가입되어 있고, 보험료를 얼마나 납입하고 있는지 등의 전체적인 정보를 손쉽게 확인할 수 있다.

물론 일부 보험 회사의 경우 보험을 해지하려면 아직도 가까운 지점(창구)을 방문해야 하는 구시대적인 시스템을 가지고 있기도 하고, 보험증서를 반드시 가지고 오라는 곳도 있다. 하지만 보험 가입자들이 보험증서를 분실하였다 하더라도 우편이나 팩스를 통한 보험증서 재발행은 얼마든지 가능하므로 전혀 불안해할 필요가 없다. 물론, 재발행 비용은 '공짜'이다.

당신의 존재가 북한 정권 유지에 큰 위협이 되어 북한의 해커들이 당신의 금융정보를 모두 파괴하기 위해 보험 회사의 서버를 해킹하여 당신의 보험 가입 정보만 삭제하지 않는 한, 당신의 보험은 당신이 보험료를 잘 납입만 한다면 보험증서를 분실하였든, 보험증서를 가지고 딱지를 접었든 아무 상관 없이 안전하게 당신에게 보험금을 지급하기 위해 준비를 하고 있을 것이다.

4. 가입 후 보험 회사에 알려야 하는 것들

"보험 회사에 알려야 하는 '의무'는 보험 가입이 완료된 후에도 존재한다.
이를 '계약 후 알릴 의무(통지 의무)'라고 한다."

보험에 가입할 때 우리는 보험 회사에 여러 가지를 알릴 의무가 있다. 질병이나 사고 등으로 치료받은 적이 있는지, 현재 앓고 있는 질병이나 치료 중인 사고가 있는지, 몸무게와 키, 음주 여부, 흡연 여부, 운전 여부, 그리고 어떤 일을 하는지 '직업'도 보험 회사 측에 알려야만 하는 '고지 의무'가 있다.

그런데 보험 회사에 알려야 하는 '의무'는 보험 가입이 완료된 후에도 존재한다. 이를 '계약 후 알릴 의무(통지 의무)'라고 하는데, 그렇다고 하여 몸무게가 어떻게 변했고, 끊었던 담배를 직장 상사 또는 마음에 안 드는 누군가 때문에 다시 피게 되었다는 점까지 세세하게 보험 회사에 알려야 하는 것은 아니다. 중요한 몇 가지만 알리면 된다.

a. 주소지 변경

종갓집에 태어난 장손이 아닌 이상 이사를 한 번도 안 갈 확률은 높지 않을 것이다. 만약 보험에 가입한 후에 주소지가 변경되었다면 해당 보험 회사 고객센터에 전화하여 주소지 변경 신청을 하거나, 담당 설계사에게 연락을 하여 변경해 달라고 하면 된다.

왜 그래야 할까? 보험 회사는 보험 계약 관련하여 보험 가입자에게 우편물을 발송한다. 물론 보험에 가입할 때 우편이 아닌 이메일로 보험 계약 관련 내용을 받겠다고 미리 보험 회사 측에 알리는 것도 가능하지만, '보험 계약 실효 안내문' 같은 경우는 일차적으로 우편 발송을 하기 때문에 주소지 변경이 되었다면 반드시 보험 회사에 알려야 한다.

그렇지 않으면 보험 회사는 "고객에게 '실효 안내장'을 발송했으나 고객이 주소지 변경을 하여 받아보지 못했으므로 실효된 이후 발생한 보험금 청구 사유에 대하여 보험 회사는 보험금 지급할 의무가 없습니다."라는 식으로 오리발을 내밀며 보험금 지급을 거절할 수 있다. 그러므로 이사 등으로 인해 주소가 변경되면 반드시 보험 회사에 알리는 게 좋다.

b. 보험금 청구

보험 회사는 보험 가입자가 보험금을 청구하지 않는 이상 보험금을 지급해야 할 일이 생겼는지를 알 수가 없다. 그리고 한편으로는 고객이 보험금 청구하는 것을 망각하기를 바라면서 '보험금 지급 시효'인 3년이 지나기만을 고대하고 있을지도 모른다. 이 무슨 억울한 경우란 말인가! 만약 보험금을 받아야 할 일이 생기면 귀찮다고 차일피일 미루거나, 금액의 많고 적음을 따지지 말고 보험 회사나 보험 설계사에게 즉각 연락하여 보험금을 제때 청구하도록 하자.

c. 직업 변경

보험에 가입하기 전에는 사무직이었는데, 보험 가입 후 이직을 통해 사무직이 아닌 현장 업무로 바뀌었을 경우 직업에 대한 '위험 등급(위험률)' 자체가 달라지기 때문에 보험 회사에 알려야 한다. 그렇지 않으면 위험도가 높은 직업으로 인해 생긴 사고에 대해서는 보험금 지급이 제한될 수 있다.

---

5. 보험계약後 알릴 의무 및 위반시효과　　　📖보통약관 제16조, 제17조

보험계약자 등은 피보험자의 직업·직무변경 등이 발생한 경우 지체없이 보험회사에 알려야 하며, 이를 위반하는 경우 보험금 지급이 제한될 수 있습니다.

⚠️ 주의　보험회사는 피보험자의 직업·직무 변경 등으로
① 위험이 감소한 경우 보험료를 감액하고 정산금액을 환급하여 드리며,
② 위험이 증가한 경우 보험료가 증액되고 정산금액의 추가 납입이 필요할 수 있습니다.

직업 변경 고지 의무에 대한 보험 약관 내용

그렇다면 반대의 경우는 어떨까? 만약 보험 가입 전에는 위험도가 높은 직업이었는데 보험 가입 후 사무직이나 위험도가 낮은 직업으로 변경이 되

었다면 이 경우에도 역시 보험 회사에 알리는 것이 좋다. 직업 위험도가 낮아진 만큼 보험료가 조정이 되고, 감액 및 환급받을 금액이 생길 경우에는 돌려받을 수도 있기 때문이다.

여러모로 가입자에게 이득이 될 것이므로 직업이 변경된다면 지체 없이 보험 회사에 알리도록 하자!

5. 담당 보험 설계사 변경도 가능하다

보험을 통해 얻는 것도 있고 잃게 되는 것도 있다. 제대로 된 보험 상담 후 보험에 가입함으로 인하여 얻을 수 있는 것은 혹시라도 들이닥칠지 모를 질병이나 사고의 위험에 대한 '보장(보험금, 마음의 안식)'이고, 잃게 될 수도 있는 것은 인간관계이다. 특히 보험 회사에 들어가기 전에는 둘도 없는 친구 사이였지만, 보험 회사에 들어간 친구가 가입시킨 보험이 문제투성이 또는 보험료가 너무 비싸게 설계되었던 보험이라는 것을 알게 되었거나, 이런 문제투성이 보험을 가입시킨 친구 녀석이 1년도 채 안 되어 연락도 없이 보험 회사를 그만두게 된다면 배신감에 치를 떨며 친구 관계를 정리하는 경우를 수도 없이 봐왔다.

보험 설계사와 보험 회사에만 도움이 되도록 '꼼수'를 부려 설계한 보험이라면 제대로 된 보험점검을 통하여 바로잡는 과정이 반드시 필요하며, 점검 결과에 따라 해지하는 것이 유지하는 것보다 가입자에게 더 필요한 조치라는 결과가 나오면 기존 보험은 과감히 해지해야 한다.

그런데 만약 친구가 가입시킨 보험이 아주 엉망으로 설계한 보험은 아닌 듯하여 그대로 유지를 하고 싶거나, 엉망인 보험이라 하더라도 내용을 일부 조정해서 유지하고는 싶은데 사이가 틀어진 친구 녀석을 만나는 것이 부담스럽다면 어떻게 해야 할까? 또는 친구 녀석이 가입만 시키고 일을 그만두어 앞으로 보험에 관련된 관리가 필요한 상황이 생기면 어쩌나 하는 불안함에 사로잡혀 있었는데, 알고 보니 또 다른 친구가 이미 10년 전부터 보험 일을 아주 모범적으로 하고 있었다는 사실을 알게 되었다면 어떻게 해야 할까?

절이 싫으면 중이 떠나면 된다는 말이 있듯 담당하는 보험 설계사가 마음에 들지 않거나 만나기 부담스럽거나, 또는 보다 신뢰할 수 있는 보험 설계사가 주변에 있다면 '담당 보험 설계사'를 변경하면 된다. 절이 싫어 중이 떠났는데 절이 따라오는 경우는 과거 프로야구팀 SK와이번스 소속 정근우 선수가 한화 이글스로 이적(김성근 감독을 피해 이적했다는 설이 파다했다)하였는데, 얼마 지나지 않아 김성근 감독이 한화 이글스 감독으로 부임했던 적 밖에는 없었다. 물론 시답잖은 농담이다.

각설하고 담당 보험 설계사를 변경하는 방법은 해당 보험 회사의 고객센터에 요청하면 되는데, 변경을 하고 싶은 설계사의 인적 사항(이름, 전화번호, 사원 번호)를 알고 있으면 보다 수월하게 처리할 수 있다. 그렇다고 하여 신청한 당일에 바로 변경 처리되는 것은 아니며, 기존 보험 설계사가 소속되어 있는 보험대리점(또는 지점)과 새로운 설계사의 보험대리점(또는 지점)

으로 보험 계약 관련된 데이터가 모두 이관이 되어야 하므로 짧게는 3~4일, 길게는 1~2주 정도 시간이 소요되는 편이다.

하지만 경우에 따라서는 담당 설계사 변경이 불가할 수도 있는데, 기존에 가입한 보험이 모든 보험 상품을 취급하는 '보험대리점 소속 설계사'를 통해 가입된 보험인지, 보험대리점이 아니라 'ㅇㅇ생명, ㅇㅇ화재보험' 등 해당 보험 회사의 상품만 판매할 수 있는 '보험 회사 전속 설계사'를 통해 가입된 보험인지에 따라 가능 여부가 결정된다. 일반적으로 보험대리점을 통해 가입한 보험의 담당 설계사 변경은 보험대리점 소속 설계사로의 변경만 가능하고, 보험 회사 전속설계사를 통해 가입된 보험 역시 보험 회사 소속 설계사로의 변경만 가능하다. 그러나 보험 회사들도 별도의 보험대리점을 만드는 추세이므로 변경하고 싶은 설계사가 보험대리점 소속인지 아니면 보험 회사 소속인지 확인 후 해당 보험 회사의 고객센터에 문의해 볼 필요가 있다.

보장내용이 아주 엉망인 보험만 아니라면 해지보다는 해당 보험의 장점을 파악하여 장점만 남기고, 부족한 부분에 대해 다른 보험으로 보완을 하는 '보험 리모델링'이 가장 효율적이라고 할 수 있다. 따라서 내가 보험을 해지하고 싶은 이유가 보험이 필요 없어서가 아니라 만나기 부담스럽거나 마주치기조차 싫은 보험 설계사 때문이라면 담당 보험 설계사 변경을 하여 기존 보험을 유지하는 방법이 더 좋다는 점을 꼭 기억하자!

6. 보험료를 자동이체로만 낼 필요는 없다

보험에 가입했다고 해서 모든 사람이 보험 혜택을 필요할 때마다 받을 수 있는 것은 아니다. 가입한 보험의 혜택에 대한 응당의 대가인 '보험료'를 납부해야만 보험 혜택을 받을 수 있으며, 혹시라도 보험료를 3개월 이상 연체하여 보험 계약이 '실효 상태'로 전환된 이후에 질병이나 사고로 병원 치료를 받은 경우에는 보험 혜택을 받을 수 없으므로 '보험료 납입'은 보험 계약을 유지함에 있어서 가장 중요한 절차라고 할 수 있다.

보험료를 납입하는 방법은 크게 3가지로 구분할 수 있는데, 매월 정해진 날짜에 보험료를 자동이체 하는 방법, 신용카드로 납부하는 방법, 가상계좌 또는 은행 지로를 이용하여 직접 납부하는 방법 등이다. 하지만 많은 사람들이 자동이체 이외의 보험료 납부 방법에 대해서는 잘 모르고 있거나, 자동이체가 더 큰 이득이 있다고 생각하는 경우가 많은데 꼭 그렇지만은 않다.

다양한 보험료 납부 방법 중 '자동이체'는 사실 보험 회사가 가장 선호하는 방법이다. 그 이유는 별도의 수수료가 들지 않고(또는 아주 적게 들고), 통장에 잔고만 채워져 있다면 납입기간 동안 보험료를 끊이지 않고 거두어들일 수 있으며, 부득이하게 보험료가 3개월 이상 연체되어 '실효' 상태로 전환된 이후부터는 보험 가입자(피보험자)에게 보험금을 지급하지 않아도 되므로 이래저래 보험 가입자보다는 보험 회사 입장에서 더욱 선호하는 납부 방법이라 할 수 있다.

과거에는 보험 가입자들이 '자동이체' 방법으로 보험료를 납부할 경우 1%의 보험료 할인을 제공하는 보험 회사들이 많이 있었지만, 현재(2025년 12월 기준) 그러한 혜택은 일부 생명보험 회사들에 한해서만 남아 있을 뿐, 대부분의 보험 회사들은 더 이상 '자동이체 할인' 혜택을 제공하지 않는다. 어찌 보면 '1% 보험료 할인'이야말로 자동이체를 이용하여 보험료를 납부하는 가장 큰 이유였는데 이제는 그럴 이유가 사라졌으므로 굳이 자동이체를 고집할 필요는 없다.

따라서 현재 보험 가입자 입장에서는 '신용카드'를 이용하여 보험료를 납부하는 것이 더 유리하다고 할 수 있는데 그 이유는 다음과 같다.

a. 사용 금액에 따른 할인 혜택

정수기와 같은 렌탈 제품의 이용이 늘어나고 있고, 전자 제품을 살 때에도 제휴 카드를 이용할 경우 추가 할인을 받을 수도 있으며, 이러한 연계 조건 없이도 기본 할인(0.7~0.8%) 적용이 되거나, 일정 금액 이상 사용할 경우 주유 1리터당 100~150원씩 할인받을 수 있는 다양한 신용카드도 존재하고 있다.

이러한 할인 조건을 채우기 위해 쓰지 않아도 될 신용카드를 무리해서 사용하는 것보다는, 어차피 매월 납입해야 하는 보험료를 신용카드로 결제한다면 보험료 납부는 물론 할인을 위한 사용 금액 실적도 충족시킬 수 있으므로 과거에 제공되었던 고작 1%의 '자동이체 할인'보다 훨씬 큰 이득이 될 수 있을 것이다.

하지만 1가지 유의 사항이 있는데, 보험 회사별로 신용카드 자동 납부 가능 여부가 다르다는 점이다. 사동 납부가 가능히다면 자동이체처럼 정해진 날짜에 보험 회사들이 신용카드 결제 승인을 내면서 보험료를 거두어 가지만, 그렇지 않은 보험 회사들의 경우 보험 가입자(계약자)가 직접 고객센터에 전화하여 신용카드 결제 승인을 요청하거나 담당 보험 설계사에게 따로 요청을 해야만 보험료 카드 결제가 가능하기도 하다.

그러나 후자의 경우 보험 설계사가 매월 결제 처리를 빠뜨리지 않아야 한다는 점에서 어떤 보험 설계사를 만나느냐에 따라 달라질 수밖에 없다. 보험 설계사 입장에서는 매월 제각각인 날짜에 여러 사람의 보험료를 일일이 신용카드 결제 승인을 내는 것이 상당히 번거롭고 귀찮은 일인 것은 분명하지만, 고객에게 제공하는 서비스의 하나라고 생각한다면 당연히 감내해야 하는 부분이므로, 귀찮아하지 않고 결제 처리를 해 주는 설계사를 만나는 것이 중요하다.

b. 보험이 실효될 가능성이 낮아진다

위에서 언급한 대로 보험료를 3개월 이상 연체하게 되면(2개월을 지나 3개월째가 된다면) 보험은 '실효 상태'로 전환이 되어 연체된 보험료를 전부 납입하기 전까지는 아무런 보험 혜택을 받을 수 없다. 아무리 보험료 자동이체를 설정해 놓는다 하더라도 보험료가 빠져나가야 하는 날짜에 잔고가 부족하다면 보험료 납부는 이루어지지 않게 되고, 어떻게든 보험료를 빼가려는 보험 회사들은 '5일 단위'로 출금 시도를 하게 되는데 이때도 잔고가 부족하다면 역시 보험료 출금은 되지 않는다.

이런 식의 '잔고 부족→출금 시도→잔고 부족'이 반복된다면 2개월 이상 보험료 연체는 밥 먹듯 일어날 수밖에 없고 결과적으로 보험이 실효될 가능성 역시 높아지게 된다. 다시 한번 강조하지만 보험이 실효되면 쌍수 들고 환영하면서 콧노래 부르는 것은 보험 회사뿐이다. 보험 회사들의 이러한 '그들만의 잔치'를 막기 위해 보험료 납부를 신용카드로 납부되도록 설정해 놓을 경우 이용 한도 초과/도난 분실 신고 등의 이유만 아니라면 절대 보험료가 연체될 일은 없으며, 그로 인해 보험이 실효될 가능성 역시 크게 낮출 수 있으므로 보험 혜택을 안전하게 받을 수 있다.

보험 회사 입장에서는 보험료를 신용카드로 받게 될 경우 보험 회사에 막대한 카드 수수료를 내야 한다는 점에서 결코 좋아할 수만은 없는 보험료 납부 방법임이 분명하다. 그렇기에 신용카드 자동 결제가 아니라 매월 가입자가 직접 고객센터 또는 설계사에게 따로 결제 승인을 내야 하는 복잡한 절차를 정해 놓았다고 해도 과언이 아니다.

그러므로 여러모로 혜택이 적은 '자동이체'보다는 다른 방법으로, 본인의 상황과 이익에 맞는 방법을 선택하여 보험료 납부하는 것을 반드시 고려해 보아야 할 것이다 '자동이체'는 더 이상 최고의 보험료 납부 방법이 아니다.

7. 보험금 지급 결과는 반드시 확인해야 한다

보험에 가입하였는데 막상 보험금 청구를 하니 보험금이 본인 및 설계사의 예상과 달리 적게 지급되었거나, 아예 지급이 안 되었다면 보험을 가입한 사람 입장에서는 괜히 손해 보는 듯한 기분이 들지 않을 수 없다. 원래 지급되지 않는 보험금이었다면 딱히 속상해하지 않아도 되겠지만, 분명 상품설명서와 약관을 확인하고 보험금 청구하였는데도 지급이 되지 않았다면 속상함을 넘어 보험에 대한 분노와 회의감이 들 수밖에 없을 것이다.

그러나 분명 지급이 되어야 하는 보험금임에도 불구하고 여러 이유로 지급이 안 되는 것으로 결과가 나오는 경우가 있기 때문에 '보험금 지급 결과' 또는 '보험금 지급 심사 결과'는 반드시 설계사나 보험 회사를 통해 확인해 볼 필요가 있다. 그 이유는 다음과 같다.

보험 회사들은 조금이라도 사업비를 줄여야만 이익을 더 얻을 수 있기 때문에 다양한 문명의 이기들을 적극 활용하고 있으며, AI 및 데이터 등을 이용한 '보험금 지급 심사'는 대부분의 보험 회사들이 적용하고 있는 시스템이 되었다. 문제는 AI라고 하는 것이 아직은 사람이 하는 것만큼 꼼꼼하지 않다는 데에 있다. 보험금 청구가 접수되면 AI는 우선 해당 보험금 청구건의 내용이 '보험 약관'에 맞는지를 먼저 살펴 지급 여부를 결정하게 되는데, 보험 약관에서는 지급이 안 되는 것처럼 기재되어 있는 수술보험금도 대한민국 법원에 의해 수술보험금을 지급하라는 '판례'에 의해 보험금이 지급된 사례는 보험 약관에 포함되어 있지 않으므로 AI는 당연히 일차적으로 보험금 지급을 하지 않게 된다.

대표적인 사례는 '창상봉합술(변연절제술 포함)'이라 할 수 있다. 보험 약관에 기재되어 있는 '수술의 정의'에는 '절제/절단'이 동반되어야 수술로 인정한다고 기재되어 있기 때문에 벌어진 상처를 봉합하는 수술은 '수술의 정의'에 맞지 않는다고 보험 회사 및 AI는 판단을 한다.

최근 칼에 왼손바닥을 심하게 베여서 '변연절제술'을 동반한 '창상봉합술'을 받은 고객이 '상해수술비' 특약이 포함된 보험에 대하여 보험금을 청구하였던 적이 있는데, 실비보험과 건강보험이 같은 보험사였기 때문에 하나의 보험금청구서만 작성하여 보험금을 청구하였고 이틀 뒤 '실비보험금'은 지급되었으나 '상해수술비'는 지급되지 않아 보험금 지급 심사팀에 문의를 하였다.

진 료 확 인 서

사업장기호		사업장명칭			보험증번호	█████
피보험자성명	████	주민등록번호	90	███████		
수진자성명	████	주민등록번호	90	███████		
수진자주소	████████████████					
상 병 명	Open wound of other parts of forearm				상병분류기호	S518
진 료 기 간	2021-09-01 ~ 2021-09-15	진료구분		1. 입원 [2]. 외래		

상기 병명으로 9월 1일 본원에서 창상 봉합술후 통원치료하였음.
[내원일자]

2021-09-01　　2021-09-02　　2021-09-03　　2021-09-04

[Page 1]

외래 진료비 상세내역서

개인번호 : ████████

성 명 ██████████████

진료기간 : 2021-09-01 ~ 2021-09-15

구 분	전산코드	처 방 명 칭	비급여	투여량	일수	금 액
진찰료	AA254	재진진찰료-의원,보건의료원 내 의과		1	8	94,240
	AA254030	재진진찰료-의원,보건의료원 내 의과 / 토요0...		1	1	2,580
	AA254010	재진진찰료-의원,보건의료원 내 의과 / 야간		1	2	28,720
					소계	125,540
처치및수술료	SC023	창상봉합술(안면과경부이외,변연절제포함)제1...		1	1	52,300
	M0111	단순처치[1일당]		1	9	51,750
					소계	104,050
					총계	229,590

'변연절제 포함된 창상봉합술'은 상해수술비 지급 대상

제출된 서류에는 분명 '창상봉합술(변연절제 포함)'이라고 기재되어 있었으나 AI가 이를 발견하지 못한 채 '단순 창상봉합술'에만 해당된다고 스스로 판단, 실비보험금에 한하여 보험금이 지급되는 것으로 자동 심사를 마무리하였기 때문에 '상해수술비'는 지급이 안 되었다는 답변을 받았다. 해당 심사자에게 '변연절제 포함'된 서류를 다시 확인해달라고 요청한 결과, 당일 오후가 되어서야 '상해수술비 100만 원'이 정상적으로 추가 지급되었다.

이런 식의 민원은 많이 발생해 왔으며 그로 인해 2021년 5월에 금융감독원/금융분쟁위원회에서 '변연절제 포함된 창상봉합술'에 대한 상해수술비를 지급해야 한다는 심사 결과를 내고 보험 회사들에게 보험금을 지급하라는 지시를 한 적이 있다. 그러므로 창상봉합술(변연절제 포함)을 받은 '상해수술비' 특약 가입자라면 상해수술비 보험금 수령이 가능하다. 하지만 이러한 내용은 '보험 약관'에는 잘 기재되어 있지 않기 때문에 AI는 상해수술비 지급 사유에 해당하지 않는다는 결론을 먼저 낼 수밖에 없다.

b. 심사 담당자도 사람이라 실수를 한다

88년생 여성 고객은 '질병/상해수술비 특약' 및 '입원일당 특약'이 포함된 건강보험을 가입하였고, 가입 후 1년이 경과한 시점에 산부인과 진료를 통하여 '자궁근종' 진단을 받아 입원하여 수술을 받은 적이 있다. 모든 치료(입원, 수술)이 종료된 후에 입원 기간과 상병명, 수술 내용이 포함된 '진단서'를 발급받아 보험사에 청구하였으므로 아무 문제 없이 보험금이 지급된다면 질병수술비(15만 원)와 입원비(16만 원)를 받았어야 하는데 이상하게도 입원비(16만 원)만 지급이 되었다.

'절제술'을 받았으므로 보험 회사의 '수술의 정의(절단, 절제 등의 조작을 가하는 것)'에도 딱 맞아떨어지고, 흡인/천자 등의 조치나 신경 차단술에도 해당되지 않으므로 수술보험금이 지급되어야 마땅한데, 이틀이 지나도 별다른 지급 소식이 없자 직접 심사 담당자에게 문의를 하였다.

심사 담당자는 처음에는 "입원 일수가 8일이기 때문에 입원비 16만 원 지급되었습니다."라는 답변을 하였고, 자궁절제술을 받았으므로 수술비 지급되어야 하는 것 아니냐는 질문에 잠시 당황하더니 문서를 다시 살펴본 후 "수술명 확인이 누락되었습니다. 다시 심사하여 지급하겠습니다."라는 대답을 하였다.

이럴 때 설계사로서 정말 화가 치밀어 오른다. 지급되지 않는 것을 지급해달라고 요구하는 것도 아니고, 가입자들한테는 "서류 잘 준비하시면 보험금 문제없이 보험금 지급될 거예요."라고 얘기를 하는데, 정작 보험금 지급의 키를 쥐고 있는 사람들은 그 옛날 신문 가판대에 놓여진 스포츠신문 쪼가리 들춰보듯 '보험금청구서'를 대충 읽었다는 것 아닌가 하는 생각에 쓴소리라도 엄청 퍼붓고 싶은 심정이 된다.

이런 일이 비일비재한 것은 분명 아닐 것이다. 전체 보험금 청구 중 최소 80~90% 이상은 보험금 지급이 원활하게 이루어진다. 그러니 보험 가입자들이 정신 바짝 차리고 보험금 지급 내용을 잘 살펴보아야 한다.

c. 일부러, 혹은 그러려니 하고 넘어가려 한다

'수술 특약'이 포함된 종신보험에 가입이 되어 있던 30대 남성 고객은 발바닥에 티눈이 생겨서 병원에 내원하여 티눈 제거술(전기소작, 냉동응고술)을 받고 해당 생명보험사에 보험금 청구를 하였다. '티눈 제거술'은 보험금 지급 관련하여 말이 많고 설계사별로도 보험금 지급이 된다 안 된다 의견이 분분할 정도로 '보험금 지급이 까다로운 치료'인데, 이미 이전에 관련 내용으로 보험금을 지급하라는 법원의 판례가 나온 뒤로는 보험 회사들이 군말 없이 보험금을 지급하는 편이다.

하지만, 보험 회사 입장에서는 보험금을 조금이라도 덜 지급할 수 있었던 핑계가 사라지는 것이 아쉬웠던지 티눈으로 보험금 청구를 하면 "절제술이 아니기 때문에 보험금 지급 안 됩니다."라는 차가운 답변을 먼저 보내면서 가입자로 하여금 '아 안 되는 거구나.'라는 생각을 가지고 보험금 지급을 포기하도록 만들고 있고, 대다수의 보험 설계사들도 티눈으로는 보험금 지급이 안 되는구나라는 학습을 하게 된다.

그러나, 티눈을 치료하기 위해 '냉동응고술'을 받았다면 수술의 정의에 포함되므로 보험금을 지급하라는 판례가 나온 뒤로는 보험 회사는 보험금 지급을 거절할 이유가 없으며 그래서도 안 된다.

3. 예비적 청구에 관한 판단

가. 원고는, 피고가 시행받은 냉동응고술은 이 사건 보험계약 보통약관에서 정한 수술의 정의에 해당하지 않으므로 피고가 보험금을 수령한 것은 부당이득에 해당한다고 주장한다.

그러나, 을14호증의 기재 및 이 법원의 E협회장에 대한 감정촉탁결과에 변론 전체의 취지를 종합하면, 냉동응고술은 티눈 등 병변부를 냉동손상시켜 조직 괴사를 발생시킴으로써 괴사한 조직이 탈락되고 새로운 조직이 재생하도록 하는 치료 방법인바, 이는 냉동손상을 통하여 병변부를 제거하는 치료 행위로서 이 사건 보험계약 보통약관 제4조가 정한 수술의 정의 중 '절제(특정부위를 잘라 없애는 것)'에 해당한다 할 것이다. 원고의 위 주장은 이유 없다.

냉동응고술 티눈 제거수술 역시 수술의 정의에 부합한다는 취지의 법원 판례

이 내용을 바탕으로 하여 보험 회사 보험금 지급부서에 재차 문의하였고, 담당자는 또 '자동 심사' 등의 핑계를 대면서 다시 심사를 올리겠다는 답변을 하였는데, 그럴 거였으면 어째서 처음 보험금 지급 문의를 하였을 때 "티눈은 수술보험금 지급 안 됩니다."라고 얘기를 했단 말인가! 당연히 보험금 지급을 안 해 보려는 '꼼수'라고 강하게 의심을 해 볼 수밖에 없다.

사람의 실수, AI의 한계 등으로 보험금 지급이 누락되었다면 '그럴 수도 있지.'라고 생각하며 관대하게 넘어갈 수는 있다. 그러나, 보험금 지급을 해야 함에도 불구하고 지급이 안 되는 것처럼 설명을 하며 교묘하게 넘어가려는, 그러다가 가입자가 보험금 지급 판례 또는 이유를 논리적으로 따지고 들면 그제야 이런저런 핑계를 대면서 다시 심사를 올리겠다고 답하는 경우는 도저히 용서가 안 된다.

보험을 가입하는 이유는 보험금이 필요할 때 제대로/정확하게 지급받기 위함인데, 보험금을 받을 권리가 있음에도 불구하고 그 권리를 수건으로 덮듯 숨기고 은폐하려는 보험 회사의 행위는 마땅히 지탄받아야 한다. 그러므로! 보험금 지급 결과는 반드시 다시 확인해 보아야 한다!

꺼진 불, 아니 지급 거절된 보험금도 다시 살펴보자!

8. '부담보 조건'이 무조건 나쁜 것은 아니다

"부담보 설정 등의 조건으로 보험에 가입되는 것이 가입 자체가 거절되는 것보다는 훨씬 나은 결과라고 할 수 있다."

보험을 가입할 때에는 보험 가입 희망자의 건강 상태, 치료 이력에 따라 보험 가입이 제한되거나 불리하게 가입이 될 수 있다. 이는 보험 회사나 설계사 마음대로 정하는 것이 아니라 각 보험 회사들이 정해 놓은 규칙이라 할 수 있는 '약관'에도 명시되어 있다. 아무런 태클(제한 사항) 없이 수월하게 보험에 가입이 된다면 스트레스받을 일이 전혀 없겠지만, 다른 글에서 언급한 대로 사소한 통원 치료로 인해 일부 보장이 제한되거나 보험료가 할증되는 조건으로만 보험에 가입할 수 있다고 하면 짜증이 날 수밖에 없을 것이다. 보험 일을 18년째 해 오고 있는 입장에서도 고객들의 보험뿐만 아니라 나의 가족, 나의 보험 가입 진행하는데 부담보나 할증 등의 태클이 들어오면 짜증이 나는 것은 당연한 일이다.

그러나 이러한 태클이 아주 나쁘기만 한 것은 아니다. 특히 부담보(일부 보장 제외)가 설정되는 조건은 부담보 기간이 종료된 후부터는 정상적으로 보장이 가능하며, 부담보가 설정된 기간 동안 부담보가 설정된 신체 부위에 어떤 종류의 치료를 받았더라도 부담보 기간이 끝난 뒤에는 정상적으로 보장을 받을 수 있다. 따라서 부담보가 5년 미만으로 설정이 된다면 5년 동안은 해당 신체 부위에 보장이 되지 않지만, 5년이 지난 뒤부터는 정상 보장이 가능하다.

그렇다면 5년보다 부담보 기간이 길게 설정된다면 어떠할까? 통상 부담보 기간은 5년 미만(1~5년)과 전기간(5년 이상)으로 구분이 되는데, '전기간'이라는 단어에서 알 수 있듯 보험을 유지하는 기간 동안에는 해당 신체 부위, 치료력에 대해서는 보장을 받을 수 없다는 표면적인 의미를 지니고 있다. 그래서 사람들은 전기간 부담보는 '최악'의 경우라고 생각을 한다.

하지만 보험 약관을 들여다보면 아주 최악인 것만은 아니다. 전기간 부담보라 하더라도 가입일로부터 5년 이내에 부담보 부위에 대하어 추가 진단이나 치료를 받지 않았다면 5년이 경과한 시점부터는 보장받을 수 있으며, 추가 진단에 '건강검진'은 포함되지 않는다.

⑤ 회사가 제2항에 따라 일부보장 제외 조건을 붙여 승낙하였더라도 청약일로부터 5년(갱신형 계약의 경우에는 최초 계약의 청약일 이후 5년)이 지나는 동안 보장이 제외되는 질병으로 추가 진단(단순 건강검진 제외) 또는 치료 사실이 없을 경우, 청약일로부터 5년이 지난 이후에는 이 약관에 따라 보장합니다.

전기간 부담보 해제 조건

즉, 전기간 부담보라 하더라도 5년 동안 아무런 치료/진단/검사 등을 받지 않는다면 5년이 경과한 시점부터 '전기간 부담보 조건'이 해제가 되며, 보험 회사에 따로 알리지 않고 부담보 부위에 대한 새로운 보험금 청구가 이루어진다 하더라도 보험 회사 측에서 가입일로부터 5년 이내 치료력 발생 여부 확인한 뒤에 이상이 없을 경우 보험금을 정상적으로 지급하도록 되어 있다.

따라서 부담보 설정 등의 조건으로 보험에 가입되는 것이 가입 자체가 거절되는 것보다는 훨씬 나은 결과라고 할 수 있으며, 부담보가 설정되는 게 싫어서 보험 가입을 차일피일 미루다가 또 다른 질병/사고가 발생하여 치료를 받게 된다면 오히려 보험 가입을 다시 시도할 때에 이전보다 더 나쁜 심사 결과가 나올 수 있으므로 부담보가 설정되었다 하더라도 보험 가입을 진행하는 것이 결과적으로 가입자에게 더 도움이 될 것이다.

그런데, 과연 이러한 조건들이 확실한 내용이라는 일종의 '보증'을 받을 수는 없을까? 보험 회사는 철저한 이익 집단이기 때문에 어떻게 해서든 보험금 안 주거나 적게 주려고 발버둥을 친다고 알고 있었는데, 확실한 증거가 있어야 조금 마음이 놓이지 않을까? 실제로 보험 약관의 '부담보 기간' 관련 내용에는 전기간 부담보인지, 5년 이내 부담보인지 등에 대해 명확히 구술하지 않고 '5년 이내 치료 사실이 없을 경우'라는 문구만 확실하게 표기가 되어 있다.

보험 설계사들은 그동안 수차례 보험금 지급 및 부담보 관련 경험을 해

왔으므로 '5년 이내 부담보' 기간 동안 어떤 치료를 받아도 부담보 종료 후부터는 정상 보장이 가능하다는 점을 알고 있지만, 이는 어디까지나 보험을 직업으로 삼고 있는 사람들이기에 알고 있는 것일 뿐이다. 일반 사람들 입장에서는 전기간 부담보가 아니라 '5년 이내 부담보'가 설정될 경우, 부담보 기간 동안 어떤 치료를 받는다 하더라도 부담보가 종료된 이후부터는 정상 보장이 가능하다는 확실한 증거가 필요할 수밖에 없다. 그래야만 안심이 될 테니까. 보험 약관이 너무나도 많은 페이지 수로 되어 있지만 '책 속에 답이 있다.'는 말처럼 두꺼운 보험 약관 속에 우리가 원하는 답이 있다.

보험 약관의 '특정 신체 부위/질병 보장제한부 인수 특별약관'을 찾아보면 부담보를 설정하는 기준과 해제 조건에 대해 보다 자세한 내용을 확인할 수 있다. 이 약관에 따르면 보험 회사가 설정하는 부담보는 '1년부터 5년' 또는 '계약의 보험기간(전기간)'으로 구분이 되며, 보험금을 지급하지 않는 기간(부담보 기간)을 [계약의 보험기간(전기간)]으로 적용할 경우 가입일로부터 '5년 이내'에 진단 또는 치료를 받지 않으면 5년이 경과된 시점부터는 '특별약관'을 적용하지 않는다라고 기재되어 있다.

보다 쉽게 말하자면 '5년 부담보'의 경우 5년 동안 어떤 종류의 치료/진단/검사 등을 받더라도 5년 동안 해당 부담보 부위(또는 부담보 질병)에 대해서는 보험금 청구가 되지 않지만, 5년이 지난 뒤부터는 정상적으로 보장을 받을 수 있고, '전기간 부담보'의 경우 5년 동안 부담보에 해당되는 부위(또는 질병) 관련된 진단/치료/추가 검사 등을 받지 않으면 5년 뒤 '부담보 해제 심사'를 요청할 수 있다는 것이다!

보다 확실한 증거를 확보하기 위하여 보상 담당 부서에 직접 질문을 남겼고, 그에 대한 확실한 답변도 받아 놓았다. 보험 약관은 보험 관련된 모든 내용이 담겨 있지만 그 내용이 방대하고, 사용되는 용어들도 생소한 편이며, 읽는 사람에 따라 해석이 달라질 수 있는 여지가 많은 편이다. 이에 따라 금융감독원에서는 보험 관련된 민원, 그중에서도 보험금 지급 관련된 민원이 발생할 경우 보험 약관을 보험소비자(가입자)에게 유리한 방향으로 해석하도록 권하고 있다.

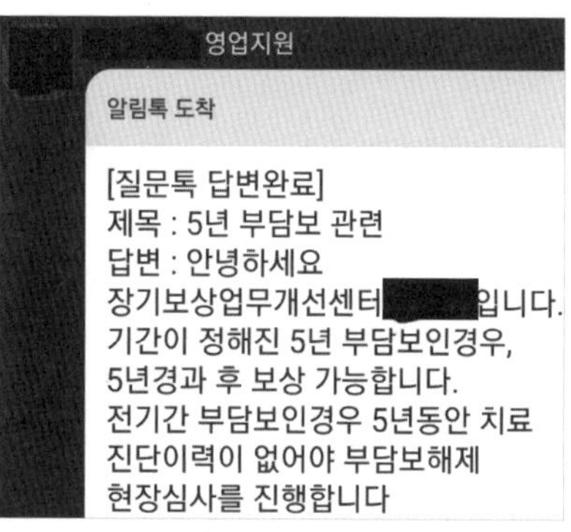

5년 이내 부담보, 전기간 부담보에 대한 보험 회사의 답변 문자 화면

따라서 내가 가입하려는 보험, 또는 가입한 보험에 관련하여 궁금한 점, 보다 확실한 확인이 필요한 부분이 있다면 해당 보험 회사의 홈페이지에 접속하여 '공시실'을 찾으면 해당 보험 상품의 약관을 pdf 형식으로 얼마든지 다운받을 수 있다. 그런데 그 내용이 너무 복잡하고 어려워서 머리가 깨질 것 같다면? 믿을 수 있는 '보험 설계사'에게 관련 내용을 문의하면 궁금증을 모두 해결할 수 있을 것이다.

9. 치아보험 가입이 필수는 아니다

"치아보험은 해지하여도 환급금이 0%에 가깝거나 아예 없는 편이기 때문에 더더욱 효율성을 따져봐야 한다."

'치아보험 들어야 할까요?'

'치아보험도 취급하세요?'

이런 부류의 질문을 자주 받게 된다. 설계사의 욕심대로라면 "네. 치아보험 없으면 치과 치료비로 큰돈 나가니까요."라고 얘기하면서 치아보험 견적을 바로 보내주겠지만, 개인적으로는 보험 가입 시 '우선순위'가 중요하다고 생각하고 있기 때문에 치아보험의 특징, 유의 사항을 먼저 알려주고, 그래도 가입을 원하는지를 재차 확인하는 편이다.

보험에 가입하려는 목적은 상품의 종류를 불문하고 보험금이 필요한 상황이 닥쳤을 때 경제적인 혜택(보험금)을 받기 위함이다. 암 보험에 가입하는 사람들은 암에 걸리게 되면 실직 가능성이 높아지고 그에 따라 생활비 부족이라는 문제가 생길지 모르기 때문에 암 보험에 가입하는 것이고, 종신보험에 가입하는 사람들은 본인이 사망하였을 때 유가족들, 특히 자녀들이 성인이 될 때까지 생활비/양육비라도 마련해 주어야겠다는 가족 사랑이 발단이 되어 종신보험에 가입한다.

그런데 치아보험은 어떠한가? 치과 치료가 필요한 치주 질환으로 진단받으면 '암'으로 진단받을 때와 마찬가지로 실직하게 될까? 치과 치료를 받게 되어 들어가는 치료비가 가장의 사망으로 인해 발생할 미성년 자녀들의 생활비/양육비 부족만큼 큰 영향을 끼치게 될까? 그렇지는 않을 것이다. 물론 임플란트 1개 비용이 돈 백 이상은 들 수도 있다는 점에서 큰 부담이 될 것은 명백하지만, 그렇다고 하여 암이나 뇌졸중, 심장질환처럼 생계를 위협할 만한 치료비가 드는 것은 아닐 것이기 때문이다.

이러한 내용을 설명한 뒤에도, 그럼에도 불구하고 치아보험 가입을 희망한다면 다음의 유의 사항 정도는 숙지할 필요가 있다.

a. 치과 치료 중인지, 계획이 있는지를 생각해 보라

치아보험에 가입하였다고 하여 가입일 이후 바로 보장이 되는 것은 아니다. 충전 치료, 크라운 치료 등의 '보존 치료'는 가입일로부터 90일이 지나야 하고, 2년 이내 보험금 청구할 경우에는 보장금액의 50%만 보험금으로 지급하는 감액기간도 적용되어 있다. 그리고 치료 중인 치아나 부위에 대해서는 보장이 되지 않을 수 있기 때문에 현재 치료 중인지, 치료 중인 것은 아니지만 치료받아야 할 것 같은지를 잘 따져보고 가입해야 한다.

b. 치과에 갈 때 보험증서를 가져가라

치아보험에 가입하게 되면 가입했다는 증명으로 '보험증권/보험증서' 등을 우편이나 모바일로 받아볼 수 있다. 이것을 가지고 치과에 내원하여 치료 상담을 받는 것이 좋다. 그래야만 치과 상담사(코디네이터)들이 치아보험으로 보험금 받을 수 있는 치료를 우선적으로 골라 치과 치료를 시작할 수 있다. 그렇지 않고 나중에 치료가 다 끝난 뒤 보험금 청구하게 되면 의외로 보험금이 적게 지급되거나, 받을 수 있을 줄 알았는데 그렇지 않은 경험을 당하게 될 가능성이 높다.

c. 계속 유지하기에는 보험료가 크게 인상될 수 있다

치아보험도 갱신형 보험이다. 5년 단위로 보험료가 변동되며, 나이가 들어감에 따라 치아도 약해지기 때문에 당연히 보험료는 점점 더 비싸게 인상될 수밖에 없다. 최초 가입 시 보험료가 3~5만 원대였다면, 5년 뒤에는 최소 4~7만 원대 이상으로 인상될 가능성이 농후하다. 따라서 치과 치료를 받을 때 확실하게 받고, 보험금 청구한 뒤 효율성을 따져보고서 치아보험을 해지하는 것을 고려하는 것이 좋다.

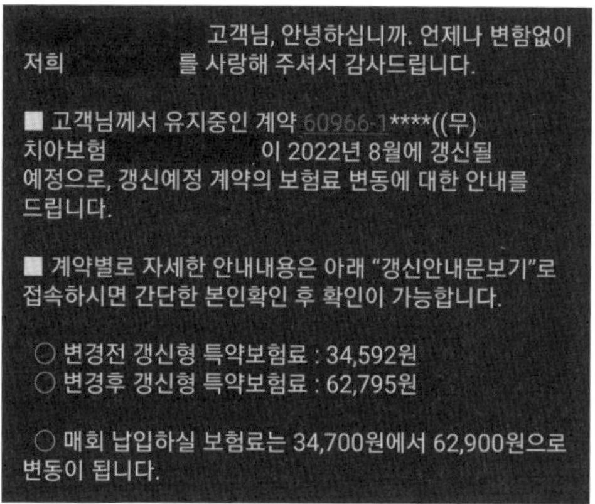

치아보험 가입자에게 발송된 '갱신보험료 인상' 안내 문자

월 5만 원 보험료라면 1년이면 60만 원이고 2년이면 120만 원인데, 한 번 치과 진료를 확실하게 받은 뒤부터는 처음만큼 큰 비용이 들지는 않을 것이므로, 치아보험료에 해당하는 비용을 매월 저축하여 실제 치과 치료를 받을 때에 치료비로 사용하는 것이 효율성 면에서 좋을 것이다. 그리고 치아보험은 해지하여도 환급금이 0%에 가깝거나 아예 없는 편이기 때문에 더더욱 효율성을 따져봐야 한다.

보험은 보험금이 필요한 상황(질병/사고)이 생기게 될 경우를 대비해서 가입하는 것이므로 발생 가능성(가족력)과 치료 비용 등을 신중히 고려하여 적정 수준의 보험료를 정하고, 가입 우선순위를 매겨 가입해야만 손해 보지 않고 제대로 된 보험 혜택을 받을 수 있는 좋은 보험을 만날 수 있다.

10. 보험금 받을 일, 안 생기는 게 최고다!

2009년 1월부터 지금까지 보험 설계사로 일을 해 오면서 들었던 다양한
푸념들 중 가장 기억에 남고, 실제로도 가장 많이 들었던 말은 다음과 같다.

'보험 가입하고서 지금까지 한 번도 아픈 적 없어요. 보험 괜히 가입했나
봐요.'

'보험 가입하고 나서 지금껏 보험금 단 한 번도 받은 적 없는데 계속 유지
해야 하나요?'

보험을 가입하는 목적은 본인에게 질병 또는 사고가 발생하여 큰돈을 들
여 치료를 받아야 하는 상황이 생겼을 경우 보험금을 지급받아 경제적인
도움을 받기 위해서라고 할 수 있기 때문에, 보험금이 지급되어야 하는 상
황임에도 불구하고 보험금이 지급되지 않는다면 당연히 보험 회사에 따져
야 하고 수단과 방법을 가리지 않고 법정 다툼을 통해서라도 어떻게 해서
든 보험금을 받아내야 할 것이다.

그런데 아직 보험금을 지급받아야 하는 일이 발생하지 않았기 때문에 보험금 받을 일이 없었던 것을 '보험 괜히 가입했어.' 식으로 푸념하고, 그동안 납입한 보험료에 대한 '본전 생각'만 간절해진다면 보험을 왜 가입했는지, 보험금이 지급되는 경우에 대한 이해를 다시 한번 해 볼 필요가 있다. '보험금 청구할 일이 없다=건강하다'라고도 할 수 있을 텐데, 그렇다면 보험에 가입하고서 반드시 보험금을 받기 위해 일부러 다치거나 아파야 한다는 것인가? 자해 공갈단, 보험 사기단이라면 응당 그래야 할 테지만, 만약을 대비해서 보험에 가입하는 일반적인 사람들이라면 보험금 지급받아야 할 정도의 질병/사고가 발생하지 않았다는 것에 대해 자신이 믿고 있는 종교, 조상들에게 그 공을 돌려야 할 것이다.

보험 가입자가 일부러 의도하지 않은 이상 보험금을 받을 일이 반드시 생기는 것은 절대 아니다. 어디까지나 어떤 일이 언제, 어디서, 어떻게 본인에게 생길지 모르는 게 인간이기 때문에 만약을 대비하기 위해 가입하는 것이 보험이며, 보험 회사는 보험을 유지하는 보험 가입자들이 보험금을 받아야 할 일이 생겨 청구를 하게 되면 지체 없이 보험금을 지급하기 위한 '5분 대기조' 상태를 유지하고 있다고 보면 된다. 즉, 보험금을 받아야만 보험 혜택을 받는 것이 아니라 보험금을 청구하면 보험금을 받을 수 있는 권리를 갖고 있다는 것이 보험 가입의 궁극적인 혜택인 것이다.

비갱신형 보험은 보험료 납입이 끝난 뒤에는 가입 시 설정된 보험기간이 80세이든, 90세이든, 100세이든 간에 보험이 만기가 될 때까지 보험 혜택(설계에 따라 사망, 수술 및 입원, 암과 성인병 보장 등으로 구성 가능)을 받을 수 있으며, 현재 판매되고 있는 보험들 중 '납입면제형'의 경우에는 납입기간 내에 암(유사암 포함 또는 제외), 뇌졸중, 급성심근경색증 등으로 진단받게 되면 잔여 납입기간이 얼마가 되었건 보험료를 내지 않아도 보험 혜택은 보험 만기까지 그대로 받을 수 있다는 점에서 중간에 해지만 하지 않는다면 가입자는 더 큰 보험 혜택을 받을 수 있다.

그러므로 보험금을 받을 일이 생기지 않았다고 하여 보험을 해지하는 우를 범하지는 말자. 자해 공갈단이 아니라면 말이다. 그리고 보험료 납입이 부담스러울 정도로 비싼 보험에 가입할 경우 시간이 지날수록 더더욱 본전 생각이 간절해질 수 있다. 보험에 가입해야 한다면 본인에게 필요한 보험만, 보험료를 내는 행위가 부담스럽지 않을 선에서 가입하는 것이 좋다.

11. 보험 가입이 필수는 아니다

'새 차'이건 '중고차'이건 간에 자동차를 구매하였다면 반드시 해야 하는 일이 있다. 바로 자동차보험 가입이다. 이것저것 보장을 거창하게 구성하면 보험료가 비쌀 테지만, 선택 특약이 아닌 '필수 특약(책임보험)'만 가입한다면 보험료는 대폭 낮아질 수 있다. 다만 사고가 났을 때 수리 비용, 상대방 운전자 치료비 및 상대방 차량 수리 비용까지 모두 그동안 차곡차곡 모아두었던 돈을 사용해야만 할 뿐이다.

자동차보험은 '필수 특약(책임보험)'을 반드시 가입해야만 운전을 할 수 있다는 점에서 가입이 필수인 보험이라고 할 수 있지만, 건강보험이나 암 보험, 종신보험 등은 어떨까? 반드시 가입해야 하는 보험일까? 가입하지 않으면 큰일 날까? 절대 그렇지 않다. 건강보험, 암 보험, 종신보험, 아파트 화재보험, 치아보험, 운전자보험 등은 어디까지나 본인이 필요하다고 생각될 때 선택하여 가입할 수 있는 '상품'에 지나지 않는다.

실제로 운전자보험이 없어도 일반적인 교통사고(접촉 사고 등)로 인한 대인/대물 피해는 '자동차보험'만으로도 충분히 해결할 수 있다. 운전자보험은 운전 중에 발생한 사고로 인해 교통사고 피해자가 사망했거나, 중앙선침범이나 무면허 사고 등과 같은 '12대 중과실 사고'에 해당되거나, 교통사고 피해자가 중상해를 입어 형사처분을 받게 된다면 '자동차보험'으로는 해결할 수 없는 부분(교통사고처리지원금, 벌금, 형사합의금, 변호사선임비용 등)이 발생하게 되므로 이에 대한 보장을 추가로 받기 위해 별도로 가입하는 것이다.

그런데 일부 사람들은 보험에 가입하지 않으면 정말 당장에라도 암에 걸리거나, 큰 사고가 나는 게 아닐까 불안해하면서도, 막상 보험에 가입하자니 설계사가 권해주는 보험료가 상당히 부담되어 보험 가입 자체를 머뭇거리는 경우가 많다. 머뭇거리다가 결국에는 시간은 시간대로 보내고, 그러다가 보험 나이가 증가하여 이전보다 조금 더 인상된 보험료를 내면서 뒤늦게 가입하거나, 병원 치료를 받을 일이 생겨서 정작 보험에 가입할 때 치료받은 질병/신체 부위에 대해서는 보장이 되지 않는 '부담보'가 설정되는 조건으로 불리하게 가입하는 경우도 상당히 많은 편이다.

다시 한번 말하지만, 대한민국에서 국민건강보험과 자동차보험(책임보험), 고용보험 등을 제외한 건강보험/종신보험/암 보험/운전자보험/치아보험 등은 의무가입 대상이 아니라 본인의 필요 여하에 따라 선택적으로, 자신의 상황에 맞게 보험료, 보장내용 등을 구성하여 가입할 수 있는 '상품'에 지나지 않으며, 아니다 싶을 때는 언제든지 해지할 수도 있다.

따라서 비싼 보험료가 부담되어 보험 가입을 미루기보다는, 자신의 가족들(친가/외가) 중에 암이나 뇌질환, 심장질환 등으로 치료받은 '가족력'이 있는지를 먼저 살펴보고, 자신의 경제 상황 등을 최우선으로 고려하여 적은 금액으로라도 부담되지 않는 선에서 보험을 가입하면 된다. 이렇게 가입하는 것이 비싸게 가입하였다가 나중에 가서 후회하는 것보다 나으며, 보험료가 부담되어 가입을 차일피일 미루다가 결국에 가서는 더 나쁜 조건으로 가입하는 것보다 백만 배는 더 나을 것이다.

시작보다 중요한 마무리

"이 세상에 완벽한 보험은 없다."

"오래 유지할 수 있는 보험이 좋은 보험이다."

보험일을 시작한 2009년 1월부터 지금까지 항상 마음속에 담아두고 있으면서, 사람들에게 늘 강조하는 것은 바로 위의 2가지 문장이다. 나쁜 보험을 가입하고자 하는 사람은 없고, 기왕이면 좋은 보험, 더 나아가 완벽한 보험을 가입하고자 하는 사람들이 대부분일 텐데 불행하게도 이 세상에 완벽한 보험은 존재하지 않는다. 그리고 앞으로도 존재할 수 없다.

그 이유는 바로 보험 역시 보험 회사가 판매하여 수익을 올려야 하는 하나의 '상품'에 지나지 않기 때문이다. 한 번 가입으로 평생 다시 보험을 가입할 필요가 없는, 말 그대로 완벽한 보험을 판매하게 되면 보험 회사는 추가적인 보험 상품 판매 수익을 올릴 수 없게 되고, 회사 자체를 운영해 나갈 수 없을 텐데 굳이 '완벽한 보험'을 만들어 판매하려고 할까? 결코 그러지는 않을 것이다. 광고를 통해서는 "이 보험 하나면 다 됩니다."라고 떠들어 대긴 하지만 이는 어디까지나 말장난, 말발에 불과하다. 보험 역시 상품이기 때문에 계속해서 판매가 되어야 하고, 또 다른 새로운 상품을 개발하여 판매해야만 보험 회사가 유지될 수 있다.

그러나 '완벽'까지는 아니더라도 나름 좋은 보험들은 분명 존재한다. 나는 이것을 '오래 유지할 수 있는 보험'이라고 부른다. 본인의 상황을 객관적으로 분석하여 본인에게 필요한 보험이 어느 보험인지 파악하고 그에 맞는 수준으로 가입한 보험은 중간에 해지하지 않고 오래 유지하면서 보험이 필요한 순간 확실한 도움을 받을 수 있다. 물론 보험료가 저렴하면 보장금액 역시 상대적으로 적을 수밖에 없을 테지만, 보험으로 일확천금을 꿈꾸며 도박하는 심정으로 무리하면서까지 비싼 보험에 가입하는 사람이 아닌 이상은 나중에 보험금을 청구해야 하는 상황이 생겼을 때 '그래도 보험에 들어놔서 이 정도라도 도움이 되는구나.'라는 생각을 하게 될 것이다.

보험으로 인생 역전을 이루고 싶은가? 충분히 가능하다. 1억 이상 되는 암 진단금, 수천만 원 이상 되는 뇌출혈 진단금 및 급성심근경색증 진단비가 보장되는 건강보험을 가입한 뒤에 암, 뇌출혈, 급성심근경색증에 걸리기 위해 부단한 노력만 하면 된다. 그 노력이라는 것 역시 어렵지는 않다. 술, 담배 많이 하고, 삼시 세끼 프라이드치킨, 햄버거, 피자, 기름이 뚝뚝 떨어지는 차돌박이나 오겹살만 즐겨 먹으면 본인이 이루고자 하는 암, 뇌출혈, 급성심근경색증에 쉽게 걸릴 수 있을 것이고, 보험금을 받아 얼마 안 남은 생을 호화롭게 즐기다가 사망할 수 있다.

하지만 이러한 목적으로 보험에 가입하는 사람이 얼마나 될까? 죽거나 죽을 지경이 되어서야 받게 되는 수억 원의 보험금이 과연 의미가 있을까? 죽을 때 금은보화를 바리바리 싸 들고 갈 수 있다면야 상관없겠지만, 죽거나 죽을 지경이 되었을 때의 억만금은 아무런 의미가 없을 것이다.

보험은 어디까지나 '만약'을 대비하는 안전장치다. 무리해서 인생 역전을 노리는 수단이 아니라, 부담되지 않는 선에서 꾸준히 유지하면서 필요할 때 도움을 받는 것. 그게 보험의 본래 역할이다. 하지만 현실에서는 학연 · 지연 · 인정 때문에 원하지 않는 보험에 가입하거나, 나쁜 설계사의 감언이설에 속아 엉터리 상품을 선택하기도 한다. 결국 시간이 지날수록 다가오는 것은 자신의 선택을 후회하며 해지를 고민하는 순간뿐….

그럴 때 필요한 것이 바로 '보험을 잘 해지하는 방법'이다. 시작이 잘못됐다면, 최소한 마무리만큼은 현명하게 해야 한다.

아무쪼록 이 책을 읽은 당신이 '오래 유지할 수 있는 좋은 보험'을 찾았기를 바란다. 설령 그렇지 않더라도, 이 책이 보험 해지 과정에서 겪을 수 있는 손해를 최소화하는 데 도움이 되기를 간절히 바란다. 이 세상에 완벽한 보험은 없다. 결코. 그러나 당신이 올바른 선택을 할 수 있다면, 불완전한 보험 속에서도 충분히 만족스러운 해답을 찾을 수 있을 것이다.

보험 초보를 위한
◆ 보험 탈출 필수 용어 20가지 ◆

번호	용어	뜻
1	납부 기간	보험을 유지하는 동안 보험료를 내야 하는 기간
2	보험기간	보험 가입 후 보험 혜택을 받을 수 있는 기간
3	갱신형 보험	일정 시기마다 보험료, 보장내용 등이 변동될 수 있는 유형의 보험으로, 반대의 개념인 '비갱신형 보험'보다 보험료가 저렴하다는 장점이 있다.
4	비갱신형 보험	보험료, 보장내용 등이 변하지 않는 보험으로, '갱신형 보험'보다 보험료는 비싸지만 납입기간 이후에는 보험료를 내지 않아도 되는 장점이 있다.
5	생명보험	사망보장에 가장 큰 강점이 있는 보험
6	화재/손해보험	사망보장보다는 건강/물질 보장에 더 큰 강점이 있는 보험
7	종신보험	종신토록 사망보험금이 보장되는 생명보험의 한 종류
8	해지환급금	보험을 해지할 경우 받게 되는 금액
9	보험 계약 해지	보험 가입을 없던 일로 하는 것으로, 상품의 종류, 가입 기간에 따라 해지환급금의 액수가 달라지게 됨

10	청약철회	가입일로부터 30일 이내 보험 가입을 철회할 수 있는 기능. 청약 철회 시 납부된 보험료 전액을 돌려받음
11	감액기간	보험 가입 후 보험금을 적게(50%) 지급받게 되는 기간
12	중도인출	해지환급금의 일정 금액을 인출하여 사용하는 기능(일부 상품에 한하여 사용 가능)
13	계약대출	해지환급금을 담보로 보험 회사로부터 돈을 빌려 쓰는 것
14	면책기간	보험 가입 후 보험금 지급이 되지 않는(보장되지 않는) 기간
15	보험료 연체	보험료 납입이 밀리는 것을 의미. 그러나 연체 중에도 보험 혜택은 동일하게 받을 수 있음
16	보험 계약 실효	보험료를 내지 않은 상태(보험료 연체)가 2개월을 지나면 보험의 효력이 사라지는데, 이를 보험 계약 실효라고 함
17	보험 계약 부활	효력이 정지된 보험을 다시 정상화시키는 절차
18	보험 약관	가입한 보험의 모든 내용이 담겨 있는 일종의 설명서
19	상품설명서	본인에게 맞추어 설계된 내용이 담긴 설명서
20	보험증서	보험증권, 가입증서 등으로도 불리며, 현재 유지 중인 내용을 가장 정확하게 확인할 수 있는 일종의 '가입 증명서'